La C

pour
les nuls

La Corse pour les nuls

Thierry OTTAVIANI

Ouvrage dirigé par Jean-Joseph Julaud

FIRST
ÉDITIONS

Note à l'attention des lecteurs

La présente édition de l'ouvrage *La Corse pour les Nuls* constitue une nouvelle édition abrégée de l'ouvrage d'origine paru dans la collection « pour les Nuls » en mai 2010. Ont été retirés de l'édition poche les chapitres suivants : « Le corse, langue vivante », « Qui sont les Corses aujourd'hui ? », « L'exception corse : la Corse au-dessus des lois ? », « Une nature à préserver », « Dix personnages historiques », « Dix artistes et auteurs corses », « Dix chanteurs et groupes de musique corse » et « Dix produits corses ». Vous pouvez retrouver l'intégralité du texte de Thierry Ottaviani dans la première édition de *La Corse pour les Nuls* parue en grand format.

#lisez engagé !
Pour plus d'information :
Imprimé sur du papier issu de forêts gérées durablement.

La Corse pour les Nuls

ISBN : 978-2-7540-8503-8
Dépôt légal : avril 2016
N° d'imp. : F23/73330L
Imprimé en France en juin 2023 par l'Imprimerie Maury S. A. S. à Millau (12)

Édition : Lisa Marie
Mise en page : Soft Office
Illustrations : Marc Chalvin

Éditions First, un département d'Édi8
92, avenue de France
75013 Paris – France
Tél. : 01 44 16 09 00
Fax : 01 44 16 09 01
E-mail : firstinfo@efirst.com
Internet : www.pourlesnuls.fr

Remerciements

Je remercie tout particulièrement Jean-Joseph Julaud — alias JJJ — avec qui l'idée d'écrire *La Corse pour les Nuls* est née…

Merci à Karine Bailly, avec qui ce fut un véritable plaisir de travailler.

Merci à toute l'équipe des éditions First qui a su réaliser ce livre de très grande qualité pour cette nouvelle collection « Régions de France pour les Nuls », dirigée par JJJ.

L'auteur

Né à Bastia le 1er mars 1974, Thierry Ottaviani est écrivain et essayiste. Il a écrit plusieurs ouvrages et articles dans des domaines aussi variés que l'économie, le droit et la philosophie. Très éclectique, il est habitué des médias où il est régulièrement interviewé depuis une dizaine d'années sur des questions d'actualité (invité, entre autres, de *C dans l'air*, de *2000 ans d'histoire*, de nombreux journaux télévisés…).
La Corse pour les nuls est son premier ouvrage sur son île natale, l'œuvre d'un amoureux, d'un passionné et d'un grand connaisseur de la Corse !

Sommaire

Introduction 1

À propos de ce livre 2
Comment ce livre est organisé 3
Première partie : Souvent conquise, jamais soumise : la Corse, c'est toute une histoire ! 3
Deuxième partie : Une île à très forte identité 4
Troisième partie : La Corse au naturel 4
Quatrième partie : Le tour de Corse 5
Cinquième partie : La Partie des Dix 4
Les icônes utilisées dans ce livre 5
Par où commencer ? 6

Première partie : Souvent conquise, jamais soumise : la Corse, c'est toute une histoire ! 7

Chapitre 1 : Des origines à Gênes : le choc des cultures 9

Les premiers habitants 9
Tout a commencé à la préhistoire 9
Quelques milliers d'années après… 11
Attention : les envahisseurs arrivent ! 12
Les premiers envahisseurs 13
Pas si fous, les Romains ! 14
Les premiers Chrétiens corses 17
Encore des invasions au Moyen Âge ! 18
Des Vandales au Vatican 18
Beaucoup de Maures ! 20
Pise contre Gênes 23
La Corse presque pas féodale 24
La fin de la pax pisana 26
Où il y a de la Gênes… 27
Pise recule et Aragon laisse passer son tour 28
C'est au tour d'Aragon 30

Gênes enfin ! 33
Sampiero le Corse..... 35

Chapitre 2 : Viva Corsica ! Le XVIIIe siècle et la naissance du nationalisme 39

La Corse veut son indépendance 39
« Viva Corsica ! » 40
Théodore, roi des Corses 44
Le retour des Français 47
Un peuple maître de lui-même : Pascal Paoli et sa Constitution 50
Arrivée de Pascal Paoli en Corse 50
La Constitution de 1755 51
« U babbu » 52
1769 : Ponte Novo ou le refus de devenir Français ! 54
Nouveau retour des Français en Corse 55

Chapitre 3 : De la Révolution française au Second Empire : trois Corses font l'histoire de France 59

La jeunesse de Napoléon 59
La naissance 60
L'adolescent insurgé 62
Le retour de Pascal Paoli 64
L'appel de Londres 64
Histoires de familles 65
La Corse anglaise, of Course ! 68
Napoléon Ier 70
La Corse divisée en deux 70
Histoires de familles (suite et fin) 72
Napoléon III 75
Les bonapartistes 75
Napoléon III corsophile 77

Chapitre 4 : De la IIIe République à nos jours : la Corse entre dans l'État français 81

Les Corses dans la République 81
Les Corses morts pour la France 84
Première Guerre mondiale : le lourd tribut payé à la France 84
La Seconde Guerre mondiale : la Corse occupée 86
La Corse, premier département libéré en métropole 91

Renaissance du nationalisme et évolution du statut de la Corse 94
La Corse gaulliste 94
La Corse désenchantée 98
L'exception corse 99

Deuxième partie : Une île à très forte identité. 105

Chapitre 5 : Symboles, traditions religieuses et rites magiques 107

Les symboles de l'île 107
La tête de Maure 108
Le Dio vi salvi Regina 110
Tradition chrétienne 111
Saints, martyrs et reliques 111
Processions et pèlerinages 117
Rites et croyances magiques 122
Mauvais œil 122
Objets magiques 124
Les sorciers 125

Chapitre 6 : Musique, cuisine et autres arts corses 127

La Corse en chansons ! 127
Les polyphonies corses 127
Chjam'e rispondi 129
Cris et lamentations 130
Opéra corse 132
La variété corse 134
Cuisine corse 137
D'abord l'apéro 137
Un fromage explosif 139
Dans le cochon, tout est bon ! 141
Les bases de la cuisine 143
Les vins : côté Corse ! 148
Autres arts traditionnels 149
Comment s'habille-t-on ? 150
Art du fer 152
À partir du bois… 153
Terre et pierres 155

Chapitre 7 : Mythes et réalités corses 157

Des personnages mythiques 157
Heureux qui comme Ulysse… 157
Christophe Colomb 160
Dom Juan corse 162
Des Corses corsaires ! 163
L'histoire de la petite Davia devenue princesse… 165
Grossu Minutu 167
Colomba, la vraie 168
Vendetta et bandits d'honneur 170
Le Corse, vindicatif ? 171
Les hors-la-loi corses 173
Préjugés et idées reçues sur le tempérament corse 177
L'invention du Corse paresseux 178
Le mythe du Corse criminel 179
Jean-Jacques Rousseau et le mythe du bon sauvage corse 182

Chapitre 8 : Politique, nationalisme et banditisme 183

Politique corse 183
La pulitichella 184
Naissance et évolution du nationalisme 188
Vitrine légale 193
Bisbigliu chez les nationalistes 195
Banditisme : entre Corse et diaspora 202
Le banditisme marseillais 202
Le banditisme souffle en Corse 205
Bienvenue à la prison de Borgo 208

Troisième partie : La Corse au naturel 209

Chapitre 9 : Une montagne dans la mer 211

Et Dieu créa la Corse ! 211
Quand la Corse était rattachée à la France 211
L'histoire des roches corses 215
De la base au sommet : géomorphologie de la Corse 219
Mensurations 219
En coupe : reliefs et cours d'eau 220
Autour de la Corse 226

Chapitre 10 : Faune et flore insulaires 229

E bestie (les bêtes) 229
Les mammifères sauvages 230
Animaux domestiques… en pleine nature 233
Drôles d'oiseaux 235
Dans l'eau… 241
Des reptiles inoffensifs 245
Crapauds, grenouilles et salamandres… 247
Les insectes 248
Les araignées qui font leur toile en Corse 251
Plantes du maquis et des forêts de Corse 253
Promenons-nous dans le maquis… 253
Des arbres aux racines insulaires 256
Au bord des plages… 261

Quatrième partie : Le tour de Corse 263

Chapitre 11 : Bastia, le cap Corse et le Nebbio 265

Bastia et ses environs… 265
Bastia, ville de la « Bastiglia » 265
Bastia : la plage ! 272
Bastia, c'est aussi… 272
Cap vers le cap Corse ! 273
Des villages de pêcheurs aux villages de montagne 274
Le cap Corse : les plages ! 277
Le cap Corse, c'est aussi… 278
Saint-Florent et le Nebbio 279
Saint-Florent, au nord du Nebbio 279
La traversée du désert des Agriate 280
Le Nebbio : les plages ! 281
Le Nebbio, c'est aussi… 282

Chapitre 12 : Entre la Balagne et la côte ouest 283

Balade en Balagne 283
Calvi et Île-Rousse… 283
La Balagne : les plages… 286
La Balagne, c'est aussi… 287
Côte ouest… 290
Entre Calvi et Ajaccio 290
Ajaccio, capitale de Corse-du-Sud 294

Ajaccio, c'est aussi… 300
Au sud d'Ajaccio… en direction de Sartène 301
Le Sartenais, c'est aussi… 304
La côte ouest : les plages ! 305
En route vers Bonifacio ! 308

Chapitre 13 : Du sud au nord, en passant par la côte est ! 309

L'extrême sud de la Corse 309
Un petit tour par la vieille ville du Beau… nifacio 309
Inventaire de monuments historiques… 314
Petite promenade dans les Bouches de Bonifacio… 315
L'extrême sud de Bonifacio, c'est aussi… 316
À l'intérieur des terres du Sud… 317
La région de Porto-Vecchio 317
La plaine orientale 320
Ah, Solenzara ! 321
Ghisonaccia et le Fiumorbo 322
La plaine d'Aléria 323
La plaine de Bastia 325
La Castagniccia 325
Cervione et la corniche de la Castagniccia 325
Pétillante Orezza 326
Morosaglia et La Porta 328
La Castagniccia, c'est aussi… 329
La côte orientale : les plages ! 330

Chapitre 14 : Au cœur de la Corse ! 333

L'intérieur de la Haute-Corse 334
Corte, centre corse ! 334
Corte, c'est aussi… 338
Au nord de Corte… 340
Le Boziu et la vallée du Tavignanu, à l'est 343
Au sud de Corte : Venaco, Vivario et Vizzavona 345
Le Niolu, à l'ouest… 350
Le Niolu, c'est aussi… 352
L'intérieur de la Corse-du-Sud 353
Evisa, en haut des Deux-Sevi 353
Vico, en haut des Deux-Sorru 354
Vallée de la Gravona 357
Vallée du Prunelli 360
Vallée du Taravo 362
L'Alta Rocca 364

Chapitre 15 : Balades sur les sentiers de Corse 367

Avant de partir… 367
Où aller ? 369
Sur le chemin des sentiers célèbres 372
Le GR20 à portée de pieds 372
Tra mare e monti 389
Mare a mare nord 396
Variante du Mare a mare nord… 402
Mare a mare centre 405
Mare e monti sud 406
Mare a mare sud 407

Cinquième partie : La Partie des Dix 409

Chapitre 16 : Dix recettes corses 411

Sturzapreti, les « étouffe-curé » 411
Beignets au brocciu, la vraie recette ! 412
Cabri a stretta : le cabri, c'est pas fini 412
Truite à l'agliolu : ail, ail, ail… c'est bon ! 413
Panzarotti, les beignets bastiais 413
La frappa, un beignet frappant ! 414
Migliacci, des galettes au fromage 414
Gâteau à la châtaigne : c'est de la tarte ! 415
Le campanile, pendant que l'on sonne les cloches 415
Enfin la recette des canistrelli ! 416

Chapitre 17 : Dix monuments corses 417

Filitosa, des hommes en pierre sous la préhistoire 417
Castellu de Cucuruzzu, des « tours » vieilles de milliers d'années 418
L'église Sant'Appiano de Sagone et ses étranges hommes païens 419
San Michele de Murato, « la plus jolie église » 420
Capitello, « Arrêtez ! La tour est à vous ! » 421
La tour d'Istria, une maison forteresse de Sollacaro 422
Le pont d'Altiani, au-dessus du Tavignano 423
Église de l'Annonciation de Muro, l'église des miracles 423
Le Trinnichellu, il était une fois le train… 424

Index 427

Introduction

Bienvenue en Corse ! Île pleine de charmes et de mystères, que les Grecs surnommaient autrefois *Kallisté* – « la plus belle » – et que nous appelons aujourd'hui encore « île de Beauté ».

Mais connaissez-vous bien la Corse ? Vous le croyez ? Pourtant, même les Corses le reconnaissent : on n'a jamais fini de découvrir cette île qui regorge d'histoires, d'aventures et de mystères, dont certains remontent à la nuit des temps ! Cette terre est mythique et pour cause : elle aurait même accueilli Ulysse…

Cet ouvrage vous invite à partir à la découverte des énigmes corses ! D'où viennent les Corses ? Qui a sculpté ces incroyables statues menhirs que l'on trouve dans l'île et qui sont vieilles de plusieurs milliers d'années ?

Le saviez-vous ? La Corse était dotée d'une Constitution démocratique dès 1755. Son auteur, Pascal Paoli, a inspiré la Constitution des États-Unis. Et connaissez-vous l'histoire d'Ugo Colonna, héros légendaire du Moyen Âge ? Et celle du « roi Théodore », un aventurier qui s'était fait couronner roi des Corses ? Impossible de lister toutes les histoires corses, il y en a trop. Mais elles vous seront contées dans ce livre…

Ouvrons donc les portes de ces trésors enfouis. Car des trésors, il y en a ! Normal, pour une île qui, pendant longtemps, a été encerclée de pirates maures et de corsaires – of Corse ! – tel le célèbre Barberousse.

Au-delà de la légende, la Corse est une île surprenante et fascinante, d'une extraordinaire beauté. On y trouve toutes sortes de paysages, qui varient du nord au sud, d'est en ouest. C'est cette richesse qui en fait une terre sublime et unique qui inspira Maupassant, Flaubert, Mérimée…

Les Corses sont fiers de leur patrimoine. Bien sûr, il existe beaucoup de clichés sur cette île, et pas seulement ceux qui sont pris par les très nombreux touristes qui viennent la visiter tous les ans. On a parfois des Corses une vision un peu caricaturale. Mais cette caricature, les habitants de l'île la doivent aussi à leur renommée : on ne caricature que ce qui est célèbre, ce qui a une personnalité ou des traits de caractère prononcés. Qu'ils le veuillent ou non, les Corses ne sont pas des gens ordinaires. Est-ce un hasard si ce peuple a vu naître des personnages hors du commun, tels Napoléon ou Pascal Paoli ?

L'erreur serait de penser que l'île de Beauté est renfermée sur elle-même, tournée uniquement vers son passé. Les habitants de l'île, comme sur un même bateau au milieu de la Méditerranée, partagent un destin commun, avec leur cap toujours pointé vers l'avenir.

Partons ensemble visiter la Corse et gageons, comme l'avait pressenti Rousseau, que cette île n'aura pas fini de nous étonner.

Bonne lecture et surtout bon voyage !

À propos de ce livre

Ce livre se présente comme une visite guidée de l'île de Beauté. Après l'avoir lu, vous saurez tout ce qu'il y a à savoir sur la Corse. Vous pensez déjà la connaître ? Vous serez surpris d'apprendre encore de très nombreuses choses que vous ignoriez. Vous ne la connaissez pas ? Ce livre sera l'occasion de voyager dans cette île de manière intelligente, mais aussi très ludique.

La Corse pour les Nuls est un ouvrage à mettre entre toutes les mains !

Sa particularité est de traiter très simplement de sujets qui peuvent sembler de prime abord relativement complexes ! La Corse peut paraître en effet une île compliquée. Notre travail a été de la rendre simple, accessible à tout le monde, tout en restant sérieux et rigoureux dans la façon d'aborder les différents sujets : histoire, géographie, politique, culture… mais aussi légendes, petites histoires, anecdotes, etc.

Du Cap à Bonifacio, de la montagne à la mer, à la découverte des secrets de cette terre et de son peuple, bonne route dans la plus belle île du monde !

Comment ce livre est organisé

Ce livre est composé de cinq parties, retraçant d'abord l'histoire de la Corse, puis sa « mémoire » au travers de ses traditions et de ses légendes. Mais la Corse, c'est aussi le présent et le futur avec de nombreuses questions liées à l'insularité, et surtout un immense patrimoine naturel à explorer et à préserver. Après un tour complet de l'île conçu comme une visite guidée, la Partie des Dix invite à découvrir les personnalités qui ont fait et font encore l'île, les lieux incontournables et les produits de la Corse authentique.

Première partie : Souvent conquise, jamais soumise : la Corse, c'est toute une histoire !

« Souvent conquise, jamais soumise », tel peut être le résumé de l'histoire de la Corse. Des ancêtres préhistoriques à nos jours, l'île a subi de multiples invasions et conquêtes. Les Romains, les Vandales, les Maures, Pise... Durant son histoire, la Corse a été rattachée à différents États, comme la République de Gênes ou, depuis 1768, la France. Son peuple s'est souvent révolté et s'est même doté, en 1755, d'une Constitution démocratique avec Pascal Paoli. Plongeons dans ce passé pour mieux comprendre le présent. Des personnages étonnants ont aussi fait parler d'eux... Sampiero Corso, ce nom ne vous dit rien ? Il a pourtant donné du fil à retordre aux Génois et a même inspiré Shakespeare ! Savez-vous ce que sont venus faire en Corse le roi d'Aragon ou Charles Quint ? Pourquoi autant de puissances étrangères se sont-elles intéressées à la Corse ? Vous apprendrez beaucoup de choses en lisant cette première partie très riche en événements...

Deuxième partie : Une île à très forte identité

Les Corses sont fiers de leur identité. Mais qu'est-ce que l'identité corse ? Elle est le rattachement à une tradition et une mémoire commune, faite de symboles, de mythes et de légendes. Mais cette culture est vivante, comme en témoignent la langue corse, mais aussi la musique (la polyphonie, mais pas seulement !), la cuisine et l'artisanat insulaires. Apprenez à cuisiner corse ! Découvrez les produits de l'île : faites la différence entre le *brocciu* et la brousse ; sachez ce qui distingue le *lonzu* de la *coppa.* Connaître la culture de l'île, c'est une manière de mieux connaître les Corses.

Nous traiterons également de la vie politique insulaire, y compris du nationalisme corse, qui n'est pas si compliqué à comprendre.

Troisième partie : La Corse au naturel

Dans cette partie, la Corse se met à nu et dévoile sa beauté naturelle. Montagne dans la mer, l'île offre un relief très diversifié, avec de très nombreux lacs, gorges et vallées, sans compter les îles alentour. L'île de Beauté dispose aussi d'un parc naturel unique en son genre, peuplé d'espèces protégées (mouflon, aigle royal…), et d'une réserve exceptionnelle (créée depuis la disparition du phoque moine des côtes corses) ! Les amoureux de la montagne comme les amoureux de la mer seront comblés.

Partez à travers forêts et maquis à la découverte d'une faune et d'une flore abondantes. Visitez la réserve de Scandola, cathédrale de roches rouges avec pour seuls habitants des balbuzards, des gypaètes barbus, des dauphins… des dizaines d'espèces animales protégées dans un environnement totalement vierge et classé au patrimoine mondial de l'Unesco !

Quatrième partie : Le tour de Corse

La Corse est belle dans les moindres détails. Beautés naturelles, mais aussi architecturales et humaines. Chaque ville ou village corse est une mine d'histoires, d'anecdotes, de légendes. Cette partie vous entraîne dans un tour complet de la Corse, du cap Corse à la pointe sud de l'île, en passant par Corte, Ajaccio, Bastia, les villages de la Castagniccia, ou encore Bonifacio qui surplombe la mer…

Après ce tour de l'île, quittez la civilisation et partez en randonnée sur les sentiers balisés de Corse, notamment le GR20, un chemin mythique qui permet de découvrir lacs et sommets de l'île de Beauté. Vertigineux !

Cinquième partie : La Partie des Dix

Dans cette Partie des Dix, qui figure dans tous les ouvrages de la collection « Pour les Nuls », vous apprendrez à cuisiner corse grâce à dix recettes de plats typiques et visiterez dix lieux ou monuments admirables (les statues menhirs de Filitosa, les aiguilles de Bavella…) qui signent l'identité corse.

Les icônes utilisées dans ce livre

Ces icônes sont là pour vous simplifier la lecture. D'un simple regard, vous pourrez repérer les légendes de l'île, les événements importants ou encore les choses à ne pas manquer en Corse.

Les anecdotes repérées par cette icône peuvent être historiques, mais ce peut être aussi de petites histoires véhiculées par la tradition orale, voire ce que l'on appelle en Corse le *puttachju* (le potin).

Il y a des quantités de choses à découvrir en Corse, y compris dans les recoins les plus cachés, et qui n'existent nulle part ailleurs (espèces endémiques, roches…). Les Corses sont très fiers de ces curiosités propres à l'île. Il est bon de les signaler !

Cette icône signale les faits majeurs qui ont marqué la mémoire des Corses dans l'histoire mais aussi dans l'actualité récente.

Même quand on croit connaître la Corse, il y a toujours des choses à apprendre ; vous le constaterez en suivant cette icône.

Les légendes sont légion en Corse ! Elles proviennent de la tradition orale, très importante dans l'île, mais encore de chroniqueurs qui ont un peu exagéré ou déformé les faits. Des personnages historiques peuvent très vite devenir légendaires ; certains, comme Ugo Colonna, n'auraient même jamais existé selon les historiens !

L'histoire de la langue corse est aussi mouvementée que celle de l'île ! Parlez-vous le corse ? Certains mots ou expressions nous sont familiers mais personne ne connaît vraiment leur origine. Saviez-vous par exemple que l'expression « prendre le maquis » est corse ?

Nombreux sont les personnages qui ont fait l'histoire de la Corse, cette icône vous invite à les rencontrer.

Par où commencer ?

La logique serait de commencer par le début, mais ce parcours n'est pas obligatoire. Selon vos centres d'intérêt, et grâce au sommaire détaillé, aux icônes qui jalonnent le texte et aux nombreux renvois, vous pouvez lire *La Corse pour les Nuls* en commençant par n'importe quelle partie. Vous aimez la nature ? Alors plongez dans la troisième partie. Vous aimez l'histoire ? C'est la première partie. Vous vous intéressez plutôt à la culture corse ? Rendez-vous à la deuxième partie, etc.

Toutefois, nous vous conseillons de lire ce livre en entier car vous apprendrez probablement beaucoup de choses !

Première partie

Souvent conquise, jamais soumise : la Corse, c'est toute une histoire !

Dans cette partie...

Île très convoitée au fil des siècles et maintes fois conquise, la Corse détient une histoire tumultueuse, particulièrement riche en événements. Depuis la première occupation préhistorique à nos jours, l'histoire de la Corse se pimente d'invasions, de révoltes et de premières légendes qui vont forger l'identité de l'île de Beauté que l'on connaît aujourd'hui.

Chapitre 1

Des origines à Gênes : le choc des cultures

Dans ce chapitre :

- L'ère préhistorique et la première occupation de la Corse
- L'époque des mégalithiques
- Les premières invasions
- Melting-pot corse !

La Corse est en train de naître. Plusieurs civilisations vont conquérir l'île de Beauté : un véritable choc des cultures ! Romains contre Barbares, Corses contre Maures, Pise contre Gênes, etc. Ce chapitre vous réserve des histoires exaltantes de ces époques légendaires. Connaissez-vous Ugo Colonna ? Vincentello d'Istria ? Sampiero Corso ? L'évocation de ces personnages héroïques de l'histoire de la Corse vous fera bientôt vibrer. Mais commençons par le commencement. Découvrons qui étaient les premiers habitants de la Corse...

Les premiers habitants

Quand l'aventure de l'histoire corse a-t-elle commencé ? Qui étaient les premiers habitants ? Remontons les siècles, ou plutôt les millénaires. Tout débute il y a bien longtemps...

Tout a commencé à la préhistoire

De la même manière qu'un homme a mis le pied pour la première fois sur la Lune, un homme (ou une femme) a mis le pied en Corse ! Qui et quand ? On n'en sait rien ! Difficile de dire à quand remontent exactement les premières occupations humaines de la Corse. La fourchette se situe entre 50 000 et 9 000 ans av. J.-C. Plusieurs sites archéologiques permettent d'affirmer qu'il y avait des Corses aux VIII-VIIe millénaires av. J.-C. C'est déjà pas mal, mais l'île était peut être habitée bien avant si on en croit les hypothétiques traces d'origine humaine retrouvées dans la grotte de Macinaggio, située à l'extrémité du cap Corse.

Le premier exploit des Corses

Vers le VIIe millénaire av. J.-C., la botte italienne était deux fois plus proche de la Corse qu'aujourd'hui. Les deux terres étaient séparées par la mer sur une distance de 40 kilomètres. Cela ne veut pas dire pour autant que les voyages étaient plus faciles que de nos jours. On imagine les bateaux qu'ont dû prendre ces hommes de la préhistoire pour atteindre l'île avec les moyens de l'époque. Sont-ils arrivés sur de grosses embarcations ou au cours de plusieurs petits voyages ? Quoiqu'il en soit, pour peupler la Corse, il fallait qu'ils soient nombreux, suffisamment en tout cas pour éviter la consanguinité. Tout ce que l'on peut dire, c'est que cette traversée en mer était un formidable exploit pour l'époque. Ça valait bien la traversée de la Manche à la nage par Matthew Webb en 1875 !

La dame de Bonifacio a plus de 9 000 ans

Le premier homme connu… c'est une femme ! Elle a vécu aux alentours de 7000 av. J.-C. et elle est morte assez jeune, vers 35 ans. Son squelette a été découvert au début des années 1970 dans une grotte près de Bonifacio (site d'Araguina-Sennola). Son corps est allongé sur le dos et sa tête inclinée sur le côté, probablement à la suite d'une sorte de cérémonial. Bien qu'elle ne soit pas aussi âgée que Lucy, la célèbre australopithèque découverte en Éthiopie et vieille d'un peu plus de trois millions d'années, la dame de Bonifacio a tout de même plus de 9 000 ans ! Elle témoigne de la solidarité qui existait déjà alors car, étant handicapée, elle a dû bénéficier de l'aide de ses congénères. Comme tous les habitants de l'île à cette époque, elle vivait de la cueillette, mangeait des coquillages ou de petits mammifères chassés, comme les rongeurs et les lapins-rats, de petits lapins de la taille d'un rat !

Quelques milliers d'années après…

Quelques milliers d'années plus tard, vers la fin du néolithique, les habitants de l'île se mettent à ériger des dolmens et à tailler des menhirs en très grand nombre. Nous sommes entre -5500 et -1500 av. J.-C. On a appelé cette civilisation les « Mégalithiques ». Puis, à partir de 1500 av. J.-C., les Corses construisirent des fortifications et des murailles avec des blocs de granit pouvant dépasser les six mètres de haut ! Les « tours » (Torre), réalisées durant l'âge du bronze, font que l'on a appelé cette civilisation les « Torréens ». L'originalité de ces réalisations guerrières a fait que les historiens ont pensé qu'il s'agissait d'une autre civilisation de la mer – en l'occurrence les « Shardanes » – qui serait arrivée en Corse à cette époque… Mais cette théorie est désormais contestée et l'on considère que les Torréens pourraient très bien descendre des premiers insulaires.

Record du nombre de menhirs

La Corse est aujourd'hui la région qui possède le plus de dolmens et de menhirs en Europe. Environ 500 ont été mis au jour. Un record ! Mais ce qui fait la particularité de cette île par rapport aux autres îles de la Méditerranée est que, sur certains de ces menhirs, on peut distinguer des visages humains, voire des corps entiers d'hommes armés. La moitié de ces statues menhirs, réalisées entre le néolithique et l'âge du bronze, sont situées sur le site de Filitosa, dans la commune de Sollacaro, en Corse-du-Sud.

Une fois les véritables origines oubliées, les générations qui ont suivi ont voulu expliquer la présence de ces étranges statues, en inversant généralement la signification du culte. Les légendes attribuent à ces menhirs une origine maléfique : le diable est passé par là ! Ainsi, sur le plateau de Cauria, dans la région de Sartène, un dolmen est appelé *stazzona del diavolo* (la forge du diable) et 25 menhirs alignés sur le même site seraient, selon la légende, des victimes de Satan.

Chaque statue a son histoire… À Calenzana, au sud de Calvi, la statue de Luzzipeiu serait celle d'un guetteur pétrifié. Ce dernier aurait eu la mauvaise idée de sonner l'alerte pour s'amuser lors d'une messe alors qu'il n'y avait pas d'invasion… À Sartène, une ancienne croyance dit que deux dolmens appelés *U fratellu e a surella* (le Frère et la Sœur) seraient les corps d'une religieuse (sûrement d'une beauté pétrifiante) et d'un moine qui l'aurait séduite et enlevée…

Le Voyage en Corse de Mérimée, c'est pas périmé !

Durant son voyage en Corse en 1840, Prosper Mérimée, alors inspecteur des Monuments historiques, fit un inventaire du patrimoine de l'île de Beauté. Lors d'un déplacement à Vico (dans l'actuelle Corse-du-Sud), il cherche une « statue de chevalier ».

Il tombe sur la statue menhir d'Appricciani. À l'époque, cette pierre taillée qui date de l'âge du bronze passe auprès des habitants pour être une ancienne idole des Maures ! Mérimée se doute bien que la statue est très ancienne, mais il ne peut pas la dater exactement. Il en déduit que le bloc de granite représente une divinité ou un héros. Il s'agit en fait d'un monument funéraire. Mérimée a néanmoins eu le mérite d'être le premier à avoir attiré l'attention sur ces menhirs de l'île, notamment par les descriptions très précises qu'il en fait dans son *Voyage en Corse* (1840). Malgré cela, il faut attendre plus de 100 ans pour que de véritables fouilles archéologiques soient effectuées en Corse sur ces sites préhistoriques !

Attention : les envahisseurs arrivent !

S'il y avait des guetteurs en Corse, c'est parce qu'il y a toujours eu des envahisseurs venus par la mer. Ce sont plusieurs civilisations de cultures différentes qui vont ainsi peupler l'île : Ibères, Shardanes, Ligures, Phocéens, Étrusques, Phéniciens, Romains…

Les premiers envahisseurs

Qui sont ces envahisseurs ? D'où venaient-ils ? Autant de civilisations qui vont constituer un véritable « melting-pot corse ». Découvrons-les !

Les civilisations par ordre d'arrivée

Les envahisseurs sont arrivés en Corse par étapes, à plusieurs siècles d'intervalle :

- Entre 3000 et 565 av. J.-C. : il n'y a pas vraiment de certitude ni sur les dates, ni sur les peuples, mais on pense qu'il y avait peut-être, en Corse, des Ibères, des Lybiens ou des Shardanes (un peuple de la mer qui serait aussi l'ancêtre du peuple sarde). Les Ligures, venus d'Italie du Nord, ont probablement débarqué eux aussi dans le sud de l'île. Dans son commentaire sur l'*Énéide* (X, 172), Servius (auteur du IVe siècle) affirme même que les Corses auraient fondé le port de Populonia – actuellement situé en Toscane – et seraient ainsi à l'origine de la civilisation Étrusque !
- Vers 565 av. J.-C. : c'est au tour des Phocéens, des Grecs venus d'Asie Mineure. Ils créent des pêcheries et des salines, ainsi qu'un port à Alalia (future ville d'Aléria), à l'embouchure du Tavignano, sur la côte est ;
- Vers 540 av. J.-C. : les Étrusques viennent du Nord de l'Italie pour occuper la côte orientale. Avec l'aide des Carthaginois, ils vont combattre les Phocéens qui, selon Hérodote, pratiquent la piraterie contre leurs voisins ;
- Vers 280-250 av. J.-C. : les Phéniciens sont de passage au moment des guerres puniques qui opposent Carthage et Rome. La victoire des Romains sur les Carthaginois a été estimée tellement violente que Florus a écrit après cela « qu'il ne restait plus rien à vaincre, sinon l'Afrique elle-même » !
- À partir de 259 av. J.-C. : les premières légions romaines établissent une colonie dans l'île.

De la préhistoire à l'Antiquité, la Corse va donc voir arriver des peuples d'un peu partout. Les peuples implantés vont se mélanger, mais cela ne se fera pas d'un coup… Le géographe grec Strabon (Ier siècle av. J.-C.) estime que l'on pouvait encore distinguer, à son époque, quatre tribus ou peuples dans l'île. Autre version de Ptolémée un peu plus tard (Ier-IIe siècles) : il en existerait une douzaine…

Pas si fous, les Romains !

Que ce soit les Phocéens, les Carthaginois ou, plus tard, les Maures, les peuples envahisseurs se sont toujours servi de la Corse comme plate-forme pour conquérir le continent voisin. Il était donc dans l'intérêt des Romains de s'installer dans l'île afin d'empêcher d'autres envahisseurs de venir… Mais la Corse a également été exploitée pour ses richesses naturelles, en particulier le bois. Et, sous l'Antiquité, l'île va devenir le « grenier de Rome ». Pas si fous, les Romains !

Alalia devient Aléria

Le consul Lucius Cornelius Scipio, de la célèbre famille des Scipion, vient d'écraser les Carthaginois en 259 av. J.-C. Il prend la ville d'Alalia, qu'il incendie et rebaptise Aléria. C'est le début de la colonisation romaine. Aléria fait figure de capitale de l'île. Une seconde ville, Mariana, est fondée en l'an 94 av. J.-C. par Caius Marius, grand général romain de son temps.

L'ancienne colonie grecque, occupée un temps par les Carthaginois, passe désormais aux mains des Romains. Ces derniers vont bâtir à Aléria une cité avec tous les fastes qui vont avec : forum, arc de triomphe, temples… Rien n'est trop grand pour Rome ! Ces monuments somptueux ont marqué les esprits, si bien qu'à l'emplacement de l'ancienne maison du gouverneur romain, on a continué à appeler ce lieu *palazzi* (palais), là où il ne reste aujourd'hui plus que quelques ruines…

Quelques souvenirs d'Aléria...

Si vous avez l'occasion d'aller à Aléria, visitez son musée et son site antique (sur la route D43, un peu avant la mer). Vous pourrez notamment y voir :

- Quelques souvenirs des peuplements grecs et étrusques : des céramiques et des objets funèbres retrouvés dans les tombes. Par exemple, les « rhytons », ces longs vases qui servaient à certains rituels comme les libations. Magnifiques, en forme de tête de chien ou de cheval, ils sont décorés de peintures. Ils ont été réalisés par le peintre Brygos, dont le célèbre atelier se trouvait à Athènes, au Ve siècle av. J.-C., au moment où la cité était au plus haut de sa gloire. Les tombes trouvées sur le site contiennent encore des mystères, des pentagrammes gravés ainsi que des symboles cosmiques et pythagoriciens.
- Quelques souvenirs de Rome : en 1965, les ruines de l'ancienne cité romaine ont été entièrement mises au jour. Elles datent du Ier siècle av. J.-C. Elles valent le détour : on peut y voir les restes d'un forum, des thermes, un capitole, des anciennes boutiques, etc. Toute cette richesse des Romains sera détruite au Ve siècle par les Vandales !

Les soldats à la Marana

La Marana, c'est de nos jours une très belle plage au sud de Bastia, près de l'étang de Biguglia. Elle était fréquentée sous l'Antiquité par les soldats de la cité de Mariana, dont le site est situé sur l'actuelle commune de Lucciana, au sud-ouest de l'étang de Biguglia. En fait, ces patrouilles contrôlaient la région entre l'étang de Biguglia et le Golo, dont l'embouchure était susceptible d'accueillir de nombreux navires.

Le nom ancien de l'étang de Biguglia est Chiurlino. Certains disent que ce nom viendrait de Clunium, ville romaine que Ptolémée situe dans cette région. Mais on ne trouve aucune trace de cette cité fantôme !

Le traité de paix qui fit rager Rome

Alors que les Romains occupaient la côte, les Corses, descendant des premiers arrivants, vivaient pour l'essentiel de leur activité pastorale dans le cœur de l'île et dans les zones non romanisées. Les relations avec les Romains étaient celles que l'on peut imaginer avec un envahisseur qui a décidé d'occuper une terre et de faire de ses habitants des esclaves, dès qu'il en avait les moyens…

Mais si les historiens parlent de plusieurs conflits et révoltes des habitants de l'île, un traité de paix a aussi été signé avec les Corses au IIIe siècle av. J.-C. L'histoire est la suivante : délégué par le consul Caius Licinius Varus pour régler le problème corse, Marcus Claudius Clineas accepte de parler de paix et signe un traité avec les habitants de l'île, une humiliation pour Rome qui ne supporta pas d'avoir à négocier avec les Corses. En guise de remontrances, le Sénat fit exécuter Clineas dès son retour en Italie !

Une drôle de coutume !

Les historiens et géographes, dont les Grecs Diodore de Sicile (Ier siècle av. J.-C.) et Strabon (Ier siècle), ont beaucoup écrit sur les Corses. Diodore décrit un peuple qui « cultive et pratique la justice », mais il raconte aussi une étrange coutume : « Quand la femme est sur le point d'accoucher, elle n'est l'objet d'aucun soin particulier, mais son mari se couche et tient le lit un nombre de jours fixés, présentant tous les symptômes comme s'il souffrait lui aussi » ! Cette histoire, qu'elle soit vraie ou fausse, montre l'image virile qu'on avait des femmes de l'île à l'époque… Le portrait de l'homme, en revanche, est moins flatteur…

Sénèque jeté dans les orties !

Au Ier siècle, la Corse a hébergé l'illustre philosophe Sénèque. Que fait-il là ? Il est exilé dans l'île à cause d'un prétendu adultère avec la nièce de l'empereur Claude, Julia Livilla. En fait, le philosophe est victime d'une machination issue de la rivalité entre la nièce et la femme de l'empereur, la très dévergondée Messaline. Stoïcien, Sénèque passe sept ou huit années en Corse et y écrit la *Consolation à Helvia*, ainsi que la *Consolation à Polybe*.

Il y a dans le cap Corse, près de la commune de Luri, une tour qui se nomme la « tour de Sénèque ». En fait, il s'agit d'une construction médiévale ! À moins que cette tour soit bâtie sur des fondations plus anciennes. Près de cet édifice poussent des orties aujourd'hui appelées par les Corses « *orticula di Seneca* ». Selon la légende, elles auraient servi aux paysans à fustiger le philosophe pour avoir séduit quelques jolies filles du coin !

Les premiers Chrétiens corses

Venus de Rome, il est possible que les Chrétiens aient commencé à arriver en Corse dès le début de l'ère chrétienne. Mais il n'y a pas vraiment de preuves… Si on en croit l'hagiographie, les premiers martyres corses remontent au début des persécutions de l'empereur romain Dioclétien (entre 303 et 313). Cependant la datation par les historiens contredit parfois la tradition : la Passion de Sainte Dévote et celle de Sainte Restitute pourraient être liées aux persécutions de l'empereur Septime Sévère (en 202). Les premières communautés chrétiennes corses datent du IIIe-IVe siècle, mais c'est surtout à partir du Ve siècle, avec l'arrivée des évêques exilés d'Afrique du Nord (vers 484), que l'on commence à édifier des lieux de culte chrétiens. Avec le début du christianisme apparaissent les premiers martyrs corses : Sainte Dévote (IIIe-IVe siècle, patronne de la Corse depuis 1826), Sainte Restitute (III ou IVe siècle, célébrée par un pélerinage à Calenzana), Sainte Julie (patronne de la Corse depuis 1809, martyrisée à Nonza au Ve siècle), Saint Florent (évêque africain exilé lors des invasions vandales et mort en Corse) et plusieurs autres encore.

LE SAVIEZ-VOUS ?

Sainte Dévote, patronne de la Corse… et de Monaco

Le 27 janvier, sainte Dévote n'est pas seulement fêtée en Corse, mais aussi à Monaco, dont elle est également la patronne. L'hagiographie (vie des saints) raconte que son corps fut martyrisé sous ordre du préfet romain Barbarus (ça ne s'invente pas !). Selon une tradition, après qu'elle a été traînée sur les rochers, ligotée et exposée sur un chevalet, une blanche colombe est sortie de sa bouche en la proclamant « patronne de la Corse ». Une autre version affirme que son corps a été mis sur un bateau qui aurait échoué ensuite à Monaco. Un marin l'y aurait même transporté, guidé par une colombe.

Au début de l'ère chrétienne, il y avait 30 000 Corses. Au IIIe siècle, ils étaient 100 000, soit le triple. Cette croissance démographique en 300 ans est d'autant plus incroyable qu'il faudra par la suite 17 siècles pour que la population insulaire triple à nouveau !

Encore des invasions au Moyen Âge !

Après plusieurs siècles de romanité, la Corse fera l'objet de nombreuses vagues d'invasions tout au long du Moyen Âge. Dans l'ordre d'arrivée, nous avons :

- Vandales (450) ;
- Byzantins (533) ;
- Ostrogoths (550) ;
- Lombards (640-660) ;
- Francs (754) ;
- Armées du pape (774) ;
- Sarrasins (de 800 à 1000) ;
- Pisans (1077) ;
- Génois (1284) ;
- Aragonais (1404-1434).

Des Vandales au Vatican

Avec l'effondrement de l'Empire romain au Ve siècle, la Corse est à nouveau une île très convoitée. De nouveaux envahisseurs arrivent encore et encore !

Les premiers à venir envahir l'île sont les Vandales. Or, comme on sait, ils vandalisent : on leur attribue ainsi la destruction d'Aléria. Comme tous les envahisseurs, ils cherchent à occuper la Corse. Ainsi, Huneric, roi des Vandales, fait couper du bois sur l'île pour les navires de sa flotte. Il y envoie des évêques d'Afrique, dont le futur martyr saint Florent (d'où la ville qui porte depuis longtemps son nom dans le Nebbio, au nord de la Corse).

Avec les Byzantins, ce n'est pas Byzance !

Pendant les deux siècles où la Corse était rattachée au Grand Empire romain d'Orient, les Byzantins n'ont pas fait grand-chose dans l'île en matière de construction. Ce qui contraste énormément avec les Romains ! L'absence de traces archéologiques de grands aménagements tient probablement à la corruption des administrateurs byzantins.

Qu'ont fait alors les Byzantins ? Certes, ils ont tout d'abord chassé les Vandales, puis les Ostrogoths venus d'Italie en 550. Ils ont ensuite poursuivi la christianisation, notamment sous le pape Grégoire le Grand (Pascal Paoli décide en 1765 qu'il sera le patron de l'université de Corte). Mais Byzance ayant sous-traité la gestion de l'île à ses gouverneurs en Afrique, la situation n'était pas faite pour durer…

Les Lombards, nos cousins germains…

Qui sont ces Lombards ? D'origine germanique, ils occupaient depuis le VIe siècle le Nord de l'Italie (d'où le nom de l'actuelle Lombardie). En un siècle, ils sont progressivement descendus de plus en plus dans le Sud. Au milieu du VIIIe siècle, leur roi Aistolf présente une nouvelle menace pour la papauté. Vers 640-660, les Lombards arrivent en Corse et en chassent définitivement les Byzantins en 719.

Bref, les Pépins arrivent…

En 754, le pape Étienne II sacre Pépin le Bref « roi des Francs ». Une stratégie qui, pense-t-il, lui permettra de mieux contrer la menace lombarde. Dans la foulée, le pape demande à Pépin que la Corse lui soit attribuée comme « patrimoine de Saint-Pierre » (dans le supposé traité de Quierzy dont on n'a aucune trace !). L'appui de Pépin le Bref, puis de son fils Charlemagne, portera finalement ses fruits puisque, en 774, le roi lombard, Didier, capitule. Le pape rappelle désormais à Charlemagne la promesse que son père lui avait faite de lui céder la Corse.

Les faussaires du Vatican

Le *Livre des papes* raconte qu'en fait, c'est Pépin le Bref qui aurait cédé la Corse à la papauté en 755. Or, il n'existe aucune trace de ce document de cession, bien que Charlemagne en aurait confirmé l'existence. En revanche, le pape Léon III, pour justifier la donation de Pépin, n'hésitera pas à faire référence à une autre donation, celle de Constantin, supposée remonter au IVe siècle et qui est en fait un faux, fabriqué de toutes pièces par l'Église trois siècles plus tard !

Beaucoup de Maures !

Voilà déjà un moment que le monde chrétien essayait de refouler les invasions maures. Cette fois, ceux que l'on appellera plus tard les Sarrasins, envahissent la Corse au début du IXe siècle. L'île de Beauté est pour eux une excellente base d'où diriger des attaques en Méditerranée, notamment sur les côtes ligures.

Croisade corse de Charlemagne contre les Maures

L'arrivée d'une flotte de Charlemagne en 806, conduite par son fils Pépin, fait que les Maures commencent à quitter l'île, mais ce sera pour mieux y revenir au cours de multiples incursions périodiques. Durant plus de deux siècles, les Corses guetteront ainsi l'arrivée de ces combattants musulmans spécialistes de la razzia, du pillage et du trafic d'esclaves…

Lors des invasions, les Corses se réfugiaient sur les hauteurs montagneuses. Des combats épiques ont eu lieu sur l'île de Beauté. Les chroniqueurs et la tradition corse parlent d'un héros légendaire du nom d'Ugo Colonna, sorte de Charles Martel corse qui aurait chassé les Maures de l'île au début du IXe siècle ! Il aurait été envoyé par le pape avec une armée de fantassins et de cavaliers pour délivrer l'île de l'ennemi. Les historiens affirment à présent qu'il n'aurait peut-être jamais existé… Mais Ugo Colonna incarne la bravoure des Corses contre les Maures, laquelle a été bien réelle !

Un trésor caché à Venaco

À Poggio-di-Venaco, près de Corte, la tradition dit qu'une grotte servait de refuge aux habitants du village lors des invasions maures. Cette histoire est à recouper avec une autre légende évoquant des galeries souterraines autour du village et même un trésor caché ! On a longtemps pensé que c'était dans cette région de Poggio (terme italien qui veut dire « colline ») que se situait le château construit par Ugo Colonna. Coïncidence ? À quelques kilomètres de Poggio, à Santo-Pietro-di-Venaco, un lieu-dit porte le nom de Grotta dei Mori. Ces éléments montreraient-ils que les Maures sont arrivés par la vallée du Tavignano dans les hauteurs du Centre de la Corse ? Mais les historiens placent aujourd'hui le centre de l'ancien Venaco (que les Romains appelaient Venicium) plus au nord, à l'emplacement de l'église San Giovanni Battista (IXe siècle), sur la commune de Corte.

Qui sont les Maures ?

Ce n'est que plus tard, vers le Xe siècle qu'on les appellera « Sarrasins ». Le terme « Maure » vient du grec *Moros* ou du latin *Maurus* pour désigner les Berbères d'Afrique du Nord. Certains ont été romanisés ou christianisés au IIIe siècle. Mais, au VIIe siècle, avec l'islamisation, les Maures sont devenus une population métissée arabo-berbère qui propage la religion de Mahomet.

Au début du VIIIe siècle, ils envahissent l'Espagne et montent jusqu'à Poitiers, où Charles Martel les arrête en 732.

Une danse très ancienne date des invasions maures : la mauresque. Elle est pratiquée pour repousser les périls venus de la mer. Composée de 12 figures guerrières, elle est censée représenter le légendaire combat de Mariana qui a eu lieu entre Ugo Colonna et l'envahisseur musulman. Au dernier acte était mimée la remise des armes par les Maures.

Les Maures ne sont pas seulement réputés pour leurs razzias en Corse, ils ont également laissé plusieurs traces qui témoignent d'une implantation :

- À Appietto, près d'Ajaccio, une des tours médiévales du village porte de nombreuses inscriptions en caractères arabes ;
- Certains lieux portent la dénomination « des Maures » : Pian'Morese (plateau des Maures) ou Grotta dei Mori (grotte des Maures) ;
- Plusieurs noms de villages sont dérivés du terme « Mori » : Morosaglia, Moriani, Morsiglia, Campo-Moro, etc.

Et Boniface créa Bonifacio

Depuis Pépin le Bref, les Carolingiens sont les alliés du pape. Leurs forces navales chassent en Méditerranée les pirates maures. Lorsque le fils de Charlemagne, Louis le Pieux, arrive au trône, il continue la lutte contre les infidèles ! C'est là qu'intervient celui que l'on appelle à l'époque « le protecteur de la Corse », Boniface II, marquis de Toscane. Avec la flotte carolingienne, il mène des expéditions contre Tunis (encore appelée « Carthage » par les Latins) puis, à son retour d'Afrique, contre les Maures en Corse.

On pense que le marquis Boniface II est à l'origine du nom de la ville de Bonifacio, située à l'extrême sud de la Corse. Sous le titre de « préfet de Corse » (*præfectus insulæ*), il y aurait fait construire une citadelle appelée castel Bonifacio (château Bonifacio). Mais une autre tradition affirme que la fondation de la ville serait l'œuvre du pape Boniface ! Quant au castel Bonifacio, certains disent que son nom pourrait dériver de la beauté du bâtiment. En effet, *bonifacio* est une déformation de *bona fazio* (joli bâtiment) !

Nous sommes en 1014, la coalition de Gênes et de Pise vient d'écraser le roi sarrasin Mogehid. Les Maures, c'est enfin fini ! Mais d'autres problèmes commencent… La Corse décidément n'aura aucun répit !

Pise contre Gênes

Après la victoire sur les Maures, Gênes et Pise, républiques victorieuses, sont devenues deux grandes puissances. Leur désir de grandeur les conduit à une forte rivalité, ce qui va entraîner d'importantes conséquences sur le sort de la Corse, prise entre l'enclume et le marteau.

Rendez à César ce qui est à César...

La Corse est convoitée par les grandes puissances pour une raison simple. Il s'agit d'abord d'une plate-forme stratégique fondamentale en cet endroit de la Méditerranée. Mais c'est également un réservoir de richesses naturelles (bois, troupeaux, fruits...). Lorsque la petite fille de Boniface II, héritière de la totalité des États du marquis de Toscane, revendique une suzeraineté sur la Corse, elle se trouve déjà confrontée aux familles nobles de descendants génois implantées depuis un moment dans l'île, lesquelles se disent dépendantes de l'évêque de Gênes ! Mais ce n'est pas tout, le pape Grégoire VII rappelle aux insulaires que la Corse « n'appartient à aucune puissance temporelle si ce n'est à celle de la sainte Église romaine » ! Et il ressort la prétendue donation de Constantin qui est en fait un faux document fabriqué par l'Église (voir *supra*).

Pise penche pour la Corse

Pise avait depuis longtemps des visées sur la Corse. Depuis la défaite des Maures, la papauté a fait savoir que c'était à elle de décider du sort de l'île. Pour mieux la contrôler, le pape Grégoire VII confie en 1077 aux Pisans le soin d'envoyer des troupes pour, officiellement, « aider les Corses à se défendre » ! À partir de ce moment-là, l'évêque de Pise est chargé d'administrer la Corse... pour mieux contenir l'influence génoise.

La décision du pape n'empêchera pas les Génois de vouloir, comme Pise, conquérir la Corse. C'est le début de la guerre entre Pisans et Génois. Cette conquête se fait sur mer et sur terre. À la fin du XIIe siècle, les Génois seront confortablement installés dans l'île malgré la présence des Pisans. La réalité de la présence génoise était déjà d'ailleurs reconnue par le pape

Innocent II qui, dès 1133, a partagé l'île en six évêchés : ceux d'Ajaccio, d'Aléria et de Sagone pour Pise, et ceux de Mariana, du Nebbio et d'Accia (situés au nord de l'île)… pour Gênes.

Tous les ponts génois ne sont pas génois !

Pise et Gênes ont fait construire de nombreux ponts en Corse. On parle beaucoup des « ponts génois », car c'est surtout à partir du XIIIe siècle, lorsque Gênes est pleinement installée dans l'île, que ces constructions se multiplieront. Mais certains ponts existant aujourd'hui ont été édifiés à l'initiative des Pisans, et c'est à tort qu'on les qualifie parfois de « ponts génois ». Les ponts pisans et génois sont caractérisés par une surface dite en « dos d'âne », c'est-à-dire formée de deux pentes inclinées de chaque côté de l'arête qui est leur ligne de jonction.

Pise, grand bâtisseur d'églises avant Gênes

Les églises pisanes figurent parmi les plus anciennes de Corse. Les Pisans ont ainsi fait construire de multiples édifices d'art roman durant la *pax pisana* (paix pisanne) entre le XIe et le XIIe siècle. Il en existe plus d'une centaine dans l'île ! Certaines, comme l'église de Murato (voir chapitre 17) ou celle d'Aregno, situées respectivement dans le Nebbio et en Balagne (Nord de la Corse), sont connues pour leurs magnifiques façades polychromes.

La Corse presque pas féodale

Comment les Corses vivaient-ils au Moyen Âge ? Contrairement à ce que l'on peut penser, ils étaient plutôt libres. Une partie vivait selon le régime du « commun », sans féodalité. Même lorsqu'il existait un régime féodal, les seigneurs n'avaient pas un droit particulier sur les gens. Bref, malgré la présence des occupants italiens et des seigneurs corses, le peuple dans son ensemble n'avait pas trop de contraintes. En tout cas, telle semblait être la situation, tant qu'ils ne se révoltaient pas…

En deça et au-delà des monts

Au Moyen Âge, les modes de vie étaient différents selon que l'on habitait d'un côté ou de l'autre de la chaîne de montagnes qui sépare naturellement la Corse. Les habitants vivant dans une région dite « au-delà des monts » (*Pumonte* en corse) étaient de tradition féodale, tandis que ceux qui vivaient de l'autre côté, « en deça des monts » (*Cismonte*, allant de la Balagne à Coasina, sur la côte est), avaient adopté un régime républicain dit *popolo e comune*, dont le modèle, venu d'Italie, pouvait être laïc ou ecclésiastique (comme par exemple dans le Nebbio).

Communisme à la corse

Certains Corses vivant « en deça des monts » avaient un mode de vie particulier selon un régime « commun » agricole (en corse : *a terra di u cumunu*) où les affaires locales étaient réglées par une assemblée des chefs de famille au niveau du village ou de la *pieve* (paroisse corse correspondant à un découpage administratif).

Ce « communisme » agraire n'échappa d'ailleurs pas à Rousseau lorsqu'il écrit au XVIIIe siècle son *Projet de Constitution pour la Corse*. La particularité du régime « commun » agricole était que la terre cultivée appartenait à celui qui l'avait mise en culture mais, après la moisson, elle redevenait un bien public auquel les bergers avaient accès. Les vaches, chèvres ou brebis erraient ainsi sur les terres et se nourrissaient librement… une caractéristique corse qui a toujours cours aujourd'hui !

Toutefois, ce régime d'égalité sociale n'empêchait pas l'existence du pouvoir donné – selon le modèle italien – à des gentilshommes appelés comtes ou marquis, gonfaloniers (au XIIIe siècle) ou *caporali* (au XIVe).

PARLER CORSE

Qu'est-ce que la *pieve* ?

Il s'agit en corse de la « paroisse ». La Corse médiévale (puis de l'Ancien Régime) était divisée en *pievi* (ou pièves en français). Ces églises existaient bien avant l'arrivée des Pisans et des Génois ! Mais les occupants italiens les ont utilisées comme des lieux de pouvoir, chacune étant le centre d'une circonscription administrative. Bien pratique ! Car, dans une Corse cloisonnée par les montagnes et les rivières, ces paroisses permettaient d'exercer un pouvoir de « proximité ». Elles étaient ainsi un échelon idéal, non seulement pour le pouvoir politique et religieux, mais aussi pour la justice. Leur rôle est donc central pour comprendre la vie des Corses durant toute leur histoire. Aujourd'hui encore, le découpage des cantons administratifs est proche de celui de ces *pievi*.

Libertà !

Dans la région de l'« au-delà des monts », située au sud de la Corse, les traditions féodales étaient plus développées. Mais cette féodalité était bien différente de celle que l'on peut trouver à la même époque dans la France médiévale. Ainsi le servage était-il inconnu des insulaires… Bref, les Corses étaient, dans l'ensemble, libres ! Liberté à laquelle ils se sont donc très tôt habitués et qui est si chère aux habitants de l'île (comme en témoignent aujourd'hui les nombreux slogans « *Libertà !* », écrits un peu partout sur les murs de Corse).

La fin de la pax pisana

La *pax pisana* a permis aux Corses de vivre pendant deux siècles un peu tranquilles. Mais la rivalité entre Gênes et Pise était toujours bien là.

Une Corse poursuite à travers la Méditerranée

Nous sommes au XIIe siècle. Les Génois souhaitent toujours conquérir la Corse pour des raisons stratégiques. Cette ambition s'inscrit en fait dans un conflit global mené dans toute la Méditerranée : Pise vient par exemple de chasser une colonie génoise… à Constantinople, de plus, le Nord de l'Italie est presque en totalité soumis au royaume de Germanie. Or, pour le roi de Germanie et d'Italie, l'empereur Henri VI, il va de soi que la Corse fait partie du royaume, ainsi que Pise et Gênes… Pourtant, en 1192, c'est la surprise et le désarroi pour les Génois : Pise obtient de l'empereur germanique que la Corse lui soit donnée en fief. Cela met le feu aux poudres : les Génois s'emparent une nouvelle fois de Bonifacio en 1195…

Mariages troublés à Bonifacio

LE SAVIEZ-VOUS ?

La ville de Bonifacio a été tout au long du XIIe siècle aux mains de Pise et de Gênes par alternance. En 1138, le Génois Fulcone di Castello conquiert, de sa propre initiative, Bonifacio aux Pisans… qui reprennent la ville en 1139. Mais ce n'est pas fini ! En 1181, alors que les habitants célèbrent un mariage, les Génois débarquent et s'emparent par surprise de Bonifacio… que Pise reconquiert une nouvelle fois en 1187 ! Un nouveau fort est construit, ce qui n'empêche pas les Génois de reprendre la ville en 1195, et d'en chasser presque tous les habitants ! Bonifacio est alors repeuplée par des colons génois venus d'Italie. Malgré plusieurs tentatives, Pise n'arrivera plus à prendre possession de la cité.

Le vent tourne !

La fin du XIIe siècle marque le déclin de Pise. La République a besoin d'alliances politiques et est affaiblie par la rivalité de Gênes, puis des cités italiennes que sont Florence et Lucques. Au XIIIe siècle, la Corse, qui avait profité des échanges commerciaux avec Pise, voit le vent tourner ! Gênes s'affirme comme la grande puissance commerciale de cette époque. Elle possède, au sud, Bonifacio (de manière définitive depuis 1195) et, au nord, le cap Corse, deux points stratégiques auxquels s'ajoute la ville de Calvi où les Génois construisent en 1268 la fameuse citadelle…

Où il y a de la Gênes…

Nous voilà partis pour cinq siècles d'occupation génoise. Génoise uniquement ? Non. Parce qu'en plus des Pisans, qui ne sont pas pressés de partir, il y a aussi les troupes du roi d'Aragon, les Français, les Turcs… Bref, la Corse n'en a pas fini avec les conquêtes étrangères !

Pise recule et Aragon laisse passer son tour

Pise est en train de perdre, Gênes va-t-elle occuper pleinement la Corse ? Pas d'aussitôt. Le pape vient de mettre un nouvel ennemi dans les pattes de Gênes : le roi d'Aragon.

Pise, touchée et coulée

C'est autour d'un petit îlot rocheux dans la mer Tyrrhénienne, au large de Livourne, que le sort de la Corse a été une nouvelle fois joué. Cet îlot appelé Meloria donnera en effet le nom de la bataille navale entre Pise et Gênes qui a eu lieu en 1284. Après leur cuisante défaite, les Pisans abandonnent l'île de Beauté aux Génois.

Quelques Corses fidèles à Pise (notamment à Aléria) émigrent alors vers la ville italienne, dont la célèbre tour, toujours en construction, est en train de pencher !

Le pape chante Aragon

Comme par le passé, la papauté refuse l'idée que les Génois puissent posséder la Corse. Pour contrer l'impérialisme de Gênes, le pape Boniface VIII demande au roi d'Aragon, Jaime II, de reprendre l'île aux Génois. Le royaume d'Aragon, situé à l'est de l'Espagne, est justement en train de se développer. Il a déjà pris possession des Baléares (1229) et de la Sicile (1282). Mais le roi d'Aragon n'est pas disposé à s'occuper pour le moment de l'île de Beauté. En effet, la fin de l'occupation par Pise est trop fraîche. Malgré la bataille de Meloria, la Corse n'a pas tout à fait mis fin aux relations avec Pise. Ainsi, après 1284, certains insulaires continuent à faire un commerce très lucratif avec l'ancien occupant. Bref, c'est encore trop tôt pour le roi d'Aragon !

Sinucello della Rocca, l'homme qui agaça Gênes et Pise

Héros pour les uns, opportuniste pour les autres, Sinucello della Rocca est en tout cas une personnalité de premier plan, issue d'une famille de hobereaux de Cinarca qui contrôlait presque toute la moitié sud de la Corse au Moyen Âge.

Il avait défendu les Pisans contre les Français, et, en reconnaissance, Pise lui avait donné le titre de *giudice* (magistrat suprême). Après la bataille de Meloria, il jure fidélité à Gênes alors qu'il est soutenu par Pise. Il retourne ainsi plusieurs fois sa veste, ce qui finit par agacer les deux républiques qui, lors d'un traité de paix en 1299, prévoient son sort dans une clause particulière : le bannissement. Pour beaucoup de Corses, cela fait de lui un héros, car il dérange à la fois Gênes et Pise ! Mais il est néanmoins trahi par des proches. Capturé sur la plage de Propriano, il est ensuite transféré dans les geôles de Gênes où il y finit ses jours.

Peste d'Aragon !

Au XIVe siècle, la situation a changé. Il est clair que Pise ne pourra plus reconquérir la Corse ! Le royaume d'Aragon a acquis une grande puissance en Méditerranée avec la conquête de la Sardaigne en 1325. En 1346, les Aragonais débarquent à Bonifacio… Manque de chance, 24 mois après, la peste noire décime la moitié des habitants de la ville… Ce qui arrête brutalement la progression des Aragonais dans l'île !

Des franciscains hérétiques

Au milieu du XIVe siècle naissent à Carbini, dans le Sud de la Corse, d'étranges pratiques mortifères. Ce sont celles des adeptes de la secte des Giovannali, du nom du frère franciscain à l'origine de leur doctrine. La légende raconte que les Giovannali mettaient tous leurs biens en commun y compris leurs femmes ! Réunis la nuit dans leurs églises, ils se livraient ainsi à des orgies lors d'étranges sabbats. Mais cette fable est colportée par un chroniqueur membre du clergé… Or, à cette époque, le clergé combattait la doctrine de ces franciscains qui qualifiaient l'Église de « prostituée de

Babylone » ! De plus, les habitants de Carbini, adeptes de la secte des Giovannali, vivaient selon le culte franciscain de la pauvreté et ne payaient donc plus l'impôt. Tout cela déclencha les foudres de l'Église et des seigneurs locaux. Leur doctrine fut qualifiée d'hérésie par l'évêque d'Aléria et, entre 1363 et 1364, ils furent tous massacrés, avec femmes et enfants, par les troupes du commissaire du pape soutenu par les seigneurs de la région.

À partir de 1358 a lieu la révolte de la « terra di u cumunu » (terre de la commune). Elle prend naissance dans l'« en deça des monts » et oppose les notables paysans du Nord (les caporali), favorables à Gênes, aux seigneurs féodaux du Sud, partisans du roi d'Aragon. Menée par Sambucuccio d'Alando, cette révolte marquera encore plus la séparation entre le Nord et le Sud de l'île. Le Nord étant la « terre de la commune » (en italien : *terra di comuni*) et le Sud, la « terre des seigneurs » (en italien : *terra dei signori*).

Au secours Gênes !

La République de Gênes intéressée par la Corse ? Apparemment, si on en croit le chroniqueur Giovanni della Grossa, ce sont tout d'abord des Corses qui sont allés à Gênes et non le contraire ! Cela se passa lors de la révolte contre les seigneurs de la Cinarca, vassaux d'Aragon. Des notables corses décidèrent d'envoyer quatre ambassadeurs à Gênes et ainsi, selon le chroniqueur, « ils se donnèrent à la commune de Gênes sous condition de ne pas payer plus de 20 sous par foyer chaque année et sans aucun autre impôt, tribut ou obligation de vassalité ». Pour ces Corses écrasés par la charge fiscale et le comportement devenu insupportable de certains seigneurs locaux (surtout les pro-Aragonais du Sud), Gênes pouvait paraître un moindre mal…

C'est au tour d'Aragon

Arrigo della Rocca, vous connaissez ? Et Vincentello d'Istria ? Retenez ces noms, ce sont ceux de personnages importants de l'histoire de Corse durant les XIVe-XVe siècles. Ils sont issus d'une lignée qui va tenir tête à Gênes… et soutenir le roi d'Aragon.

Arrigo della Rocca, Aragonais de Corse

Entre-temps, la situation continue à se dégrader en Corse. En 1376, Arrigo della Rocca, descendant direct de Sinucello della Rocca, prend le contrôle de l'île avec l'aide d'une armée catalane. Il se réclame lieutenant du roi d'Aragon dit « de Corse et de Sardaigne » !

Mais c'est la guerre civile, la famine et l'épidémie ! Seule l'arrivée des Génois pouvait, aux yeux de certains Corses, sortir l'île du malheur dans lequel elle se trouvait. L'arrivée de la société financière la Maona, fondée à Gênes, est bienvenue et même le pro-Aragonais Arrigo della Rocca feint de se plier à la manne financière des Génois en devenant actionnaire de cette société !

De son côté, la Maona réalise quelques constructions. C'est ainsi qu'elle bâtit entre 1378 et 1383 la fameuse citadelle de Bastia. C'est d'ailleurs à cette bastille (*bastia* en italien) que la ville doit son nom.

La Maona n'a cependant pas réglé le problème des ambitions aragonaises. Arrigo della Rocca fait capturer les actionnaires de la société génoise et tente à nouveau de mettre l'île sous suzeraineté du roi d'Aragon. Après plusieurs victoires sur les troupes génoises, il meurt finalement en 1401, année d'épidémie en Corse.

Vincentello d'Istria

C'est alors Vincentello d'Istria qui prend la relève. Il s'avère être un ennemi redoutable. Comme beaucoup de seigneurs de l'île, Vincentello d'Istria fait remonter la généalogie de ses ancêtres à Ugo Colonna, dont les historiens disent à présent qu'il n'a jamais existé ! Descendant du *Giudice* Sinucello della Rocca, il commence sa vie dans la piraterie contre les Bonifaciens et le commerce génois. Au début du XVe siècle, il revient à Tiuccia (dans l'actuelle Corse-du-Sud), où sa famille, très ancienne, possède un château.

Vincentello d'Istria se révèle être un cauchemar pour les Génois, lesquels sont aussi enlisés dans les conflits des familles de seigneurs corses qui ravagent l'île.

C'est en 1401 que commence une guerre de 33 ans qui oppose 50 familles de seigneurs sur l'île ! À l'origine de ce conflit : la décomposition du système politique de Gênes qui a conduit la République à solliciter la protection du roi de France, Charles VI. Des notables corses sautent sur l'occasion pour dénoncer la politique des Français qui, finalement, nomment Leonello Lomellini gouverneur de Bastia. Mais, en deux ans, le seigneur Vincentello d'Istria réussit à conquérir la presque totalité de la Corse avec l'aide des troupes du roi d'Aragon. Il se fait nommer comte de Corse à Biguglia, qu'il vient de prendre aux Génois en 1407.

L'apparition de la tête de Maure

Sur les navires aragonais de Vincentello d'Istria flottait un drapeau. À quoi ressemblait-il ? Il est fort probable qu'il était proche de celui qui existe de nos jours en Corse. En effet, sur les bannières du roi d'Aragon figurait une tête de Maure avec les yeux bandés, motif que l'on retrouve aujourd'hui également en Sardaigne (mais où sont représentées non pas une, mais quatre têtes de Maures), ancienne possession du royaume aragonais. Devenue désormais emblème de l'île, la tête de Maure du drapeau corse a à présent les yeux découverts du bandeau, contrairement à celle de la bannière aragonaise.

Le roi d'Aragon en chair et en Corse

Entre 1407 et 1420 se succèdent plusieurs batailles entre les seigneurs du Nord, défenseurs de Gênes, et ceux du Sud, favorables à Aragon. Après quelques revers, Vincentello d'Istria finit par contrôler toute la Corse, sauf Calvi et Bonifacio. C'est durant cette période qu'est érigée la fameuse citadelle de Corte qui existe encore aujourd'hui. En 1420, c'est le nouveau roi d'Aragon, Alphonse V, qui vient en personne avec sa flotte et son armée ! Il s'empare de Calvi, mais Bonifacio s'avère imprenable. Pire, la ville sera pour lui un véritable piège qui permettra aux Génois de prendre le dessus.

La conquête de Bonifacio par le roi d'Aragon aurait, selon la légende, laissé une trace : un escalier de 187 marches creusé dans la très haute falaise de calcaire sur laquelle est bâtie la cité. L'histoire raconte que ce seraient les Aragonais qui l'auraient creusé en une nuit au moment du siège de la ville !

Mais vous verrez au chapitre 17 de ce livre (lorsque nous visiterons la ville de Bonifacio) pourquoi cette histoire est une pure invention, bien que ce formidable escalier existe réellement !

Après la défaite de Bonifacio, le roi d'Aragon abandonne la Corse, et laisse Vincentello d'Istria sans grands appuis. Mais la guerre n'est pas pour autant finie ! Elle va perdurer de la même manière qu'elle est née, dans un conflit de grandes familles corses, où des cousins, voire des frères se battent entre eux ! Elle se terminera finalement avec la mort de Vincentello d'Istria, qui est capturé puis condamné à être décapité à Gênes en 1434.

Gênes enfin !

Après la guerre, le pouvoir est dispersé entre plusieurs familles. Mais rien n'est stable… la Corse est livrée à l'anarchie ! Comme un siècle plus tôt, des notables réunis en assemblée dans le Nord de l'île envoient une délégation à Gênes pour mettre fin aux querelles intestines.

Une banque propriétaire de la Corse !

La solution trouvée par les Génois ? Une banque ! Cette fois-ci, ce n'est plus la Maona (société financière qui avait investi dans l'île au XIVe siècle), mais l'Office des emprunts de Saint-Georges qui est prêt à intervenir en Corse. Propriétaire de la Corse entre 1453 et 1562, la banque utilise quelques astuces pour se faire accepter de la population : pression fiscale faible, anoblissement de certains Corses… Pas toujours dans un but très philanthropique : si la banque crée par exemple une sorte de zone franche, c'est pour mieux attirer des populations venues de l'extérieur. Et si elle exploite les multiples richesses naturelles de l'île (châtaigne, myrte, sel…), c'est, qu'au final, cela lui est rentable !

Mais la banque de Saint-Georges n'utilise pas que des méthodes pacifiques. Plus qu'une simple banque où l'on met son argent, elle dispose d'une armée ! Elle tue à l'occasion dans l'île quelques seigneurs récalcitrants, elle commet aussi d'autres exactions dans des villages entiers… Ainsi, par exemple, dans le Niolo, région du Centre de la Corse jugée trop enclavée, la banque détruit les habitations sous prétexte que leur isolement ne permet pas d'y rendre la justice et de faire face aux nombreux bandits qui habitent la région !

Petit tour des tours génoises

Les Génois sont à l'origine des... « tours génoises » qui font encore aujourd'hui le charme de la Corse. Ces constructions sur deux étages commencent à fleurir à partir du XVIe siècle. Rondes, parfois carrées, ces tours vont pousser tout le long du littoral. À la fin de l'occupation génoise, il en existait plus de 80...

Sur ces tours, des garnisons de cinq à six hommes étaient chargées de signaler aux habitants les déplacements en mer. Ils utilisaient un code avec des feux : ainsi, si un seul feu était allumé, cela voulait dire que la mer était libre. Deux feux ? C'était qu'il y avait un bateau ennemi. Trois feux ? Deux bateaux, etc.

L'île aux pirates

Pourquoi autant de tours littorales en ce début du XVIe siècle ? L'histoire a montré que le danger venait de la mer. La construction des tours est alors rendue nécessaire par la présence constante de dangereux pirates : les Barbaresques ! Mot qui pour le vulgaire de l'époque désigne aussi bien les Turcs, très présents autour de l'île, que les habitants de l'Afrique du Nord. Ces pirates sévissent non seulement en mer, mais aussi sur terre : lors de leurs débarquements, ils volent les biens des villageois corses, mais aussi capturent hommes et femmes pour les revendre comme esclaves. Et ceci va durer plusieurs siècles. On peut évoquer l'histoire de cette jeune Corse, Davia Franceschini qui, enlevée par des pirates au XVIIIe siècle, fut revendue au dey d'Alger... et devint sultane du Maroc !

Barberousse, corsaire des mers

Parmi les pirates les plus redoutés de la Méditerranée : Barberousse ! C'est en fait un corsaire, puisqu'il travaille pour l'Empire ottoman selon les principes du droit de la guerre. Il est même l'allié de François Ier, lorsque le roi de France demande au sultan ottoman, Soliman, d'envoyer sa flotte contre Charles Quint. Toujours est-il que Barberousse n'est pas au service de la Corse : en 1544, il fait une belle razzia sur la plaine orientale de l'île et embarque près de 200 prisonniers ! Mais le corsaire préfère à cette époque occuper l'île d'Elbe, en face de Bastia, où il terrorise la population…

ANECDOTE

Charles Quint à cheval sur certains principes !

La Corse, selon l'expression qui sera utilisée par Catherine de Médicis, est un « cavalier merveilleux », à cheval entre l'Italie et l'Espagne ! Aussi, il est normal que l'île intéresse Charles Quint, empereur du saint Empire germanique, également à la tête de l'Espagne, des royaumes de Sicile et de Naples… et, depuis 1528, allié à la République de Gênes, où il vient d'expulser les Français !

En 1541, Charles Quint fait escale à Bonifacio, où il dort dans une maison de l'actuelle rue des Deux-Empereurs (au bout de la rue Longue). À son arrivée, c'est un dénommé Filippo Cattaciolo – qui se révèle être un ancêtre de Napoléon ! – qui lui prête un de ses plus beaux chevaux. Charles Quint entre ainsi majestueusement dans la ville. Une fois descendu de sa monture, il tue le cheval. Motif : personne ne doit pouvoir s'enorgueillir d'avoir pu monter sur le cheval de l'empereur !

Sampiero le Corse

PORTRAIT

Sampiero Corso fait partie des grandes figures de l'île. Sampiero Corso ? Nom étrange… En Corse son nom est Sampiero de Bastelica (village d'où il est originaire), mais à l'étranger ses contemporains l'ont appelé « Sampiero Corso » tout simplement parce qu'il venait de Corse, comme on aurait pu le deviner !

Sampiero Corso travaillait pour les Français, un chevalier sans peur comme Bayard, avec qui il se bat pour défendre le roi François Ier. Un Corse au service des Français ? Cela n'était pas nouveau. Déjà, lors de la guerre de Cent Ans, des mercenaires corses s'étaient investis auprès du roi de France pour combattre les Anglais. Même chose au début du XVe siècle, lorsque les Français occupent Gênes. Aussi n'est-il pas surprenant de retrouver au XVIe siècle ce Sampiero rattaché à la Maison de France.

À la Renaissance, Gênes retrouve le temps de la splendeur : Andrea Doria, amiral qui a notamment affronté Barberousse en mer, dote la République génoise d'une nouvelle Constitution démocratique. D'abord allié de François Ier, Doria retourne sa veste en faveur de Charles Quint, de la maison des Habsbourg, et ennemi des Français ! Lorsque, en 1551, le nouveau roi de France, Henri II, rompt le traité de paix qui avait été signé entre François Ier et Charles Quint, il fait appel à Sampiero Corso pour chasser les Génois de l'île. C'est le début de la guerre de Corse !

Ça se corse !

Sampiero Corso avait été enfermé à la citadelle de Bastia par le gouverneur de la ville. Il était soupçonné de liens avec les Fieschi, une grande famille génoise ennemie des Doria, désormais très influents à Gênes. Cet emprisonnement a fait naître chez Sampiero un sentiment de haine contre les Doria et la République génoise, sentiment qu'il sublimera à la manière d'un héros shakespearien !

Mais cette haine n'est pas celle d'un homme seul : en Corse, bon nombre de grandes familles ne supportent plus leur soumission à la banque génoise, l'Office de Saint-Georges, propriétaire de l'île depuis un siècle ! Elles rejoignent Sampiero et voient dans l'arrivée des Français en 1553 une chance pour redistribuer les cartes du pouvoir, trop longtemps resté dans les seules mains des Génois. Bref, du nord au sud, bien au-delà des clivages entre les seigneurs et les caporali de la terra di u cumunu (voir *supra*), le peuple corse semble désormais se réunir derrière un unique leader : le charismatique Sampiero Corso. Les habitants de l'île livrent ainsi plusieurs batailles mémorables contre Gênes… avec l'appui des Français.

1553-1556 : l'expédition aller-retour des Français dans l'île

En 1553, le roi de France envoie donc une expédition en Corse sous le commandement du maréchal de Thermes, laquelle écrase très rapidement les Génois sur l'île : Bastia, Saint-Florent, Corte, Bonifacio tombent aux mains des Français. Seule la ville de Calvi résiste aux Turcs, alliés des Français contre Charles Quint.

Mais l'occupation de la Corse par les Français est finalement très courte, de 1553 à 1556. Pourquoi ? Malgré une position avantageuse face aux armées génoises et espagnoles de Charles Quint, un conflit plus important dans le Nord de l'Europe oblige les Français à quitter l'île. Lors du traité de Cateau-Cambrésis (3 avril 1559), Henri II renonce officiellement à la Corse. Sampiero Corso perd alors un très gros soutien…

Calvi la Génoise restera décidément toujours fidèle à Gênes. C'est ce qui est écrit sur la porte de la citadelle construite par les Génois en 1268 : « *Civitas Calvi semper fidelis* » peut-on y lire en latin… devise qui se traduit par : « La ville de Calvi toujours fidèle » ! Il faut dire que la ville résista miraculeusement aux Turcs lors de l'expédition française en Corse en 1553. D'après l'histoire, cette victoire est due au Christ des Miracles qui a été exposé sur les remparts face à la flotte turque. Il serait le grand sauveur qui a empêché Calvi de tomber aux mains des Turcs ! Ces derniers ayant abandonné le siège de la ville, la statue du Christ a été remise sur son autel dans la cathédrale Saint-Jean-Baptiste, où l'on peut toujours la voir.

Fin tragique pour Sampiero

L'histoire de Sampiero Corso prend une tournure de plus en plus tragique ! En 1563, il étrangle sa femme, Vannina d'Ornano, qu'il accuse de l'avoir trahi en se rendant à Gênes. Cela n'empêche pas Sampiero de continuer de faire le porte-à-porte des différentes cours européennes pour réclamer une aide militaire contre la République de Gênes ! Il ira même voir la Cour d'Espagne… et Soliman le Magnifique, préférant se donner aux Turcs plutôt qu'aux Génois !

Mais l'histoire de l'assassinat de sa femme le rendra quelque peu infréquentable. Ainsi, lorsqu'il se rend à Paris, la reine refuse de le recevoir.

La fin de la vie de Sampiero Corso est digne de l'œuvre de Shakespeare *Othello*… dont, selon une légende, il serait la source d'inspiration (voir le passage où Othello assassine son épouse Desdémone). Depuis qu'il a tué sa femme, Vannina, issue de la grande famille d'Ornano, c'est le début de la vendetta ! Les frères Michel-Ange et Jean-François d'Ornano veulent sa mort. Un jour de 1567, il est pris en embuscade par les d'Ornano. Les deux frères arrivent à le trucider. Son corps est déchiqueté par d'autres compagnons. L'histoire de Sampiero ne s'arrête pas là : la tête de son cadavre est tranchée et exposée au bout d'une pique à l'entrée d'Ajaccio.

La fin de Sampiero Corso est la fin d'une époque. La suzeraineté de l'Office de Saint-Georges s'était achevée en 1562. La République de Gênes légifère sur un nouveau statut civil et criminel dix ans après. La guerre est pour le moment terminée, le XVIIe siècle est un long fleuve tranquille pour Gênes, qui éteint peu à peu ce qui restait de la féodalité corse…

La Corse a grandi très vite, tellement pressée de s'émanciper qu'elle est en avance sur son temps par rapport aux Lumières ! Très en avance ! Le XVIIIe siècle corse est le résultat de cette émancipation. Tout juste sortie du Moyen Âge, l'île entre dans la Révolution, bien avant les États-Unis et la France !

Chapitre 2

Viva Corsica ! Le XVIIIe siècle et la naissance du nationalisme

Dans ce chapitre :

- Viva Corsica ! La révolte des Corses
- Les bases d'un nouvel État corse indépendant
- La Constitution de Pascal Paoli, père de la révolution corse

Une figure du XVIIIe siècle marquera les esprits corses de manière indélébile : Pascal Paoli. Penseur des Lumières, il est aussi le premier nationaliste corse, le premier à réclamer la liberté d'un peuple : celle des Corses ! Dès 1755, l'île dispose d'une Constitution démocratique qui inspira la Révolution américaine, puis française… Entrons dans ce siècle des lumières où la Corse étonna tout le monde…

La Corse veut son indépendance

L'indépendance, qu'est-ce que c'est ? C'est le droit des peuples à disposer d'eux-mêmes, dit en substance Pascal Paoli. Un droit que reconnaît aujourd'hui la Charte des Nations unies. Mais le père de la Constitution corse sera le premier à le dire…

« Viva Corsica ! »

C'est le siècle des révolutions. Une petite île d'Europe est en train de faire parler d'elle : c'est bien sûr la Corse ! En ce siècle, elle est la première à montrer le chemin de la Révolution sous les cris de « Viva Corsica ! » (« Vive la Corse ! »).

Les galères de Gênes

Pour comprendre le déclin de Gênes et les insurrections corses qui auront lieu à partir de 1730, il faut un peu remonter dans le temps. Nous sommes en 1684. Gênes vient d'être bombardée par les Français ; Louis XIV n'a en effet pas supporté que la République génoise construise des galères pour l'Espagne, ennemie de la France depuis un an. Après avoir mis la ville à ses pieds, il exige que le doge, c'est-à-dire le chef d'État génois, vienne en personne présenter ses excuses à Versailles ! Ce qu'il fait… Derrière cette lourde humiliation pour le doge, c'est toute la République de Gênes qui est atteinte dans son honneur.

Cette histoire sera colportée dans tous les royaumes. L'image des Génois en a pris un coup, y compris aux yeux des Corses. La République s'est mise à genoux devant le roi de France, incroyable ! Pour tout le monde, il est clair que Gênes n'est plus la grande puissance qu'elle était…

Au château de Versailles, Louis XIV, avec une certaine suffisance, demande au doge de Gênes ce qui l'a le plus étonné à Versailles. Ce dernier répond : « Moi ici. »

30 000 personnes tuées par les vendette en 30 ans !

Mais revenons en Corse. En ce début de XVIIIe siècle, l'île n'a plus connu de révoltes depuis Sampiero Corso. Voilà donc un peu plus de 100 ans que les conflits sont terminés. Les Corses tranquilles ? Non, il n'y a pas un jour sans un assassinat. La cause ? Les vendette. Il s'agit d'une coutume ancestrale qui consiste à venger l'honneur des siens et qui peut durer sur plusieurs générations. Tradition à laquelle les Génois n'ont jamais véritablement eu envie de mettre fin. Que les Corses se tuent entre eux semble arranger leur domination… Entre 1683 et 1715, près de 30 000 personnes de l'île ont été tuées au cours de ces terribles vendette ! Cela revient à près de 900 morts par an ! Chiffre d'autant plus énorme que la Corse ne compte que 120 000 âmes à cette époque.

La domination de Gênes pouvait paraître solide. Les grandes familles de seigneurs n'existaient plus, tout le pouvoir était entièrement aux mains des Génois et de quelques notables dévoués à leur cause. Certes, le banditisme et la vendetta sont bien des réalités, mais, pour ce qui est des révoltes, la Corse semble s'être calmée. Toutefois, ce calme plat s'apparente beaucoup à celui que l'on peut observer avant la tempête. En effet, en 1730, la Corse qui semblait soumise se rebelle !

De la récolte à la révolte

ÉVÉNEMENT

Nous sommes en décembre de l'année 1729. Depuis deux ans, la Corse connaît une incroyable pénurie de grains. Une vieille habitante d'un village du Bozio ne peut donner qu'une vieille pièce usée au lieutenant de Corte qui vient collecter les impôts. Avec beaucoup de zèle, il la refuse et insiste pour que la paysanne dans la misère paie ce qui est dû. Dans ce lieu du Centre de la Corse, très attaché aux principes de la terre du commun, les villageois, profondément choqués par le comportement du collecteur des impôts, se révoltent. Les Génois viennent de Bastia pour rétablir l'ordre, mais ils font demi-tour illico, chassés par les habitants ! À coups de tocsins, la nouvelle se répand de village en village. En peu de temps, c'est toute la Corse qui se soulève aux cris de « Viva Corsica ! » ou « Viva Sampiero Corso ! ».

LE SAVIEZ-VOUS ?

Ils jouent du trombone !

Les bergers utilisaient autrefois des conques marines (u cornu) pour communiquer d'une vallée à une autre. Lors des révoltes paysannes, ils sonnaient l'alerte en soufflant dans ces coquillages ou dans des écorces de châtaigniers enroulées en colimaçon… ce dernier instrument était appelé u trombonu !

Le temps des consulte

Désormais, intellectuels et notables passent à l'action ! Les résistants à l'occupation génoise ont pris l'habitude d'organiser des assemblées appelées consulte (cunsulta), où l'on discute démocratiquement des stratégies à adopter face à l'occupant. Qui vient à ces consulte ? Les chefs de guerre tout d'abord, qui les organisent et convoquent les notables de plusieurs régions, mais aussi beaucoup de Corses. Ils viennent de différentes paroisses à travers toute l'île. Les consulte peuvent rassembler jusqu'à plusieurs milliers de personnes. Là, on discute, on prend des décisions, on cherche à régler les conflits sanglants entre familles. Tout cela est orchestré par les « généraux », c'est-à-dire les chefs de guerre qui sont élus lors de ces rendez-vous. En 1730, une de ces assemblées désigne trois « généraux » (Ceccaldi, Giafferi et l'abbé Raffaelli) puis, en 1733, Hyacinte (Giacinto) Paoli (père de Pascal Paoli, auteur de la Constitution de 1755).

8 janvier : indipendenza à Orezza

Au couvent d'Orezza, un magnifique bâtiment construit par des franciscains au xve siècle (hélas détruit par les Allemands en 1943), des théologiens se réunissent pour discuter de l'insurrection populaire qu'ils qualifient de « juste » et « sainte » ! C'est au même endroit qu'un premier texte réglementant un gouvernement pour la Corse est adopté lors de la consulta (assemblée démocratique) du 8 janvier 1735. Il a été rédigé par un avocat ajaccien du nom de Sebastiano Costa, venu de Livourne en 1734 pour participer aux événements corses. Composé de 15 articles, le texte déclare une séparation « éternelle » de la Corse et de Gênes et abolit toutes les lois et statuts de la République génoise. Les chefs de guerre Giafferi, Ceccaldi et Hyacinte Paoli sont officialisés à la tête de ce nouvel État corse indépendant !

30 janvier : remake à Corte de la consulta d'Orezza

On a longtemps pensé que l'indépendance de l'île avait été officialisée lors d'une consulta qui aurait eu lieu le 30 janvier 1735 à Corte. Un document tardif du xviiie siècle affirme en effet que, lors de cette consulta, 22 articles réglementant la

Corse auraient été adoptés. Le texte reprendrait les 15 articles de Sebastiano Costa, complétés de 7 autres. Problème : les mémoires de Sebastiano Costa ne parlent pas de cette consulta du 30 janvier. Cependant, que cette consulta ait eu lieu ou non, il existe bien un remake du texte original de Costa qui place l'île sous la protection de la Vierge Marie. Et c'est dans ce même esprit que le *Dio vi Salvi Regina* (chant à la Vierge Marie dont le début est : « Que Dieu vous garde, Reine ») est adopté à cette époque comme hymne national de l'île !

La colonie reste spartiate

En mars 1676 débarquaient en Corse plus de 700 Grecs ! Ils fuyaient la région du Magne (sud du Péloponnèse) après les invasions turques, et demandèrent l'asile à Gênes. La République paya le voyage et leur offrit un territoire au-dessus de Cargèse (à Paomia exactement). En échange, les Grecs devaient servir la République en qualité de soldats ou de marins et se soumettre bien évidemment aux différentes charges et impôts.

Tout le long du XVIIIe siècle, cette colonie a été à l'origine de nombreux conflits entre les Grecs de Paomia et les Corses de Cargèse. Ainsi, lors de la révolte de 1730, Paomia fut incendiée, les récoltes et les cultures dévastées par les habitants de la région. Spartiates, les Grecs ont chaque fois reconstruit leurs maisons et cultivé à nouveau leurs champs…

Mais, au cours des années, les descendants de la colonie grecque se marièrent avec des Corses et eurent des enfants qui en firent de même. La ville de Cargèse témoigne aujourd'hui de la présence de ces deux cultures, notamment à travers ses deux églises catholiques (toutes deux construites au XIXe siècle) qui se font face : l'une est de rite latin, l'autre de rite byzantin, héritage de la tradition orthodoxe des Grecs. Attention : l'église grecque de Cargèse n'est pas rattachée à l'Église orthodoxe, mais au pape. Leur culte est donc catholique de rite oriental (byzantin).

Selon la tradition orale, c'est durant la révolte des Corses contre les Génois en 1730 que le *Dio vi Salvi Regina*, prière à la Vierge Marie, aurait été composé. La légende attribue à un berger de Corscia, village situé au nord de Corte, l'origine du chant. En fait, le *Dio vi Salvi Regina* aurait été imprimé pour la première fois en 1681 à Naples, ce qui nous éloigne de la révolte corse de 1730, et écrit par Francesco de Geronimo (1642-1716).

Toutefois, il est possible, comme le veut la tradition orale, que l'hymne ait bien été entonné pour la première fois à Corscia, dans la chapelle Saint-Marc, et qu'on ait donné au dernier couplet du chant une signification guerrière : « A noi date Vittoria e poi l'Eterna gloria in Paradiso » (« Donnez-nous la victoire et puis l'éternelle gloire au paradis ») !

Théodore, roi des Corses

C'est à ce moment que les événements prennent une tournure insolite. Pendant sept mois – entre le 15 avril 1736 et le 13 novembre 1736 – les Corses vont faire roi un aventurier qui a débarqué sur la plage d'Aléria en mars 1736 !

Nom : Neuhoff, prénom : Théodore, profession : aventurier

En 1736, un homme de la providence débarque pour la première fois de sa vie dans l'île. Il s'appelle Théodore von Neuhoff. Âge : 42 ans. Activité : aventurier ! Souhait : devenir roi des Corses ! Titres de dignité : baron de Westphalie, grand d'Espagne, lord d'Angleterre, pair de France, baron du Saint-Empire, prince du trône romain… Bref, Neuhoff a un curriculum vitæ suffisant pour bluffer les gens qui l'attendent sur la plage et qui restent sous le charme du personnage…

À Aléria, une fois descendu de son vaisseau avec ses hommes, Neuhoff déballe ses présents. Il a eu la bonne idée de ne pas arriver les mains vides : il offre des armes, des paires de bottes et même des pièces d'or ! Une scène surréaliste. De plus, le baron de Westphalie a bien préparé son coup : il porte un drapeau avec pour emblème la tête de Maure, symbole de l'insurrection corse !

Cet homme de la Providence n'a pas débarqué là par hasard : il y était attendu ! Il avait même déjà rencontré en 1733 Giafferi et Ceccaldi, les chefs de guerre qui avaient été désignés par les Corses en 1730. Après avoir été faits prisonniers par les Génois, les deux notables corses sont en exil à Livourne. C'est là qu'ils ont eu l'occasion de parler à Neuhoff. Ce dernier leur avait promis qu'il viendrait un jour en Corse pour les aider. Une promesse qu'il tient finalement, car le voilà enfin dans l'île de Beauté, où il est accueilli par Giafferi, Ceccaldi et le papa de Paoli. Au cours d'une assemblée à Aléria, Neuhoff est proclamé roi par les Corses ! Il devient Théodore Ier.

Un roi sous contrat

Pourquoi les Corses choisissent-ils un roi, de plus un étranger que quasiment personne ne connaît sur l'île ? Cela n'est peut-être pas aussi étonnant, si l'on pense au problème essentiel rencontré par les Corses à l'époque : la vendetta, un mal aussi redoutable que l'ennemi Génois ! Or, les intellectuels corses qui étaient Giafferi, Ceccaldi et H. Paoli avaient très certainement lu les écrits du philosophe et juriste Hobbes, connu pour sa fameuse formule : « L'homme est un loup pour l'homme. » La vendetta pouvait être assimilée à l'état de nature décrit par le philosophe : une guerre de tous contre tous, à l'origine des conflits incessants entre familles corses. Pour y mettre un terme, le philosophe préconisait de désigner par contrat un prince chargé de faire régner l'ordre et la justice, mettant ainsi tout le monde sur un pied d'égalité ! Idée reprise ici par les Corses. Le peuple de l'île restait souverain, mais transférait son pouvoir à Théodore afin qu'il fasse respecter la justice. Les deux parties contractantes apparaissaient dans le blason corse adopté à ce moment : sur la moitié gauche figurait la tête de Maure (emblème du peuple corse), sur la moitié droite, les armoiries allemandes de Neuhoff…

Il n'est dès lors plus surprenant que les Corses aient fait d'un aventurier un roi. Ils ont sans doute préféré désigner un étranger pour éviter des jalousies internes entre notables de l'île. Mais le roi Théodore reste un roi choisi au hasard. En effet, qu'importe qui est le roi, l'important, disait Hobbes, c'est qu'il soit craint et respecté. Les Corses ont ainsi appliqué cette philosophie à la lettre. À commencer par une cérémonie d'investiture en grande pompe, véritable mise en scène réalisée devant une immense foule. Du grand théâtre !

Le 15 mai 1736, c'est au couvent d'Alesani, dans la Castagniccia, qu'a lieu la cérémonie d'investiture. L'histoire raconte que 20 000 Corses étaient rassemblés devant le couvent. Théodore apparaît vêtu d'un manteau pourpre, un habit blanc brodé d'or et un tricorne avec des plumes blanches sur la tête. À son côté : le clergé et les notables qui formeront son gouvernement (dont une nouvelle fois Giafferi, Ceccaldi et H. Paoli). Arrivé sur l'estrade, Théodore se découvre et reçoit une couronne de lauriers de la main du papa de Pascal Paoli... La Corse est devenue une monarchie indépendante !

Wanted : Théodore Ier

Mais la République de Gênes n'apprécie pas trop la tournure que prennent les événements en Corse. Le roi Théodore dérange. Pour les Génois, il n'est qu'une sorte de bandit et ils mettent sa tête à prix !

Le roi Théodore prend son travail très au sérieux. Il crée notamment une décoration honorifique et, avec l'aide de son gouvernement, il tente de régler le problème de la vendetta. Après tout, il est là pour rendre la justice et, surtout, être craint ! La méthode se veut dissuasive : les auteurs de vendetta seront torturés à mort et leur corps écartelé, puis exposé au public...

Mais Théodore n'ira pas très loin dans ses projets. Lui qui était arrivé en bateau avec quelques richesses ne peut rivaliser avec Gênes ou la banque Saint-Georges qui avait financé de grands travaux il y a quatre siècles. La Corse doit donc frapper sa propre monnaie, ce qui est fait à partir de couverts en argent et de biens précieux de l'Église. Mais l'argenterie est très vite épuisée et Théodore ne peut plus payer ses sujets. Les notables passent leurs journées au télescope à observer la mer, espérant voir arriver à l'horizon l'aide financière que le roi leur dit attendre ! En vain... Au bout de sept mois, le roi quitte la Corse en promettant de revenir dès qu'il aura trouvé de l'argent. Les Corses ne le reverront plus jamais...

Le dernier roi des Corses

Après avoir fait la tournée des capitales d'Europe, Théodore finit emprisonné à Londres. La raison ? Il est truffé de dettes ! Son ami, l'écrivain et ministre Horace Walpole, célèbre auteur du *Château d'Otrante*, avait lancé une souscription en sa faveur. Mais, passé la soixantaine, Théodore meurt à Londres en 1756. C'est la fin du roi des Corses !

Le saviez-vous ?

Roman noir sur la tombe de Théodore

C'est au cimetière Sainte-Anne de Westminster que le « roi des Corses » est enterré. L'écrivain Horace Walpole, qui a lancé en son temps la mode du roman gothique, a fait écrire en épitaphe sur la tombe du roi : « À cet endroit est enterré Théodore, roi des Corses, mort dans cette commune le 11 décembre 1756, immédiatement après avoir été libéré de prison au bénéfice d'un acte d'insolvabilité ; en conséquence de quoi il a hypothéqué son royaume de Corse au bénéfice de ses créanciers. La tombe, en grand maître, met au même niveau héros et mendiants, bagnards et rois. Mais Théodore avait appris cette morale bien avant de mourir ; le destin grava ses leçons dans son esprit en vie – il lui accorda un royaume mais lui refusa du pain. »

Le retour des Français

Ce retour des Français n'a plus rien à voir avec l'aide qu'avait pu apporter le roi de France à Sampiero Corso, deux siècles auparavant. Louis XV n'a que faire ici du sort des Corses ; les choses ont changé et les Français sont désormais alliés de Gênes. C'est ainsi depuis la convention signée à Versailles en 1737. Les Génois affaiblis avaient en effet besoin d'un allié politique. Or, seuls les Français avaient répondu à l'appel… de plus en plus intéressés, eux aussi, par la Corse !

Nous sommes en 1738. Le roi Théodore, qui a quitté l'île, n'est pas encore mort, mais c'est tout comme. D'ailleurs, les Corses, très intelligents, l'ont très vite compris et l'appellent le « roi fantôme » ! Pendant ce temps, c'est Hyacinthe Paoli qui gère le royaume corse.

Le débarquement français

Depuis 1730, la République de Gênes est confrontée aux insurgés Corses. L'île semble peu à peu lui échapper. Les Génois ne bénéficient plus vraiment d'un grand soutien de la part des troupes de l'empereur germanique, Charles VI, désormais en conflit avec les Turcs… ces derniers étant soutenus par la France. Gênes est incontestablement affaiblie, la Corse peut passer à tout moment entre les mains d'une autre puissance et les Français pensent qu'il vaut mieux que ce soit eux. En 1737, la convention de Versailles scelle l'alliance avec la République génoise. En 1738, les armées françaises débarquent dans l'île... et commencent par vouloir écraser l'insurrection corse !

La première chose que feront les armées de Louis XV dans l'île... c'est de tirer sur les insurgés corses ! Mais, lors d'une bataille à Borgo en décembre 1738 contre les Français, les Corses prennent le dessus sur les troupes du général français, un certain de Boissieux. Cette victoire des habitants de l'île fut appelée les « vêpres corses », en référence à la défaite des Français en Sicile, le jour de Pâques 1282 (celle-ci fut appelée « vêpres siciliennes » car elle arriva au moment où sonna le premier coup des vêpres).

Louis XV vient de faire oublier son prédécesseur, Henri II, apprécié des Corses deux siècles auparavant. Après les « vêpres corses », le roi change de stratégie et propose notamment d'embaucher, dans ses troupes, des fils de notables bien rémunérés. Mais c'est trop tard ! Les Français, alliés de Gênes, sont les ennemis de l'insurrection nationaliste corse qui est en train de naître. Le marquis de Maillebois, qui remplace Boissieux depuis la cuisante défaite de Borgo, pousse les nationalistes Giafferi et H. Paoli à l'exil en 1739... Lorsque Maillebois quitte l'île en 1741, la France pense en avoir terminé avec l'insurrection corse.

Les puissances étrangères s'en mêlent

Mais Gênes ne contrôle pas mieux la situation. Même le franciscain génois Léonard de Port-Maurice vient en Corse en 1744 pour prêcher la paix en espérant utiliser le réseau franciscain, très important dans l'île, afin de convaincre les nationalistes corses. Pensant que les Génois ne tiendront pas plus longtemps, un Corse du nom de Dominique Rivarola (ancien membre du gouvernement du roi Théodore de Corse) va utiliser les puissances ennemies de la France, dont l'Angleterre et le roi de Sardaigne, Charles Emmanuel III, connu aussi en qualité de duc de Savoie (depuis 1720, la Sardaigne est en effet rattachée à la Maison de Savoie, qui l'a échangée à Charles VI contre la Sicile !). Le but de Rivarola ? Faire entrer la Corse dans le royaume de Charles Emmanuel III, pour lequel il travaille.

Après les Français, l'île voit donc débarquer les Anglais et les Sardes, qui finalement occupent Bastia et Saint-Florent, pris aux Génois en 1745 ! Mais cette occupation tourne court et la République génoise fait à nouveau appel à la France qui, en 1748, renforce ses troupes sur l'île…

Gio Pietri Gaffori, « protecteur de la patrie »

Les événements de 1745 ont montré aux Corses que d'autres puissances étrangères pouvaient occuper le terrain. Il fallait donc réagir au plus tôt ! La même année, une assemblée démocratique réunie à Orezza désigne un nouveau gouvernement et un « protecteur de la patrie » : Jean-Pierre (Gio-Pietri) Gaffori. Le nationalisme est en marche !

« Si vous abandonnez, je fais tout sauter »

C'est à Corte, un peu en dessous de la citadelle, que l'on peut encore voir la maison de Jean-Pierre Gaffori. La façade est toujours marquée par les balles des Génois ! Elles ont été tirées en 1750, lors d'un siège mémorable. Le héros, qui avait été désigné « protecteur de la patrie », était absent et c'est sa femme, Faustine, qui dut affronter la situation. Face aux nombreux soldats qui encerclaient la maison, ses compagnons étaient prêts à tout abandonner ! Mais Mme Gaffori descendit dans une salle où se trouvait un baril de poudre. Elle menaça, une mèche allumée à la main, de tout faire sauter si on lui parlait encore de se rendre !

Le « protecteur de la patrie », Jean-Pierre Gaffori, est un grand personnage doté d'une belle éloquence. Il avait déjà fait partie du gouvernement du roi Théodore. Valeureux, il réussit à prendre Corte aux Génois et devient une menace pour Gênes. D'autant que les Français ont même tenté de négocier avec lui par l'intermédiaire du maréchal de Cursay, arrivé sur l'île en 1748. Cette tentative de conciliation exaspère les Génois, qui soupçonnent la France de vouloir annexer la Corse. Cela conduit à une rupture diplomatique (et même à l'incarcération provisoire de Cursay par les Génois au fort d'Antibes) et au départ des Français en 1753… Départ qui ne fait qu'aggraver la situation de Gênes, désormais seule pour lutter contre l'insurrection nationaliste corse. L'assassinat de Gaffori par les Génois en 1753 n'arrangera nullement les choses, bien au contraire…

Un peuple maître de lui-même : Pascal Paoli et sa Constitution

Après la mort de Gio-Pietri Gaffori, les Corses sont à la recherche d'un nouveau chef. Ils font appel au fils de Hyacinthe Paoli : Pascal (Pasquale) Paoli.

Arrivée de Pascal Paoli en Corse

Né à Morosaglia, près de Ponte-Leccia, Pascal Paoli avait dû suivre son père en exil à l'âge de 14 ans. Il fait ses armes à Naples. Depuis l'assassinat de Gaffori, Pascal Paoli souhaite revenir en Corse et retrouver son frère Clément, qui a sous ses ordres 7 000 ribelli (rebelles) et mène l'insurrection à travers l'île. Ce qu'il fait en 1755.

Lorsqu'il prend le bateau pour la Corse, Pascal Paoli est âgé de 30 ans. L'homme est grand et robuste. Il est aussi très instruit : il a énormément lu et notamment les textes de Montesquieu, dont l'*Esprit des lois* qui a été publié en 1748. Ouvrage qu'il emporte avec lui dans l'île, ainsi que d'autres livres « très nécessaires en Corse » selon ses propos. Pascal Paoli a déjà en tête de rédiger une Constitution pour sa patrie natale…

La guerre des clans : Paoli contre Matra

La première difficulté que rencontre Pascal Paoli est de s'imposer comme chef dans l'île. Sa famille le soutient, mais, depuis la mort de Gaffori, beaucoup de personnes souhaiteraient prendre la relève, à commencer par Emmanuele Matra, chef d'un clan important. Le 15 juillet 1755, Pascal Paoli est proclamé général de la nation par la consulta (assemblée démocratique) réunie dans le couvent de Saint-Antoine de Casabianca, dans la Castagniccia. Mais son élection est peu représentative : seules 16 paroisses (pievi) – sur plus de 60 – sont présentes. Plusieurs clans, dont celui d'Emmanuele

Matra, ont choisi de boycotter son élection. Le 16 août, celui-ci se fait proclamer également « général » par une autre consulta...

Deux consulte ont pu élire en même temps deux généraux rivaux à la tête de la nation ! Pour Pascal Paoli, cela indique l'urgence de modifier le fonctionnement des institutions corses par le biais d'un nouveau texte fondateur qu'il appelle la « Constitution ».

La Constitution de 1755

Pascal Paoli voulait « remettre les choses en quelque autre système ». Ce qui sera fait avec la Constitution adoptée par l'assemblée qui se réunit à Corte les 16, 17 et 18 novembre 1755.

Première Constitution du monde moderne

En novembre 1755, la Corse est donc le premier pays du monde moderne à s'être doté d'une Constitution démocratique. Bien avant la Déclaration d'indépendance des États-Unis du 4 juillet 1776 et la Déclaration des droits de l'homme et du citoyen, votée le 26 août 1789.

Une des grandes avancées de la Constitution de Pascal Paoli tient dans cette phrase : « Le peuple Corse, légitimement maître de lui-même. » Pour la première fois au monde, une Constitution reconnaît le droit des peuples à disposer d'eux-mêmes ! Idée qui fera le tour de la planète. Elle marquera l'esprit de Rousseau, qui commence à écrire le *Contrat social*, six mois après l'adoption de la Constitution corse ! Pascal Paoli est l'auteur d'une formule devenue aujourd'hui un principe fondamental du droit international. Ainsi l'article 1er (§ 2) de la Charte des Nations unies adoptée le 26 juin 1945 stipule le « droit des peuples à disposer d'eux-mêmes »...

Naissance d'une démocratie

Dès le début de sa Constitution, Pascal Paoli cherche à discréditer les consulte organisées par son rival Emmanuele Matra. L'idée est de les rendre moins populaires en donnant au peuple un pouvoir démocratique qui n'existe pas dans les anciennes assemblées. Du coup, en créant la première démocratie corse, Pascal Paoli met fin à toutes les autres consulte qui, par la même occasion, n'ont plus de légitimité. En effet, plus populaires parce que plus démocratiques, les assemblées réunies par Pascal Paoli s'imposeront naturellement sur celles de son rival Matra.

Dans sa Constitution, Pascal Paoli n'utilise d'ailleurs plus le terme de « consulte » pour parler des assemblées. Il préfère le mot dieta (diète), un mot directement issu du latin et qui signifie assemblée (dieta vient de *dies* qui signifie « jour » en latin. C'est l'équivalent du mot allemand *Tag*, que l'on retrouve dans le nom *Bundestag*, l'assemblée allemande). La dieta generale devient ainsi la seule assemblée légitime reconnue par la Constitution. Véritable pouvoir législatif, cette diète est élue au suffrage universel avec un député pour 1 000 habitants, le pouvoir suprême étant confié à un général (capo generale) entouré par des conseillers, eux-mêmes élus par des assemblées provinciales. La démocratie de Paoli est ainsi un système parlementaire où le président est directement responsable devant l'assemblée qu'il doit réunir obligatoirement une fois par an. « À cet effet, dit la Constitution, le général attendra avec soumission le jugement du peuple » !

Dans la démocratie de Pascal Paoli, le droit de vote est réservé à tout homme âgé de plus de 25 ans. Mais, lorsqu'une femme se retrouvait chef de famille, suite au décès de son mari, elle pouvait voter. La Corse se trouve ainsi être le premier pays à avoir accordé le droit de vote aux femmes sous certaines conditions. Bien avant la France qui n'autorisera le suffrage féminin qu'en 1944, soit 200 ans après…

« U babbu »

Pascal Paoli n'est pas seulement l'auteur de la Constitution. Il occupe aussi la fonction de général et, à ce titre, fait frapper une monnaie d'argent et de cuivre à l'effigie de la tête de Maure. Il commence également toute une série de travaux (création d'une université, assèchement des marais, construction de routes et de ponts…). Les Corses, affectueusement, l'appellent

« u babbu », ce qui veut dire « le père ». En un sens, il incarne cette patrie qui vient de naître. Mais la Corse est-elle vraiment indépendante à ce moment ? Oui, si on considère que Paoli et ses troupes mèneront une guerre acharnée contre la République génoise qui occupe l'île. Comme les Romains dans la bande dessinée *Astérix*, les Génois, soutenus à nouveau par les Français dès 1756, vivent ainsi retranchés à Ajaccio, Bastia, Calvi, Algajola, Saint-Florent et Bonifacio, villes protégées par des murailles… Ils osent très peu sortir !

Début du texte la Constitution de Pascal Paoli (1755)

Le texte de la Constitution de Pascal Paoli est en italien. Voici le début : « *La dieta generale del popolo di Corsica, lecitimamente patrone di se medesimo, secondo la forma dal generale convocata nelle cità di Corti sotto li giorni 16, 17, 18 novembre 1755. Volendo, riacquistata la sua libertà, dar forma durevole, e costante al suo governo riducendolo a constituzione tale, che da essa ne derivi la felicità della nazione.* » Ce qui se traduit par : « La diète générale du peuple de Corse, légitimement maître de lui-même, convoquée par le général selon les modalités établies dans la cité de Corte durant les 16, 17, 18 novembre 1755. Voulant, la liberté reconquise, donner une forme durable et constante à son gouvernement, en le transformant en une constitution de manière à ce que, d'elle, découle la félicité de la nation »…

Paoli crée Paolina

Pascal Paoli est tellement maître de l'île qu'il peut même défier les Génois en construisant une ville à quelques kilomètres de Calvi, ville portuaire toujours restée fidèle à la République de Gênes (voir chapitre 1). Pour concurrencer Calvi « la Génoise », Pascal Paoli décide d'aménager en 1758 un nouveau port dans cette région de Balagne : Paolina, du nom de son fondateur. L'histoire raconte que, lorsqu'il arriva dans la cité, il s'écria devant les premières maisons en train de s'ériger : « J'ai planté la potence pour pendre Calvi ! » Paolina fut rebaptisée Isola Rossa (Île-Rousse) par la suite. Un nom que la ville doit à la couleur des îlots rocheux situés à l'entrée du port. Durant l'Antiquité, les Romains qui y avaient installé un comptoir appelaient déjà le site *Rubico Rocega* (roches rouges).

1765 : Première université de Corte

Il existe aujourd'hui à Corte une université qui accueille près de 4 500 étudiants. Le bâtiment est moderne. La fac est relativement récente, puisqu'elle date de 1981. « Università » peut-on lire sur la façade, en référence à l'université créée 200 ans auparavant par Pascal Paoli.

C'est en effet dans le centre de l'île que le père de la patrie corse a fondé, en 1765, une université destinée à former tous les cadres dirigeants de la nation corse. Des étudiants boursiers pouvaient y recevoir à l'époque un enseignement gratuit. Pour les philosophes des Lumières, cette initiative ne fait que confirmer une nouvelle fois que Pascal Paoli est un personnage « éclairé ». Il incarne l'homme d'État que la France aurait aimé avoir. Bref, c'est un succès quasi mondial (à l'époque, on dit « européen » plutôt que « mondial », mais c'est le même sens) !

Corse synonyme de Révolution

Dix ans après sa Constitution, Paoli est un personnage populaire en Corse et à l'étranger. Homme révolutionnaire, il diffuse des messages de propagande qui vont le faire connaître hors de l'île. À Corte, qui devient la capitale de la Corse, sort de l'imprimerie une première œuvre importante : *Giustificazione della Rivoluzione di Corsica* (Justification de la révolution corse), écrite par un certain don Gregorio Salvini, ami de Pascal Paoli. « Révolution » ! C'est bien le mot. Un terme que les auteurs de l'*Encyclopédie* et autres philosophes des Lumières employaient de manière très prudente à la même époque ! Pour eux, « Pascal Paoli » et « Corse », riment avec « révolution » : « Il est encore en Europe, s'écrit Rousseau, un pays capable de législation, c'est l'île de Corse ! »

1769 : Ponte Novo ou le refus de devenir Français !

La notoriété de Paoli en fait désormais un personnage d'État. La Corse est souveraine par sa Constitution et des alliances avec d'autres États sont donc envisageables… C'est précisément ce que redoute la France, qui croit en un possible rapprochement entre la Corse et son traditionnel ennemi qu'est l'Angleterre. Pour éviter cela, Louis XV renoue ainsi le contact avec la République génoise. Nous voici donc dans le second épisode de l'expédition des Français dans l'île ! Il conduira à la triste défaite des Corses à Ponte Novo.

Nouveau retour des Français en Corse

La tradition orale raconte que la bataille de Ponte Novo avait été si violente que l'eau du Golo qui passe sous le pont (comme son nom l'indique, il y a un pont à Ponte Novo !) était devenue rouge sang… Mais repassons le film à l'envers et commençons par le début : nous sommes en 1756 et la France est de retour en Corse…

La France dépossède Gênes

La présence des Français dans l'île n'est pas désintéressée. Officiellement, ils sont censés protéger la souveraineté génoise par leur occupation militaire. Le roi accorde même une aide financière aux Génois. Avantageux pour Gênes ? Non : en échange, la République doit rembourser la France pour ses dépenses militaires et administratives dans ses opérations de maintien de la paix effectuées sur l'île. Et si Gênes ne peut pas rembourser ? Eh bien, la France reste sur place. Une stratégie qui va permettre à Louis XV de prendre peu à peu possession de la Corse. En 1756, par le traité de Compiègne, les troupes royales gardent les places fortes que sont Ajaccio, Calvi et Saint-Florent. En 1764, le second traité de Compiègne étend cette occupation à Bastia et Algajola. En 1768, le traité de Versailles offre à la France la possibilité d'exercer le pouvoir militaire et administratif dans toute l'île et de manière absolue. L'« exercice de la souveraineté » est ainsi cédé ! À partir de ce moment-là, les Français ne partiront plus de Corse. En effet, la République génoise, au bord de la faillite, ne pourra jamais rembourser les dépenses des opérations effectuées par la France…

15 mai 1768 : la Corse devient française

Contrairement à ce que l'on peut lire ou entendre ici ou là, la Corse n'a pas été vendue à la France par la République génoise ! Le traité de Versailles signé le 15 mai 1768 est peut-être un contrat de dupes, mais il n'est pas officiellement une vente.

Pour les raisons que l'on vient d'exposer plus haut, Gênes pouvait théoriquement récupérer la Corse dès lors qu'elle rembourserait les frais d'occupation de la France. Mais, dans les faits, cela était devenu impossible pour Gênes, qui était ruinée. Le 15 mai 1768, la Corse est donc bien devenue française !

Supplices des canettes, de la corde et de la roue

Après le traité de Versailles, le roi va mener une politique de guerre contre les troupes paolistes qui se sont soulevées. Plusieurs batailles ont lieu. Elles sont dirigées du côté français par le marquis de Chauvelin puis par le comte de Vaux. Malgré une victoire à Borgo en octobre 1768 (600 Français sont faits prisonniers !), les Corses connaissent par la suite une série de défaites. La répression est violente. Les prisonniers capturés par les armées du roi sont torturés pour qu'ils révèlent les noms de leurs complices ! Les Français pratiquaient le supplice de la roue, lequel consiste à attacher le prisonnier à une roue, puis à lui faire casser les jambes et les bras par un bourreau ! D'autres supplices, comme celui des canettes ou de la corde, étaient aussi d'usage. Le premier consiste à coincer les doigts dans un étau en fer et à serrer, tandis que le second est une forme de pendaison où le prisonnier est attaché les mains dans le dos avec des poids aux pieds ! Bref, des méthodes plutôt barbares. Cette guerre laissa d'ailleurs un très mauvais souvenir, non seulement aux Corses, mais aussi à certains Français… Ainsi, Mirabeau, qui participa à cette expédition alors qu'il avait tout juste 21 ans, exprima ses regrets en 1789 : « J'avoue que ma première jeunesse a été souillée par ma participation à la conquête de la Corse », s'écrit-il à la tribune nationale de la Révolution…

L'Antigone d'Oletta

ANECDOTE

Après la victoire de Borgo, Pascal Paoli décide d'assiéger Oletta, un village au sud de Bastia et désormais aux mains des Français. Paoli fomente un plan pour s'introduire à l'intérieur de la place forte. Un habitant du village prévoit d'enlever les pierres de sa cave pour laisser un passage aux troupes paolistes. Mais le plan est éventé. Les partisans de Pascal Paoli sont capturés par les troupes du roi. Afin de leur faire donner les noms de leurs complices, on les condamne au supplice de la roue. Malgré ces tortures, aucun ne révèle l'identité de leurs compagnons, et ils restent sur ces roues jusqu'à ce que mort s'ensuive. Leurs corps, désormais sans vie, demeurent exposés plusieurs heures, puis plusieurs jours… L'interdiction est faite à la population de les ensevelir ! Mais la fiancée d'un dénommé Leccia, Maria Gentile Guidoni, passe outre cet interdit. Telle une Antigone corse, qui préfère l'éthique à la barbarie des lois de l'État, elle porte la dépouille de son ami à l'église Saint-François et l'enterre… Le corps ayant disparu, les Français arrêtent les parents de Leccia. Maria Gentile se dénonce. Elle est arrêtée. C'est le comte de Vaux, commandant des troupes françaises dans l'île, qui décide heureusement de la gracier…

Bataille de Ponte Novo

Si vous passez sur la route qui va de Bastia à Corte, vous verrez Ponte Novo, une commune où a eu lieu un événement majeur dans l'histoire de Corse : la bataille du même nom, le 8 mai 1769. C'est une défaite des Corses contre les Français. Aujourd'hui, le pont où se sont déroulés les affrontements est à moitié effondré, mais dessus flotte un drapeau avec la tête de Maure, en mémoire aux Corses morts au cours de ce combat.

Un conflit très meurtrier va en effet opposer les Corses aux troupes du roi, au bord du Golo, un fleuve du Nord de l'île. Les Corses sont d'un côté et de l'autre des rives du fleuve. Les Français arrivent. Parmi eux, des insulaires qui ont changé de camp ! Cette présence de volontaires engagés dans les troupes du roi est récente. Elle est la conséquence de plusieurs défaites successives qui ont découragé certains Corses et favorisé ce type de transfuge. Mais le combat commence. Il est fratricide. La lutte finit au milieu du pont. Les troupes paolistes le défendent contre les armées ennemies venues du Nord. Mais le pont est étroit, et il suffit que des Corses soient grièvement blessés pour qu'ils tombent dans l'eau et se noient. C'est la débâcle ! Le 8 mai 1769, jour de la bataille de Ponte Novo, est un jour noir pour les Corses…

Après 1769, bonjour 1789 !

Après les morts de Ponte Novo, Pascal Paoli est conscient qu'il vient de perdre la première manche. Il est obligé de s'exiler. Avec le départ du « père » de la nation corse, les Français rencontreront encore une résistance dans l'île… jusqu'en 1774, où le centre du pays se rebelle une dernière fois contre les troupes du roi. Mais certaines régions comme le Niolo restent des bastions nationalistes bénéficiant de protections rocheuses naturelles quasiment imprenables. Cependant, les Français ne parlent plus de « rebelles », mais de « bandits » ! Des hors-la-loi qui osent défier la puissance de l'État ! Il faut dire que, sur une grande partie de l'île, les troupes du roi règnent désormais en maître. Les Français mesurent et cartographient la Corse en long, en large et en travers (plan Terrier entre 1773 et 1775), créent des colonies, comme à Poretta, près de Bastia, font la guerre aux chèvres qui se promènent librement dans le maquis corse… Ils réglementent tout ça dans un Code corse et mettent un intendant à la tête de cette nouvelle « province du royaume ».

Voilà la situation de la Corse dans la France… Mais les choses vont changer sur l'île dès 1789, avec une nouvelle révolution, qui vient de France cette fois…

Chapitre 3

De la Révolution française au Second Empire : trois Corses font l'histoire de France

Dans ce chapitre :

- Napoléon Bonaparte : un destin lié à la Corse
- Le retour du « père de la patrie » : Pascal Paoli
- Pascal Paoli vs Napoléon, famille Bonaparte vs famille Pozzo di Borgo : la guerre de clans
- Napoléon III, un empereur corsophile

Trois Corses ont fait l'histoire de France : Pascal Paoli, dont la Constitution est applaudie par les philosophes des Lumières qui voient en lui le précurseur de la Révolution française (voir chapitre précédent) ; Napoléon, qui perce sous Bonaparte ; et enfin, Napoléon III, dont l'élection en 1848 passe pour un nouvel épisode du bonapartisme…

La jeunesse de Napoléon

Napoléon est né à Ajaccio avec pour nom de baptême : Napoleone di Buonaparte. Il y grandit jusqu'à l'âge de 9 ans. Retour à ses origines…

La naissance

Napoléon Bonaparte a une date de naissance très symbolique : il est né le jour de la Vierge Marie, le 15 août 1769, un jour très important pour les Corses qui ont placé l'île sous la protection de la Sainte Vierge en 1735. Mais, surtout, Napoléon est né français ! Un an après la cession de l'île par la République de Gênes. Et trois mois seulement après la défaite de Ponte Novo qui conduit à l'exil de Pascal Paoli. Le destin de Napoléon semble étrangement lié à celui d'une Corse devenue française… Des coïncidences qui feront que certaines personnes contesteront la date de naissance de Napoléon Bonaparte…

La naissance de Napoléon a été racontée à un Américain, Mr H. Lee, par Mme Letizia Bonaparte en personne. Il reprend son témoignage dans *The Life of the Emperor Napoleon* (1834). Mme Bonaparte était à l'église le jour de l'Assomption lorsqu'elle fut prise d'atroces douleurs au point de devoir quitter l'office. Sur le chemin, un homme d'Ajaccio se croit obligé de la complimenter sur son teint extraordinaire et sur l'éclat de ses yeux ! Elle a tout juste le temps de rentrer chez elle… pour accoucher sur le canapé. Les mauvais esprits disent que les conditions de cet accouchement en urgence sont dues au tempérament du futur Napoléon, qui, impatient de naître, s'agitait et commandait déjà dans le ventre de sa mère !

Charles et Letizia soutiennent d'abord les paolistes…

Charles (Carlo) Bonaparte est un avocat d'Ajaccio, docteur en droit, et descendant d'une famille de notables de la ville. Il se marie avec Letizia alors qu'elle a tout juste 14 ans, un mariage de raison entre deux familles ajacciennes. Il lui fera huit enfants : Joseph (1768), Napoléon (1769), Lucien (1775), Elisa (1777), Louis (1778), Pauline (1780), Caroline (1782) et Jérôme (1784). Dans sa jeunesse, Charles est paoliste, il a même étudié en 1765 à l'université fondée par le « père de la patrie » (voir chapitre 2). Les Bonaparte s'installent ainsi à Corte cinq ans après s'être mariés. Nous sommes en 1768. Letizia est enceinte de Napoléon. Avec Charles, ils fréquentent Pascal Paoli, jouent aux cartes avec lui, sont reçus dans son salon… Encore en conception, Napoléon était donc bercé par la voix de Paoli. Cela n'empêchera pas les Bonaparte de retourner leur veste en soutenant les Français… contre les paolistes !

Marbeuf : l'homme qui a fait Napoléon

Une rue de Paris porte son nom, mais qui est Marbeuf ? Louis-Charles-René, de son prénom, est d'origine bretonne. Comte de Marbeuf, il arrive dans l'île de Beauté pour la première fois en 1765. Il est lieutenant général en Corse des troupes du roi de France. Sa mission ? « Pacifier » l'île ! Au grand dam des Génois, Marbeuf cherche tout d'abord à négocier avec les clans corses, dont certains sont rivaux des paolistes. Diviser pour mieux régner, telle sera sa stratégie. Une fois la Corse devenue française, il devient commandant provisoire des troupes françaises dans l'île… et combat donc contre les rebelles insulaires !

Le voyageur britannique Boswell, auteur à l'époque du très célèbre *Account of Corsica. The Journal of a Tour to that Island and Memoirs of Pascal Paoli* (1768), le décrit comme « n'étant pas un méchant homme ». Pour ses détracteurs, Marbeuf est un « pacha luxurieux ». Libertin, il a une, voire plusieurs maîtresses. Il vit à Bastia, mais il a construit plusieurs demeures luxueuses en dehors de la ville. En 1778, le roi le fait marquis de Cargèse, endroit où il fait bâtir plusieurs maisons pour les habitants de la colonie grecque de Paomia qui avaient été chassés par les Corses (rappelons que cette colonie datait d'une autorisation génoise pour que des réfugiés grecs puissent s'installer dans la région au XVIIe siècle – voir chapitre 2). Il meurt en 1786 à Bastia, à l'âge de 74 ans.

Mais Marbeuf est aussi et surtout un ami des Bonaparte. Il aide notamment Charles dans sa carrière afin qu'il devienne député de la noblesse à Ajaccio. Napoléon lui sera éternellement reconnaissant. Sans ce protecteur qui lui a permis d'obtenir une bourse pour faire l'École militaire, il ne serait probablement pas devenu ce qu'il a été. Il cherchera par la suite à protéger la veuve de Marbeuf. À Letizia, qui avait cru bien faire en mettant Mme Marbeuf sur la liste des femmes devant l'accompagner comme dames d'honneur, Napoléon répond : « Après ce que M. Marbeuf a été pour nous, il ne serait point convenable que sa veuve soit à votre service. » Il lui donne alors le titre de baronne. Mais le fils de Marbeuf paya un lourd tribut à Napoléon, puisqu'il a été tué lors de la campagne de Russie !

… puis les Français !

Ce n'est pas la girouette qui tourne, c'est le vent ! Et lorsque la Corse devient française en 1768, les Bonaparte suivent tout simplement le vent. Charles Bonaparte ne sera pas présent à Ponte Novo. De plus, son oncle Luciano a prêté serment à Louis XV. Son doctorat de droit en poche, Charles devient avocat, puis assesseur à Ajaccio. C'est là qu'intervient un personnage important dans la vie des Bonaparte : Marbeuf, le gouverneur de l'île, nommé en 1765 par le roi de France. L'homme, très influent, semble s'être amouraché de la très coquette Letizia. Charles le voulait comme parrain de Napoléon, mais il sera finalement le parrain de Louis, un autre de ses fils. Marbeuf va soutenir les Bonaparte ; il intervient notamment auprès du ministre de la Guerre afin que Napoléon obtienne une bourse pour faire ses études. Bref, il a contribué à faire que Bonaparte devienne « Napoléon ». Il l'envoie donc à l'École royale militaire de Brienne-le-Château, pour laquelle Napoléon part en 1779.

L'adolescent insurgé

Alors qu'il étudie à Brienne-le-Château, le jeune Napoléon se dispute régulièrement avec ses camarades français. La Corse est française depuis dix ans et le futur empereur n'a qu'une chose en tête : revenir sur son île.

« Je naquis quand la patrie périssait » : cette phrase est de Napoléon. De quelle patrie parle-t-il ? De la Corse ! Il n'a pas encore 20 ans, mais il a un vif sentiment de haine à l'égard des Français. Il poursuit : « 30 000 Français vomis sur nos côtes noyant le trône de la liberté dans les flots de sang, tel fut le spectacle odieux qui vint le premier frapper mes regards »… Des propos qu'il écrit dans un courrier adressé le 12 juin 1789… à Pascal Paoli.

« Il n'est plus de mer qui nous sépare »

Nous sommes donc en 1789. Napoléon est encore admirateur de Pascal Paoli qui, depuis la chute de l'Ancien Régime, est en passe de retourner en Corse. Et cela bien qu'il ait été le protégé du gouverneur du roi en Corse, M. Marbeuf ! Il faut dire que le temps a passé et bien des choses ont changé…

Tout d'abord, Marbeuf est mort depuis déjà trois ans. Mais, surtout, il y a eu la Révolution française, cette Révolution à laquelle Napoléon s'intéresse surtout d'un point de vue paoliste ! Paoli justement, qui vient d'être accueilli en France à bras ouverts par les révolutionnaires. Sur l'île, les Corses ont à nouveau espoir ! Napoléon croit à la fin du conflit avec les Français : « Désormais nous avons les mêmes intérêts, les mêmes sollicitudes, il n'est plus de mer qui nous sépare », écrit-il à son ami l'abbé Raynal.

Retour de Napoléon en Corse

D'Auxonne où il était, Napoléon part pour l'île de Beauté, en pleine révolution elle aussi ! Là, il se trouve, avec les autres paolistes qu'il rejoint, confronté aux contre-révolutionnaires : Buttafuoco (contre lequel il écrira en 1791 une célèbre diatribe adressée à l'Assemblée nationale où il l'accuse de traître) et Gaffori, fils de Jean-Pierre Gaffori, celui-là même qui avait été désigné comme « protecteur de la patrie » en 1745. Malgré ces résistances, les changements de municipalité se font sans trop d'incidents. Une Garde nationale est créée à Ajaccio avec, pour lieutenant-colonel, Napoléon ! François Gaffori, qui dans un premier temps cherche à contrecarrer les idées du futur empereur, aura du mal à faire oublier son lourd passé de traître et devra se faire discret par la suite…

ANECDOTE

« Alors, Gaffori, toujours aussi petit ! »

Depuis que la Corse a été française, il existe sur l'île un conflit entre les royalistes et les patriotes, favorables à Pascal Paoli (les paolistes). Avec la Révolution française, ce conflit est désormais exacerbé ! Les royalistes sont menés par François Gaffori qui, après avoir servi Pascal Paoli, s'est engagé dans l'armée royale en 1769. Vingt ans plus tard, Gaffori ne pouvait pas prévoir que ses projets de carrière allaient être sérieusement compromis par la fin de la monarchie absolue… Depuis la Révolution française, il est dans une très mauvaise posture. Son allié, le très royaliste comte de Buttafuoco aussi. À Corte, on va même jusqu'à brûler son effigie en le traitant de traître ! Pour Gaffori, les choses vont mal jusqu'à ce que le « père de la patrie » le gracie, l'obligeant cependant à quitter l'île… L'homme étant de petite taille, Pascal Paoli en profite pour lui lancer cette boutade : « Alors, Gaffori, toujours aussi petit ! »

Le retour de Pascal Paoli

Lorsque la Révolution française éclate, Pascal Paoli est à Londres. Qu'est-ce qu'il faisait là-bas ? Souvenez-vous, après la défaite de Ponte Novo en 1769, il avait dû quitter la Corse. Il ne pourra y remettre les pieds que 20 ans après, une fois les patriotes paolistes amnistiés par la France en pleine Révolution !

L'appel de Londres

1769-1789 : après vingt années d'exil, le « père de la patrie » peut enfin retourner en Corse. Mais tout d'abord, il passe par la France qui est sur son chemin…

Pascal Paoli, célébrité internationale…

Si Pascal Paoli est apprécié en Angleterre, c'est notamment grâce au livre du voyageur britannique Boswell qui, en 1768, avait publié son journal de voyage en Corse accompagné des souvenirs de Pascal Paoli qu'il avait rencontré sur l'île en 1766. Mais le père de la Constitution était connu à travers toute l'Europe. Rousseau lui a écrit un *Projet de Constitution pour la Corse* en 1765 et Voltaire le cite dans son *Siècle de Louis XIV*. En Russie, c'est la tsarine Catherine II qui l'invite. De Prusse, Frederic II lui fait parvenir une épée d'honneur en signe d'estime… Bref, il est reconnu par du beau monde. Pascal Paoli est devenu une célébrité internationale ! Mais surtout, il est le grand hôte des Anglais ! À Londres, où il vit, le roi George III lui fait verser une pension annuelle de 1 200 livres…

Acclamé en France !

Le 30 novembre 1789, c'est le décret d'amnistie. Pascal Paoli, comme tous les autres proscrits, peut retourner en France ! Avant d'arriver en Corse, il se rend à Paris. Malgré la guerre qu'il a livrée à son grand-père 20 ans plus tôt, Louis XVI lui accorde une audience. Puis il va à la rencontre des révolutionnaires. Âgé de 64 ans, Paoli a le double de l'âge de La Fayette, qui voit en lui un « Washington corse » et l'accueille triomphalement. Robespierre le reçoit à son tour comme un des premiers révolutionnaires de son temps et lui dit : « Vous avez défendu la liberté dans un temps où nous n'osions l'espérer encore. » Il n'est plus question d'indépendance de la Corse à ce moment. Pourquoi ? Une rumeur est en train de circuler. Elle dit que Louis XVI tenterait de rendre l'île… aux Génois. Pourtant, depuis le 30 novembre, il a été décrété que « la Corse fait partie de l'Empire français et que ses habitants sont régis par la même Constitution que les autres Français »… Pour les patriotes corses, mieux vaut donc rester pour l'instant dans le giron de ce pays dont la Révolution n'est pas sans rappeler celle des Corses de 1735.

Acclamé en Corse !

Pascal Paoli arrive en Corse le 14 juillet 1790. Une date symbolique. C'est la fête de la Fédération (qui célèbre la prise de la Bastille) mais, surtout, cela fait 35 ans, jour pour jour, qu'il a été élu général de la nation corse ! À Macinaggio, dans le cap Corse, on sonne les cloches pour fêter son retour. Des Ajacciens sont venus lui lire un discours… de Napoléon Bonaparte qui le félicite de sa venue dans l'île. Cependant, quelques mois plus tard, les deux grands hommes seront brouillés au point de se batailler !

Histoires de familles

Des histoires de familles peuvent-elles faire l'histoire de France ? La réponse est oui. Explications :

ANECDOTE

L'admiration que Napoléon Bonaparte voue à Pascal Paoli n'est pas réciproque. Durant l'année 1791, le premier demande au second de lui fournir des documents pour écrire une histoire de la Corse. La réponse de Paoli est très froide et méprisante : « L'histoire ne s'écrit pas dans les années de jeunesse ! » Le « père de la patrie » ne semble pas avoir oublié que les Bonaparte étaient les protégés de Marbeuf ! Il n'a pas non plus beaucoup d'atomes crochus avec le jeune homme ambitieux. Enfin, ils n'ont pas les mêmes amis…

Du conflit de voisinage…

Les affinités entre Pascal Paoli et les Pozzo di Borgo, famille de riches notables ajacciens, vont détériorer un peu plus la relation entre Paoli et Bonaparte. Cette petite histoire est connue à Ajaccio : la famille Bonaparte et celle des Pozzo di Borgo se sont toujours détestées ! L'origine de cette haine ? Peut-être de la jalousie : les Pozzo di Borgo descendaient d'une très ancienne noblesse italienne avérée, ce qui n'était pas le cas des Bonaparte, qui durent prouver leur titre en 1771. Peut-être un simple conflit de voisinage : pendant un temps, les deux familles habitaient la même maison carrée, rue Malerba (ça veut dire « mauvaise herbe » !), à Ajaccio. Mme Pozzo était la voisine du dessus de Mme Bonaparte ! Un jour où les habits de Charles Bonaparte étaient étendus à la fenêtre, Mme Pozzo di Borgo les auraient volontairement souillés ! Une autre version dit que ce n'est pas elle qui aurait commencé, mais Mme Bonaparte, en déversant son pot de chambre lorsque Mme Pozzo sortait de la maison…

… au conflit politique !

Quoi qu'il en soit, la petite histoire de l'inimitié entre les Bonaparte et les Pozzo di Borgo aura de lourdes conséquences pour l'histoire de France. En 1789, alors qu'il n'a que 25 ans, Charles-André Pozzo di Borgo est envoyé à l'Assemblée constituante avec une députation de notables de l'île pour soumettre la Corse à la nouvelle Constitution. Il est fait ensuite député corse à l'Assemblée législative où il siège jusqu'en 1792. Au grand dam de Joseph Bonaparte, le frère aîné de Napoléon, qui est écarté par Paoli ! Cet événement va encore accroître la jalousie des Bonaparte : « Prouvons qu'ils sont mauvais citoyens et notre fortune est faite », aurait-il dit à propos de Paoli et des Pozzo di Borgo… La guerre était désormais ouverte !

L'expédition de Sardaigne début 1793 n'arrange pas la relation entre Bonaparte et Paoli. Dans la foulée de Valmy, les révolutionnaires décident d'envahir la Sardaigne. Un esprit de conquête qui est bien conforme à la philosophie du jeune Bonaparte qui commande alors l'artillerie et la flotte… mais bien opposée à celle de Paoli, selon qui l'on n'avait besoin « ni de guerre ni de conquête, mais seulement de liberté et de paix ». Cette expédition, qui ne durera que quelques semaines, sera un véritable fiasco.

Les Bonaparte dans la fange

Nous sommes toujours sous la Convention (nom que prend l'Assemblée nationale en France entre 1792-1795). En 1793 a lieu une consulta à Corte. Pascal Paoli y réunit plus d'un millier de ses partisans armés. Ça chauffe ! Le « père de la patrie » dénonce les Bonaparte, qui joueraient un double jeu. Il accuse : « Les Bonaparte nés dans la fange et élevés dans la corruption d'un pacha luxurieux ont dénoncé les meilleurs de nos citoyens à la Convention. » Le « pacha luxurieux » n'est autre que Marbeuf, qui, au dire des paolistes, aurait été l'amant de la mère de Napoléon ! On sous-entend même que Napoléon pourrait être le fils de Marbeuf…

L'interview Pozzo di Borgo par Alfred de Vigny

En 1830, Alfred de Vigny projette d'écrire une histoire de la Corse. En été, il rencontre Charles-André Pozzo di Borgo qui lui parle de son « antagonisme » avec Napoléon. D'après Pozzo di Borgo, le discours anti-Bonaparte prononcé par Paoli lors de la consulta de Corte (27-29 mai 1793) serait de sa main ! La famille Pozzo di Borgo et celle de Bonaparte avaient toujours été rivales, mais, avec ce discours, Charles-André frappa un bon coup : les Bonaparte durent en effet quitter la Corse !

Paoli et Pozzo di Borgo, hors-la-loi

Après cette consulta armée de Corte, Pascal Paoli et Pozzo di Borgo sont mis hors-la-loi par la Convention devenue jacobine depuis la chute des girondins début juin. Nous sommes en juillet 1793. Trois commissaires français sont envoyés en Corse, officiellement pour informer Paoli… officieusement pour le surveiller de près. Les paolistes les font chasser sous prétexte qu'ils viennent apporter la Terreur et la guillotine. Paoli a compris que les Français veulent sa tête. Il fait appel aux Anglais !

La Corse anglaise, of Course !

Malgré son éloignement de Londres, la Corse a été anglaise entre 1794 et 1796 ! Coïncidence : l'île porte le même nom en corse et en anglais : « Corsica ».

Les Anglais refoulés par Bonaparte… à Toulon

Les Anglais ne sont en ce moment pas très loin. Ils viennent d'être refoulés en décembre à Toulon par les carmagnoles (du nom de leur veste), armées de la Convention commandées ici par le jeune capitaine Bonaparte et par Christophe Saliceti (un des trois commissaires envoyés en été pour surveiller Paoli). Mais que faisaient les troupes britanniques à Toulon ? Les royalistes, pour la plupart des hommes de la flotte de guerre de Toulon, leur ont ouvert les portes de la ville. Les Anglais et leurs alliés espagnols répondent à cet appel. Pourquoi ? Rappelons que Louis XVI a été guillotiné le 21 janvier 1793… Or, l'Angleterre, monarchie constitutionnelle, n'a pas trop apprécié qu'un pays coupe la tête à son roi (même si, un siècle et demi auparavant, elle avait fait de même à son roi, Charles Ier !). D'autre part, depuis le mois de mars, elle fait partie – avec l'Autriche et la Prusse – d'une grande coalition contre la France : la victoire des Français à Valmy, le 21 septembre 1792, ayant montré que la Révolution française pouvait devenir un véritable danger pour les monarchies voisines. Mais voila, la flotte anglaise qui mouillait en Méditerranée est finalement repoussée de Toulon… Aussi, lorsque Pascal Paoli lance son appel, c'est une véritable aubaine. La Corse est une excellente base arrière au milieu de la Méditerranée et aussi une belle acquisition pour le Commonwealth…

Les Anglais arrivent en Corse !

Au mois de janvier 1794, les Anglais débarquent à Île-Rousse, Calvi, Bastia et Saint-Florent. Après quelques batailles avec les Français, leurs troupes se dirigent dans la montagne, vers Murato, au nord de la Corse, où Pascal Paoli a établi son quartier général. Ils sont accompagnés de plusieurs milices corses armées. C'est sir Gilbert Elliot qui a été envoyé par l'Angleterre pour répondre à l'appel de Pascal Paoli. Ce dernier avait toujours gardé de très bonnes relations avec l'Angleterre qui l'avait accueilli durant son exil (voir *supra*). S'il a sollicité l'aide du roi George III, c'est que la situation est grave. Pascal Paoli avait toujours fait savoir qu'il ne souhaitait aucun rattachement de la Corse à une puissance étrangère. Mais cette fois-ci, il devait se résigner s'il ne voulait être guillotiné par les Français jacobins…

Arrivés en Corse, les Anglais proposent une Constitution libérale qui n'est pas trop du goût de Paoli, mais ce dernier n'a plus vraiment le choix. George III a encore moins d'égards envers lui en nommant le 1er octobre 1794 sir Gilbert Elliot vice-roi de Corse (le roi étant George III lui-même) avec Charles-André Pozzo di Borgo pour conseiller ! Paoli est blessé dans l'âme. Mais surtout, les Anglais viennent de faire une énorme bourde, car la majorité des insulaires est paoliste… Il est très clair qu'ils n'ont pas compris grand-chose à la Corse ! « Cette île est une énigme dont personne ne peut être sûr d'en posséder la clef », prétendait Gilbert Elliot. Il ne croyait pas si bien dire…

La fin de Pascal Paoli

Quelques mois après sa nomination comme vice-roi de la Corse, Gilbert Elliot entame un petit tour de l'île à cheval. Les paolistes font courir le bruit qu'un buste de Paoli aurait été brisé par un aide de camp à Ajaccio. L'incident semble ridicule et Gilbert Elliot vient lui-même constater l'état de la statue du « père de la patrie ». Il observe en effet qu'un petit morceau « de l'épaisseur d'une gaufrette manquait au bout du nez ». Il semblait être tombé du buste depuis un bon moment. Cet incident appelé l'« assassinat du buste » soulève l'indignation dans toute l'île. On brûle des exemplaires de la Constitution et des effigies de Pozzo di Borgo. C'est l'insurrection… Les Anglais finissent par quitter l'île à la fin de l'année 1796.

Le départ des Anglais n'est pas tant provoqué par la situation interne de l'île que par l'alliance de la France avec l'Espagne. Bonaparte, qui menait campagne en Italie, avait envoyé de petits groupes d'officiers en Corse pour lutter contre les Anglais… aux côtés des paolistes qui voulaient également en découdre avec les Anglais ! Nous sommes à la veille du Directoire. La Corse retombe entre les mains des Français ! Pozzo di Borgo a quitté l'île pour l'Angleterre… et Pascal

Paoli rejoint lui aussi un peu plus tard Londres. Le « père de la patrie » ne reverra plus jamais la Corse, jusqu'à sa mort le 5 février 1807.

Napoléon Ier

Les ambitions de grandeur de Napoléon Bonaparte ont fait qu'il a laissé la Corse à Paoli, préférant devenir l'empereur des Français. L'histoire, vous la connaissez, c'est l'histoire de France ! Mais nous ne nous intéressons ici qu'à la Corse…

On dit généralement que Napoléon a très peu fait pour la Corse (contrairement à Napoléon III). Alors, Napoléon III mieux que le Ier ? À vous de juger…

La Corse divisée en deux

Aujourd'hui, la Corse est coupée en deux départements. C'est à Napoléon que l'on doit l'idée de cette division de l'île. Le 3 juillet 1793, deux départements sont créés sous la Convention : Golo et Liamone (du nom de deux des trois principaux fleuves de l'île). Cette scission connue sous le mot barbare de « bidépartementalisation » sera maintenue durant l'empire napoléonien jusqu'en 1811. La Corse redeviendra ensuite un seul département… jusqu'à ce qu'elle soit à nouveau divisée en Corse-du-Sud et Haute-Corse sous Valéry Giscard d'Estaing en 1976 !

Après la mort de Pascal Paoli, l'Empereur cherchera cependant à améliorer l'île. Il tente de réduire la traditionnelle séparation naturelle entre le Nord et le Sud (bien qu'il confirme cette séparation au plan administratif par la création de deux départements distincts jusqu'en 1811) en construisant une route entre Ajaccio et Bastia (sans avoir le temps de l'achever…). Il essaie de développer quelques exploitations (coton, cochenille, forêts…). Napoléon a fini par se souvenir de son île natale un peu avant la fin de son empire ! Ce qui ne lui laissera pas beaucoup de temps pour réaliser ses projets…

Depuis sa création par Gênes, Bastia était en quelque sorte la capitale de la Corse. Mais, durant l'Empire, Napoléon préfère arranger sa ville natale pour en faire l'égal de Bastia ! Ajaccio bénéficie des plus grands embellissements : des quais, un jardin botanique et la célèbre place du Diamant. Il en fait ensuite le chef-lieu de la Corse, en 1811, une fois réunis les deux départements qu'il avait fait créer.

Les arrêtés Miot

Les arrêtés Miot datent de Napoléon. Ils sont très connus en Corse surtout pour les dérogations fiscales qui en découlent et qui seront appliquées… jusqu'au 1er janvier 2013, date de leur suppression ! Ils ont pendant très longtemps créé un statut fiscal propre à la Corse, permettant de payer un peu moins cher – ou pas du tout ! – certains impôts indirects et droits d'enregistrement dont les droits de succession ! À l'origine, il s'agit d'arrêtés pris entre le 13 germinal an IX (3 avril 1801) et le 28 vendémiaire an XI (28 octobre 1802) par l'administrateur général de la Corse, à l'époque André-François Miot. Au nombre de 134, ces arrêtés réglementent notamment l'ordre public sur l'île. Mais ce que l'on a retenu, c'est l'avantage fiscal accordé aux insulaires. Pourquoi ce cadeau ? Il vise bien sûr à calmer l'insurrection corse, mais, avant tout, il est une compensation : la Corse donne à l'État la possibilité d'exploiter les forêts de l'île et autres terrains domaniaux contre certaines dérogations. Contrairement à ce que l'on a laissé croire, il ne s'agit pas d'un cadeau ! mais d'un échange donnant-donnant…

LE SAVIEZ-VOUS ?

La révolte de la Crocetta

En 1798, des hommes portent une petite croix blanche sur leur habit en signe de ralliement. Cette croix, que l'on appelle *crocetta*, va donner son nom à la révolte initiée par des religieux du couvent de Saint-Antoine à Casabianca (dans la Castagniccia). Pour certains, ces insurgés sont des contre-révolutionnaires. Pour d'autres, ce mouvement serait piloté par Pascal Paoli exilé à Londres et serait au contraire révolutionnaire… bien que le prétexte des insurgés soit de défendre la religion outragée par l'État. Il n'y a aucune preuve que Paoli fût derrière cette insurrection. Quoi qu'il en soit, sa maison sera brûlée par les républicains français. Quant au leader de la *crocetta*, Agostino Giafferi, il est capturé par les troupes de Bonaparte, qui le font fusiller sur la place centrale de Bastia que l'on appelle aujourd'hui la place Saint-Nicolas.

Histoires de familles (suite et fin)

Pascal Paoli s'éteint en 1807. Mais qu'est devenu Pozzo di Borgo ? En le suivant à la trace, nous verrons qu'il n'a pas abandonné sa haine (quasi maladive) pour Bonaparte.

Pozzo : ennemi juré de Napoléon

Charles-André Pozzo di Borgo n'a sans doute jamais pardonné l'histoire du pot de chambre que Mme Bonaparte avait osé déverser sur sa mère lorsqu'elle franchissait le seuil de la demeure familiale. Quoi qu'il en soit, il livrera une bataille acharnée contre Napoléon tout au long de sa carrière. Le discours de Pascal Paoli contre Napoléon lors de la consulta de Corte en 1793, c'est lui (voir *supra*) ! L'expression « pacha luxurieux » pour désigner Marbeuf, c'est lui ! (« À présent, je ne m'exprimerais pas ainsi ! » a-t-il confié à Alfred de Vigny en 1830). L'homme est ambitieux : en 1794 et 1796, lorsque la Corse devient anglaise, il est le secrétaire d'État de Gilbert Elliot. Il a à peine 30 ans et il écarte Pascal Paoli de la gouvernance de l'île, alors que ce dernier, de 40 ans son aîné, l'avait tant aidé… Après l'insurrection des Corses contre les Anglais, Pozzo di Borgo sera obligé de quitter l'île. Il voyagera toute sa vie dans un seul but : détruire Napoléon !

« Bonaparte et moi »

« Bonaparte et moi », « moi et Bonaparte ». Une obsession ! Charles-André Pozzo di Borgo se présente lui-même comme l'« antagoniste » de Bonaparte, l'homme en perpétuelle opposition avec l'Empereur ! En perpétuel exil aussi… Après être allé à Londres en 1796, il suit sir Gilbert Elliot (l'ex-vice-roi de la Corse) en ambassade à Vienne. Sous l'Empire, il travaille pour la diplomatie russe en cherchant toujours à enfoncer Napoléon. Puis il offre à nouveau ses services aux Anglais ! Il coopère ensuite avec Bernadotte, le futur roi de Suède et de Norvège… toujours contre Napoléon, jusqu'à la chute de l'Empire en 1814.

Pozzo di Borgo conseille à Alexandre de marcher sur Paris

À la chute de l'Empire, Pozzo di Borgo peut revenir en France, après 18 années d'exil. Il est désormais ambassadeur en France du tsar Alexandre, à un moment crucial de l'histoire. Le jour de la capitulation face aux alliés, le 31 mars 1814, il est là, à Paris, avec le tsar de Russie. Pour Napoléon, c'est clair : c'est Pozzo di Borgo qui a « conseillé à l'empereur Alexandre de marcher sur Paris » et « il a par ce seul fait décidé des destinées de la France, de celles de la civilisation européenne, de la face et du sort du monde » (*Mémorial de Sainte-Hélène*) !

La revanche des Pozzo di Borgo sur Bonaparte

Mais l'histoire continue : pendant que le tsar décide de l'avenir de la France, Pozzo di Borgo tente de persuader le duc de Berry, fils du futur Charles X, de nouer une alliance avec la Grande duchesse Anna, sœur du tsar Alexandre… Il fait tout pour renforcer l'influence de la Russie jusqu'à faire de l'ingérence comme lorsqu'il persuade le roi Louis XVIII de dissoudre la « Chambre introuvable » qui, plus royaliste que le roi, risquait de compromette le paiement par la France des dettes de guerre… à la Russie. Devenu Pair de France sous la Restauration, Charles-André Pozzo di Borgo est désormais l'homme le plus influent de l'île de Beauté. Pour les Pozzo, la revanche semble avoir finalement été prise sur les Bonaparte… du moins jusqu'à la fin du règne de Charles X.

Napoléon est mort…

Pendant ce temps, à Ajaccio, des curieux peuvent déjà visiter la maison natale de Napoléon qui vient de mourir à Sainte-Hélène (le 5 mai 1821). « Maison que les hommes qui naîtront viendront voir en pèlerinage », a écrit Flaubert en 1840… La maison a été rehaussée d'un étage, et une place Letizia a été aménagée. À l'intérieur trône un portrait imposant de Napoléon en habit d'empereur, réalisé par le peintre Gérard. Le mythe est là !

… vive Napoléon !

Horace Sebastiani, député de Corse, ancien militaire et diplomate de Napoléon Ier, est un fidèle bonapartiste. Mais voilà, en 1830, le roi Louis-Philippe le nomme… ministre des Affaires étrangères ! Un coup dur pour le clan Pozzo di Borgo qui a jusqu'à présent œuvré pour écraser l'influence du clan Sebastiani sur l'île de Beauté. Voilà un des membres de ce clan bonapartiste propulsé au sommet de l'État ! Incroyable… mais vrai ! En Corse, le clan des Sebastiani a désormais le vent en poupe et supplante celui des Pozzo di Borgo. Charles-André fulmine, l'ombre de Bonaparte est une nouvelle fois sur son chemin. Mais l'homme a su se constituer un réseau à travers l'Europe et reste un fin diplomate. Pozzo a repris sa vie d'électron libre : il va en Russie, en Angleterre, puis retourne à Paris, où il meurt en 1848.

LE SAVIEZ-VOUS ?

Quelques sous pour le petit caporal

Mais qu'est-ce qu'être bonapartiste sous Louis-Philippe ? En 1833, Le ministre corse de Louis-Philippe, Horace Sebastiani, crée à Paris un Comité central pour l'érection d'un monument à la gloire de Napoléon Ier. Son but est de rassembler de l'argent pour que la statue de l'Empereur retourne sur son socle place Vendôme. Il trouve vite son premier donateur : le roi Louis-Philippe lui-même, qui lui verse 5 000 francs de l'époque !

Finalement, il lui faut moins de huit jours pour récolter 25 000 francs. C'est assez pour que la statue du petit caporal puisse retrouver sa place… place Vendôme. C'est le retour de Napoléon… du moins, de son effigie. Mais après les statues, les images, et c'est maintenant la dépouille de Napoléon qui est de retour : en 1840, Louis-Philippe décide de transférer ses cendres aux Invalides et organise une cérémonie très pompeuse pour l'événement… Et les Bonaparte ? Ils reviennent au moment de l'abrogation de la loi d'exil en 1848, lors de l'avènement de la IIe République. Parmi eux, le neveu de l'Empereur : Louis-Napoléon Bonaparte, lequel va vite faire parler de lui…

Napoléon III

Après l'Empire, la Restauration, vient la IIe République… et l'élection de Louis-Napoléon Bonaparte, qui transforme la République en Second Empire ! Et nous voilà à Napoléon III. Qui est-il ? Il est le fils de Louis, le frère de Napoléon. Il est né à Paris, puis s'est exilé comme toute la famille sous la Restauration. Il n'a donc jamais vécu en Corse ! Mais, dans l'île de Beauté, les Corses l'acclament comme un des leurs au moment de son arrivée au pouvoir en 1848. Il porte le prénom de son papa, mais aussi celui de son tonton : « Napoléon ». Il a déjà un nom et un prénom très connus, ce qui va lui faciliter la tâche. Il pourra s'asseoir sur le trône et régner en empereur… C'est le retour de Napoléon.

Les bonapartistes

Durant le XIXe siècle, les Corses qui avaient étudié à Pise ou à Rome étaient « éveillés » aux idées libérales puis socialistes… Mais, avec l'arrivée de Louis-Napoléon Bonaparte, ils deviendront en majorité bonapartistes.

Napoléon plébiscité

C'est la IIe République ! En 1848, les élections présidentielles ont lieu. Les Corses votent à 95 % pour Napoléon (70 % en France) ; les résultats pour le plébiscite du 2 décembre 1851 sont encore plus incroyables : on est proche des 100 % ! Dans toute la Corse, sur 56 588 votes exprimés, seules 39 personnes ont voté « Non », dont quatre individus à Ajaccio (sur 3 212 votes exprimés dans la ville). Tout le reste de l'île acclame Bonaparte en criant « Vive l'Empereur ! ». C'est la fête, le délire ! Dans certains villages, on boit et on mange trois jours durant… La Corse est toute bonapartiste !

Rien n'arrête cette vague d'euphorie en Corse. Tout le monde est derrière ce nouvel héros de l'île. Rien à voir avec ce qu'il se passe au même moment sur le continent français, où Napoléon III passe pour un mauvais épisode de la série Napoléon : « L'histoire mondiale se répète toujours deux fois, la première fois comme une tragédie, la seconde comme une farce » ! Ce sont les paroles de Karl Marx à propos de ce cet événement, qu'il appelle le « 18 Brumaire de Louis Bonaparte »... Mais la tragédie est bien là : dans les jours qui suivent le plébiscite, des dizaines de milliers de personnes sont arrêtées et des centaines d'opposants tués... pour s'être révoltés contre ce qui a tout d'un coup d'État. En exil à Jersey, Victor Hugo appelle le prince Louis-Napoléon « Napoléon le Petit » et le traite de « Chacal à sang froid » et de « Corse hollandais » dans un même alexandrin (*Châtiments*, « Vicomte de Foucault, lorsque vous empoignâtes... ») :

« Ce chacal à sang froid, ce Corse hollandais,
Étale, front d'airain, son crime sous le dais ! »

PARLER CORSE

Les sgiò...

En Corse, les notables des XVIIIe et XIXe siècles étaient appelés *sgiò*. Le mot est dérivé du latin *seniore*, de l'ancien français *sieur* ou du génois *sciu*... Les *sgiò* sont les personnages importants de l'île. Ils font de la politique, sont avocats ou médecins et sont tous de gros propriétaires. On les appelle donc « messieurs ». Lorsqu'on voit un *sgiò*, il faut enlever sa casquette et le saluer respectueusement. On les voit lire le *Journal de la Corse* (régulièrement publié depuis 1817 et aujourd'hui doyen de la presse... française !). Certes, tous les *sgiò* n'étaient pas instruits au XVIIIe siècle, mais ils seront de plus en plus nombreux à fréquenter les écoles, notamment à Pise et à Rome (ils cesseront d'aller étudier en Italie dès 1852, date où le français devient la seule langue officielle de l'île). Les maisons des *sgiò* sont des constructions raffinées, luxueusement meublées. Tout au long du XIXe siècle, ils constitueront la classe aisée qui a fait des études. Les inégalités sont désormais creusées. Comme il y a la France des notables, il y a la Corse des *sgiò*...

Hommages à tonton

Sur l'île, Napoléon III rend hommage à son tonton ! À Bastia, place Saint-Nicolas, une statue de Napoléon Ier est érigée en 1853. Elle est l'œuvre du sculpteur florentin Bartolini. On peut encore voir sur cette grande place entourée de palmiers ce haut monument qui représente l'Empereur avec un corps d'Apollon étrangement musclé ! À Ajaccio, Napoléon III fait édifier un grand ensemble statuaire figurant cette fois Napoléon Ier et ses quatre frères : Joseph, Lucien, Louis et Jérôme. Il fait également construire rue Borgo (actuelle rue Fesch) une chapelle pour accueillir les dépouilles de Letizia, du demi-frère de celle-ci, le cardinal Fesch, et d'autres membres de la famille Bonaparte. C'est le grand retour des Bonaparte à Ajaccio. La ville natale de Napoléon doit être digne du grand homme qu'elle a vu naître, elle ne cesse d'être embellie et aménagée : nouvel hospice, école normale, ouverture du cours Grandval… Ajaccio est par ailleurs une des villes qui rend le plus hommage à Napoléon et à sa famille (prenez un plan de la ville et voyez le nombre de rues portant le nom d'un personnage de la famille impériale !).

Napoléon III corsophile

On dit que Napoléon III a fait plus pour la Corse que Napoléon Ier. Puisqu'il était toujours entouré de Corses, l'ambiance ne pouvait être que corsophile… et donc profitable à l'île.

« La Corse, c'est une famille »

« La Corse n'est pas pour moi un département comme un autre, c'est une famille », s'exclame Napoléon III lors de sa visite dans l'île de Beauté. Au pouvoir, il s'entoure de Corses, qu'il nomme préfet, ambassadeur, diplomate, secrétaire de cabinet, maître de cérémonie… et même ministre, comme Jacques-Pierre-Charles Abbatucci, garde des Sceaux en 1852, ou Arrighi de Casanova, ministre de l'Intérieur en 1859. Ce dernier est le fils de Jean-Thomas Arrighi, général de Napoléon Ier (vous verrez sa statue à Corte). La Corse de Napoléon III, c'est donc une famille, mais surtout celle des grandes familles…

Napoléon III cherche à intégrer la Corse dans la France : depuis 1855, le français est la langue officielle de l'île. Fini donc l'italien ! L'instruction publique est encouragée : plus de la moitié des élèves scolarisés ont vu leurs études financées par l'État…

L'empereur est vraiment corsophile ! Il tente de développer l'île et encourage certaines cultures, comme le cédrat, réglemente l'élevage (toujours le problème des chèvres et des vaches qui errent librement dans la nature !), aménage les ports (nouveau port de Bastia en 1862), les routes, les relais postaux, et fait même construire un magnifique canal pour irriguer ces terres et alimenter la population d'Ajaccio en eau potable. Long de 19 kilomètres, le canal de la Gravona est un ouvrage d'art où l'eau coule à ciel ouvert à partir du barrage de Peri, sur les hauteurs de la ville impériale.

La Corse plus proche du continent

Sous Napoléon III, la liaison maritime est considérablement modernisée grâce à une flotte de 23 bateaux, propriété d'une société 100 % corse ! L'histoire commence à Bastia, lorsqu'un certain Joseph Valery décide de faire concurrence à la Compagnie Gérard qui s'occupait jusqu'alors de la liaison maritime entre la Corse et le continent. Cette compagnie est de très mauvaise qualité, et Valery fait le pari audacieux de couler économiquement cette rivale alors qu'il n'a, au départ, qu'une petite flottille. Cependant, il va bénéficier dès 1850 d'un soutien de poids : l'État lui accorde plusieurs concessions, notamment grâce à l'appui de Séverin Abbatucci, rapporteur du projet de ligne entre la Corse et Nice. En quelques années, Valery acquiert 7 bateaux, puis 23 au final, tous dotés d'une grande puissance et d'un matériel des plus modernes. La Compagnie Valery devient ainsi une des plus importantes de France à la veille de la IIIe République et dégage de très gros bénéfices !

Le chemin de fer va à son train

Comme sur le continent, Napoléon III entend développer le chemin de fer. Les ingénieurs se creusent la tête, les projets ambitieux ne manquent pas. L'un d'entre eux propose de relier l'Europe et l'Afrique ! En fait, l'idée consiste à réaliser une ligne Corse-Sardaigne passant par la plaine orientale – de Bastia à Bonifacio – afin de raccourcir les trajets en mer… Mais c'est finalement le projet de la ligne Ajaccio-Bastia qui est adopté. La construction commence en 1855 et s'achève… en 1894, soit quarante ans après ! En effet, il a fallu percer la montagne, creuser des tunnels pour éviter l'ascension du col de Vizzavona (limite de la séparation naturelle entre la Corse de l'« en deça des monts » et celle de l'« au-delà des monts).

Même Eiffel sera de la partie : c'est le célèbre ingénieur qui dessine les plans du pont du Vecchio, construit entre Venaco et Vivario à partir de 1890. Un chef-d'œuvre de 96 mètres de haut et sur lequel passe encore aujourd'hui le train (voir chapitre 17) !

Fin du self-defense

La criminalité baisse sous Napoléon III. La raison ? Il a eu l'idée d'interdire le port d'arme « de quelque nature que ce soit ». Ce qui n'était pas le cas avant, une grande majorité de Corses étant traditionnellement armés, un droit à l'autodéfense que Gênes avait reconnu nécessaire ! Et, pour être sûr que ses dispositions soient bien appliquées, Napoléon renforce les contrôles de gendarmerie. Résultat : près de deux fois moins d'assassinats en moyenne tous les ans. Reste tout de même environ 50 personnes tuées chaque année durant la seconde moitié du XIXe siècle ; sur les 280 000 habitants que compte l'île, cela fait presque 1 % de la population assassinée en 50 ans ! Les règlements de comptes font l'actualité du *Journal de la Corse*, mais beaucoup de progrès ont quand même été réalisés depuis le XVIIIe siècle pour diminuer le crime !

La mal'aria

La malaria est un vieux problème insulaire déjà connu des Génois qui occupaient la Corse. D'ailleurs, le terme vient de l'italien *mal'aria* (le mauvais air). Les responsables en sont les moustiques qui pullulent autour des étangs et des marais. Napoléon Ier avait déjà fait voter une loi programmant l'assèchement des marais pour limiter la prolifération de la maladie, mais la chute de l'Empire suspendit les projets. « L'assainissement des marais est une question de vie ou de mort pour la Corse ! » s'était exclamé Auguste Blanqui dans son rapport en 1838. Cependant, il faut attendre Napoléon III pour que ce programme soit poursuivi… Mais les moustiques continuent de pulluler… Au début du XXe siècle, l'insecte s'avère être encore un formidable fléau : on trouve des moustiques jusque dans l'eau des bénitiers, si on en croit le témoignage du docteur Charles Zuccarelli ! Il faudra attendre les années 1960 pour que le paludisme soit enfin éradiqué.

La Corse entre en dépendance

Le progrès économique de l'île est-il en marche ? Le développement de la Corse sous le règne de Napoléon III entraîne une hausse des échanges. Mais l'île de Beauté importe du continent plus qu'elle n'exporte : elle devient progressivement un peu plus dépendante de la France... Et cela, bien qu'elle produise un peu de tout : savons, tabac, verreries, huiles, tanneries, etc. L'île pouvait donc très bien vivre en autarcie, d'autant que la France, depuis la loi douanière de 1818, n'hésite pas à taxer les produits insulaires lorsqu'ils arrivent sur le continent (bien que ce régime fût aboli en 1832 pour l'huile, le fer, la soie et le granite), alors que cette même loi ne prévoit aucune taxe lorsqu'un produit va du continent vers la Corse !

Il faudra attendre 1911 pour que la très injuste loi douanière de 1818 qui pénalisait les produits corses exportés sur le continent soit abrogée. Par cette loi, l'île de Beauté était logée à la même enseigne qu'un pays étranger alors qu'elle était censé être un département français !

Comment vont réagir les Corses au moment de la déchéance de Napoléon III ? Eux qui, quelques années auparavant, avaient fêté pendant trois jours de délire l'arrivée d'un Corse à la tête de l'État... En 1871, un nouveau préfet Gustave Naquet a le malheur de mettre les pieds en Corse : il est accueilli sous les jets de choux... et les Ajacciens l'obligent à s'agenouiller devant la statue des quatre frères Bonaparte en écoutant chanter *L'Ajaccienne* !

Les Corses vont-ils pouvoir s'intégrer dans la République ? L'avenir donnera raison à Auguste Blanqui qui, dès 1838, écrivait à propos des enfants corses : « C'est une véritable race d'élite, et j'aurai bientôt occasion d'en offrir à l'Académie des preuves convaincantes »... On trouvera par la suite de nombreux Corses à tous les niveaux de l'administration sous la IIIe République. Goût des études ? Pas seulement, les Corses n'avaient pas trop le choix non plus. Voyez le chapitre suivant...

Chapitre 4

De la IIIe République à nos jours : la Corse entre dans l'État français

Dans ce chapitre :

- Les Corses et la France : je t'aime, moi non plus…
- Les héros corses de la Première Guerre mondiale
- Seconde Guerre mondiale : les Corses prennent le maquis
- Le gaullisme corse et la renaissance du nationalisme

Du début de l'intégration de la Corse dans l'État français à la renaissance du nationalisme corse dans les années 1960, l'île de Beauté a beaucoup évolué durant ces 140 années d'histoire. La Corse vit là encore de nombreux événements décisifs, qui permettent de mieux comprendre cette île aujourd'hui…

Les Corses dans la République

La IIIe République mettra un certain temps avant de traiter la Corse à égalité avec les autres départements. Mais l'intégration des Corses finira par se faire. Ce sont les Corses eux-mêmes qui font l'effort de s'intégrer dans la République française. Comment ? En devenant fonctionnaires, pardi !

Les anti-Corse

Le Second Empire vient de s'achever avec la défaite de Sedan. La République se met peu à peu en place. Elle a encore une très mauvaise image de la Corse qui a soutenu Napoléon III.

Certains républicains seront très rancuniers à l'égard du peuple corse – qualifié de suppôt du bonapartisme ! –, et ils ne veulent pas de cette île. En 1871, Clemenceau et le club positiviste de Paris demandent que « la Corse cesse immédiatement de faire partie de la République française ». Dans son journal *Le Cri du peuple*, Jules Vallès s'insurge : « La Corse ne sera jamais française » et crie sa haine : « Le Corse est naturellement mouchard et assassin ! » Ben voyons ! On assiste à une belle surenchère de racisme anti-Corse. Louis Noir (frère de Victor Noir, qui sera assassiné par le prince Pierre Bonaparte), dans l'*Intransigeant*, ne transige pas non plus à ce sujet : « La Corse est la vraie patrie des assassins gagés. » Quant au très populaire *Petit Journal*, voilà comment il traite du voyage, en 1890, du président Sadi Carnot en Corse : le million de lecteurs qui l'achète quotidiennement peut lire en titre de l'article : « Le Président chez les sauvages ! ».

Des Corses dans la fonction publique

Les Corses rejetés par la République ? De la IIIe à la Ve République française, on ne fera pourtant pas mieux en matière d'intégration ! Et la meilleure façon de s'intégrer… c'est d'entrer dans la fonction publique ! On les retrouve partout dans l'Administration, et surtout aux postes régaliens ! Les Corses sont gardiens de prison, ils travaillent dans l'armée ou dans les douanes. En 1922, Jean Giraudoux en plaisante dans sa pièce *Siegfried* : « Monsieur le douanier, pourquoi tous les douaniers en France sont-ils corses ? — Il n'y a que les Corses pour comprendre que la France est une île »…

Cette intégration dans la fonction publique va provoquer un exode très important. À la fin du XIXe siècle, ce sont près de 2 500 Corses qui quitteront l'île chaque année. Où vont-ils ? Ils partent pour Nice, Toulon, Marseille ou encore pour Paris afin d'y étudier ou d'y travailler. Mais surtout, ils participent à la politique coloniale à outrance voulue par la IIIe République. « Sans les Corses, ni coloniale ni colonies », disait le général Gouraud. On les trouvera donc un peu partout dans le monde : en Afrique, à Madagascar ou en Indochine. Ils sont ainsi cinq fois plus nombreux que le reste des Français à partir dans les colonies… Ils ont beaucoup voyagé, sont passés par le canal de Suez, ont vu Saigon, Oran, Alger ou Constantine… Dans les douanes et prisons des colonies, un tiers des fonctionnaires est d'origine corse ! Certains ont des hauts niveaux de responsabilité : 20 % des gouverneurs sont des Corses.

« Opium » (chanson)

Il reste encore des traces de ce passé colonial dans la culture corse. Ainsi, la célèbre chanson « Opium » encore chantée dans l'île (extrait) :

« Dans le port de Saigon,
Est une jonque chinoise,
mystérieuse et sournoise,
dont on connaît pas son nom.
Mais le soir dans l'entrepont,
quand la nuit se fait complice,
des Européens se glissent,
cherchant les coussins profonds.
Refrain : Opium, poison de rêve
Fumée qui monte au ciel,
C'est toi qui nous élèves
Au paradis artificiel.
Je vois le doux visage
Les yeux de mon aimée.
Par toi j'ai son image
Dans ton nuage, fumée. »

Le Corse « supérieurement » instruit

Le Corse est « supérieurement doué d'intelligence ». C'est Paul Bourde qui le dit, et ce n'est pas une bourde ! Journaliste au *Temps*, ce dernier tient régulièrement une chronique en 1887, où il décrit la vie insulaire : « Tous les jours, des Corses sortis des familles les plus humbles parviennent aux fonctions les plus élevées. » Une des particularités de l'île est en effet le haut niveau d'instruction qu'ont ses habitants. À l'époque, la Corse est ainsi le département où le nombre d'enfants fréquentant les écoles est le plus important de France.

L'ami des Maures

C'est un Corse qui a fondé la Mauritanie ! Son nom : Xavier Coppolani. Né en 1866, il est issu d'une famille humble de Marignana (sud de la Corse). Il est l'exemple même de ces Corses qui ont pu sortir de leur condition grâce aux colonies. Xavier Coppolani passe en effet son enfance en Algérie et devient un grand spécialiste de la langue et de la civilisation arabes. Il pense que l'expansion coloniale doit se faire en comprenant les cultures et coutumes des peuples colonisés. Ces idées le font connaître des milieux politiques, si bien qu'au début du siècle, le président du Conseil, Waldeck-Rousseau, lui confie la mission de créer le territoire de Mauritanie. On l'appelle l'« ami des Maures », le « pacificateur » ou encore « le charmeur », pour avoir su gagner la confiance de certaines tribus. Mais cette pacification ne plaira pas à tout le monde : Coppolani sera mystérieusement assassiné en 1905, probablement par des trafiquants d'armes et d'esclaves du Sénégal voisin, contre lesquels il avait lutté… Son tombeau se trouve encore à Tidjikdja, en Mauritanie.

Les Corses morts pour la France

Au début du xxe siècle, l'île connaît de grandes difficultés économiques et une baisse de sa démographie… La République prend enfin conscience de la nécessité de faire des aménagements dans l'île, mais tout est stoppé par la guerre qui débute en 1914. Voilà que l'on placarde dans les rues l'ordre de mobilisation générale…

Première Guerre mondiale : le lourd tribut payé à la France

La Corse est le département qui comptera le plus de victimes proportionnellement à sa population.

Les Corses en première ligne

L'État vient chercher au plus profond de la Corse les hommes dont la France a besoin pour les envoyer au front contre les Allemands. Certains vont au casse-pipe alors qu'ils ne sont même pas aptes à faire leur service militaire. Ils ne connaissent pas leurs droits, partent en première ligne alors qu'ils n'ont pas d'avis médical… La politique de mobilisation est beaucoup plus zélée en Corse que dans les autres départements français : le gouvernement a envoyé au front des personnes âgées de 48 ans ou des pères de six enfants !

Le bilan est lourd : 15 000 Corses sont morts lors de la Première Guerre mondiale, soit 5 % de la population corse et un quart des mobilisés. Dans tous les villages, les monuments aux morts sont couverts de noms des enfants de l'île qui ont perdu leur vie pour la France. Toutes les familles sont concernées. Il y a parfois plusieurs noms d'une même famille. Les Corses ont finalement payé un lourd tribut à la France…

La Corse et ses héros

La Corse a ses héros. Beaucoup sont anonymes, certains ont été distingués. Ainsi, les aviateurs Jean Casale, Jean-Paul Ambrogi, « as de la chasse », ou encore le général Paul-François Grossetti dont le général Foch dira : « Grossetti, invulnérable. Toujours sous la mitraille, au milieu des balles. Elles ne le touchent pas ! »

La Corse a perdu en 2004 son dernier poilu : il s'appelait Joseph Mondoloni. Originaire de Porto-Vecchio, il est décédé à l'âge de 107 ans.

En 1933, un ancien poilu du nom de Gaston Deblaize a sculpté six « bornes de Terre sacrée » en mémoire des victimes de la guerre de 14-18. Il existe une de ces bornes à Ajaccio, près des îles Sanguinaires. Les cinq autres bornes se trouvent aux Invalides (Paris), au cimetière d'Arlington (Washington), sur le récif de Guernic (presqu'île de Quiberon), à Cinq-Mars-la-Pile et à Meures, village natal de l'artiste. Elles contiennent de la terre prélevée sur les champs de bataille.

Le corsisme, entre Mistral et Tramontane

Il souffle comme un vent de régionalisme dans les années 1920 : le « corsisme » ! Santu Casanova, le Frédéric Mistral de la Corse, était déjà précurseur de ce mouvement à la fin du XIXe siècle avec son journal *A Tramuntana* (*La Tramontane*). Auteur satirique de pièces en langue corse, il est connu dans toute l'île pour sa parodie d'une cérémonie funèbre... faite à un âne. Un autre vent souffle dans les années 1920 : Maistrale (de son vrai nom Dumenicu Antonu Versini. Précisons que le mot « mistral » dérive de « maître » !), un barde non moins doué d'humour. Il avait fait construire un tombeau avec son buste en bronze et des bas-reliefs évoquant ses chansons. Un jour qu'il reste planté à côté de son tombeau, une vieille dame, frappée par l'étrange ressemblance entre le buste et Maistrale, est effrayée. Le barde lui dit en Corse : « *Scusetimi O Madama, qui drentu s'assufoca, allora, so surtitu un pocu à piglià u frescu !* » (« Pardon, madame, dedans on étouffe, je suis sorti un peu prendre le frais » !)

La Seconde Guerre mondiale : la Corse occupée

On la disait la « der des der », mais un peu plus de 20 ans après la Première Guerre mondiale, une seconde guerre éclate. Cette fois-ci, la Corse est occupée, ce qui encouragera beaucoup de Corses à « prendre le maquis » pour entrer en résistance.

Les visées de Mussolini

À la veille de la Seconde Guerre mondiale, le dictateur Mussolini ne cache plus ses visées sur la Corse (ni sur Nice et la Savoie) ! L'« irrédentisme » (de l'italien *irredento* : non affranchis), un mouvement nationaliste né au XIXe siècle en Italie, a longtemps considéré que la Corse faisait partie du territoire italien. Ses adeptes diffusent sur l'île depuis les années 1920 une propagande fasciste laissant croire que la Corse deviendrait le « jardin fleuri » de la botte italienne. Mussolini tentera de séduire quelques Corses en proposant des bourses pour étudier en Italie. Signe de la confusion idéologique : le personnage de Pascal Paoli est instrumentalisé contre les Français et on donne même son nom à une rue de Livourne ! En Corse, des collaborateurs de la revue *A Muvra*, dont son fondateur Petru Rocca (qui crée, en 1923, le *Partitu Corsu d'Azione*, lequel devient le *Partitu Corsu Autonomista*, en 1927), seront accusés à la Libération de ne pas s'être démarqués de l'irrédentisme. Ce procès fait encore débat. Quoiqu'il en soit, le mouvement italien trouvera très peu d'échos chez les Corses, y compris chez les « corsistes » (régionalistes). Bien au contraire, un grand mouvement de Résistance insulaire va naître contre la menace fasciste....

« Nous jurons de vivre et de mourir français »

« Face au monde, de toute notre âme, sur nos tombes, sur nos berceaux, nous jurons de vivre et de mourir français. » C'est le serment de Jean Ferracci, président des anciens combattants, acclamé par la foule qui s'est réunie le 4 décembre 1938, à Bastia, devant le monument aux morts de 14-18. Quelques semaines auparavant, le président du Conseil, Édouard Daladier, signait les fameux accords de Munich. Sous l'œil amusé d'Hitler, les Français et le Royaume-Uni venaient de sacrifier le territoire des Sudètes qui appartenait à leur allié tchécoslovaque ! Tout ça, croient-ils, pour « la paix » ! Pendant qu'on y est, pourquoi Daladier ne sacrifierait-il pas aussi la Corse aux appétits de Mussolini ? La question est sérieusement posée... et rappelle la peur des Corses de 1789 de redevenir italiens ! Et certains font savoir que Pascal Paoli soutenait à ce moment-là les Français et non les Italiens !

« La Corse n'est pas à vendre »

Le déplacement en Corse de Daladier les 2 et 3 janvier 1939 pour rassurer tout le monde ne servira pas à grand-chose : Hitler envahit la France quelques mois après. À partir de 1940, la Corse fait partie de la zone non occupée régie par le gouvernement de Vichy. L'île est censée ne pas être occupée... mais elle est de fait sous le contrôle de Mussolini ! Après l'avoir bombardée en juin 1940, les Italiens ont signé dans le même mois l'armistice. Des délégations sont envoyées pour désarmer les habitants de l'île ! Le commandant corse Pietri est un des premiers à lancer un appel à la résistance. Sur un polycopié, les habitants peuvent lire :

« La Corse n'est pas à vendre.
La Corse n'est pas à donner.
La Corse de Sampiero,
La Corse de Paoli et des Cinarchesi ne s'est donnée qu'une fois :
Elle s'est donnée à la France ! »

PARLER CORSE

L'expression « prendre le maquis » vient de Corse ! Elle signifie « se cacher » et remonte à l'époque de la vendetta où les bandits d'honneur étaient recherchés par les autorités. Ils partaient alors se dissimuler dans la végétation de brousse épaisse qui caractérise le maquis, là où personne ne peut vous trouver ! Durant la Seconde Guerre mondiale, cette expression a été utilisée pour désigner les résistants, nombreux en Corse, à se cacher pour mener courageusement une lutte contre les Allemands et les Chemises noires. Les résistants corses étaient ainsi censés « prendre le maquis ». L'expression a été adoptée par la Résistance française, qui s'est alors qualifiée de « maquisarde ».

Fausse joie

ÉVÉNEMENT

Le 8 novembre 1942, les Alliés ont débarqué en Afrique du Nord. Trois jours après, les Corses se réunissent place Saint-Nicolas à Bastia. Ils portent des fleurs, des cocardes et des drapeaux bleu-blanc-rouge qu'ils agitent lorsqu'ils voient les bateaux à l'horizon. La foule est en liesse ! Enfin les Alliés ! Au fur et à mesure que les navires se rapprochent, hommes et femmes se pressent contre la balustrade face à la mer et distinguent peu à peu… des drapeaux italiens et allemands ! Ce sont presque 100 000 hommes des forces de l'Axe qui viennent pour occuper l'île… Elles sont composées pour la majorité d'Italiens, dont les cruelles milices fascistes appelées les Chemises noires (en raison de la couleur de leur uniforme).

C'est une masse d'hommes armés qui déferle sur l'île : imaginez 100 000 personnes arrivant sur une terre où ne vivent que 200 000 âmes ! Presque toutes les habitations insulaires sont réquisitionnées… Des familles entières doivent partager une seule pièce pour faire place à l'occupant. Les conditions de vie sont difficiles, d'autant qu'un blocus britannique empêche l'arrivée des vivres. Face à cette occupation, un bon nombre de Corses vont « prendre le maquis », tandis que l'Ovra (réplique italienne de la Gestapo) commence à arrêter les premiers résistants, qu'elle n'hésite pas à faire fusiller…

LE SAVIEZ-VOUS ?

Le châtaignier : l'arbre nourricier

Durant l'Occupation, les habitants de l'île apprennent le système D. On s'habille comme on peut (en redécoupant les rideaux par exemple !). On se chausse avec des sabots taillés dans le bois. On fait des semelles avec des morceaux de pneus. Et surtout, avec le blocus qui empêche toute arrivée de denrées, on redécouvre les vertus de cet arbre nourricier qu'est le châtaignier. C'est grâce à lui que les Corses pourront tenir plusieurs mois, en se nourrissant pour l'essentiel de *pulenta* (plat fait avec la farine de châtaigne) ou de ballottes (châtaignes cuites à l'eau) !

La Résistance corse

En novembre 1942, un sous-marin s'approche des côtes corses : le *Casabianca*. Il est piloté par le commandant Jean l'Herminier. L'appareil et son commandant reviennent de loin : ils ont dû quitter en urgence Toulon sous les mitraillages des SS ! L'équipage du *Casabianca* est incomplet : il a tout l'air d'un ersatz de sous-marin. Il est désarmé, il lui manque une partie de son matériel de submersion. Cela ne l'empêche pas de déposer dans la baie de Chioni, près de Cargèse, la mission « Pearl Harbour » qui doit entrer en contact avec la Résistance corse !

Depuis 1942, la Résistance s'est bien organisée en Corse et arrive à établir des liaisons avec les Alliés à Londres et à Alger. Elle est dirigée par le Front national à dominante communiste ou encore par Paul-Joseph-Marie Giacobbi (sénateur et maire de Venaco, destitué par le gouvernement de Vichy) en contact avec le général de Gaulle depuis la mission du Jean Moulin corse : Fred Scamaroni, un des nombreux héros de la Résistance, mort en mission, tout comme Jean Nicoli (décapité le 30 août 1943 par les Chemises noires), Gabriel Peri (auquel le poète Louis Aragon rendra hommage), Dominique Vincetti, Paul Poggionovo, ou encore les déportés Charles Bonafedi, Danielle Casanova… et bien d'autres qu'il nous est impossible, hélas, de citer de manière exhaustive.

Fred Scamaroni, le Jean Moulin corse

Haut fonctionnaire, Fred Scamaroni a dû quitter la préfectorale depuis qu'il a été fait prisonnier par le régime de Vichy en 1941. Avec Jean Moulin et huit autres collègues, il fait partie des quelques préfets et sous-préfets à s'être engagés dans la Résistance et à y avoir donné leur vie. En janvier 1943, sur ordre du général de Gaulle, il arrive en Corse à bord du *Casabianca*, ce fameux sous-marin qui joue désormais un rôle essentiel dans le ravitaillement en armes de la Résistance corse.

Danielle Casanova : une jeune femme corse et résistante !

Plusieurs rues (dont une au niveau de la rue de l'Opéra à Paris), des établissements scolaires et même un des ferries qui relient la Corse et Marseille portent son nom : Danielle Casanova. Vous devez la connaître : elle est une des grandes figures de la Résistance et témoigne du courage des femmes durant l'Occupation. Née à Ajaccio, Vincentella Perini (son nom de jeune fille) y fait sa scolarité, qu'elle poursuit à Paris où elle étudie la chirurgie dentaire. Elle entre dans les Jeunesses communistes et fonde ensuite l'Union des jeunes filles de France, un mouvement qui édite un « journal honnête, d'éducation sociale et culturelle » pour les jeunes filles ! Dès l'interdiction du Parti communiste français en septembre 1939, elle passe dans la clandestinité. Avec l'aide de la police française du gouvernement de Vichy, elle est arrêtée par la Gestapo le 15 février 1942 alors qu'elle ravitaillait le philosophe et résistant Georges Politzer, rue de Grenelle à Paris. Emprisonnée, elle est ensuite déportée à Auschwitz, où elle décède le 9 mai 1943 à l'âge de 34 ans. Plusieurs artistes lui ont rendu hommage : le peintre Boris Taslitzky a réalisé en 1950 un tableau intitulé *La Mort de Danielle Casanova* et Michel Mallory a écrit une chanson « Cum'è una culomba », chantée par Antoine Ciosi.

Fred Scamaroni tente sans succès de mener des actions convergentes avec les résistants Jean Nicoli et Arthur Giovoni. Mais, alors qu'il est sur l'île, il se fait arrêter par l'Ovra. Il se suicide dans sa cellule sans jamais révéler les noms de ses compagnons !

Au moment de la chute de Mussolini en septembre 1943, la question était de savoir quel allait être le comportement de l'armée italienne qui occupait l'île avec les Allemands. C'est le commandant Colonna d'Istria, chargé de coordonner la Résistance en Corse depuis la mort de Fred Scamaroni, qui pose la question le 8 septembre : « Vous me direz, sans phrases, ce soir, avant minuit, si vous êtes avec nous, contre nous ou neutre », demande-t-il au général italien Magli. Réponse avant minuit du général italien : « Avec vous ! »

« Il faut aller en Corse »

Pendant que les 85 000 Italiens jouent double jeu avec les 15 000 Allemands présents sur l'île, la question de l'intervention des Alliés en Corse se pose. C'est le général Giraud, avec l'accord du général de Gaulle, qui prend la décision du débarquement : « Il faut aller en Corse, libérer l'île, qui constituera un magnifique tremplin pour les futures opérations de la libération de la France »... Le 11 septembre 1943, Giraud reçoit un télégramme des patriotes corses lui indiquant que la voie est libre : « Patriotes dirigent préfecture et toutes administrations. Accord avec les Italiens contre Allemands. Alliés attendus. Ordre règne. Allemands à Bastia [...] sont déjà isolés par troupes italiennes mais danger imminent. Arrivez par Ajaccio sans danger. »

La Corse, premier département libéré en métropole

Retour du Casabianca

Décidément, le sous-marin le *Casabianca* aura beaucoup servi dans la libération de la Corse. Il sera le premier à entrer discrètement dans la baie d'Ajaccio dans la nuit du 12 au 13 septembre 1943. Lorsqu'il arrive au quai, l'Herminier, le commandant, entend des coups de feu et croit à une attaque ennemie : « En arrière toutes ! » crie-t-il avant de se rendre compte que ce sont les Ajacciens qui tirent en l'air pour fêter l'arrivée du sous-marin ! Réflexe professionnel du commandant : « C'est comme ça que l'on gaspille les munitions que nous avons tant de mal à mettre à terre ? »

Le *Casabianca*

La tourelle du sous-marin est aujourd'hui exposée avec son kiosque sur le port de commerce de Bastia. Le *Casabianca* était un engin lourd de 1 500 tonnes et long de 92,3 mètres ! Mais, au fait, pourquoi s'appelle-t-il le *Casabianca* ? C'est un hommage à Luce de Casabianca, un Corse de Vescovato ! Héros de la bataille d'Aboukir contre les Anglais qui, le 1er août 1798, s'était sabordé avec son fils âgé de 12 ans pour ne pas tomber entre les mains de l'ennemi. Le *Casabianca* a été lancé le 2 février 1935 à Saint-Nazaire ; c'est le destin qui l'a ainsi conduit à finir sur l'île de Beauté dont il porte le nom d'un natif !

Pour organiser la résistance insulaire, les Alliés ont distribué plus de 10 000 pistolets-mitrailleurs Sten et 800 fusils-mitrailleurs Bren sur l'île de Beauté. Presque toutes les familles corses étaient donc armées au moment de la Libération… et, plutôt que de rendre les armes, beaucoup ont préféré ensuite les conserver dans leur grenier. Des Corses disposent donc encore aujourd'hui de ces armes, avec les munitions de l'époque…

Après le Casabianca, c'est au tour des croiseurs légers et des torpilleurs. Bien que les renforts semblent arriver par Ajaccio au compte-gouttes, les unités françaises débarrasseront totalement l'île des Allemands le 5 octobre 1943 au petit matin. La Corse est ainsi le premier département de la métropole française à être libéré !

Déroulement des opérations

Mais revenons sur les opérations engagées le 13 septembre 1943 sous le commandement du général Giraud. Le déroulement du débarquement des Alliés en Corse peut se résumer en quelques points :

- À la mi-septembre, le bataillon de choc est relayé par les tirailleurs marocains, les spahis, cavalerie de blindés légers et de soldats berbères (tabors) qui, avec les patriotes corses, remontent la vallée de la Gravone (au-dessus d'Ajaccio) en direction de Bastia où se sont réfugiés les Allemands ;

- En même temps, une compagnie du bataillon de choc, partie d'Ajaccio, se dirige vers Bonifacio, avec les patriotes, pour chasser les Allemands ;
- Au même moment, les commandos américains investissent le cap Corse et cernent le Nord de Bastia. Entre le 13 et le 21 septembre, la Royal Air Force et l'US Air Force lancent plusieurs bombes sur le quartier de la gare et le nouveau port bastiais ! Suite à ces conflits avec les Allemands, plusieurs habitations sont démolies. La ligne de chemin de fer de la plaine orientale est définitivement détruite (elle ne sera plus jamais reconstruite !). Même les morts du cimetière de Bastia auront leurs tombes bombardées !
- Enfin, n'oublions pas que les Alliés bénéficiaient sur place du soutien précieux des Italiens dirigés par Magli (à ne pas confondre avec les Chemises noires, milices fascistes qui ont quitté l'île dès la chute de leur Duce Mussolini).

Même si l'opération du général Giraud a été un succès par sa rapidité, on compte néanmoins un millier de morts parmi les unités françaises et les résistants corses (172 résistants tués). La Corse sera aussi victime des « dommages collatéraux » des Américains et Britanniques qui bombardent Bastia en détruisant plusieurs habitations et infrastructures. Et, alors que le 5 octobre, à 5 h 45 du matin, l'île est libérée des dizaines de milliers de soldats allemands qui ont pris la fuite… l'armée américaine continue à jeter des bombes sur le port de Bastia à 8 heures du matin !

Même si la Corse est le premier département de la métropole a être libéré en 1943, la guerre n'est pas finie pour les Corses. Près de 12 000 jeunes de l'île continueront à se battre sous les drapeaux jusqu'à la victoire des Français sur les nazis. De plus, beaucoup de Corses étaient des militaires, particulièrement présents dans les colonies, ils participeront donc aux conflits coloniaux d'après-1945, dont la guerre d'Indochine jusqu'à la défaite de Diên Biên Phu en 1954, où des soldats d'origine corse trouveront encore la mort…

Renaissance du nationalisme et évolution du statut de la Corse

Après la Seconde Guerre mondiale, c'est une hémorragie démographique. Des milliers de Corses quitteront l'île. Comme tous les Français, ils profiteront des Trente Glorieuses… Et sur l'île, alors, que se passe-t-il ? La Corse est à reconstruire, mais cela se fait lentement, trop lentement. Au point d'exaspérer certains Corses « autonomistes » qui reprocheront à la France de traiter l'île comme une « colonie ». Mais nous n'en sommes pas encore là ! Après la guerre, les Corses sont patriotes et fiers d'être français… mais aussi corses !

La Corse gaulliste

Pulitichella

C'est le mot que l'on utilise en Corse pour qualifier cette petite politique faite de menues combines et d'arrangements entre personnes. Une *pulitica* (politique) où il n'y a surtout que deux clans : le *partitu* et le *contrapartitu* (le parti et l'opposition). Cette caractéristique remonte aux débuts du droit de vote pour les Corses. Toute l'histoire de la politique insulaire est un jeu combiné d'alliances où les influences de clans ont plus d'importance que les idées…

- Avant la guerre, l'opposition se faisait entre deux clans : les landrystes et les gavinistes. Les uns sont partisans d'Adolphe Landry (1874-1956), plusieurs fois ministre sous la IIIe République, les autres sont dans le clan des Gavini, branche bonapartiste qui remonte au XIXe siècle. En principe, les premiers sont à classer plutôt à gauche et les seconds à droite…
- Après la guerre, le clivage gauche-droite en Corse se fait d'après l'appartenance au clan giacobbiste (famille Giacobbi) ou à celui des roccaserristes (famille Rocca Serra). Opposition qui reste toujours d'actualité…

Au XIXe siècle, la Corse était bonapartiste ; au XXe siècle, après la Seconde Guerre mondiale, elle sera en grande majorité gaulliste ! On entre dans des années de conservatisme, durant lesquelles la Corse profite surtout de la paix. On danse au son de l'accordéon et on écoute Tino Rossi. Tout va bien pour l'instant... ce n'est que plus tard que commencera le grand désenchantement de l'« État français » !

Encore des guerres de clans !

À la veille de la guerre, les deux principaux clans traditionnels sont les landrystes (Adolphe Landry : parlementaire corse plusieurs fois ministre) et les pietristes (François Pietri : député corse et plusieurs fois ministre, y compris de Vichy). Mais le passé pétainiste de François Pietri affaiblira la droite traditionnelle de l'île au lendemain de la guerre. Aux municipales de 1945, les communistes, renforcés par leur rôle dans la Résistance, remportent plusieurs mairies. Victoire très symbolique : celle du communiste Arthur Giovoni qui gagne la mairie d'Ajaccio, longtemps aux mains des... bonapartistes (qui la reprendront en 1947) !

Mais voilà, l'arrivée du général de Gaulle va tout bouleverser ! Paul Giacobbi est d'appartenance radicale. Il s'est rapproché du général de Gaulle dans la Résistance et il devient son ministre. Peu à peu, le clan giacobbiste va ainsi profiter de l'adhésion populaire au général pour remplacer le traditionnel parti landryste. Tandis qu'à droite émergera à nouveau le clan gaviniste (dont la branche remonte au XIXe siècle) avec un descendant arrivé sur la scène politique : Jacques Gavini. Cela va dès lors laisser peu de place aux socialistes et aux communistes qui n'appartiennent à aucun des deux gros clans, bien qu'ils aient joué un rôle important dans la Résistance. La logique bipartisane de la politique corse sera plus forte !

« C'est un Corse ? Non c'est un gaulliste ! »

Nous sommes en 1958, c'est le retour du général ! François Giacobbi, le fils de Paul, doit se positionner par rapport à de Gaulle revenu au pouvoir. Il vote contre la révision constitutionnelle, mais accorde sa confiance au général le 2 juin. Sept ans après, les choses changent. Les radicaux sont traditionnellement favorables au général, mais François Giacobbi, décide de soutenir Mitterrand contre de Gaulle. Les giacobbistes qui n'avaient pas entendu la consigne pensaient qu'il fallait voter pour... de Gaulle. Dans la soirée, ils apprennent que le mot d'ordre était de voter Mitterrand. Trop tard, beaucoup avaient déjà voté pour le général dans la matinée !

De Gaulle a un soutien appuyé dans l'île avec Jean-Paul de Rocca Serra, *alias* « le renard argenté » (appelé ainsi parce qu'il était très rusé et avait les cheveux blancs !), qui a été pendant un demi-siècle le chef incontesté de la droite insulaire. Les Corses sont aussi très présents dans les gouvernements gaullistes jusqu'à la chute du général en 1969. Dans une chanson soixante-huitarde, Léo Ferré reprend en refrain plusieurs noms de gaullistes d'origine corse : Sanguinetti, Finalteri, Ortoli… qu'il place dans son refrain : « *Eh dis, Sanguinetti, eh ! Qui c'est celui-là dis ? C'est un Corse ? Eh non, c'est un gaulliste !* » (dit avec l'accent !). Il y aura en effet, de manière générale, beaucoup de Corses en politique. On compte au XXe siècle pas moins de 25 ministres ou secrétaires d'État originaires de l'île…

LE SAVIEZ-VOUS ?

La présence de nombreux Corses auprès du général de Gaulle n'a pas empêché ce dernier d'envisager en 1959 de faire des expérimentations nucléaires dans les mines désaffectées d'Argentella, près de Calvi. Les Corses manifestent bruyamment contre ce projet catastrophique… C'est finalement dans le Sud de l'Algérie, puis à Mururoa, que se feront les expérimentations avec les conséquences que l'on connaît…

À la fin des années 1950, les Corses commencent d'ailleurs à manifester leur mécontentement car rien ne va plus ! L'économie peine et, en 1959, le « mouvement du 29 novembre » demande un renforcement des missions de la Somivac (Société d'économie mixte pour la mise en valeur de la Corse) et de la Setco (Société d'équipement touristique de la Corse), deux outils créés en 1957 afin de développer l'activité insulaire. Les Corses réagissent aussi à la menace de suppression du petit train qui relie Ajaccio-Bastia… Des préoccupations légitimes alors que l'État déraille !

LE SAVIEZ-VOUS ?

Isula morta, soit « île morte », c'est ainsi que l'on nomme la grève générale en Corse. Tout est mort : les magasins ont tiré leur rideau, les guichets administratifs sont fermés, les bateaux n'arrivent plus… Tout le peuple corse fait grève. La première grève a lieu le 11 mars 1960 pour protester contre le projet de suppression de la ligne de chemin de fer. Ce n'est qu'un début, plusieurs autres grands mouvements collectifs se succéderont par la suite…

Le vin des pieds-noirs monte à la tête des autonomistes

Après la guerre d'Algérie, en 1962, l'arrivée des pieds-noirs dans l'île (rapatriement qui avait commencé à partir de 1957) ne fera qu'aggraver la grogne insulaire. La Somivac, société d'économie mixte chargée d'améliorer les infrastructures, est la cible des critiques. Le réseau hydraulique de la Corse qu'elle est censée mettre en place peine à avancer. Et pour cause ! La société est chargée à présent de gérer les rapatriés d'Algérie… et apporte son aide aux grandes exploitations côtières, dont beaucoup appartiennent à des non-Corses. Les pieds-noirs se sont en effet concentrés sur le désert vert de la plaine orientale pour l'irriguer et le cultiver, et ils arrivent à prospérer. Ils se spécialisent surtout dans la viticulture intensive, d'où sort un vin de très mauvaise qualité mais très rentable ! Alors que le centre de l'île va mal et que les petites propriétés sont abandonnées, cette prospérité des pieds-noirs est peu appréciée, alors que certains, comme les bergers, peinent à joindre les deux bouts. De plus, leur vin trafiqué discrédite injustement toute la profession insulaire. Pour les mouvements autonomistes qui viennent de naître sur l'île, c'est la goutte qui fait déborder le tonneau…

Ne pas confondre « autonomiste » et « nationaliste »

À partir des années 1960 naissent les premiers courants autonomistes corses (voir chapitre 8). Un des plus connus est l'ARC (Action régionaliste corse), créé en 1967 par le docteur Edmond Simeoni.

Il ne faut pas confondre « autonomistes » et « nationalistes » ! Les « autonomistes » sont favorables à un régime d'autodétermination politique dans le cadre de la Constitution française. Les « nationalistes » veulent une Corse indépendante ! Cela dit, aujourd'hui les nationalistes dits « modérés » ne font pas de l'indépendance leur cheval de bataille et se concentrent surtout sur des revendications intermédiaires comme la reconnaissance officielle du peuple corse et de sa langue. Ce courant né en 2008 se réclame plus de l'autonomisme que du nationalisme pur et dur, traditionnellement indépendantiste.

En 1951, la loi Deixonne autorise l'enseignement des langues régionales : le basque, le breton, le catalan et l'occitan... mais pas le corse ! Il faudra attendre 1974 pour que le corse soit considéré comme une langue régionale.

La Corse désenchantée

Ça y est. On vous l'avait dit ! L'illusion de l'après-guerre et du gaullisme est finie. Dans l'esprit de Mai 68 qui vient de passer, les années 1970 sont marquées par le début d'une nouvelle aventure politique et environnementale.

En 1972, le Nord de la Corse est envahi par une boue rouge toxique provenant des déversements de la société italienne Montedison, ce qui provoque de violentes protestations dans l'île, qui fait *isula morta* le 26 février 1973 : les administrations et des commerces ferment pour manifester. L'« État français » est accusé par les mouvements autonomistes de ne rien faire. Un commando clandestin corse fera finalement sauter en Italie le navire à l'origine des pollutions, l'affaire est réglée !

L'événement d'Aléria

Le 21 août 1975, une cinquantaine d'agriculteurs armés de fusils de chasse occupent la cave viticole d'un gros chef d'entreprise d'origine pied-noire. La raison ? Sensibiliser les journalistes au problème des vins trafiqués par certaines exploitations de la plaine orientale. À leur tête, le docteur Edmond Simeoni, fondateur du mouvement autonomiste l'ARC (Action régionaliste corse). Pour arriver à bout de huit autonomistes, le gouvernement envoie, deux jours plus tard, 2 000 hommes, quatre engins blindés et huit hélicoptères ! Ils encerclent la ferme et donnent l'assaut. Résultat : deux morts parmi les forces de l'ordre et un blessé parmi les autonomistes. Pacifiste et regrettant la tournure tragique prise par une situation qui se voulait uniquement symbolique au départ, Edmond Simeoni décide de se rendre. L'événement d'Aléria est un tournant de l'histoire corse : l'État vient de choisir de régler la question autonomiste par la répression. L'ARC est dissoute. Le journal *Libération* titre : « On ne dissout pas le peuple corse »...

Création du FLNC

Après l'événement d'Aléria suit une radicalisation du mécontentement de certains Corses. L'action devient clandestine et armée. On ne parle plus de simple autonomie, mais d'indépendance. Le 5 mai 1976 est ainsi créé le fameux FLNC (Front de libération nationale corse), qui revendique les 18 attentats à l'explosif qui ont eu lieu la veille (16 en Corse, 1 à Nice et 1 à Marseille) pour « libérer la Corse de la domination française ». Contrairement aux mouvements nationalistes irlandais ou basques, le FLNC s'en prend au départ uniquement aux biens matériels, refusant ainsi délibérément de tuer. À partir de cette date, ses actions spectaculaires feront régulièrement la une de l'actualité française : attentats fréquents contre les bâtiments administratifs et « nuits bleues », expression journalistique très poétique pour désigner plusieurs explosions simultanées dans une même nuit !

Forza Bastìa !

En 1978, un grand événement va créer l'euphorie des Corses et surtout des Bastiais : le club de foot de la ville, le Sporting-Club de Bastia, vient de se qualifier en finale de la Coupe d'Europe ! Tout au long des matchs de qualification, l'île est en fête. Drapeaux, pétards, coups de feu… Si cela finira par une cuisante défaite, il n'en restera pas moins un bon souvenir avec le film de Jacques Tati, *Forza Bastia*, réalisé à la demande du fondateur du Club Méditerranée, Gilbert Trigano… président du club bastiais de football.

L'exception corse

La spécificité de la Corse sera peu à peu reconnue par les pouvoirs publics. Le gouvernement fera quelques concessions sans pour autant aller dans la direction des revendications de certains groupes nationalistes qui veulent l'indépendance de l'île. Vous êtes désormais dans une histoire récente… qui fait presque partie de l'actualité.

Les nationalistes vont aux urnes

Les nationalistes font de la politique ! En 1977, le docteur Max Simeoni, frère d'Edmond, fonde l'Union du peuple corse (UPC – Unione di u populu corsu). Dans le cadre de la politique de régionalisation, la Corse est la première région à avoir, dès 1982, une assemblée élue. Résultat des élections du 8 août 1982 : les autonomistes de l'UPC remportent 7 sièges sur 61 ! Le FLNC de l'époque refuse de participer aux élections. Ce n'est que plus tard, en 1984, qu'il se donnera une aile politique officielle appelée le MCA (Muvimentu Corsu pà l'Autodeterminazione) puis A cuncolta nazionalista en 1987. On laisse un moment les cagoules de côté (uniquement réservées aux conférences de presse spectaculaires organisées dans le maquis, les armes à la main) pour être candidat aux élections…

LE SAVIEZ-VOUS ?

1982 a été l'année record du nombre d'attentats commis en Corse : pas moins de 800 ! C'est la même année que l'on bat le record de la « nuit bleue » avec 118 attentats dans la nuit du 19 au 20 août !

1983 : la dissolution du FLNC

À partir de ce moment, plusieurs affaires vont faire l'actualité. Certains nationalistes mettent en place un « impôt révolutionnaire » qui, pour l'État, n'est ni plus ni moins qu'une forme de racket. Commence à s'afficher alors sur les murs de l'île le sigle « IFF » (qui veut dire « I Francesi fora », c'est-à-dire « Les Français dehors »). Les mouvements indépendantistes récuseront l'assassinat du coiffeur Schock en février 1983. Le gouvernement de gauche décide de revenir à une politique de répression plus dure. Il nomme en Corse le célèbre commissaire Broussard, le chef de l'antigang, comme préfet délégué de police !

En septembre 1983, le sous-préfet Pierre-Jean Massimi qui était chargé de mener la politique de décentralisation est assassiné : il s'agit du premier meurtre d'un haut fonctionnaire avant Claude Érignac (en 1998). Il succède à l'étrange disparition, le 17 juin, du nationaliste Guy Orsoni (dont on n'a jamais retrouvé le corps). Ces affaires conduiront, la même année, à la dissolution officielle du FLNC…

1987 : assassinat du docteur Lafay

Malgré la dissolution du FLNC, les actions clandestines continuent. En 1986, la droite arrivée au pouvoir mène une politique répressive contre les nationalistes. Charles Pasqua, ministre de l'Intérieur, parle de « terroriser les terroristes »... Le 16 juin 1987 le docteur Lafay, un vétérinaire venu exercer sa profession en Corse, est tué par balles. Il menait aussi un combat politique contre les nationalistes. La date de sa mort est symbolique, puisqu'il est assassiné un 17 juin, jour du quatrième anniversaire de la disparition du nationaliste Guy Orsoni ! Les caméras de la télévision ont presque filmé le meurtre en direct ; Lafay venait de sortir d'un débat télévisé sur la chaîne FR3. À genoux devant Lafay étendu sur le sol, un homme qui lui tenait la contradiction un peu avant sur le plateau télévisé tente de le sauver en lui faisant du bouche-à-bouche... c'est le docteur Max Simeoni, le fondateur du parti autonomiste UPC !

1991 : création de la Collectivité territoriale de Corse

ÉVÉNEMENT

En 1991 est finalement voté le statut Joxe, du nom du ministre de l'Intérieur socialiste qui l'a élaboré. Il crée une véritable assemblée (celle de 1982 n'en avait que le nom !) : la Collectivité territoriale de Corse (CTC). Elle est inspirée du statut de la nouvelle Polynésie. Elle est dotée d'un exécutif qui ressemble à une sorte de mini gouvernement responsable devant l'assemblée (avec un système semblable au principe de la motion de censure à l'Assemblée nationale). Une plus grande autonomie ? En fait, le statut de la Corse reste à mi-chemin entre la région et la collectivité d'outre-mer. De plus, le Conseil constitutionnel déclare inconstitutionnelle la reconnaissance du « peuple corse », ce qui limitera par la suite toute possibilité d'évolution législative. Malgré quelques réformes successives, le statut Joxe reste pour l'instant le seul grand pas qui a été fait en matière d'autonomie de l'île.

1992 : 2 400 victimes à Furiani

En 1992 se joue au stade de Furiani, près de Bastia, la rencontre entre l'Olympique de Marseille et le Sporting-Club de Bastia. Une tribune est montée en toute hâte. Instable, sous le trépignement des 3 000 supporters qui sont dessus, elle s'effondre. L'équivalent de 1 % de la population de l'île est sur cette tribune ! Surtout des jeunes. C'est l'horreur : des victimes sont empalées sur les tubes métalliques, on dénombre 18 morts et près de 2 400 blessés, dont de très graves. De jeunes Corses resteront toute leur vie sur des fauteuils roulants. C'est toute la Corse qui porte le deuil et s'interroge sur les conditions qui ont conduit à ce drame…

Petits meurtres entre amis

Aux élections territoriales de 1992, les nationalistes désormais scindés en plusieurs partis, dont Corsica nazione et le MPA (Mouvement pour l'autodétermination), ont fait 25 % des voix. Mais les milieux nationalistes sont désormais divisés. Leurs branches clandestines se livrent à des règlements de comptes. La liste des morts s'allonge… En juillet 1996, devant tous les touristes sur le vieux port de Bastia, le nationaliste Charles Pieri échappe à un attentat à la voiture piégée. En 2000, toujours en plein été, Jean-Michel Rossi, un des fondateurs du FLNC est tué par balles alors qu'il déjeune à la terrasse d'un café sur la place Paoli à Île-Rousse. L'année d'après, c'est le célèbre nationaliste François Santoni, ami de Jean-Michel Rossi, qui est assassiné alors qu'il revient d'un mariage, le 17 août 2001…

1998 : assassinat du préfet Érignac

Les nationalistes historiques se livrent une guerre fratricide. Des jeunes veulent radicaliser le mouvement. Le 6 février 1998, alors qu'il se rend à une représentation théâtrale, à Ajaccio, le préfet Claude Érignac est tué à 21 heures de trois balles dans la nuque sur le trottoir de la rue Colonna-d'Ornano. Le crime est revendiqué par un mystérieux groupe nationaliste anonyme. Les membres d'un commando sont finalement arrêtés. Mais un homme présumé être l'assassin a pris le maquis : c'est Yvan Colonna.

Après l'assassinat du préfet Érignac, la Corse fera l'objet de représailles de la part du gouvernement. Avec l'affaire des paillotes, les choses vont de mal en pis. Tout commence avec la nomination du préfet Bernard Bonnet. Un brin pète-sec, ce dernier décide de faire la guerre aux paillotes, de petits restaurants bâtis sur les plages sans aucune autorisation… En avril 1999, la paillote Chez Francis est incendiée. L'affaire relève de la barbouzerie. Les gendarmes qui avaient joué avec les allumettes avaient oublié sur place un talkie-walkie, un couteau et une cagoule en coton ! Une enquête rapide permet sans trop de difficultés de remonter au préfet Bonnet. Il ne fera pas long feu et sera finalement condamné. On ne sait toujours pas s'il a agi sur ordres ou si son acte relève tout simplement du zèle idiot. Un groupe de musique corse, I Mantini en profitera pour écrire une chanson sur l'air du tube de l'été « Tombez la chemise » : « Brûlez-la, la brûler, brûlez la paillote »…

Procès Colonna

Yvan Colonna, l'homme le plus recherché de France, avait finalement pris le maquis comme on le faisait autrefois en Corse… dans une simple bergerie. Il est arrêté en juillet 2003 alors qu'il vivait au-dessus de Propriano. Il clame son innocence. Après trois procès devant la Cour d'assise spéciale de Paris, il fait une dernière fois appel devant la Cour de Cassation qui, en 2012, annonce sa condamnation définitive à la réclusion à perpétuité. En 2015, la cour européenne des droits de l'homme a accepté la requête d'Y. Colonna, mais n'a pas rendu sa décision pour l'instant…

Décompte morbide

À la fin du XXe siècle, le milieu corse avait abouti à une sorte d'équilibre entre le nord et le sud de l'île, chaque sphère criminelle tentant de respecter le territoire de l'autre. Mais la mort d'anciens parrains aiguise de nouveaux appétits. Des têtes du gang bastiais de la Brise de mer sont assassinées à partir de 2008. Les guerres de succession avec règlements de compte ont lieu en Haute-Corse comme en Corse-du-Sud où le gang ajaccien du Petit bar joue désormais dans la cour des grands. Commence alors le décompte morbide des assassinats qui se nombrent à plus d'une centaine depuis 2008.

Les meurtres de l'avocat Antoine Sollacaro, le 16 octobre 2012, ou du président du parc naturel régional Jean-Luc Chiappini, le 25 avril 2013, créent l'émotion dans l'île, montrant que le banditisme pouvait frapper des personnalités locales.

2010, 2015, victoires historiques à la CTC !

En 2010, la gauche gagne pour la première fois les élections territoriales mais, en 2015, elle laisse sa place : Gilles Simeoni, membre du parti nationaliste modéré Inseme per a Corsica, devient le président du conseil exécutif de la collectivité territoriale de Corse (CTC). Une première ! Cette victoire des nationalistes corses va de pair avec la déimitarisation du FLNC : en 2014, le mouvement clandestin avait annoncé mettre fin à 38 années de lutte armée.

Deuxième partie

Une île à très forte identité

Dans cette partie...

La Corse, c'est toute une culture ! Au travers de la langue, de la tradition, de la musique et des légendes corses se dessine une « mémoire » issue du passé, qui forge l'identité de l'île et fait son charme aujourd'hui.

Chapitre 5

Symboles, traditions religieuses et rites magiques

Dans ce chapitre :

- Connaître et comprendre les symboles de l'île de Beauté : la tête de Maure
et le *Dio vi salvi Regina*
- Les saints et martyrs de la tradition chrétienne
- Des processions et pèlerinages au fil du calendrier
- La Corse, berceau de légendes : rites, croyances magiques et sorcellerie

La Corse fourmille d'énigmes que ce chapitre se propose d'expliquer. D'où vient la tête de Maure ? Le culte de la Vierge ? Vous découvrirez les principaux symboles de l'île officialisés par la République de Pascal Paoli, mais aussi la symbolique religieuse et magique. Mystères et légendes sont au programme !

Les symboles de l'île

Il y a deux principaux symboles en Corse : la tête de Maure et le chant insulaire du *Dio vi salvi Regina*. Ils ont été adoptés officiellement au XVIIIe siècle au moment de l'indépendance de l'île (voir chapitre 2).

La tête de Maure

Cet emblème est partout en Corse : sur les drapeaux, en autocollant, sur les tee-shirts… Indémodable, sobre, un visage noir sur fond blanc, de profil, tourné vers la gauche, regardant droit devant. Autour du front, un bandeau blanc dans les cheveux. C'est la « tête de Maure », symbole de la Corse ! Mais quelle est son origine ?

C'est lui Aragon !

La première question que l'on peut se poser est : pourquoi un Maure ? Les Maures (appelés par la suite Sarrasins) ont certes bien été présents en Corse entre le IXe et le Xe siècle. Cependant, la tête de Maure n'est pas leur emblème, mais celui du roi d'Aragon (enfin à quelques détails près comme nous verrons…). Nous sommes au XIIIe siècle, le royaume d'Aragon est une puissance espagnole en extension qui prend les Baléares en 1229, la Sicile en 1282, et la Sardaigne en 1325 alors qu'elle était aux mains de la République de Gênes. Puis, ses armées arrivent dans l'île entre le XIVe et le XVe siècle, pour se battre contre les Génois. Il est soutenu par certains seigneurs corses qui agitent une bannière reprenant un des vieux symboles du roi d'Aragon : la tête de Maure.

Des têtes de Sarrasins venues d'Espagne

Cependant, les emblèmes du roi d'Aragon sont différents du motif de l'actuel drapeau corse. Tout d'abord, les yeux du Maure sont bandés. Mais surtout, d'autres symboles sont présents. Ainsi, la croix de saint Georges, martyr légendaire dont la force mystérieuse et divine aurait au XIe siècle soutenu les armées du royaume d'Aragon contre l'ennemi sarrasin, une croix rouge qui n'apparaît pas sur le drapeau corse, mais que l'on verra sur le futur drapeau sarde. Ancienne possession d'Aragon, la Sardaigne a aujourd'hui conservé cet emblème qui représente la croix de saint Georges avec non pas une, mais quatre têtes de Maures qu'elle sépare sur un fond blanc. La Corse n'a pas adopté cette croix mais uniquement la tête, une seule ! Mais d'où vient-elle ? Toujours la Reconquista espagnole : grâce au miracle du vénéré saint Georges, le roi d'Aragon, Pierre Ier, a tué quelques rois sarrasins en Espagne.

Ces têtes couronnées figureront sur les bannières du royaume portées en Sardaigne… jusqu'en Corse !

Pascal Paoli fait quelques retouches

Bref, la tête de Maure vient d'Espagne ! Mais ce sont les Corses qui vont la faire évoluer. Déjà, au Moyen Âge, lorsque les seigneurs corses partent en guerre contre les Génois avec les armées du roi d'Aragon, la bannière n'est plus la même qu'à l'origine. Plus de têtes couronnées. Mais le bandeau reste sur les yeux, symbole de la victoire aragonaise sur les Maures. Pour les Corses, cet emblème est surtout celui des insurgés corses contre les Génois. Ils vont donc se l'approprier. Au XVIIIe siècle, Pascal Paoli va faire quelques retouches. Le 24 novembre 1762, une assemblée se réunit à Corte, devenue la capitale de la Corse indépendante. On fixe le dessin officiel de la tête de Maure. L'île vient de se libérer de la domination génoise, Pascal Paoli décide de soulever le bandeau qui masque les yeux du Maure pour le placer sur son front afin de représenter cette liberté retrouvée. Il déclare : « Les Corses veulent y voir clair, la liberté doit marcher au flambeau de la philosophie, ne dirait-on pas que nous craignons la lumière ? » La symbolique de l'actuel drapeau corse vient d'être adoptée !

LÉGENDE

Lorsque les Corses adoptent au XVIIIe siècle la tête de Maure, ce n'est pas le récit du roi d'Aragon qu'ils ont en tête, mais une autre histoire… celle d'une jeune corse d'Aléria, appelée Diana, qui aurait été enlevée par des corsaires cinq siècles auparavant. Elle avait été vendue comme esclave au roi de Grenade, mais son courageux fiancé, un dénommé Paolo, réussit à la délivrer et la ramène en Corse. De rage, le roi fait envoyer une expédition punitive sur l'île de Beauté. Les Sarrasins sont légion, mais les Corses finissent par avoir le dessus. Le chef de la flottille arabe, Mansour Ben Ismaïl, est tué. Sa tête ceinte d'un ruban rouge est alors mise au bout d'une pique et promenée à travers toute l'île. L'histoire mémorable expliquerait l'origine du choix de la tête de Maure comme emblème de la Corse…

Le Dio vi salvi Regina

La tête de Maure n'est pas le seul symbole des Corses. Il y a aussi la Vierge Marie. Depuis le premier texte proclamant l'indépendance de l'île en 1735, il était prévu que son image soit représentée « sur les armes et les drapeaux ». Elle apparaît bien sur les pièces de monnaie du roi corse Théodore en 1736, mais, 25 ans après, Pascal Paoli choisira définitivement la tête de Maure pour le drapeau corse… et une image de sainte Dévote pour remplacer la mère de Jésus au verso de la bannière ! La Vierge Marie reste toutefois bien présente dans l'hymne du peuple corse : le *Dio vi salvi Regina*.

Le *Dio vi salvi Regina*, c'est un peu le *God Save the Queen* de la Corse. Sauf qu'ici, la reine, c'est Marie, la mère de Jésus. Connaissez-vous l'origine de cet hymne ?

Le *Dio vi salvi Regina* (« Que Dieu vous garde, Reine ») est l'hymne du peuple corse… et une prière faite à la Vierge Marie. Les Corses ont en effet placé leur île sous sa protection au moment de l'insurrection contre l'occupant Génois en 1735 (voir chapitre 2). Mais d'où vient ce chant ? On a longtemps cru la tradition orale qui attribuait ce texte à un berger du XVIIIe siècle appelé Sauveur Costa, jusqu'à ce qu'on trouve le même texte imprimé à Naples et datant d'un siècle avant la naissance de ce berger ! Le véritable auteur serait Francesco de Geronimo (1642-1716), un jésuite italien aujourd'hui canonisé, docteur en théologie et notamment compositeur de chants religieux. Mais l'inspiration du *Dio vi salvi Regina* remonte à des sources encore plus anciennes, comme le *Salve Regina* (une des quatre antiennes composées en l'honneur de la Vierge) chanté par les pèlerins qui partent au XIe siècle pour leur première croisade !

La légende de Sauveur Costa

Si elle n'est pas vraie, la version corse est quand même bien trouvée ! La légende raconte donc que c'est à Corscia (Haute-Corse) qu'un berger dénommé Sauveur Costa, au nom ô combien symbolique (Sauveur comme le « salvi » du chant), compose au XVIIIe siècle le *Dio vi salvi Regina* dans de drôles de conditions. Il se trouve qu'il est recherché par les Génois ! Il doit alors prendre le maquis dans cette région appelée Scala di

Santa Regina (l'Escalier de la Sainte Reine). Nous sommes dans un endroit qui voue alors un culte à la Vierge Marie, à l'origine de la création miraculeuse du défilé qui porte son nom. D'où l'inspiration de Sauveur Costa, qui aurait écrit le chant dans une bergerie isolée de Ceppu Foscu, à un kilomètre de Corscia…

Mais l'histoire ne s'arrête pas là. La tradition orale raconte que c'est à Corscia, dans la chapelle Saint-Marc, que le *Dio vi salvi Regina* a été entonné pour la première fois dans l'île, le 25 avril 1730, c'est-à-dire au moment où débute l'insurrection des Corses contre les Génois. Même si le berger Sauveur Costa n'est donc pas le véritable auteur de cette prière à la Vierge, c'est bien à partir de cette période que la Corse adopte, dans cette région de la Scala di Santa Regina, ce chant qui deviendra l'hymne de tout un peuple !

Tradition chrétienne

Vie des saints, reliques, statues miraculeuses… la tradition chrétienne foisonne de récits mystérieux. En plus du culte à la Vierge Marie et au Christ, les chrétiens corses vénèrent plusieurs saints qui ont tous une histoire particulière dans l'île.

Saints, martyrs et reliques

Les plus anciennes traces archéologiques de communautés chrétiennes corses remontent au IVe siècle. Mais les premiers chrétiens sont probablement apparus à partir des IIe-IIIe siècles et peut-être même avant. Il y a beaucoup de saints en Corse. Au point que Santo, devenu aujourd'hui « Toussaint », est un prénom insulaire très répandu. Voici quelques saints du calendrier dont certains sont très vénérés dans l'île !

Voyage de saint Paul en Corse

LE SAVIEZ-VOUS ?

Saint Paul serait venu en Corse ! C'est ce qu'affirme la tradition chrétienne. Les Actes des Apôtres n'en parlent pas, et c'est normal puisqu'ils s'arrêtent à son voyage à Rome. Mais ensuite ? Selon des textes apocryphes, Paul aurait mené sa mission jusqu'aux confins de l'Occident et réalisé son projet de se rendre en Espagne. C'est sur le chemin qu'il se serait arrêté en Corse.

Dio vi salvi Regina, paroles

Voici le texte de l'hymne du peuple corse et sa traduction en français. La dernière strophe est modifiée par rapport au texte du Napolitain Francesco de Geronimo : *nemici vostri* (vos ennemis) devient *nemici nostri* (nos ennemis), donnant au texte un sens plus national !

Dio vi salvi Regina	Que Dieu vous garde, Reine
E Madre Universale,	Et Mère Universelle
Per cui favor si sale	Par qui on s'élève,
Al Paradiso.	Jusqu'au Paradis.
Voi siete gioia e riso	Vous êtes la joie et le rire
Di tutti i sconsolati,	De tous les attristés,
Di tutti i tribolati	De tous les tourmentés,
Unica speme.	L'unique espérance.
A voi sospira e geme	Vers vous soupire et gémit
Il nostro afflitto cuore,	Notre cœur affligé
In un mar di dolore	Dans une mer de douleur
E d'amarezza.	Et d'amertume.
Maria, mar di dolcezza	Marie, mer de douceur,
I vostri occhi pietosi,	Vos yeux pieux
Materni ed amorosi	Maternels et amants,
A noi volgete.	Tournez-les vers nous.
Noi miseri accogliete	Nous malheureux, accueillez-nous,
Nel vostro santo Velo	Et votre saint Voile
Il vostro Figlio in Cielo	Votre fils au Ciel
A noi mostrate.	Montrez-le nous.
Gradite ed ascoltate,	Acceptez et écoutez,
O Vergine Maria,	Ô Vierge Marie,
Dolce, clemente e pia,	Douce, clémente et pieuse,
Gli affetti nostri.	Nos marques d'affection.
Voi dei nemici nostri	Sur nos ennemis,
À noi date vittoria ;	Donnez-nous la victoire ;
E poi l'Eterna gloria	Et puis l'Éternelle gloire,
In Paradiso.	Au Paradis.

Une version affirmée par les chroniqueurs Cirneo et Filippini, mais qui n'a jamais été réellement démontrée. Toutefois, on raconte que le premier évêque d'Aléria aurait été un proche disciple de l'Apôtre…

Premiers martyrs

Néron était fou ! Il a mis le feu à Rome en 64. Fou mais pas tant que ça : il accuse les chrétiens d'être les auteurs de ce crime et les fait massacrer. Ils doivent alors fuir Rome. Il est possible que certains aient trouvé refuge en Corse. Plus tard, sous le règne de l'Empereur romain Dioclétien, il y a de nouvelles persécutions ! Ça commencera en 303 et ça finira dix ans après, avec l'édit de tolérance de Constantin, premier empereur romain à se convertir au christianisme… sur son lit de mort !

À partir du IVe siècle commence une longue série de martyres : ceux de sainte Dévote (voire dès la persécution de 202), sainte Julie (à moins que ce soit sous les Vandales !), sainte Laurine à Aléria, saint Amance à Bonifacio (ou durant le VIe siècle !), saint Quilicus, patron d'Olmo, et sa mère sainte Julite, sainte Restitute, décapitée à Calvi… Puis, il y a les martyrs des Vandales : des évêques d'Afrique envoyés en Corse, comme saint Vindémial ou saint Florent…

Sainte Dévote

Sainte Dévote (fêtée le 27 janvier) a été déclarée patronne de la Corse (avec sainte Julie) par un décret de la Congrégation des rites en 1820. Son martyre remonte au règne de l'empereur Dioclétien. Selon la tradition orale, sainte Dévote est née à Quercio, près de Lucciana (Haute-Corse). En l'an 303, elle subit les pires sévices d'un magistrat romain très barbare… du nom de Barbarus ! Elle est alors traînée sur les rochers, ligotée et exposée sur un chevalet. Motif : elle aurait refusé de renoncer à sa foi chrétienne. À sa mort, une colombe serait sortie de sa bouche en signe de miracle…

Sainte Julie

Le récit du martyre de sainte Julie (patronne de la Corse fêtée le 22 mai) n'est pas moins cruel que celui de sainte Dévote. Ça se passe à Nonza, dans le cap Corse.

Selon la version corse, les bourreaux qui la martyrisèrent lui ont coupé les seins et les ont ensuite jetés contre les rochers ! De là, deux fontaines ont jailli de la roche.

Vous pouvez encore les voir à Nonza : c'est la fameuse fontaine des Mamelles dont l'eau miraculeuse ne s'est jamais tarie !

D'après la version des bollandistes (jésuites chargés d'étudier la vie des saints), sainte Julie était une esclave. Avec son maître, elle partait pour la Gaule, quand ils ont fait escale en Corse. Ils descendirent à Nonza. Ce jour-là, les habitants célèbraient le sacrifice d'un taureau à leurs dieux. Sainte Julie refusa de participer aux festivités et resta sur le bateau, ce qui fit enrager le gouverneur local. La nuit, alors que le maître dormait, il la fait enlever. Mais elle refusa toujours de se soumettre aux rites païens, d'où son martyre. La date ? Pour certains, l'histoire de sainte Julie remonte à 303, pour d'autres… à l'époque des Vandales !

Sainte Restitute

Le récit de sainte Restitute est aussi très extraordinaire. C'est à Calenzana, un village des hauteurs de la Balagne (Haute-Corse) que l'on fête la sainte le 21 mai. Née en Corse au IIe ou IIIe siècle, elle est la fille d'un centurion romain. Elle se convertit très tôt au christianisme, est dénoncée au préfet de Corse, qui la martyrise en utilisant de multiples supplices. Mais aucun ne la tue ! Elle aura pourtant été lapidée, jetée dans un brasier et même noyée, mais elle échappe miraculeusement à toutes ces peines jusqu'au jour où on lui tranche la tête, un 21 mai. Une tradition raconte que ce jour-là, cinq autres martyrs sont décapités : Parthée, Parthénopée, Pargoire, Domnisius et Veranus. Tous partent avec leur tête sous le bras et parcourent ainsi 4 kilomètres jusqu'à un lieu appelé Mara, près de Sainte-Catherine.

Vers la fin du XIe siècle, les villages voisins de Calenzana se sont disputés les reliques. Les habitants de Montemaggiore construisent une église pour les accueillir chez eux. Mais, tous les soirs, les matériaux destinés à la construction sont transportés par d'étranges bœufs blancs à un lieu-dit « u loru ». Les habitants de Calenzana comprirent que c'était à cet endroit qu'il fallait bâtir la chapelle, lieu où se trouvent, encore aujourd'hui, les reliques (selon le *Guide de la Corse mystérieuse* de G. d'Angelis et Don Giorgi, Tchou éditeurs, 1968).

ANECDOTE

L'histoire de sainte Restitute, une légende ? En partie seulement, car en 1951, derrière l'autel de l'église de Calenzana est découvert un sarcophage de marbre blanc de Carrare avec un chrisme (lettres « x » et « p » superposées, qui reprennent les deux premières lettres du mot grec *christos*) et des figures humaines gravées qui témoignent de la période romaine d'après Constantin. À l'intérieur, on trouve les ossements de six personnes, ce qui correspondrait bien à ceux de sainte Restitute et des cinq autres martyrs de la légende… Mais ce n'est pas tout ! Une tradition orale raconte qu'au XVIe siècle, un évêque un peu trop curieux voulut vérifier si le sarcophage contenait bien les reliques de sainte Restitute. Il cassa un des angles du tombeau pour y faire un trou. Puis, il y passa la main… laquelle, aussitôt, se dessécha entièrement comme pour le punir de cette profanation ! Coïncidence : lorsque l'on examina le sarcophage en 1951, il était effectivement brisé… et, à l'intérieur, les ossements avaient été remués à cet endroit précis, très probablement par la main profanatrice de l'évêque.

Saint Florent

Les reliques de saint Florent ont, elles aussi, beaucoup voyagé ! Saint-Florent, c'est une ville très connue du Nord de la Corse, au bord de la mer. Elle a été fondée au XVIe siècle par les Génois. Elle porte le nom d'un évêque martyr des Vandales au Ve siècle. Mais ça fait déjà un moment que le corps de saint Florent n'est plus dans l'île. Lors des invasions maures, les ossements sont en effet transportés à Trévise par les évêques italiens pour les protéger. Pourtant, il y a bien dans la magnifique cathédrale du Nebbio (église Santa Maria Assunta) le squelette d'un martyr habillé en romain (« style d'opéra », écrit Mérimée dans son *Voyage en Corse* !). C'est saint Florus, patron de Saint-Florent ! On ne connaît rien de son histoire. Tout ce que l'on sait, c'est que ces reliques ont été offertes par le pape à l'évêque du Nebbio… au XVIIIe siècle !

Tous les saints !

La Corse est la seule région de France où l'on prénomme les enfants « Toussaint » (*Santo*). La forte proportion de prénoms attestant les origines catholiques est une particularité insulaire. Marie est très répandu chez les filles et les garçons. Il peut être associé à Ange : Ange-Marie, Angèle-Marie. Dans les généalogies, on trouve fréquemment le prénom Ange, associé parfois à Santo (Angelo-Santo). On baptise aussi les enfants Restitute, Dévote, Julie… en référence aux martyrs corses.

Les reliques de sainte Catherine

L'église de Sainte-Catherine de Sisco, dans le cap Corse, aurait reçu les reliques les plus anciennes de l'imaginaire du catholicisme : des amandes du Paradis terrestre, un peu de terre ayant servi à former Adam et même la verge avec laquelle Moïse a divisé les eaux de la mer Rouge ! Le récit est raconté par Mérimée dans son *Voyage en Corse*. Au XIVe siècle, « un vaisseau revenait du Levant avec une bonne provision de reliques renfermées dans une caisse (les reliques étaient alors l'objet d'un commerce lucratif) : à hauteur du cap Corse, il fut assailli d'une si furieuse tempête que le capitaine fit vœu, s'il échappait au naufrage, de donner ses reliques à la première église qu'il rencontrerait » ! La légende dit que lorsqu'il est arrivé à Sainte-Catherine, la tempête s'est tout de suite calmée. Voyant là un signe divin, il y dépose ses reliques…

Saint Théophile

Il est un saint qui est vénéré à Corte, c'est Théophile (san Teofalu). Né en 1676, Blaise de Signori est un noble riche et beau. Il fait ses études à Rome et à Naples pour devenir professeur de philosophie et de théologie. Mais un jour, à la suite d'un accident, il se met définitivement à boiter. Un coup du sort qui le fait méditer. Il décide de se faire moine et devient frère Théophile. Franciscain, il mène une vie exemplaire jusqu'à sa mort en 1740. Il est canonisé en 1930.

Une légende rapportée par Paul Voivenel (auteur en 1951 de *La Leçon de la Terre de Colomba et de Sampiero*) raconte que la maison de San Teofalu fut habitée au XIXe siècle par Ziu Andrès, un ivrogne très paresseux. Un jour, arrive à Corte un moine qui boite. Son habit est miséreux et plein de poussière. « Alors, mon frère, la poussière est amère, ce matin ? » lui demande Ziu Andrès. « Tu en mâcheras bien davantage, et plus amère, en restant ici », lui répond le moine… Alors que ce dernier quitte les lieux, une rafale de vent souffle et détruit totalement la maison. Les Cortenais crurent reconnaître San Teofalu à travers ce moine. Par ce miracle, il venait d'indiquer où était son ancienne maison dont on avait oublié l'emplacement exact. En 1950, une chapelle est construite sur les ruines. Elle se trouve place Saint-Théophile, en dessous de la citadelle de Corte.

Processions et pèlerinages

En Corse, les cultes de la Vierge Marie, du Christ et des saints vont donner lieu à toutes sortes de pèlerinages et de processions très codifiés…

Catenacciu à Sartène…

Le Catenacciu est une des processions les plus spectaculaires de Corse. Il a lieu le Vendredi saint de Pâques à Sartène et rappelle la tradition de la Semaine sainte à Séville. *Catenacciu* est un mot typiquement corse : c'est celui qui porte les chaînes (*catena*). Le pénitent va mimer le parcours du Christ au Golgotha. Habillé de rouge, il porte une croix et marche avec une lourde chaîne attachée à ses pieds nus. Comme Jésus, il va devoir tomber trois fois. Il est suivi par des pénitents blancs (dont l'un joue le rôle de Simon de Cyrène qui aide le Christ à porter sa croix). Puis viennent les pénitents noirs en cagoule portant sur un linceul une statue réaliste du Christ mort. Tous sont anonymes et personne dans le village ne sait donc qui est le *catenacciu*. L'homme a-t-il commis une faute lourde ? La foule qui vient assister au parcours du pénitent s'interroge. Autrefois, les pénitents pouvaient être des bandits qui cherchaient à expier leur crime. Il arrivait même qu'on lui jette des pierres ! Aujourd'hui, les mœurs ont beaucoup changé, le pénitent peut être tout simplement quelqu'un qui souhaite réaliser un vœu. Reste que celui qui voudra incarner ce rôle devra faire preuve de patience, il faut s'inscrire sur une liste et attendre parfois plus de dix ans avant d'être le *catenacciu* !

Procession du Christ roi à Corte

À Corte aussi on porte la cagoule… Le soir du Vendredi saint, la ville est entièrement illuminée de veilleuses et de bougies. Une première procession a lieu le jeudi. Plusieurs pénitents marchent en tête de la procession. Le vendredi, six autres portent une statue du Christ mort sur une civière, une statue très ancienne, qui a plus de cinq siècles ! À la fin de la cérémonie a lieu une autre procession très particulière appelée *granitola* : les pénitents et la foule tournent en rond en formant une spirale…

La *granitola* tient son nom de sa forme : le mot désigne la coquille du bigorneau ! La procession symbolise l'union des chrétiens. Elle a lieu le Vendredi saint dans plusieurs villes ou villages, comme à Calvi ou à Brando, dans le cap Corse. Elle peut rassembler des centaines de personnes qui vont se plier au même mouvement de procession. La foule commence par dessiner un cercle ayant pour centre la place du village, puis un homme, chef de file, se dirige vers le centre du cercle, suivi par le reste des participants, en dessinant une spirale qui se resserre de plus en plus… À un moment, le chef de file demande que la spirale se déroule dans l'autre sens.

À Brando, cette procession est précédée d'une autre très impressionnante également : la *cerca*.

La cerca

Circà veut dire « chercher » en langue corse. La *cerca* est une procession qui se déroule sur plusieurs kilomètres et entraîne un grand déplacement de foule. À sa tête, des *mazzeri*, un terme qui signifie « massiers » (car ils portent des bâtons de confrérie en forme de masse) à Brando, mais qui veut dire « sorcier » dans le reste de la Corse (en effet, les sorciers possèdent un bâton !). Trois massiers sont à la tête de cette procession, suivis par des confrères en habits blancs. Puis viennent des femmes vêtues de la robe traditionnelle bleu nuit, la *faldetta*, jupe de soie sombre que portaient autrefois les femmes en deuil. Des *cerca* ont lieu dans le cap Corse, elles sont suivies de *granitola*, ces processions particulières en spirale.

La Santa di u Niulu

Le 8 septembre a lieu un très grand événement qui attire des centaines de personnes à Casamaccioli, un petit village du centre de la Corse : c'est la Santa di u Niulu (la Sainte du Niolo). À cette occasion, une grande foire se déroule trois jours durant. Dans la soirée, les bergers du Niolo se lancent dans les traditionnels concours d'improvisation poétique appelés *chjam'e rispondi* (littéralement « appel et réponse ») ! La procession célèbre la sainte que l'on peut voir aujourd'hui à l'église de Casamaccioli. Une fois sur la place, les hommes et les femmes qui participent à la cérémonie tournent en rond. Une ronde se forme et, là, la statue est soulevée en l'air plusieurs fois afin que tout le monde puisse la voir.

L'histoire de la statue de la sainte du Niolo, qui a voyagé de la mer à la montagne, est une des plus incroyables histoires de Corse. Au XVe siècle, un navire est en perdition en pleine tempête au large de la Corse. Son capitaine prie la Sainte Vierge. Miracle ! Une étoile apparaît et les flots s'apaisent ! Sauvé des eaux, le capitaine offre une statue de la Vierge à un couvent, qui prendra le nom de Santa Maria della Stella (Sainte-Marie-de-l'Étoile), mais qui sera détruit par les Turcs. Pour la protéger des invasions, on décide de mettre l'icône dans un des endroits les plus encaissés et les plus inaccessibles à l'époque : le Niolo ! La tradition orale dit que c'est une mule qui a choisi l'emplacement. Avec la statue sur son dos, l'animal erre dans la montagne. Au bout de plusieurs jours, il s'arrête juste devant l'église de Casamaccioli. On décide alors d'y déposer définitivement la Vierge !

Une Vierge blanche...

En Corse, beaucoup d'objets de culte sont étrangement venus de la mer. Ainsi, cette magnifique Vierge blanche en marbre de Carrare. Réadaption chrétienne du mythe de Vénus sortant des eaux ? Elle est aujourd'hui dans une chapelle au-dessus de Cervione. Mais cette vierge n'avait pas été façonnée pour finir là. Sculptée à Florence au XVIe siècle, elle est à l'origine destinée à la grande cathédrale de Cordoue. Mais la Providence en décide autrement… le navire qui la transportait fait naufrage sur les côtes corses. Des pêcheurs découvrent alors la statue et la déposent à son emplacement actuel. Elle devient la Madonna di a Scupiccia (Scupiccia étant le lieu où se trouve la chapelle). Une légende raconte que les habitants voulaient la placer dans un autre lieu de Cervione où on devait lui construire une église. Cependant, chaque fois qu'on la descendait… la statue remontait miraculeusement la pente pour retrouver sa chapelle située à 750 mètres d'altitude où, depuis, un pèlerinage a lieu tous les ans le 15 août !

… et un Christ noir, venus de la mer !

Il existe plusieurs Christ noir en Corse. Ajaccio possède le sien (le Christo moro en bois sombre de la chapelle de la confrérie de Saint-Jean-Baptiste, rue du Roi-de-Rome) ; Bastia aussi, dans l'église Sainte-Croix, rue de l'Évêché… Le Christ noir de Bastia aurait été trouvé par des pêcheurs d'anchois. Il est ainsi devenu le Christ des marins-pêcheurs ! Le 3 mai, fête de l'Invention de la Sainte-Croix (qui célèbre la croix du Christ que Constantin aurait retrouvée en 326), une procession a lieu dans les rues de Bastia. On y promène le fameux Christ noir arrivé par la mer…

Saint Élisée, le saint des bergers

En Corse, les bergers ont leur saint : saint Élisée (sant'Eliseu). Un pèlerinage a lieu tous les ans à 1 537 mètres d'altitude dans la chapelle où il se trouve, au milieu des bergeries ! L'accès est à une heure de marche en montagne à partir du village de Santo-Pietro-di-Venaco, situé au sud de Corte.

D'après les habitants, la statue serait arrivée toute seule dans cette chapelle ! Mais, du côté de Corte, on raconte les choses d'une autre manière…

Il y a bien longtemps, en effet, les bergers de Corte vivaient heureux et leurs troupeaux étaient en pleine santé. À quelques kilomètres de là, ceux de Santo-Pietro-di-Venaco n'avaient que des bêtes maigres. Ces derniers en déduisirent que c'était le saint des bergers de Corte qui leur assurait cette prospérité et, une nuit, décidèrent de le voler. Mais les habitants de Corte vinrent le récupérer. C'est alors qu'un Cortenais observa d'étranges rites magiques : les bergers de Santo-Pietro-di-Venaco priaient pour que les rivières du Tavignano et de la Restonica débordent et ravagent Corte ! Effrayés, les Cortenais donnèrent finalement leur saint. Depuis, à Santo-Pietro-di-Venaco, on remercie le saint Élisée pour ses faveurs. En effet, le fromage de Venaco est l'un des plus réputés de l'île !

Le Christ qui parle !

Plusieurs cultes sont voués à des Christ miraculeux en Corse. Voyez celui de Calvi qui chassa les Turcs en 1553 ! Non moins fantastique est celui de Muro, situé dans l'église de l'Annonciade à quelques kilomètres de Calvi. Durant la révolte de 1730 contre les Génois, il se met à parler aux fidèles tandis que du sang coule sur son visage ! Il est célébré le vendredi qui suit la Mi-Carême : les pèlerins recueillent de l'huile bénite et l'emploient contre les maladies. Mais le Christ ne fait pas toujours des miracles : le 4 mars 1774, le jour des Cendres, la voûte de l'église de Muro s'effondra, tuant une soixantaine de femmes.

Notre-Dame de Lavasina et son tableau miraculeux

Le 8 septembre dans le cap Corse, une foule de croyants est attirée par le pèlerinage de Lavasina, au bord de la plage de galets. L'histoire remonte au XVIIe siècle. Une famille de marins – les Danese – qui faisait du commerce avec l'Italie attendait d'un de leurs clients de Rome le remboursement d'une dette. Celui-ci, n'ayant plus d'argent, se proposa de leur envoyer en échange un tableau d'une grande valeur (une représentation de la Vierge et l'Enfant que l'on peut toujours voir à Lavasina). Mais, en ouvrant le colis, les Danese trouvent le tableau et – ô surprise ! – la somme d'argent qui leur était due. Tout le monde pense qu'il s'agit d'une intervention divine de la Vierge Marie. Quelques années plus tard, c'est le miracle de sœur Marie-Agnès, qui recouvra l'usage de ses jambes, suite à une prière devant le tableau. Après cela, les Danese acceptent de faire don de l'œuvre à l'église. À cette occasion, une chapelle est construite à Lavasina, en 1675.

La Madonuccia d'Ajaccio

Les Ajacciens ont vu la Vierge en 1536 ! Ils honorent tous les ans – le 18 mars – Notre-Dame de la Miséricorde, qu'on appelle à Ajaccio la « Madonuccia ». Elle a fait quelques miracles dans la ville. Au XVIIe siècle, elle a ainsi mis fin à un drame sanglant, en donnant ordre à tous les hommes d'arrêter le combat. Puis, en 1656, elle a sauvé la ville de la peste. Miracle ! Miracle ! À cette époque, pour être sûrs qu'elle allait continuer à les protéger, les Ajacciens ont fait vœu de se consacrer pour toujours à la Madone. Vœu qu'ils ont enregistré alors par un acte notarié ! On n'est jamais assez prudent…

Rites et croyances magiques

La Corse a conservé de nombreux rites magiques. Certains ressortent de la magie blanche… d'autres de la magie noire !

Mauvais œil

Si rien ne va, c'est que vous avez le « mauvais œil » ! C'est ce que l'on dit en Corse. Dans ce cas, il faut impérativement se mettre à la magie blanche et faire ce que l'on appelle l'*ochju* (prononcez [otyou] et traduisez « œil » !).

Que faire quand une personne a le « mauvais œil » ?

PARLER CORSE

Si vous dites à une mère corse que son fils est beau, elle peut vous répondre : « Ùn me l'innuchjate », que l'on peut traduire par : « Ne lui jetez pas le mauvais œil. » C'est une croyance très ancrée dans l'île. Si vous souhaitez le bonheur à quelqu'un, vous pouvez au contraire lui apporter le malheur ! Souhaitez la réussite… c'est l'échec qui arrive. Cette superstition n'est pas propre à la Corse, direz-vous. Non, mais elle va prendre dans l'île une dimension qu'elle n'a pas ailleurs. On fait appel à un rite qui n'existe qu'en Corse : l'ochju (l'œil). Mérimée, qui s'est intéressé au XIXe siècle à cette coutume, dit qu'il faut chercher « une vieille femme » initiée à cette pratique mystérieuse, seule à pouvoir enlever l'innuchjatura (le mauvais œil). Ces femmes sont appelées signadora, terme intraduisible en français, mais qui vient de signà (se signer). Une des caractéristiques de l'ochju est en effet de faire le signe de la croix durant le rituel… En fait, beaucoup de Corses connaissent ce rite dans l'île, y compris les hommes. Il s'apprend uniquement la nuit de Noël, à minuit pile, sinon ça ne marche pas !

Même les personnes les plus rationnelles peuvent croire à l'innuchjatura. Pour faire l'ochju, il faut : un récipient rempli d'eau, de l'huile (à l'origine provenant d'une lampe à huile, mais on peut utiliser de l'huile d'olive ou autre) et un objet appartenant à la personne ou une partie de son corps, généralement une mèche de cheveux que l'on trempe dans l'eau du récipient. La personne qui va conjurer le mauvais œil jette des gouttes d'huile dans l'eau tout en disant une prière spécifique. Elle fait des signes de croix au-dessus du récipient en même temps qu'elle égoutte l'huile avec sa main. Si les gouttes se diluent, c'est que la personne a l'ochju. On recommence alors le rituel jusqu'à ce que l'huile forme des perles immobiles à la surface de l'eau. Quand c'est le cas, le mauvais œil est parti !

LE SAVIEZ-VOUS ?

Le regard du jaloux

Le mauvais œil, c'est un sort qui vous est jeté soit volontairement, soit involontairement. Certaines personnes peuvent, sans le vouloir, nuire à autrui parce qu'elles vont attirer le mauvais œil. Mais d'où vient le sens de cette expression ? Elle exprime en fait le regard du jaloux. On retrouve plusieurs fois le terme mauvais œil dans la Bible pour parler de la méchanceté ou de l'envie : « Ton œil sera mauvais envers ton frère le nécessiteux » (Deutéronome, ch. 15 v. 9 ou encore Proverbes ch. 22 v. 9 ; 1 Samuel ch. 18 v.9 ; Matthieu ch. 20 v.15…). En faisant l'éloge de la beauté ou des qualités d'une personne, on peut donc lui attirer le regard des jaloux et lui faire du tort. La croyance du mauvais œil est ancrée dans le Bassin méditerranéen. En revanche, la pratique de *l'ochju* est une spécificité corse.

Objets magiques

Voici quelques autres objets au fort potentiel magique…

Gri-gri corse

L'inghjermatura (gri-gri) est une amulette qui protège l'individu qui la porte. Il s'agit généralement de médailles bénites, mais ça peut être divers objets sacrés. Mérimée se plaît à décrire ces bandits d'honneur, pourtant si forts, mais aussi très superstitieux au point de porter ces gris-gris dans la crainte des malédictions. Inghjermatura est un mot très puissant : il vient du verbe inghjermà qui veut dire « rendre invulnérable » !

U breve

U breve, c'est un sachet porte-bonheur que l'on remplit d'un fil de coton ou de lin rouge (le rouge étant une couleur qui protège des mauvais esprits), lequel a été noué à cinq reprises. Chaque fois que l'on défait un nœud, on se défait d'un mauvais esprit. On peut aussi remplir u breve de sel (qui protège du mauvais œil), d'un morceau de corail (autre porte-bonheur corse qui, en plus d'être rouge, a le pouvoir de soigner les hémorragies), d'un rameau d'olivier et d'autres objets aux pouvoirs magiques !

L'œil de sainte Lucie

LÉGENDE

Les bijoutiers vous le vendront sous forme d'un bijou, mais l'œil de sainte Lucie, c'est à l'origine un coquillage que vous trouvez sur les plages corses. C'est un porte-bonheur ! Il est facile à identifier : d'un côté, il est bombé et orange, de l'autre, il est blanc avec une coquille formée en spirale. Cet œil a une particularité : il fait disparaître le mauvais œil. Quel est le rapport avec sainte Lucie ? Lucie n'est pas corse – elle vivait à Syracuse et a été martyrisée sous le règne de l'empereur romain Dioclétien vers 300 apr. J.-C. –, mais elle est quand même très vénérée dans l'île et plusieurs villages corses portent son nom. Mais quel est le rapport avec ses yeux ? Cela vient d'une légende. Alors qu'elle vouait sa vie aux nécessiteux, sainte Lucie avait un petit ami très accaparant. Un jour, elle lui demande les raisons de son attachement. Il lui répond : « Tes yeux. » Pour se débarrasser de lui, sainte Lucie s'arrache alors les deux yeux et les lui porte sur un plateau !

L'œuf, les crêpes et les pains de saint Roch

Les croyances chrétiennes de l'île sont associées à de la nourriture dotée de propriétés miraculeuses. Il y a les crêpes de la Chandeleur ou le pain de saint Roch qui ne pourrit pas en devenant dur comme du roc ! Il y a également l'œuf de l'Ascension. Ces traditions ne sont pas propres à la Corse. Toutefois, l'œuf de l'Ascension fait partie d'une coutume fortement enracinée dans l'île, car il a la particularité de protéger de la foudre. Or, on sait combien les orages peuvent être violents dans la montagne corse. Beaucoup de familles ont donc cet œuf chez eux ! Sa particularité est qu'il ne pourrit jamais, contrairement aux autres œufs (fait attesté par plusieurs témoignages ; si vous ne le croyez pas, vous n'avez qu'à essayer !). Mais, pour cela, il doit être ramassé au petit matin, car c'est le premier œuf pondu par la poule le jour de l'Ascension ! Outre le fait de protéger de la foudre, il a d'autres vertus : il apaise les vents, détourne les incendies, endigue les inondations, sauve les marins des naufrages et peut même guérir s'il est posé sur la table de chevet d'un malade. Avec toutes ces vertus, il ne peut avoir que du succès !

Les sorciers

Il existe plusieurs sortes de stregi (sorciers) ou strege (sorcières) en Corse. Il y a notamment les acciaccadori, les mazzeri ou encore les culpadori. Leurs noms sont différents, mais ils signifient la même chose : ce sont des sorciers qui chassent la nuit et peuvent tuer les animaux et les gens !

Des enfants mal baptisés

Les acciaccadori sont des tueurs. Leur nom dérive du verbe acciaccà, qui signifie « assommer sec ». Mais attention : il ne faut pas prendre cela au pied de la lettre. Ils tuent surtout de manière symbolique ! Qui sont-ils exactement ? Tout d'abord la raison de leur état : ils ont été mal baptisés, le parrain ou le curé s'est trompé dans les paroles du baptême. Ils deviennent alors des sorciers ou des sorcières ! La nuit, ils sont appelés par une puissance mystérieuse à laquelle ils ne peuvent pas résister. On peut les voir errer comme des somnambules. Parfois, ils peuvent être dangereux.

Des chiens-garous

Ces sorciers peuvent aussi s'appeler *culpadori* dans le Sud-Est de l'île (de *culpà* : « tuer en donnant un coup » !). Ils ont le pouvoir de se transformer en chiens et terrifier ainsi les cavaliers en sautant sur leurs chevaux. Ces sorciers pouvaient dépecer des animaux avec des couteaux, mais aussi avec les dents comme les chiens !

Les chasseurs d'âmes

On les connaît sous le nom de « chasseurs d'âmes » notamment au travers du travail de Dorothy Carrington, journaliste anglaise qui débarqua pour la première fois dans l'île en 1948 (lisez son livre *La Corse, île de granit* écrit en 1970). Dans la pratique, les « chasseurs d'âmes » tuent des animaux. Ce sont des hommes ou des femmes qui errent la nuit avec un bâton ou une hache à la main. On les appelle aussi mazzeri (de mazzata : « coup de massue »). En principe, leur chasse est onirique, mais ils peuvent effectivement sortir la nuit. En fait, la tradition leur accorde un don d'ubiquité. On les voit errer dehors alors qu'ils sont en même temps chez eux en train de dormir ! De plus, ils assomment de manière somnambulique des animaux, mais ce n'est pas vraiment l'animal qu'ils tuent (lequel n'est pas vraiment non plus un animal, mais un fantôme !). En frappant sur la bête, ils voient le visage d'une personne qui va mourir prochainement. Le lendemain, ils annoncent la chose aux gens du village… comme une prophétie ! Un don de divination suffisamment rare pour être respecté.

ANECDOTE

Enquêtant sur ces histoires, Dorothy Carrington a entendu cette anecdote : un homme, marié à une mazzera, se promenait dans la campagne avec sa femme. Tout à coup, celle-ci dit à son mari : « Quel beau chien ! Donne-moi ton bâton. » L'homme, qui n'était cependant pas un mazzeru, eut lui aussi une vision et s'écria : « Ne le tue pas, ce chien, c'est moi ! » Mais la femme, poussée par une force étrangère, tua le chien. Le mari tomba malade et mourut peu de temps après. C'est ainsi que les mazzeri peuvent tuer les gens.

Chapitre 6

Musique, cuisine et autres arts corses

Dans ce chapitre :

- Des polyphonies corses à « Mama Corsica » : la Corse est un pays de musique
- À table ! Petite incursion dans une cuisine corse à la découverte des spécialités
- Les arts traditionnels : habillement, métiers, habitat

Faire cuire un figatellu au feu du fucone. Écouter des paghjelle ou le chjam'e rispondi à la foire du Niolo. Chasser le sanglier, pêcher la truite, construire des murs… ou s'habiller pour se rendre à l'opéra. C'est tout cela l'art corse !

La Corse en chansons !

En Corse, tout se dit avec des chansons ! L'amour, la mort, l'amitié et même la plaisanterie.

Les polyphonies corses

Il n'y a pas une polyphonie mais plusieurs ! Mais, généralement, on entend par chant polyphonique corse la *paghjella* (prononcez [*pa-dyel-la*]).

Un, deux, trois chantez !

Pour chanter une *paghjella*, il faut être plusieurs. *U paghju*, ça veut dire « la paire » en langue corse. Alors il faut être au moins deux ? Eh non, il vaut mieux, pour chanter cette polyphonie, être trois au minimum. Une voix basse (appelé *u bassu*), une voix haute (*a terza*), plus aiguë, et, au milieu, celle qui exprime la mélodie (*a seconda*). Bon, on commence : c'est la voix dite *seconda* qui entonne en premier le chant. Puis, c'est *u bassu*. Enfin, *a terza* les rejoint. Cette dernière est plus libre dans ses variations, elle donne au chant toute sa beauté et une dimension sublime à la musique qui n'est complète que par ces trois voix. La musique a en effet besoin de la *seconda*, qui est le fil directeur de la mélodie. Quant à *u bassu*, elle est à un niveau harmonique plus constant et plus grave. Trois voix donc, mais on peut ensuite ajouter encore des voix de *bassu* et de *seconda*. On peut ainsi doubler ou tripler les voix.

Félix Quilici, à la recherche des chants disparus

Vous avez sûrement dû entendre des *paghjelle*. Depuis les années 1970, des groupes populaires corses ont repris ces chants traditionnels qui avaient été un peu oubliés par les Corses. Ils sont de nos jours très célèbres. Après la Seconde Guerre mondiale, une grande majorité des habitants de l'île a commencé à les oublier. Seuls quelques anciens continuaient à les chanter, mais de plus en plus rarement. Un musicologue de Bastia, Félix Quilici (1909-1980), décide alors de sauver le patrimoine musical et procède, entre 1948 et 1963, à plus de 600 enregistrements de musiques traditionnelles corses ! Un véritable travail ethnologique d'une grande richesse. Utile, car si les chants polyphoniques sont très à la mode aujourd'hui, d'autres, en lien avec des coutumes traditionnelles disparues, ne se pratiquent quasiment plus. Il n'y a plus de *voceratrice*, dont le chant annonçait la vengeance du mari ou du frère que l'on venait d'assassiner. Quant à la *tribbierra*, chantée au moment du battage du blé ou à la *pistera*, lors de la récolte des châtaignes… cela appartient à un temps déjà très ancien. En revanche, *paghjelle* ou *lamenti* font toujours partie des créations des groupes de musique corse contemporains. Quant au *chjam'e rispondi*, poésie pastorale improvisée, il existe encore dans l'île !

Pourquoi les chanteurs de polyphonies mettent-ils leur main sur l'oreille ? Il ne s'agit pas d'une simple posture. Leur main forme une sorte de conque qui leur offre un retour naturel de leurs harmoniques. Contrairement à ce que l'on peut penser, ils ne se bouchent pas l'oreille, car il faut que leur voix s'accorde avec celle des autres chanteurs.

Polyphonie de polyphonies

Il existe plusieurs sortes de polyphonies. La plus connue est la *paghjella*. Mais on la confond parfois avec d'autres chants voisins. Apprenez donc à faire les différences :

- La paghjella, c'est le chant traditionnel corse. À retenir donc ! Elle est chantée en langue corse et composée de six vers comprenant chacun huit syllabes. C'est aussi un chant profane. Il est donc à distinguer des chants de messe qui sont en latin (mais qui sont parfois appelés aussi messes en paghjella), mais encore de l'hymne de la Corse, le *Dio vi salvi Regina*, qui peut être chanté en polyphonie ou en solo ;
- Le terzettu est aussi un chant traditionnel qui ressemble à la paghjella, mais il est composé de vers de 11 syllabes. À l'origine, ils sont écrits dans un dialecte d'ancien toscan ;
- Le madrigalu est un chant d'amour, dont le nombre de syllabes est libre et qui est souvent en ancien toscan.

Qui chante les polyphonies ? On a souvent le spectacle d'hommes, le bras levé, la main sur l'oreille… mais il y a aussi des femmes ! Dans les années 1990 sont créées des Nouvelles Polyphonies corses où des voix féminines se mêlent aux voix masculines. Aujourd'hui, le groupe Soledonna (qui a ouvert la cérémonie d'ouverture des JO d'Alberville en 1994) est un des rares groupes exclusivement féminins. Dans la grande majorité, les polyphonies restent l'apanage de chanteurs masculins. Les *paghjelle*, chantées notamment par Canta u populu corsu, les Chjami Aghjalesi, A Filetta ou I Muvrini… le sont exclusivement entre hommes, même si certains de ces groupes sont parfois composés de femmes.

Chjam'e rispondi

Le *chjam'e rispondi*, qu'est-ce que c'est ? On traduit par « appel et réponse ». Vous n'en avez jamais entendu ? Allez à la foire du Niolo le 8 septembre et ouvrez grandes vos oreilles. Des bergers se livrent parfois à cet exercice de poésie corse.

Le chjama ancêtre du slam

Le *chjam'e rispondi* fait appel au talent d'improvisation poétique des chanteurs. C'est une sorte d'ancêtre antique du slam d'aujourd'hui qui fonctionne sur le même principe des joutes oratoires, à la différence que le *chjam'e rispondi* se fait à deux : comme dans une partie de ping-pong, un chanteur lance une boutade et un autre doit lui répondre avec la même saillie. Les phrases sont longues (16 syllabes), mais le thème est libre : une anecdote, un potin, une querelle électorale, etc. Ça peut être de l'humour, mais ça peut aussi être de la dispute. Le tout en chanson ! Le *chjam'e rispondi* est fini lorsque l'un des deux chanteurs est à court de mots…

Les bergers poètes

On ne va pas écouter le *chjam'e rispondi* en concert… Mais où l'entendre alors ? Des villages organisent des rencontres. Il y a aussi la traditionnelle foire du Niolo qui a lieu chaque année le 8 septembre, à Casamaccioli, dans le Centre de la Corse. Autre rendez-vous : la foire du col de Pratu à Quercitello (Haute-Corse). Au détour d'un stand, un *chjam'e rispondi* peut être improvisé. Vous le verrez, ça attire un public qui réagit à chacune des répliques scandées et joue le rôle d'arbitre entre les deux chanteurs, traditionnellement des bergers.

Cris et lamentations

« Mon mari, tu perds la vie bien jeune, et tu me laisses veuve en ce palais ! » C'est le début de la plainte d'Andromaque dans le dernier livre de l'*Iliade* à la mort d'Hector. Dès l'Antiquité, les lamentations étaient chantées dans le Bassin méditerranéen. En Corse, nous avons essentiellement deux types de chants : les *lamenti* et les *voceri*. Ajoutons la sérénade, qui exprime également une douleur, celle de l'amour.

U lamentu

Le *lamentu* est un chant triste. Il exprime la douleur ou la piété. Cette complainte composée en strophes de vers de huit syllabes peut être chantée en *paghjella* (polyphonie corse) ou en solo. Si vous voulez des exemples, écoutez les très beaux « Lamentu di Ghjesu » (« Complainte de Jésus ») du groupe A Filetta ou « U lamentu di u prigiuneru » (« La complainte du prisonnier ») de Canta u populu corsu… Les *lamenti* font toujours partie du registre des groupes de musique corse contemporains. Retenez qu'ils ne sont donc pas uniquement des chants funèbres comme on peut le lire ici ou là…

Voceri, cris de vengeance

Il en va tout autrement avec les *voceri*, des chants funèbres propres à l'île. Ils sont chantés uniquement par des femmes appelées *voceratrici*. Cette musique avait un rôle important dans une culture insulaire qui n'existe plus : les *voceri* pouvaient être associés à l'idée de vengeance dans le cas où le défunt avait été assassiné. À la veillée, les femmes gesticulaient, déchiraient leurs habits, s'arrachaient les cheveux, mimaient au maximum leur souffrance de manière improvisée ou non. Un texte pouvait en effet être appris par cœur et chanté en public, souvent par une professionnelle qui se faisait payer. Le plus ancien texte conservé date de 1745. Le voici. Attention, il est écrit en ancien corse ! On parle de venger un certain Mathieu…

Ma lu sangue di Matteju	Mais le sang de Mathieu
Inviudécu un po passà	Ne peut pas aller sans vengeance
L'avete tombu innucente	Vous avez tué un innocent
Lu duviate lascià stà.	Vous deviez le laisser tranquille
Se un vidissi la vindetta	Si je ne voyais pas la vendetta
Mi vurria sbattizzà.	Je voudrais être débaptisée.

Le message ne peut pas être plus clair ! Vous le comprenez, les *voceri* allaient souvent de pair avec la vendetta… La femme ou la sœur demandait que son mari ou frère soit vengé par le sang !

Une sérénade qui peut mal finir

Sirinatu (orthographié aussi *sirinata* ou *serinatu*), vous avez bien entendu, c'est l'équivalent de la sérénade. Le soupirant vient sous la fenêtre de son aimée pour chanter son amour. Il est éventuellement accompagné d'une guitare, d'une mandoline ou de cet ancien instrument que l'on appelait *cetera* (instrument à huit cordes découpé en forme de poire). La sérénade peut même être chantée à plusieurs (en *paghjella*).

Ça ne finit pas toujours très bien : la fille excédée peut émettre un cri de dérision et de mépris (appelé scucculu). Pour le soupirant, c'est l'insulte suprême ! Humilié, l'homme peut très mal le prendre… Ainsi, cet auteur qui, dépité, écrit au XIXe siècle une sérénade célèbre qui se termine par une menace de mort adressée à sa dulcinée : « Je te veux divine chérie / Morte si je ne puis t'avoir vivante » ! L'histoire nous raconte que, finalement, il se contentera de lui couper les cheveux avant de prendre le maquis !

Musique classique polyphonique

Les chants polyphoniques ne sont pas orchestrés. Mais, en 1895, un jeune homme de 20 ans le fait avec brio : Maurice Ravel. De son retour de l'île de Beauté, un ethnographe, Austin de Croze, a rapporté quelques saucissons et des partitions de musique corse : *voceru, lamentu, nanna* (berceuse), etc. Il demande au jeune Ravel de les orchestrer. L'auteur du futur *Boléro* se met à la tâche : il rajoute et surajoute des mandolines, des violons, de l'harmonium, etc. Voilà des chants insulaires accompagnés d'instruments de musique classique. On est loin de la musique traditionnelle corse, mais le génie de Ravel est là !

Opéra corse

Saviez-vous qu'il existe un opéra corse ? C'est l'opéra de Bastia ! Qu'y joue-t-on ? Aujourd'hui, beaucoup de danse et de théâtre, mais aussi de temps en temps de l'opéra… et de l'opéra corse ! Notamment l'œuvre *Sampiero Corso* de Henri Tomasi. De plus, l'opéra corse s'exporte. Cette œuvre que nous venons de citer a été jouée pour la première fois à Marseille en 2005 avec, pour nouveauté, un texte en langue corse (le texte original étant en français).

Bastia aussi a sa Scala !

Andrea Scala : un nom prédestiné pour construire un opéra ! C'est un architecte italien qui conçoit à la fin du XIXe siècle les plans de ce magnifique bâtiment de Bastia, situé à l'actuelle place Favalelli. Andrea Scala a également réalisé le théâtre de Pise. Mais, au moment où l'on construit cet opéra, il y en avait déjà un autre à Bastia, en bois (à l'actuelle place du Marché), qui avait vu défiler de nombreux grands spectacles : *Aïda*, *Salammbô* et même *Rigoletto* en 1858. En 1879, lors de l'inauguration du bâtiment de Scala, il y a donc deux opéras à Bastia ! Depuis le XIXe siècle, les Bastiais allaient régulièrement écouter ténors et cantatrices comme aujourd'hui on va au cinéma. Les Corses ont ainsi été élevés dans le chant lyrique ; on dit que même les barbiers chantent *Figaro* ! L'opéra suscite de nombreuses vocations, comme le très célèbre César Vezzani (*alias* l'empereur des ténors), le ténor José Luccioni, Gaston Micheletti, Agnès Borgo… et même Tino Rossi.

Sampiero Corso et don Juan, des Corses personnages d'opéra

Le compositeur Henri Tomasi (1901-1971) n'est pas né en Corse, mais il défendra toujours ses racines insulaires. Le jour où on lui propose la Légion d'honneur, il répond : « Je la refuserai aussi longtemps qu'il n'y aura pas de Conservatoire en Corse ! » Il est l'auteur de nombreuses œuvres : du chant corse, mais aussi des opéras. En 1956, il compose deux grands drames inspirés de personnages historiques de l'île de Beauté : *Sampiero Corso* (personnage que vous connaissez ! Il a mené la révolte contre les Génois au XVIe siècle – voir chapitre 1) et *Dom Juan de Manara*… le vrai don Juan, né à Séville au XVIIe siècle et qui, sachez-le, est d'origine corse !

En 1943, c'est la catastrophe ! L'opéra est bombardé. Il y aura un énorme trou dans le toit. On ne peut plus y donner de représentations. Ce n'est qu'en 1980 que l'Opéra de Bastia ouvre à nouveau ses portes. Il est aujourd'hui l'unique théâtre municipal de l'île, avec, au programme, danses, chansons, drames, comédies et opéra.

La variété corse

Comme il faut aussi varier la musique, parlons un peu des variétés.

Le charme d'une époque

Après la Seconde Guerre mondiale, les Corses chantent des chansons à succès à la fois en corse et en français. Elles sont reprises par Tino Rossi, Antoine Ciosi, Charles Rocchi, Maryse Nicolaï, Regina et Bruno, ou encore les frères jumeaux Pascal et Dominique… De quoi parlent-elles ? Ce sont des chanteurs de charme, et donc beaucoup de ces chansons parlent d'amour. Elles sont accompagnées par des guitares comme les sérénades d'autrefois. D'autres reprennent le registre comique si cher à la poésie corse. Ces chansons tournent en dérision la vie dans les villages, se moquent d'un peu tout le monde, et notamment de l'orgueil des Corses qui reviennent des colonies ou du continent.

« U capurale » (chanson)

« U capurale » est chanté en chœur dans les villages ; en voici le refrain :

O signore cosa c'hè ? ma cosa c'hè ?	Ô seigneur qu'est-ce qui se passe ? (*bis*)
Ma cosa c'hè ind'stu paese ?	Qu'est-ce qui se passe dans ce village ?
Dicenu ch'hè ghjuntu André	On dit qu'il est arrivé André
Sta mane per u baté	Ce matin par le bateau
À so mam'ùn pó più sta	Sa mère ne peut plus se tenir
Ma cosa c'hè ? ma cosa ha ?	Qu'est-ce qui se passe ? Qu'est-ce qu'il y a ?
Ghjunghje da terra chinese	Il est arrivé de la terre chinoise
À so mam'ùn pó più sta	Sa mère ne peut plus se tenir
Ma cosa c'hè ? ma cosa ha ?	Qu'est-ce qui se passe ? Qu'est-ce qu'il y a ?
Pare ch'èll'hè capural !	Il paraît qu'il est caporal !

Composée par Dominique Marfisi (1902-1973), auteur de multiples chansons populaires dont le célèbre « A Solenzara », « U capurale » raconte l'histoire d'André qui est parti aux colonies et revient caporal. Une grande nouvelle ! Tout juste descendu du bateau, il marche les bras raides pour que l'on puisse bien voir ses galons. Il se vante auprès des jeunes filles. Il leur parle en français ou presque : « Ça fait trois mois que je voyage sans avoir le mal de mer, j'ai *risigué* [il parle en fait mi-corse, mi-français] de faire naufrage, le bateau montait en l'air »... Le village devient fou ! Toutes les filles veulent épouser ce beau parti. Quant au maire, il ne souhaite qu'une chose, c'est que le caporal s'en aille, car il a peur qu'il lui prenne sa mairie !... Les portraits sont si bien faits qu'à l'époque, tout le monde se reconnaît dans la chanson, d'où son succès dans l'île...

« Mama Corsica » !

Un jeune Corse aux cheveux longs chante cette chanson pour le concours de l'Eurovision de 1993 : c'est Patrick Fiori, il deviendra célèbre par la suite. L'île de Beauté est à l'honneur ce soir-là : près de 150 millions de téléspectateurs écouteront cette musique produite par François Valéry et dédiée à la « Mama Corsica ». Une nouvelle génération de groupes de musique corses a pris la relève et des jeunes se lancent dans la variété ! Et même certains groupes de musique de chants traditionnels comme I Muvrini (ça veut dire « les petits mouflons » en corse !), né dans les années 1970, ouvrent désormais leur registre à la diversité musicale. Ils deviennent le groupe de musique corse le plus connu de la planète. Allez à l'étranger, et si vous parlez de la Corse, dans certains pays on vous répondra : « I Muvrini » ! En 1998, ils font même une chanson (« Terre d'oru ») avec la star internationale Sting, dont les paroles alternent anglais et corse, *please*.

La Corse fait son cinéma !

Brigitte Bardot chante une chanson en langue corse dans *Manina la fille sans voile* (1952). Louis de Funès, en chapeau noir et en habit de poil de brebis, joue les *Bandits d'honneur*, connu aussi sous le titre *La Vendetta* (1961). Jean Lefèbvre monte sur un âne corse dans *L'Âne de Zigliara* (1970). Benoît Poelvoorde joue le guide de montagne insupportable dans *Les Randonneurs* (1997) ou encore, plus récemment, Christian Clavier incarne le détective Jack Palmer de *L'Enquête corse* (2004), avec Jean Reno en nationaliste insulaire !... Depuis les origines du cinéma, la Corse a inspiré les cinéastes jusqu'aux plus grands : Abel Gance est venu sur l'Ile de Beauté en 1925 pour tourner une partie de son film *Napoléon* (1927). Certaines scènes du *Jour le plus long* (1962) ont pris les plages de la côte corse pour décor des plages de Normandie ! Catherine Deneuve et Marcello Mastroianni sont censés être sur une île déserte dans *Liza* (1971)... mais cette île est celle de Cavallo ! Otto Preminger filme en 1974 *Rosebud* à Bastia et à Île-Rousse. La Nouvelle Vague arrive sur l'île de Beauté avec *Adieux Philippine* (1960)... Plages de sable fin, images d'îles paradisiaques... la Corse offre de magnifiques décors, mais aussi de grands thèmes, comme en témoignent les adaptations cinématographiques de *Colomba* ou des *Frères corses* d'Alexandre Dumas. Le thème de la vendetta ou du gangstérisme a inspiré de nombreux cinéastes : Pierre-Granier Deferre avec *Le Fils* (1972) ou le cinéaste d'origine corse José Giovanni, qui réalise *La Loi du survivant* (1967), entièrement tourné en Corse, et de nombreux films avec Delon, Gabin... inspirés de sa propre vie (pour l'anecdote, José Giovanni avait fait de la prison). Les réalisateurs Henri Fabiani, Henri Graziani ou plus récemment Pierre Salvadori font partie des grands noms corses du cinéma... Mais, au fait, de quand date le premier long métrage tourné dans l'île ? Il est muet : *Colomba* (1920) de Jean Hervé. En 1923, les Corses peuvent découvrir leur ancienne Miss, Pauline Pô, dans *Corsica*, un drame filmé dans des décors naturels. Autre chef-d'œuvre du début du siècle : *Les ombres qui passent* (1924) du cinéaste russe Alexandre Volkoff. Quant au premier film érotique corse, il a été tourné en 1974. Son titre : *Monte d'Oro*...

Cuisine corse

Un proverbe corse dit : « Chi castica u so corpu face cattivu calculu »… « Celui qui fait souffrir son ventre fait un mauvais calcul. » Bref, il faut manger à sa faim. Si vous partagez cette idée, vous trouverez ici tout le nécessaire, l'indispensable, l'essentiel de la cuisine corse. Vous ne resterez pas sur votre faim ! (Et au chapitre 16, retrouvez aussi 10 recettes corses).

D'abord l'apéro

Il se trouve que les Corses ont inventé des recettes d'apéritifs et d'alcools. Alors avant le déjeuner ou le dîner, vous prendrez bien un petit apéro du pays ?

Le pastis, c'est marseillais et corse !

Quand vient le soir, on peut commencer à prendre l'apéritif… dès 18 heures et même avant ! Nous sommes dans le Sud, et il faut bien se rafraîchir… Le roi de l'apéro, c'est le pastis ! Mais pas n'importe quel pastis : l'île de Beauté fait son propre spiritueux. Il y a plusieurs marques. « *Sempru fattu in Corsica* » (« Toujours fait en Corse »), dit la publicité du pastis Damiani. Mais il y a aussi le fameux Casa. Il suit encore une vieille recette élaborée en 1925. Ça se passe à Marseille. On a interdit dix ans auparavant l'absinthe pour des raisons de santé publique. Depuis 1920, un décret autorise les apéritifs anisés qui échappent à la prohibition. Emmanuel Casabianca – un Corse ! – lance alors la mode du « petit jaune », qui devient dans les années 1950 la marque Casanis. Ici, pas de macération : on procède par une lente distillation de l'anis vert, de l'anis étoilé et par infusion du réglisse. Il s'agit bien d'un pastis de Marseille… mais d'origine corse.

Le cap Corse dans un verre

Autre apéro encore plus ancien : le cap Corse ! Le prénom de l'inventeur : Louis-Napoléon. Pas Bonaparte, mais Mattei. Il invente au XIXe siècle un vin fait à base de quinquina : le cap Corse, du nom de la pointe de l'île où il est fabriqué. Il existe aujourd'hui plusieurs vins connus sous cette appellation dans l'île, mais l'original est le cap Corse Mattei (depuis 1872).

Bière à la châtaigne

Plus récente est l'invention d'une bière dans l'île fabriquée à partir de malt et de... châtaignes. Il suffisait d'y penser. Dès le début du processus de fabrication, le malt est mélangé à de la farine de châtaigne, laquelle posséderait des vertus de fermentation. Et ça marche ! En 1996, une première pierre est posée : la société corse commercialise pour la première fois cette bière à la châtaigne. Son nom ? La Pietra. Elle a fait des émules et, depuis, de nouvelles bières sont commercialisées dans l'île.

Salute !

PARLER CORSE

Lorsque l'on trinque en Corse on dit « Salute ! » Ça veut dire « Santé ! » Alors Salute !

Recette de l'inerbitata

Une petite recette comme mise en bouche ! L'inerbitata est un chausson aux herbes.

Ingrédients : 300 g de farine, huile, quelques blettes, 1 bouquet de menthe aquatique sauvage (appelée pedirossu), 1 oignon, sel, poivre.

Dans un récipient, mettez la farine, une pincée de sel, 4 cuillères à soupe d'huile et un verre d'eau. Mélangez le tout puis malaxez bien la pâte pour en faire une boule. La pâte doit rester souple et ne pas coller. Si elle colle, ajoutez encore un peu de farine. Laissez reposer environ 2 heures.

Pendant ce temps, préparez le mélange d'herbes. Émincez l'oignon, ainsi que les blettes et le bouquet de menthe sauvage. Mélangez le tout dans une poêle, ajoutez du sel et du poivre, et faites revenir à feu doux avec un peu d'huile. Laissez reposer le mélange d'herbes.

Prenez ensuite la pâte. Séparez-la en petites boules. Avec un rouleau à pâtisserie, aplatissez-les pour obtenir des disques d'environ 15 cm de diamètre. Répartissez le mélange d'herbes sur chacun de ces disques. Pliez-les en deux de manière à envelopper le mélange d'herbes et former les chaussons. Avec une fourchette, appuyez sur les extrémités de façon à coller la partie qui est encore ouverte.

C'est presque fini : faites cuire à la poêle. Laissez refroidir avant de déguster.

Un fromage explosif

Le fromage, c'est comme on veut quand on veut en Corse ! Depuis la BD *Astérix en Corse*, traduite en plusieurs langues, le fromage corse est une curiosité internationale caractérisée par une odeur insoutenable au point de dégoûter l'appétit d'Obélix… et de faire exploser tout un bateau ! Vérité ou légende ?

Jusqu'à 18 mois enfermé dans un casgile

Une chose est sûre, le fromage corse est très affiné. Il peut rester jusqu'à 18 mois dans ce que l'on appelle le *casgile*, une construction en pierre que vous pouvez encore voir dans certaines montagnes. Reconnaissables à leur entrée minuscule, faite *a minima* pour empêcher la chaleur d'entrer, ces *casgiles* sont censés aujourd'hui être remplacés par des chambres de conservation aux normes européennes !

Savez-vous comment on fait le fromage ?

Comment se fabrique le fromage corse ? Il est produit à partir du lait de chèvres ou de brebis. Le berger fait cailler le lait avec de la présure (traditionnellement obtenue à partir des estomacs des cabris). Deux heures après, il casse le lait caillé et enlève environ la moitié du petit-lait avec une louche (ce petit-lait enlevé sera utilisé ultérieurement pour faire un autre fromage appelé *brocciu*). Il reste dans la cuve une masse blanche. Le berger remplit des récipients appelés *fattoghja* (faisselles) en Haute-Corse et *casgiaghja* en Corse-du-Sud : ce sont des moules à fromage fabriqués autrefois avec du jonc (mais aujourd'hui ils sont en plastique) et qui vont filtrer ce qui reste de petit-lait. Il va ensuite retourner plusieurs fois ces fromages. Dans la soirée, il les sale. Reste à les faire égoutter plusieurs jours et à les mettre en chambre froide ! Voilà, la fabrication du fromage corse n'a plus de secret pour vous !

PARLER CORSE

En langue corse, le casgiu, c'est le fromage. Mais furmagliu aussi veut dire fromage. Quelle est la différence ? Casgiu est plutôt utilisé pour désigner le fromage vieilli en cave. Du même mot vient le verbe corse casgiulà, ce qui signifie « choyer », « bichonner »… Ça n'a rien à voir avec le verbe français « cajoler », mais ça montre combien le fromage corse a besoin d'être soigné pour être de bonne qualité !

Fromage à pâte molle

Il existe plusieurs variétés de fromages à pâte molle de qualité corse. En voici quelques-uns :

- Le fromage de Bastelicaccia (près d'Ajaccio) : un fromage de lait cru de brebis. Il est mis à égoutter sur des planches, généralement sur un linge qui absorbe l'humidité. Sa croûte se forme naturellement ;
- Le fromage de Calinzana (sur la commune de Calenzana, Nord de la Corse), de chèvre ou de brebis. Il est mis dans des coffres en bois appelés e madie, ce qui lui donne un aspect blanc. La croûte est ensuite retirée ;
- Le fromage du Niolo (Centre de la Corse), de chèvre ou de brebis. Il est disposé sur des gouttières de section carrée appelées e trove. Sa croûte est lavée ;
- Le fromage corse Venacu (du Vénacais, région au sud de Corte), de chèvre ou de brebis et parfois du mélange des deux laits. L'affinage est fastidieux : tous les jours, pendant trois mois, il faut le frotter avec un mélange composé d'eau et de la croûte (morge) des fromages plus vieux.

Fiadone (flan au broccio)

Voici la recette d'une pâtisserie à base de brocciu : le fiadone.

Ingrédients : 500 g de broccio, 1 citron non traité, 4 œufs, 150 g de sucre, 20 g de beurre, 1 pincée de sel.

Dans un plat rond, cassez le broccio à la fourchette. Ajoutez le sucre, les jaunes d'œufs, le zeste de citron râpé. Mélangez le tout. Si le mélange est trop dur, ajoutez un peu de lait.

Préchauffez le four à 180 °C (th. 6). Beurrez un plat à tarte. Battez les blancs en neige avec une pincée de sel. Incorporez les blancs au mélange précédent. Versez dans le plat à tarte et mettez au four 20 à 30 minutes. Vous obtenez un délicieux fiadone !

Le broccio, ce n'est pas de la brousse

Le broccio est un fromage blanc très fragile. En Corse, on dit parfois de quelqu'un qu'il est un *brocciu*, expression très imagée et insultante pour dire qu'il est mou et fragile.

Ne confondez pas le *brocciu* (prononcez [brotchiou]) et la brousse ! Contrairement à la brousse, le *brocciu* (broccio) est un fromage typiquement corse, fait selon une recette traditionnelle qui mélange quatre cinquièmes de petit-lait et un cinquième de lait entier. Il peut être consommé tout de suite. Lorsqu'il est mangé quelques semaines après avoir été salé, on dit qu'il est *passu* (demi-sec) ou *seccu* (sec). Il y a une saison du *brocciu* qui va de novembre à juin maximum. En dehors de cette saison, si vous en achetez, c'est soit du *brocciu passu*, soit de la brousse… ce qui n'a plus grand-chose à voir. Attention, donc, les commerçants ne doivent pas vous vendre de la brousse sous l'appellation « *brocciu* », car ce produit est désormais appellation d'origine protégée (AOP).

ANECDOTE

Napoléon Ier adorait le *brocciu* qu'il mangeait lors de sa tendre enfance sur l'île. Mais une fois devenu grand homme d'État, il dut s'en passer, ce qui n'a pas été facile ! Un jour, il décide de faire venir plusieurs bergers de Corse pour tenter de faire du *brocciu* à la Cour de France avec du laitage frais. Mais toutes les tentatives se soldent par un échec, car ce fromage ne peut être réussi que sur l'île ! L'Empereur dut amèrement accepter d'être privé de son met favori.

LE SAVIEZ-VOUS ?

Tous les ans, chaque premier week-end du mois de mai, a lieu à Venaco (Haute-Corse) la plus grande foire du fromage de l'île.

Dans le cochon, tout est bon !

La charcuterie, ça se mange en entrée tout simplement. *Coppa, lonzu, figatellu*… Que préférez-vous ? Difficile de choisir… Tout est bon dans le cochon !

Mi-sauvages, mi-domestiques, les cochons se promenaient il y a quelques siècles librement dans les rues des villages ou de grandes villes comme Corte. Toutes les familles avaient aussi chez elles un ou plusieurs cochons. Arrivait le jour où il fallait le tuer ! L'opération se déroulait durant l'hiver, au moment où l'animal était le plus gros. Le cochon se débattait en poussant des cris que l'on entendait dans tout le village. Âmes sensibles, s'abstenir de lire la suite ! On plantait un long couteau dans la gorge et on l'enfonçait jusqu'au cœur de la bête pour la tuer. On récupérait ensuite son sang dans une bassine pour en faire du boudin. Aujourd'hui, les procédés pour tuer l'animal sont moins cruels…

Du jambon…

Il y a d'abord le grand classique : le jambon ! Ce sont les parties les plus lourdes. Nous distinguons :

- Le prizuttu (jambon cru) est la pièce la plus lourde, correspondant aux cuisses. Un cochon = deux prizutti ! Il est très long à faire. Il faut d'abord vider l'animal de son sang, ôter les peaux, nerfs et graisses. On met ensuite le morceau en sel, puis on le fume légèrement (en principe à la fumée du fucone, qui est le fumoir traditionnel corse). On le place enfin dans une pièce spéciale pour le laisser sécher pendant un an, voire un an et demi. Retenez que dans un bon prizuttu, la partie grasse doit être légèrement rosée, c'est un signe de qualité ;
- La panzetta (petit lard) est une lourde pièce de la poitrine du porc. Elle est salée et poivrée puis légèrement fumée. Ensuite, elle est accrochée à une ficelle dans une cave et on la laisse s'affiner pendant plusieurs mois.

… à la coppa et au lonzu

La *coppa* et le *lonzu* sont des charcuteries faites respectivement avec l'échine et le filet du porc. Apprenez à faire la différence :

- La coppa (échine) est mise sous boyaux naturels, puis est étuvée et fumée. Elle sèche environ huit semaines ;
- Le lonzu (filet) est fait comme la coppa. Un cochon = quatre lonzi ! Qu'est-ce qui le distingue de la coppa ? Facile, il y a une partie grasse (blanche) et une partie maigre (rouge), très nettement séparées.

Saucisse, saucisson et boudin

Il y a une star de la saucisse en corse, c'est le *figatellu* ! Célèbre au point qu'un des personnages d'*Astérix en Corse* s'appelle Figatellix…

- Le figatellu (saucisse de foie) est un produit typiquement corse qui a la forme d'un « u ». Il est constitué de maigre, de gras et, surtout, de morceaux de foie, ce qui le distingue de la vulgaire saucisse (salsiccia) ! Il est parfumé d'ail, séché et fumé ensuite. Il se mange grillé, s'il est frais et cru, s'il est sec ;

- Le saucisson corse s'appelle salamu ou salcicciu. Il est fait notamment avec les épaules du cochon. Il est fumé ;
- Le boudin corse, sangue ou sanguinelli, est bien sûr fait avec le sang de l'animal.

U fucone : le feu du foyer

Le repas corse se faisait autrefois dans une pièce centrale de la maison, autour du *fucone*. Qu'est-ce que c'est ? *U fucone* signifie le « foyer », le « feu ». C'est un espace carré en terre glaise encadré par des planches en bois. Il se trouve au milieu de la pièce et il sert à la fois de cheminée, de cuisinière, d'éclairage... C'est là que les membres de la famille faisaient les traditionnelles veillées où l'on racontait des histoires et des blagues. Devant le *fucone*, les hommes fumaient la pipe ou mâchaient de l'herbe à tabac (*arba tavacca*) tandis que les femmes, installées sur de petites chaises ou sur des bancs, tricotaient ou écossaient des haricots. Elles y cuisinaient aussi : à la poutre située au-dessus du *fucone*, on attachait une crémaillère soutenant un chaudron ou une marmite où l'on faisait la soupe corse (*minestra*). La charcuterie, les châtaignes séchaient également étalées au-dessus de cette pièce très chaude, mais aussi très enfumée... ce qui obligeait à laisser bien souvent la porte ouverte pour laisser entrer l'air de l'extérieur.

Les bases de la cuisine

Depuis l'Antiquité, la Corse s'est spécialisée dans la culture de l'olivier, de la châtaigne et même dans la fabrication du miel dont raffolaient les Romains. Des aliments qui, avec le fromage et le vin, constituent les bases de la cuisine corse pour agrémenter poissons ou gibiers. À vos couteaux et fourchettes !

La châtaigne, plat de résistance corse

Qu'auraient fait les Corses sans la châtaigne ? Plus qu'un arbre nourricier, le châtaignier est un arbre de la Résistance ! Sous l'occupation génoise, il permettra aux troupes de Pascal Paoli de survivre dans la Castagniccia (région des châtaigneraies au nord de la Corse) où elles avaient trouvé refuge. Si vous faites bouillir les châtaignes, vous pouvez les manger sous forme de *ballotta*. Lorsqu'elles sont rôties, ce sont les *fasgiole*. On en tire aussi de la farine à partir de laquelle vous pouvez faire la fameuse polenta corse (à ne pas confondre avec la polenta italienne qui est faite à base de farine de maïs), les *brilluli* (sorte de bouillie à la farine de châtaigne), les *nicci* (des petites crêpes) ou encore des beignets.

La recette de la polenta corse est très simple : mélangez 1 kg de farine de châtaigne avec 2 l d'eau salée bouillante... remuez 15 à 20 minutes et renversez sur un torchon. Et voilà ! vous obtenez la fameuse *pulenta*... C'est très bourratif, avec cela, vous pouvez tenir plusieurs jours comme du temps de l'occupation génoise !

Tous les ans au mois de décembre a lieu à Bocognano (Corse-du-Sud) une foire à la châtaigne.

Eau, farine, sel et brocciu et le tour est joué !

Le plus surprenant est le nombre de plats que l'on peut faire avec les mêmes ingrédients. Pratique, lorsque l'on n'a pas grand-chose sous la main. Durant les occupations, les Corses n'avaient pas toujours une nourriture très abondante, mais ils avaient des idées ! Exemple : comment faire plusieurs plats à base uniquement d'eau, de farine, de sel et de *brocciu* ? Réponse : on change les types de cuisson ! On peut ainsi faire des *migliacci* (galettes au *brocciu*, généralement présentées sur des feuilles de châtaignier – voir la recette au chapitre 16), des *fritelle* au *brocciu* ou des *buglidicce* (gros beignets de fromage). Voici l'astuce :

- Les migliacci sont faits au four ;
- Les fritelle au brocciu, dans une bassine d'huile chaude ;
- Les buglidicce à la poêle, comme les omelettes !

Lorsque l'on a d'autres denrées, on peut mettre du *brocciu* partout : *imbrucciata* signifie ainsi « rempli de *brocciu* ». C'est le second nom du *fiadone*, un gâteau fait à partir de ce fromage. Mais le broccio peut être mis dans les omelettes, oignons, sardines... Il va partout et rend les plats plus crémeux.

Quelques exemples :

- Les sturzapreti, soit « étouffe-curé » (à ne pas confondre avec les strozzapreti italiens qui sont des pâtes en sauce). Ce gâteau un peu anticlérical est composé de brocciu, de blettes et d'œufs.
- Mérimée adorait le brocciu, et plus particulièrement dans les oignons. En 1839, alors qu'il commence à écrire *Colomba*, le célèbre écrivain est l'hôte d'une famille de Cervione qui a inventé la recette des oignons au brocciu. Il raffole tellement de ce plat qu'il en réclame plusieurs fois. Du coup, la famille a rebaptisé son plat « les oignons à la Mérimée ».

Beignets à s'en rompre le ventre

Les Corses adorent les beignets. Au point que lorsque l'on veut dire que quelqu'un « boit du petit-lait » on dit plutôt « *manghja fritelle* », qu'il « mange des beignets ». Là aussi, les variantes sont nombreuses : les beignets se mangent natures, au *brocciu*, à la courgette, aux herbes… Mariages, anniversaires, campagnes électorales… toutes les occasions sont bonnes pour faire des beignets ! En général, ils sont ronds, mais il en existe aussi sous forme d'oreillettes : ce sont les *frappe*. Au singulier on dit *frappa*. Ça n'a donc rien à voir avec le verbe français « frapper », même si on peut effectivement se les disputer pour les avoir au moment du buffet !

À la Saint-Joseph (19 mars), les Bastiais préparent, pour l'occasion, des beignets au riz appelés *panzarotti* et ça se passe rue… Saint-Joseph, près de la citadelle de Bastia ! Des femmes s'installent là avec leur friteuse et font des beignets toute la journée pour les passants qui sont prêts à en manger jusqu'à s'en rompre la panse : *panza rottu* veut dire en effet « ventre rompu » !

L'olivier, des recettes très anciennes

La Corse produit depuis l'Antiquité une huile d'olive réputée. Mais les Romains étaient aussi friands des confiseries d'olives. Au cours des siècles, c'est la Balagne (région au nord de la Corse) qui s'est spécialisée dans la culture de l'olivier. Il existe aujourd'hui près d'une dizaine de variétés d'olives dans l'île (la sabina, la capanacce, l'oliese, la ghjermana, l'aliva nera, la zinzala, la curtinese, la romana…). On les mange avec du pain pour un *spuntinu* (casse-croûte), mais également dans les repas avec le porc, dans le sauté de veau… Quant à l'huile d'olive, elle accompagne les salades, les poissons à *l'agliolu* (mélange d'ail et d'huile d'olive et sert aussi de base à la composition de ce que l'on appelle le *tianu* (ragoût ou repas).

Il existe deux foires de l'olive en Corse. Au mois de mars, à Sainte-Lucie-de-Tallano (Corse-du-Sud) et au mois de juillet, à Montegrosso (en Balagne).

Miel au goût corsé

L'historien grec Diodore (Ier siècle av. J.-C.) et d'autres observateurs de l'Antiquité ont vanté l'abeille corse : « animal roi » qui produit à l'époque des quantités astronomiques, de quoi gaver tout Rome. Nectar des dieux, le miel a des vertus multiples. Comme les figues, il est un édulcorant pour les pâtisseries. Il peut être utilisé aussi comme nappage et même en tant que médicament contre les maux de gorge… Aujourd'hui, ce nectar corse bénéficie d'une appellation d'origine contrôlée (AOC). Son goût et sa couleur varient selon que les ruches sont situées à proximité de châtaigniers (miel foncé) ou du maquis qui le rend corsé !

Le cédrat devient cédratine

Depuis l'Antiquité, le paysage corse a été façonné par la culture du cédrat en terrasses. Ce fruit proche du citron, mais qui est très amer, se mange séché ou cuit. On l'utilise dans les pâtisseries ou dans la confiture. On en fait aussi du cédrat confit. La Corse était, avec le Maroc, un des endroits où ce fruit était abondamment cultivé. Après avoir presque disparu dans l'île à la fin du XXe siècle, le cédrat y est à nouveau récolté, notamment dans le Cap.

Un tianu, vaut mieux que deux tu l'auras

Tianu veut dire en langue corse le ragoût. Ce terme signifie également le plat en terre cuite qui contient ce ragoût. Il désigne aussi, de manière générale, le repas. Il s'oppose ainsi au *spuntinu*, qui est le casse-croûte. Le *tianu*, c'est généralement de l'agneau ou du sanglier accompagné de légumes. Le plat de viande peut être également consommé *stuffatu* (en daube). Le gibier vient de la chasse (merles, sangliers…), mais il y a aussi la viande d'élevage (chèvre, mouton…). À Noël, on mange le cabri en sauce, à Pâques, c'est l'agneau pascal… La viande peut être accompagnée des produits de la cueillette : figues, champignons, châtaignes… Quant au veau corse, il vaut mieux le faire en sauté, car il est ainsi plus tendre.

Recette du *tianu di cignale* (sanglier corse)

Ingrédients : 1 kg de sanglier, 2 carottes, 2 oignons, 2 gousses d'ail, 1 bouquet garni, 2 cuil. à soupe de concentré de tomate, 1,5 l de vin rouge, huile, sel, poivre.

Chassez un sanglier ou achetez-le chez le boucher. Préparez-le la veille : détaillez-le en gros morceaux et mélangez-le avec les légumes épluchés et coupés. Ajoutez sel et poivre à votre convenance et 1 l de vin rouge (corse de préférence). Couvrez le tout et laissez mariner au frais une nuit.

Le lendemain, égouttez la viande et les légumes en conservant la marinade. Placez les morceaux de sanglier et les légumes dans une cocotte et faites-les revenir dans un peu d'huile. Ajoutez le concentré de tomate, puis la marinade et le demi-litre de vin restant. Portez à ébullition puis faites cuire à feu doux pendant 3 heures. Servez chaud.

Sur la plage, coquillages et crustacés…

La Corse = île = mer. Depuis l'Antiquité, elle est connue pour ses variétés de coquillages, ses crabes et oursins que l'on trouve tout le long de la côte. Beaucoup de plats sont faits à partir des spécialités de la pêche : bar, carpe, thon, dorade, rougets, sardines, *gatuzzu* (petite roussette, c'est la plus petite variété de requin que l'on trouve en Méditerranée)… De quoi faire une belle *aziminu* (bouillabaisse ou soupe de poisson, selon la consistance). À Macinaggio, dans le cap Corse, les pêcheurs se spécialisent dans la chasse à l'encornet. Toujours à la pointe de l'île, Centuri, petit village situé à l'ouest du cap Corse, est le premier port de pêche de la langouste. Sur la plaine orientale, la culture de l'huître remonte aux Romains qui importaient ce mollusque de Corse. Les étangs de Diana, Urbinu et Biguglia sont encore d'importants réservoirs d'huîtres et de poissons. Quant au centre de l'île, on y pêche l'anguille ou la truite grâce aux nombreux porte-bois (larves de trichoptères) trouvés sous les rochers.

Plats de tradition

La cuisine corse suit les saisons et le calendrier chrétien. Quelques plats sont réservés à ces traditions : Carnaval est la période des *frappe* (oreillettes) ; le Jeudi saint, on bénit les *canistelli* ; pour la Saint-Joseph, on fait les beignets au riz (*panzarotti*) à Bastia et dans le cap Corse. Le lundi de Pâques, c'est le fameux *campanile*, gâteau brioché en forme de couronne et décoré d'œufs durs. À Bonifacio, on fait le 8 septembre (Nativité de la Vierge) des aubergines farcies ; à la Toussaint, on mange les *bastelle*, chaussons aux herbes ; à Noël, on tue le cochon ou le cabri, selon le dicton « *Caprettu Natale, agnellu Pasquale* » (« Cabri à Noël, agneau à Pâques »), etc.

Les vins : côté Corse !

Bien avant les Romains, les Grecs installés dans la région d'Aléria (la ville s'appelait Alalia à l'époque) cultivaient des vignobles. Sénèque vantait les qualités des vins de Balagne. La majorité des vins corses sont aujourd'hui rouges et rosés… Les vins blancs – excellents par ailleurs – ne représentent qu'un dixième des vins produits dans l'île.

LE SAVIEZ-VOUS ?

Il existe en Corse neuf appellations d'origine contrôlée (AOC). Il y a les AOC communales : vin d'Ajaccio, Patrimonio, Corse-Calvi, Corse-Coteaux-du-cap-Corse, Corse-Figari, Corse-Sartène, Corse-Porto-Vecchio et muscat du cap Corse… et l'AOC « Vin de Corse ». Lorsque cette dernière AOC ne précise pas la commune, il s'agit en fait de vins de la plaine orientale. Voir carte des régions viticoles dans le cahier couleur.

Cépages rouges, rosés, blancs

Découvrez quelques cépages aux noms et significations poétiques : sciaccarello, nielluccio, vermentinu, aleatico, bianco gentile, barbarossa.

- Le rouge et le rosé d'Ajaccio, c'est le sciaccarello, qui signifie « écrasé », « cassé »... C'est un cépage noir recommandé que l'on trouve surtout dans l'AOC vin d'Ajaccio. Les rouges de la ville impériale doivent être constitués en principe de 50 % de sciaccarello. Caractéristique : ses notes sont légèrement poivrées ;
- Le barbarossa est un grain de couleur rosé. Ce vin rouge compose l'AOC d'Ajaccio. Caractéristique : arômes floraux ;
- Le nielluccio, comme son nom l'indique, est un cépage noir (niellu signifie « sombre » en corse). Il fait la renommée des vins de Patrimonio. 90 % des rouges doivent en effet être issus du cépage nielluccio pour bénéficier de l'AOC. Caractéristiques : « nez de fourrure de lièvre et réglisse », arômes de petits fruits rouges ;
- Le vermentinu est le cépage principal des AOC blancs de Corse. C'est un vin blanc sec. Caractéristiques : arômes de pomme, d'amande et d'aubépine ;
- L'aleatico est le cépage qui donne droit à l'appellation « vin de pays de l'île de Beauté ». Faible en tanins, c'est un rouge muscaté. Caractéristique : forts arômes floraux ;
- Le bianco gentile se trouve en faible quantité dans les régions de Patrimonio, Figari et Sartène. Il donne un vin blanc clair et cristallin. Caractéristiques : notes beurrées, arômes de fruits (exotiques, abricot, ...) et de miel.

Autres arts traditionnels

Du bois, de la terre, du feu, quelques chèvres ou brebis... et surtout beaucoup de talent : ce sont les ingrédients nécessaires à l'art traditionnel corse !

Comment s'habille-t-on ?

Les cartes postales anciennes donnent une vision assez sombre de l'habit corse. La femme est habillée en noir et porte un voile (mezaru) sur la tête. L'homme pose lui aussi en habits sombres, et généralement avec un fusil… Clichés pour les photographes ou réalité des coutumes corses ?

LE SAVIEZ-VOUS ?

Les habits fabriqués sur l'île étaient plutôt noirs. Pourquoi ? La majorité des brebis à partir desquelles on faisait la laine étaient noires. C'était en effet bien pratique, car, du coup, on n'avait pas besoin de la teindre ! Quelques brebis blanches étaient cependant mises de côté pour le tissage des draps et des couvertures souvent colorés.

L'habit traditionnel masculin

Remontons un peu dans le temps et voyons ce que dit le voyageur anglais Boswell, lorsqu'il visite l'île en 1766 : « Le Corse est armé d'un fusil, d'un pistolet ou d'un poignard » ! Un siècle après, Mérimée fait lui aussi une description de la carchera, ceinture où l'on met les cartouches et où l'on attache le pistolet à gauche. Mais, à part les armes, comment le Corse est-il habillé ? Boswell fait une description précise : il porte un vêtement court, en étoffe sombre fabriquée dans l'île. Il a un gilet et une culotte de la même étoffe, qui sont parfois de couleur écarlate. Il porte aussi un bonnet de couleur noire ou brune (que l'on appelle a baretta, sorte de bonnet pointu ou rond). Il a également des vêtements en laine ou en poils de chèvre. Bref, il est habillé avec des couleurs sombres et quelques notes de rouge. On est proche de l'habit folklorique que portent aujourd'hui certains bergers lors des foires : chapeau noir (qui a remplacé pendant un temps le bonnet au XIXe siècle), veste en velours noir, large ceinture en flanelle rouge (on la portait à Sagone pour le mal de ventre), chemise vichy rouge…

L'habit traditionnel féminin

Et la femme ? Au début du XXe siècle, les femmes apparaissent sur les photos habillées en noir. Il n'y a pas de couleurs… et pas seulement parce que l'appareil est en noir et blanc !

C'est bien une réalité de l'époque. La raison ? Depuis la crise de la fin du siècle précédent, le tissu noir s'est imposé. Cet air endeuillé n'a pourtant pas toujours été de mise ; les femmes corses étaient coquettes, mode oblige : elles imitaient l'habillement des Françaises du XIXe siècle comme elles imitaient les Toscanes auparavant. Les habits sont très colorés et très variés selon les époques. Là aussi remontons le temps… Au XVIe siècle, les femmes portent des robes et des chemisiers simples, mais aussi des corsets de velours (ghjubbone) pour les grandes occasions. Au XVIIe siècle, elles portent des bonnets (scuffioti), sortes de béguins en soie ou en velours que l'on épinglait dans les cheveux. Les robes et les jupons sont jaunes, bleus, rouges… Y compris la faldetta que portaient les femmes mariées pour aller à l'église ou au cimetière (la particularité de ces jupes étant de pouvoir se rabattre dans le dos pour couvrir jusqu'à la tête). Il s'agit d'un habit de deuil, mais de couleur… bleue. Ce n'est qu'à partir du XIXe siècle que le noir s'impose, notamment avec la robe de soie noire, signe de distinction de la bourgeoise.

Mesdames : sortez couvertes !

Mais cette libéralité a ses limites. Certaines robes sont décolletées, mais en dessous on porte la chemise ! Jusqu'à l'âge de se marier, les filles sont habillées à la garçonne. Lors de son voyage en Corse au XVIIIe siècle, l'abbé Gaudin regrette de voir les jeunes femmes insulaires aussi couvertes : « La chemise se boutonne exactement sous le menton ! » Et il observe, dépité, qu'on ne voit pas grand-chose du corps des femmes corses : « Il serait difficile de trouver une forme qui prêtât moins aux désirs et à l'imagination. » En effet, un drap épais « masque et écrase la taille, non seulement cache la gorge, mais empêche même de la soupçonner »…

Un officier royaliste continue la description des faldette : les dames corses portent un cotillon bleu retroussé jusqu'au-dessus du front en sorte que l'on ne peut pas « distinguer leurs figures ». Elles portent sinon des châles sur la tête, qui viennent d'Inde et sont importés par les Génois ! Et de conclure : « Je crus entrevoir qu'elles étaient jolies, malgré leur coiffure bizarre et l'espèce de tunique rembrunie qui servait à les couvrir depuis le menton jusqu'aux pieds, fermant hermétiquement la taille et la gorge ! »

Gonflage de la chèvre

Pour enlever la peau des chèvres afin de confectionner des manteaux, et surtout des outres, les bergers soufflaient dans les chèvres comme dans un ballon (après avoir fait une incision dans la peau). Cela permet de décoller totalement la peau sans avoir à la découper. On appelle cette pratique le gonflage de la chèvre ! Comme il faut avoir beaucoup de souffle et que cela est épuisant, on utilise aujourd'hui un compresseur pour dépouiller les cabris !

Lorsqu'ils étaient confectionnés sur l'île, les tissus étaient faits en poils de chèvre (pelone) ou en laine de mouton (pannu). Il existe encore quelques ruines de ces ateliers de tissage dans la région du Niolo. Mais aujourd'hui, la lana corsa (laine corse) reprend du poil de la bête ! Des ateliers corses artisanaux se sont spécialisés dans la fabrication de pelotes de laine, de pulls, couvertures, etc.

Art du fer

Depuis l'âge du fer, les Corses ont appris à façonner le métal. Le mot *stazzunaghju*, le forgeron, remonte aux origines de l'île.

Le forgeron : l'homme à tout fer !

Autrefois, dans les villages, il y avait un forgeron. Il a une fonction de serrurier, de maréchal-ferrant, de chaudronnier… C'est véritablement l'homme à tout faire ! C'est même lui qui, à l'occasion, cautérisait les plaies, pratiquait une sorte d'acuponcture avec des pointes de feu pour soulager les sciatiques (*taglià a sciatica*) et arrachait les dents avec ses tenailles ! Il est également le fabriquant des fameux stylets corses (*stiletti*), des *curniciuli* (couteaux rétractables en corne) et de certaines pièces du fusil et du pistolet. Les bergers et les paysans faisaient appel à lui pour fabriquer les outils : *sega* (scie), *zappa* (pioche), *vanga* (bêche), *piola* (hache), *pastoghja* (entrave à chèvre), etc.

Les maîtres des forges

Le métier de forgeron a bien sûr évolué au cours des siècles. Il reste encore aujourd'hui des traces de ces anciennes ferrières où l'on fabriquait le fer et l'acier en plein milieu du maquis. Depuis le Moyen Âge, le minerai utilisé par les forges corses est importé de l'île d'Elbe, mais les Génois ont exploité des mines de cuivre et, au XIXe siècle, des sociétés minières vont prospecter la Corse. Le minerai de fer est transformé dans les hauts fourneaux de Toga, au nord de Bastia. Depuis, les mines ont fermé, les hauts fourneaux ne fonctionnent plus. Cependant, même si le métier a été fortement concurrencé avec les importations d'outils et de matériaux, il existe toujours aujourd'hui des artisans forgerons qui perpétuent la tradition dans l'île.

Le dolmen du diable

En corse, le mot stazzona signifie à la fois « forge » et « dolmen » ! La stazzona del diavolo, que l'on traduit par « forge du diable » est située près de Sartène. Mais on pourrait aussi le traduire par « dolmen », puisque c'est le même mot en corse. Mais quel est le rapport entre le dolmen et la forge ? La stazzona del diavolo est un dolmen formé de deux pierres verticales, couvertes par une pierre horizontale. La légende dit qu'elles ont été posées par le diable pour lui servir d'enclume…

Un village de la Castagniccia se nomme Stazzona. Et vous qui comprenez le corse avez compris : l'endroit était renommé pour sa forge. Sa coutellerie était très réputée du temps de Pascal Paoli. C'est là qu'on fabriquait les principales armes pour massacrer l'adversaire…

À partir du bois…

« Sur tous les autres pays, la Corse l'emporte pour son bois », disait Théophraste. La végétation de la Corse est un atout comparé aux autres îles de la Méditerranée. Pas étonnant qu'on y ait perpétué une tradition des métiers du bois.

« Aucune île n'est autant couverte de forêts »

« Aucune île n'est autant couverte de forêts », écrit un observateur de l'Antiquité. La Corse est en effet une île extrêmement boisée et fut de tout temps convoitée pour cette richesse. Les Romains ou les Vandales ne s'y sont pas trompés : ces derniers envoyaient au Vᵉ siècle des esclaves, dont des évêques d'Afrique, couper le bois des forêts corses pour fabriquer les mâts de leurs galères ! Et les Corses non plus, puisqu'ils ont su profiter, eux aussi, de la qualité des bois de l'île. Ils deviennent ainsi bûcherons, menuisiers, ébénistes, charpentiers, vanniers…

Le bois : source d'une infinité de richesses

Certaines régions de la Corse s'étaient spécialisées dans le travail du bois : la Castagniccia, pays des châtaigneraies, région où, du berceau au cercueil, on naissait et on finissait dans un châtaignier ! Elle est aussi réputée pour ses objets décoratifs et utilitaires très robustes (pipes, bougeoirs, boîtes…). Quelques exemples de l'utilisation de cette richesse naturelle :

- En Corse se font les plus belles planches de châtaignier du monde », écrit au XVIᵉ siècle Mgr Giustiniani, évêque du Nebbio et auteur du *Dialogo nominato Corsica*. Le châtaignier est en effet un bois excellent qui ne pourrit pas… et chasse les araignées !
- Le pin laricio – exploité dès 1769 – offre de multiples usages : mâts de bateau, meubles, poutres, barques et même les traverses de chemin de fer au XIXᵉ siècle ;
- À partir des bois résineux (pins, ifs, sapins…), on fabrique de la poix, une matière collante qui sert d'enduit. En 1895, il y avait dans la vallée d'Asco (Haute-Corse) près de 50 fourneaux à poix !
- Sans compter la vannerie, indispensable pour confectionner les paniers, les nasses des pêcheurs ou encore les cloches à fromages…

ANECDOTE

De véritables œuvres d'art sont sculptées dans le bois. À commencer par les saints des églises. Ce qui inspira d'ailleurs une célèbre remarque du non moins célèbre comique corse du XVIIIᵉ siècle : Grossu Minutu. Les habitants de son village inauguraient une statue en bois de saint Antoine. Une procession promenait le saint comme le veut la tradition. Mais Grossu Minutu regardait les villageois s'agiter en souriant. L'un d'eux lui demanda pourquoi il ne se joignait pas au cortège. Et au comique de répondre en corse : « Ce saint Antoine, je l'ai connu cerisier. Il ne donnait rien comme arbre, alors que voulez-vous qu'il donne en tant que saint ? » Depuis, « *L'aghju cuniscitu chjarasgiu* » (« Je l'ai connu cerisier) est devenu une expression corse. On l'utilise pour dire que quelqu'un ne vaut rien…

Les jalousies

Art de voir sans être vu, les anciennes persiennes de l'île sont les fameuses « jalousies ». Cela fait partie de la culture méditerranéenne (on retrouve la même chose dans le monde musulman avec les moucharabiehs). Les lattes en bois sont orientées vers le bas, ce qui est bien pratique : les femmes enfermées à la maison pouvaient observer ce qu'il se passait dehors tout en étant protégées de la lumière et des regards. Sur certaines fenêtres, le dispositif permet de soulever vers le haut le dernier volet. On les appelle « jalousies » car les femmes étaient à l'abri du regard des autres hommes, mais cela ne les empêchait pas de surveiller leur mari derrière la fenêtre…

Terre et pierres

Depuis les fameux *stantare* – statues représentant des hommes guerriers dressées (*stare* veut dire « dressé ») sur l'île depuis près de 6 000 ans –, les Corses ont toujours travaillé le schiste et le granite. Dès le Néolithique, ils maîtrisaient l'art de la poterie et des constructions en pierres…

Les poteries à l'amiante

Depuis le XIVe siècle, beaucoup de poteries corses étaient composées à base d'amiante. Mélangée à l'argile, cette substance minérale va permettre de confectionner des marmites de grande taille et des poteries beaucoup plus résistantes. C'étaient les femmes qui fabriquaient la pâte à base de fibres d'amiante trouvées naturellement sur l'île et exploitées de manière superficielle (bien avant que ne commence en 1927 l'extraction de l'amiante à Canari avec les conséquences sanitaires que nous connaissons, jusqu'à la fermeture du site). Les hommes, de leur côté, participaient à l'extraction de l'argile.

Des maisons en pierre remontant au Néolithique !

L'autre grand art de la Corse est la construction en pierre. Il s'agit bien sûr des maisons. Mais là où les Corses ont excellé, c'est dans la manière de construire des habitats entiers avec des pierres sèches, sans la moindre charpente en bois. Ce sont les *baracconi* : des cabanes arrondies dont la construction rappelle celle de l'igloo. Avec un peu de chance, vous en trouverez encore quelques-unes dans la montagne corse. Cet art de construire remonte… au Néolithique !

L'art des bâtisseurs

Un autre savoir-faire est celui des toits en lauzes, pierres plates (*teghje*) de schiste. Ce sont les magnifiques toits traditionnels des maisons corses aux reflets gris et verts. C'est dans le cap Corse que l'on trouvait les plus grandes carrières de lauzes. Ce n'est qu'au XXe siècle, après la Première Guerre mondiale, que commencent à apparaître les toits en tuiles rouges avec des matériaux importés.

Les murs corses sont composés de granite. Les pierres savamment superposées sont liées par de l'argile, mais aussi du sable et de la chaux. La plupart des maisons étaient en pierres apparentes (seules les familles aisées pouvaient crépir leur maison à la chaux, généralement dans les villes). À l'intérieur, les cloisons étaient en torchis ou en planches (*perdatu*). Les cultures en terrasses et les nombreux dénivelés caractéristiques de la Corse font que l'on peut voir partout sur l'île des murs en pierre plus que centenaires ! De splendides constructions que l'on remplace aujourd'hui, hélas, peu à peu, au mieux par des murs lisses en pierre et en ciment, au pire, par des murs en béton !

Chapitre 7

Mythes et réalités corses

Dans ce chapitre :

- Ulysse, Christophe Colomb, Dom Juan et Cie : des Corses de légende
- La vendetta : œil pour œil, sang pour sang !
- Un pays de bandits… réels ou imaginaires ?
- Ah ! les Corses… un fameux tempérament !

Ulysse serait arrivé en Corse. Christophe Colomb y serait né. D'ailleurs, Colombu, c'est corse, comme Colomba ! Mais la Corse, ce sont aussi plein d'autres personnages tout aussi mythiques : les bandits et les Corses eux-mêmes. Beaucoup de choses ont été dites et écrites sur eux. Vrai ou faux ? Vérité ou légende ? Bienvenue à la frontière du mythe et de la réalité corse.

Des personnages mythiques

Mythes ? Légendes ? Tout ce qui est évoqué dans ce chapitre est vrai ou du moins vraisemblable. Entre personnages réels devenus légendaires et légendes devenues réalité, partez sur les traces bien réelles de figures mythiques qui appartiennent à l'histoire de la Corse.

Heureux qui comme Ulysse…

Heureux qui comme Ulysse a fait un beau voyage… et a eu la chance de pouvoir aller en Corse !

« Calme blanc » de Bonifacio…

Au chant X de l'*Odyssée*, Ulysse arrive dans le pays des Lestrygon. Avec son équipage, il a quitté Eolia (que l'on a identifié comme étant les îles Lipari, situées au-dessus de la Sicile). Il voyage pendant six jours et six nuits et arrive dans un « port bien connu des marins ». Là « une double falaise à pic et sans coupure se dresse tout autour ». Ce sont les falaises de Bonifacio, à l'extrême sud de la Corse. Comme les marins de l'époque, Ulysse a profité du port naturel qui abrite les bateaux des eaux tumultueuses du passage entre la Corse et la Sardaigne. La description du site ressemble comme deux gouttes d'eau à l'entrée du port de la ville : « deux caps allongés, qui se font vis-à-vis au-devant de l'entrée, en étranglent la bouche ». De même, le poème parle de « calme blanc » comme les roches calcaires de ce site situé à la pointe sud de l'île. Il n'y a pas de doute, à six jours des îles Lipari, seule la topographie de Bonifacio correspond à cette description…

L'*Odyssée* se déroule au IXe siècle av. J.-C. Homère dit que ce port que l'on identifie aujourd'hui à celui de Bonifacio est connu des marins. La Corse se trouvait en effet depuis plusieurs siècles sur les chemins de navigation. Depuis l'âge du bronze, plusieurs civilisations sont passées par là, comme le montrent les armes gravées sur les stantare, ces impressionnantes statues menhirs de l'île.

… et des géants qui lancent des pierres

Mais Ulysse ne pourra pas profiter très longtemps de cette tranquillité. À peine son équipage amarré, des géants de l'île – les Lestrygon – lancent, du haut des falaises, des rochers sur les bateaux. Ulysse s'échappe et quitte en vitesse, avec ce qu'il reste de ses hommes, « les deux caps en surplomb ». Aujourd'hui encore, si vous allez à Bonifacio, vous pouvez voir ces immenses rocs de calcaire qui émergent parfois du fond de l'eau…

À un moment, Ulysse envoie ses hommes à l'unique source du port : elle s'appelle la source de l'Ours dans le texte de Homère. Ils vont suivre une piste qui descend des plateaux jusqu'à ce lieu, aujourd'hui connu sous le nom de Fontaine de Longone… appellation qui provient du long chemin qui conduit à la source (*longone* vient de *long(u)*). Il s'avère que ce sentier pris par les hommes d'Ulysse existait depuis la préhistoire, à l'époque où les hauts plateaux de Bonifacio étaient déjà habités.

Ulysse bombardé par les géants

Voici le récit de Homère (chant X, *Odyssée*, traduction V. Bérard, Les Belles Lettres, 1925) :

« Durant six jours, six nuits, nous voguons sans relâche. Nous touchons, le septième, au pays Lestrygon, sous le bourg de Lamos, la haute Télépyle [...]. Nous entrons dans ce port bien connu des marins : une double falaise, à pic et sans coupure, se dresse tout autour, et deux caps allongés, qui se font vis-à-vis au-devant de l'entrée, en étranglent la bouche. Ma flotte s'y engage et s'en va jusqu'au fond, gaillards contre gaillards, s'amarrer côte à côte : pas de houle en ce creux, pas de flot, pas de ride ; partout un calme blanc. Seul, je reste dehors, avec mon noir vaisseau ; sous le cap de l'entrée, je mets l'amarre en roche : de troupeaux ou d'humains, on ne voyait pas de trace ; il ne montait du sol, au loin, qu'une fumée.

J'envoie pour reconnaître à quels mangeurs de pain appartient cette terre ; les deux hommes choisis, auxquels j'avais adjoint en troisième un héraut, s'en vont prendre à la grève une piste battue, sur laquelle les chars descendent vers la ville le bois du haut des monts. En approchant du bourg, ils voient une géante qui s'en venait puiser à la source de l'Ours, à la claire fontaine où la ville s'abreuve : d'Antiphatès le Lestrygon, c'était la fille.

On s'aborde ; on se parle : ils demandent le nom du roi, de ses sujets ; elle, tout aussitôt, leur montre les hauts toits du logis paternel.

Mais à peine entrent-ils au manoir désigné, qu'ils y trouvent la femme, aussi haute qu'un mont, dont la vue les atterre. Elle, de l'agora, s'empresse d'appeler son glorieux époux, le roi d'Antiphatès, qui n'a qu'une pensée : les tuer sans merci. Il broie l'un de mes gens, dont il fait son dîner. Les deux autres s'enfuient et rentrent aux navires. Mais, à travers la ville, il fait donner l'alarme. À l'appel, de partout, accourent par milliers ses Lestrygons robustes, moins hommes que géants, qui, du haut des falaises, nous accablent de blocs de roche à charge d'homme : équipages mourants et vaisseaux fracassés, un tumulte de mort monte de notre flotte. Puis ayant harponné mes gens comme des thons, la troupe les emporte à l'horrible festin.

Mais pendant qu'on se tue dans le fond de la rade, j'ai pris le glaive à pointe qui me battait la cuisse, et j'ai tranché tout net le câble du navire à la proue azurée. J'active alors mes gens. J'ordonne à mes rameurs de forcer d'avirons, si l'on veut s'en tirer. Ils voient sur eux la mort ; ils poussent, tous ensemble, et font voler l'écume... Ô joie ! voici le large ! mon navire a doublé les deux caps en surplomb ; mais là-bas a péri le reste de l'escadre. »

Christophe Colomb

Christophe Colomb aurait été corse ! Ah oui, mais je croyais qu'il était génois… Oui, mais les Corses étaient génois à l'époque ! Christophe Colomb est donc génois… et corse.

Cristofanu Culombu, de Calvi

L'homme qui a découvert l'Amérique en 1492 serait né au bord de la mer, à Calvi, dans le Nord de la Corse. « Ici est né en 1436, Christophe Colomb / Cristofanu Culombu / Immortalisé par la découverte du Nouveau Monde alors que Calvi faisait partie de la nation génoise / Mort à Valladolid (Espagne) le 20 mai 1506 » peut-on lire à Calvi sur sa maison… dont il ne reste plus que des ruines. On sait très peu de chose en fait de la naissance de Christophe Colomb. On n'est même pas sûr de la date : 1436 ? 1451 ? Depuis le XIXe siècle, c'est une polémique entre historiens. Les hypothèses sur sa ville de naissance sont elles aussi multiples. Aujourd'hui, on dit avec beaucoup de certitude qu'il est génois et, avec un peu moins d'assurance, qu'il est de Calvi…

Plusieurs arguments tendent à prouver que Christophe Colomb est né à Calvi. C'est tout d'abord une tradition orale ancienne. La famille Colombu existe bien dans cette ville de l'île. Cependant, le fils de Christophe Colomb écrit : « Gênes d'où est sortie ma famille. » Toutefois, si la famille est issue de Gênes, il n'y a aucune trace indiquant que le navigateur y soit né. Dans son testament, il dit qu'il est Génois mais, à l'époque, Calvi est une ville génoise. Il dit aussi qu'il est né à Gênes, mais le document est reconnu apocryphe. Certes, il n'existe aucun registre de baptême indiquant sa naissance à Calvi, mais c'est tout simplement parce que les curés n'avaient pas d'obligation de tenir des actes !

Calvi a toujours été fidèle à Gênes. C'est ce que regrette au XVIIIe siècle Pascal Paoli qui, selon la tradition calvaise, aurait affirmé dédaigneusement au moment de la fondation de Paolina (Île-Rousse) : « A culla di Columbu è dirazatta » (« Le berceau de Colomb est dégénéré ») !

Autres preuves : Christophe Colomb aurait écrit quelques notes dans une langue plus proche du corse que de l'italien.

On raconte qu'il avait embarqué dans son voyage des chiens et des chevaux provenant de l'île. On a noté qu'à partir du XVIe siècle, deux tiers des habitants de Calvi en âge de voyager partaient pour les « Indes occidentales » (on ne parle pas encore de l'Amérique). Un document du XVIe siècle a été découvert en 1886 à Monticello : c'est une élégie dans laquelle le poète donne la parole à Christophe Colomb, lui faisant regretter Calvi...

Napoléon enquête

Le parrain de Napoléon s'appelait Laurent Giubega, et il était en 1784 l'heureux propriétaire... de la maison de Christophe Colomb ! Puis c'est son frère qui l'habita, Laurent Giubega ayant demeuré par la suite dans une autre maison de Calvi, où il reçoit d'ailleurs en 1793 Napoléon qui fuit Ajaccio avec toute sa famille (si vous voulez savoir pourquoi, lisez la partie historique de ce livre !). En 1794, les Anglais bombardent Calvi... et détruisent la maison de Christophe Colomb. Napoléon, probablement intrigué par l'histoire de la demeure de son parrain, a mené une enquête. Au moment où il est réfugié sur l'île d'Elbe, l'ex-empereur charge plusieurs savants de vérifier le lieu de naissance du navigateur sur les terres de ses ancêtres. C'est en tout cas ce qu'affirme René Massoni dans son livre sur Christophe Colomb, rédigé à partir de la tradition orale calvaise...

Au XIXe siècle, alors que l'on s'apprête à fêter le quatrième centenaire de la découverte de l'Amérique, le gouvernement espagnol « continue de chercher » où est né Christophe Colomb ! Mais les Français ont vite conclu : « Il est établi aujourd'hui d'une façon irréfutable que Christophe Colomb est né à Calvi [...]. C'est donc à Calvi que doivent logiquement être célébrées les fêtes du quatrième centenaire de la découverte de l'Amérique, et c'est à Calvi que doit être érigé le monument consacré à la mémoire de Christophe Colomb », peut-on lire dans *Le Figaro* du 18 juillet 1883.

Dom Juan corse

Dom Juan était corse et, comme Christophe Colomb, il est originaire de Calvi !

Un dom Juan du nom de dom Miguel

Vous connaissez le dom Juan de Tirso de Molina, celui de Molière, celui de Mozart, mais connaissez-vous le vrai dom Juan ? Vous ignoriez que dom Juan avait réellement existé ?

Et pourtant, il est né à Séville en 1627. Il se nomme Miguel de Leca y Colonna y Manara y Vicentello. Quel est le rapport avec la Corse ? Ce sont ses origines : il est le fils de Tomaso Manara et de Jeronima Anfriani. Son père est de Calvi. Mais qui est ce dom Juan historique ? Il a inspiré des auteurs comme Mérimée, Alexandre Dumas, O. V. Milosz, qui a écrit la pièce de théâtre *Miguel Manara*, et Henri Tomasi, qui en tire un opéra au XXe siècle.

« Je deviendrai ce dom Juan », aurait affirmé Miguel de Manara le jour où, âgé de 14 ans, il voit le Dom Juan de Tirso de Molina au théâtre. Il vit à Séville depuis sa tendre enfance, ville dans laquelle son père a décidé de s'installer depuis qu'il est revenu des Indes occidentales (beaucoup de Calvais avaient en effet quitté Calvi au XVIe siècle direction l'Amérique !). La légende de ce dom Juan de Séville commence à partir de ce moment-là. Pour le jeune Miguel, ce sera 1 003 maîtresses ou rien !

Dom Miguel de Manara, le libertin

Le grand livre des conquêtes féminines de dom Miguel de Manara débute par la séduction de jeunes filles et de femmes mariées. Il aime prendre des risques. Une fois, il donne rendez-vous à une femme et se débrouille pour que le frère de celle-ci l'apprenne et se pointe le jour à l'heure et à l'endroit de la rencontre amoureuse. Dom Miguel le provoque ainsi en duel. Qu'il gagne, comme beaucoup d'autres. Aimant la transgression, il serait ainsi parti en Corse pour séduire sa sœur à Montemaggiore, en cachant son identité. Après l'inceste, ajoutons une nonne au passage et bien d'autres conquêtes jusqu'au jour où il a une vision : de retour en Espagne, il rencontre un cortège funèbre. « Qui enterrez-vous ? » demande l'intéressé. « Dom Miguel », répondent les porteurs du cercueil. Quelques jours plus tard, la scène se reproduit. Ce sont cette fois des pénitents en cagoule qui portent le défunt. Mais est-ce bien lui qui est dans le cercueil ? Dans le doute, il soulève le couvercle et voit son propre corps… Voilà l'histoire de dom Juan le libertin, telle qu'elle est racontée par plusieurs écrivains. Elle est bien sûr un peu romancée et les historiens contestent cette vie libertine de dom Miguel de Manara, qu'ils relèguent à une littérature romantique. Toujours est-il que le personnage a réellement existé…

Dom Miguel de Manara, le saint homme

Quoi qu'il en soit, personne ne conteste la naissance de dom Miguel de Manara et ses origines corses. Le père de Miguel avait en effet demandé au Sénat de Gênes l'ouverture d'une enquête officielle pour prouver son ascendance noble… qui remonterait jusqu'au héros légendaire du Moyen Âge corse : Ugo Colonna, le Charles Martel de l'île de Beauté qui aurait repoussé les invasions maures au IXe siècle ! Il existe plusieurs documents de témoignages prouvant ses origines corses et une généalogie très détaillée.

Personne ne nie non plus cette seconde naissance de dom Miguel : après avoir vu la mort en face, il s'inscrit à la confrérie laïque de la Santa Caritad. Chevalier et haut dignitaire de Séville, il devient mystique et mène une vie qui n'a plus rien à voir avec la légende du libertin. Il est même l'auteur de plusieurs textes, dont un *Discours sur la Vérité*. Il est aujourd'hui enterré à Séville dans la chapelle de la Charité qu'il a fondée après une vie que l'on dit exemplaire !

Des Corses corsaires !

Au XVIe siècle, les Barbaresques, des pirates ou corsaires musulmans, terrorisent les côtes et les mers de la Méditerranée. Barberousse (de son vrai nom Khizir Khayr ad-Dîn) s'est implanté sur l'île d'Elbe, en face de la Corse, où il fait de temps en temps quelques razzias. Mais tous les Barbaresques ne sont pas forcément d'origine turque ou maure. Ainsi, sur les 10 000 chrétiens renégats engagés dans la piraterie à Alger, près de 6 000 étaient des Corses ! Ce recrutement n'a pas été très profitable à l'île de Beauté, ces pirates corses n'hésitant pas à commettre des exactions sur leur île natale !

Le pacha des mers

Originaire d'Olmeto (cap Corse), Filippu di Arbidalli est devenu célèbre sous le nom de Mammi Corso, voire de Mammi Pacha. Sa vie de pacha, il la doit surtout à la piraterie. Converti à l'islam, il travaille pour les Turcs et sillonne les mers. En 1560, il est connu pour ses exactions dans le cap Corse et notamment à Centuri, à Morsiglia et à Ogliastro, où il fait quelques razzias en brûlant plusieurs maisons au passage ! Il sera à l'origine de l'enlèvement de centaines de Corses au moment de pillages un peu partout sur l'île. La légende laisse croire que les habitants de l'île lui ont pardonné, puisqu'il serait mort dans son village natal en 1585…

Hassan Corso

La vie d'Hassan Corso (Piero Paolo Tavera de son vrai nom) est l'une des plus étonnantes. Une incroyable destinée ! Tout commence alors qu'il est capturé par des pirates turcs à l'âge de 5 ans. Il reçoit à Istanbul une éducation musulmane et militaire. Caïd (à Alger), il chasse les Espagnols d'Oran en 1556 ! Selon la légende, il serait devenu bey d'Alger (le bey étant vassal du dey !). Son histoire finit très mal : alors qu'il vient d'être élu bey par ses soldats, le sultan de l'Empire ottoman, Soliman le Magnifique, nomme quelqu'un d'autre. Hassan Corso mène résistance contre les troupes du sultan, qui le capturent. Il subit alors plusieurs supplices atroces, dont l'empalement sur des crocs pendant trois jours… au bout desquels il succombe à l'âge de 38 ans.

L'histoire de la petite Davia devenue princesse...

Il était une fois une petite fille corse qui devint princesse...

Davia : la légende

Il y a plus de 200 ans, une petite fille appelée Davia Franceschini vivait en Corse. Ses parents étaient très pauvres et devaient partir sur le continent, en espérant la fortune. Un jour qu'elle se promène dans le bois, elle rencontre une femme très malade. C'est une étrangère qui fuit les hommes de l'île. La jeune fille lui propose de l'aider et la cache dans une grotte. Là, elle lui apporte de la bonne soupe corse pour la sustenter. Pour la remercier de son aide, l'étrangère lui offre une main de Fatma, un porte-bonheur qui prouvera par la suite son efficacité... En effet, quelques jours plus tard, le bateau qui fait voile vers le continent avec, à son bord, Davia et sa famille essuie une terrible tempête. Le bateau tangue, se brise et ses débris partent à la dérive. La maman de Davia meurt, tandis que les autres survivants sont capturés par un des navires barbaresques qui sillonnaient la Méditerranée à cette époque. Alors que Davia doit être vendue comme esclave, une femme remarque la main de Fatma suspendue à son cou. « Qui t'a donné ce talisman ? » demande-t-elle. La jeune fille raconte son histoire... Elle est alors amenée jusqu'au sultan du Maroc en personne !... Arena, l'étrangère qui a donné le porte-bonheur à Davia, n'est autre que la sœur du sultan. Elle a fui le Maroc pour éviter un mariage forcé. Les Franceschini sont alors traités avec les plus grands honneurs par le prince et la jeune Davia est élevée dans le palais princier. Le sultan, très séduisant, et la jeune Davia, qui se révéla en grandissant d'une grande beauté, se marièrent et furent très heureux...

Davia : l'histoire vraie

Voilà pour la fable. Maintenant voici la vraie histoire : la jeune fille s'appelait Marthe Franceschini (1755-1799). Avant sa naissance, son père, Jacques-Marie Franceschini, et sa mère, Sylvia Monchi, avaient été capturés, en 1751, par des pirates musulmans. Le couple est conduit à Tunis. Là-bas,

Jacques-Marie devient administrateur du dey. Son travail est de surveiller les esclaves. Un jour, il découvre qu'un complot se prépare contre le dey, et il en informe l'intéressé. En échange, ce dernier lui rend sa liberté. Les Franceschini retournent en Corse. Mais l'histoire se répète ! Des pirates marocains qui sévissaient dans la plaine de Corbara (non loin de Pigna, village d'où sont originaires les Franceschini) enlèvent une nouvelle fois Jacques-Marie… accompagné de sa fille Marthe. Tous deux sont embarqués pour le Maroc. Là-bas, le père fait savoir qu'il appartient toujours officiellement au dey de Tunis. Le sultan du Maroc, Mohammed III, lui accorde finalement une audience… au cours de laquelle il remarque l'extrême beauté de celle qui sera renommée Davia, qui n'a que 7 ans. Le sultan décide de garder la jeune fille à ses côtés, tandis qu'il libère le père… Davia sera élevée dans le sérail royal, elle est obligée de se convertir à l'islam et porte le nom de Dawiya. En grandissant, elle séduit Mohammed III et devient sultane du Maroc !

Napoléon et Davia

Une des épouses du roi Mohammed III était donc une Corse kidnappée à l'âge de 7 ans ! Davia a un grand sens de la politique. Elle entretient une correspondance avec la reine d'Espagne, mais tente également d'entrer en contact avec Napoléon Ier ! « La sultane favorite de l'empereur du Maroc est corse », dira fièrement Napoléon à son mémorialiste Gaspard Gourgaud. À Sainte-Hélène, l'Empereur raconte comment Davia enverra son frère Vincent Franceschini pour lui réclamer 30 000 francs. En échange de cette somme, le frère s'engageait à ce que Davia intrigue au Maroc au profit des Français. Réaction de Napoléon, toujours très lucide : « Tout d'abord, je crus à une escroquerie ! » Mais, par la suite, il s'avérera que le roi du Maroc « a toujours protégé les Français et, pendant la guerre d'Espagne, il nous a rendu service », confie l'Empereur… En récompense, Vincent Franceschini est nommé consul de France à Mogador en 1799, année où meurt Davia…

Grossu Minutu

Lorsque l'on raconte une blague en Corse, il y a un personnage qui revient souvent : c'est Grossu Minutu. C'est un peu comme les histoires de Toto, sauf que le personnage a réellement existé.

Le « petit gros »

La tradition populaire le présente comme un bon vivant, un petit gros (ce qui est la traduction de Minutu Grossu… mais certains considèrent que le surnom vient de la juxtaposition de deux termes contradictoires : « menu » et « gros »). De son vrai nom, Petru Ghjuvanni Figoni (1715-1801), il est originaire du canton d'Orezza (village de Perelli di Alesani où se trouve sa maison)… et est un contemporain de Pascal Paoli qu'il connaît et dont il est, en quelque sorte, l'amuseur. C'est le Coluche de l'époque ! Précisons qu'il était minutu (menu), avant d'être grossu (gros). Ce n'est que sur le tard qu'il va prendre de l'embonpoint et recevoir ce second surnom. Il finira par se marier et sera père de deux enfants. Il y a chez Grossu Minutu, muletier de sa profession, quelque chose de Sancho Pança. Il va de village en village, avec sa mule, pour vendre toutes sortes de marchandises.

Des produits poudre aux yeux

Une des histoires de Grossu Minutu a pour sujet justement les marchandises qu'il propose aux villageois. Une fois, il leur vend une poudre pour chasser les punaises des maisons. Plusieurs villages en achètent, mais rien n'y fait. Les terribles bestioles continuent à proliférer dans les lits ! Suspectant une tromperie sur le produit, des villageois demandent à Grossu Minutu de leur donner une explication sur l'inefficacité de la poudre. Il leur répond : « Évidemment, il ne faut pas se contenter de la déposer sur le sol. Si vous voulez qu'elle soit efficace, vous devez prendre les insectes et, à chacun, leur mettre une pincée de cette poudre dans les yeux ! »

Grossu Minutu est aussi connu pour son sens de la repartie. Un jour, quelqu'un lui dit : « Pour quelqu'un qui a de l'esprit, tu as les oreilles un peu longues. » Il lui répond : « Et toi, pour un âne, tu as les oreilles un peu courtes ! » Une autre fois, alors qu'il est dans une procession, un homme derrière lui fait une réflexion : « Il paraît que tu es toujours avec les porcs ? » Grossu Minutu répond : « Oui, ils sont tantôt devant, tantôt derrière. Là, ils sont derrière moi ! »

Grossu Minutu participe aussi aux insurrections corses dès 1735. Il aurait soutenu Matra, le rival de Pascal Paoli… mais bien avant que ce dernier arrive en Corse. En effet, lorsque le « père de la patrie » est sur l'île en 1755, il le suit dans de multiples expéditions. Son rôle semble être celui d'un amuseur qui déride de temps en temps le front de Paoli…

LE SAVIEZ-VOUS ?

C'est sous le crayon de Nicolas Carlotti que sera pour la première fois dessiné dans la seconde moitié du xxe siècle Grossu Minutu. Il devient un personnage de bande dessinée dont les planches paraissent régulièrement dans Le Provençal corse : le croquis du petit gros avec un chapeau et une chemise à carreaux deviendra la représentation populaire du légendaire comique de l'île de Beauté.

Colomba, la vraie

Vous connaissez la *Colomba* de Mérimée, mais savez-vous qu'il a existé une vraie Colomba ?

L'histoire de Colomba della Rebbia

En 1840, Prosper Mérimée publie *Colomba*, un de ses chefs-d'œuvre. L'histoire de cette nouvelle, vous la connaissez. Si ce n'est pas le cas, voici le résumé du début : le père de Colomba della Rebbia a été assassiné par leur pire ennemi : l'avocat Barricini. Colomba est jeune et belle, mais elle est aussi impitoyable. Son idée de justice, c'est la vendetta ! Œil pour œil, dent pour dent ! Elle doit persuader son frère Orso de tuer les assassins de son père, sinon elle le fera elle-même. Mais Orso a vécu sur le continent et se fait une autre idée de la justice… au risque d'avoir à supporter le rimbeccu, c'est-à-dire le mépris des siens pour ne pas avoir vengé son père comme il se doit. Cédera-t-il à la soif de vengeance comme le veut sa sœur ? La suite est dans *Colomba* de Prosper Mérimée… Nous allons maintenant vous parler de la vraie Colomba, dont la vendetta sera bien plus cruelle que celle de la fiction de Mérimée… dont elle a pourtant inspiré le récit !

L'histoire de Colomba Bartoli, née Carabelli

La *Colomba* de Mérimée est inspirée de la vraie histoire de Colomba Bartoli, née Carabelli. Elle est originaire de Fozzano, un village de Corse-du-Sud divisé depuis un siècle en deux clans : u partitu supranu (parti du dessus) et u partitu suttanu (parti du dessous). En 1830, un événement va mettre le village sens dessus dessous : un membre du clan du « dessus » passe dans le clan du « dessous » ! Un soir, après les vêpres, les membres des deux clans sont sur la place de l'église. C'est règlement de comptes à OK Corral ! Les hommes sortent les pistolets et ça tire dans tous les sens ! Résultat : deux morts dans le camp du « dessous », dont Paul Paoli (celui qui était passé du « dessus » au « dessous »). C'est le début d'une longue vendetta où plusieurs personnes – appartenant aux deux clans – sont assassinées à coups de stylet, de fusil ou de revolver. La mort de deux membres de la famille Carabelli met Colomba en action ; âgée de 58 ans, elle n'est pas aussi jeune que l'héroïne de Mérimée, mais elle est aussi vindicative et pugnace…

Le piège de Colomba tourne mal

Colomba demande à son fils François Bartoli de venger les Carabelli tués. Elle complote même un plan d'embuscade. Mais celui-ci ne se déroulera pas comme prévu. Nous somme à la fin du mois de décembre de l'année 1833. Colomba est informée qu'une des familles du clan adverse va se rendre sur un de ses terrains la nuit tombée. Cinq hommes de son clan, dont son fils, partent les attendre. Ils se cachent derrière un mur en pierres sèches. Et, là, ils guettent toute la nuit. Les heures passent… Pendant qu'ils attendent, ils mâchent de l'herbe à tabac (arba tavacca), que les enquêteurs trouveront ensuite dans les trous du mur… À l'aube, toujours rien ! Les hommes du clan adverse ne se sont pas rendus sur le lieu comme cela semblait être prévu… Les cinq hommes quittent leur cachette et, à ce moment, ils sont pris à découvert par leurs ennemis. Les balles fusent. Un premier tombe, puis un deuxième. C'est le fils de Colomba qui vient d'être tué. Les coups de feu s'entendent jusqu'à Fozzano. Colomba, dans sa maison, est sur son balcon. Elle ne saura que plus tard que son fils est mort à cet instant, une mort dont elle portera toute sa vie la lourde responsabilité.

Le calme revenu à Fozzano

Mais que fait la police ? Après ce nouveau drame, les gendarmes finissent – enfin ! – par intervenir. Ils font signer un traité de paix entre les deux clans. La vendetta aura tout de même fait près de huit morts et des dizaines de blessés ! Dans le village, la rumeur va bon train : c'est Colomba qui est responsable de tous ces malheurs. Elle qui n'a juré que par la vengeance et qui, d'ailleurs, n'en démordra pas. Mais le calme est revenu à Fozzano. Les gendarmes n'auront jamais à utiliser cette clause du traité faite sur mesure pour Colomba : « Si monsieur le lieutenant général prévoyait que la présence ou le retour de quelque individu peut être cause de trouble, il pourra lui prescrire de s'éloigner pour le temps et dans les lieux qu'il jugera convenable »…

Vendetta et bandits d'honneur

La vendetta et les bandits d'honneur n'existent plus aujourd'hui ! Mais cela a existé : une fois qu'un homme avait réglé une dette de sang, il devait prendre le maquis. Là, il menait la vie d'un bandit d'honneur. Revenons sur ce mythe dont les Corses ont toujours du mal à se défaire…

La Corse vue par Astérix

La BD *Astérix en Corse* est plutôt soft. Ici, pas de morts : on se contente d'assommer les gens à coups de poings et de baffes ! Goscinny et Uderzo s'en tirent assez bien pour tourner gentiment en dérision les conflits ancestraux que se livraient les familles insulaires. Souvenez-vous de la réplique :

« Pourquoi sont-ils fâchés ?

— Les vieux disent que le grand oncle d'Ocatarinetabellatchitchix a épousé une fille du clan Talassotérapix dont était amoureux un cousin par alliance d'un aïeul de Figatellix… mais d'autres assurent que c'est à cause d'un âne que l'arrière-grand-père de Figatellix avait refusé de payer au beau-frère d'un ami intime des Ocatarinetabellatchitchix sous prétexte qu'il était boiteux » ! Et le Corse conclut : « C'est très grave en tout cas » !

Le Corse, vindicatif ?

« Les Corses ne pardonnent jamais les injures » peut-on lire ici ou là... Avant de nous embarquer dans des idées préconçues, voyons... voyons... D'où vient cette image du Corse vindicatif ? De la vendetta, bien sûr !

Avertissement...

« Les Corses sont remuants, vindicatifs, et belliqueux », peut-on lire à l'article « Corse » de l'*Encyclopédie* de Diderot et d'Alembert ! De l'Antiquité à nos jours, vous trouverez des pages et des pages d'écrits qui ont fait du caractère corse une caricature. Ainsi naît le mythe du Corse violent et bagarreur, susceptible, sans humour, etc., etc. Beaucoup d'idées reçues qui perdurent encore aujourd'hui, dont celle qui fait croire qu'il existerait une violence endémique propre à la Corse ! Alors que la majorité des habitants de l'île ont une vie normale, tranquille et sans histoires... Alors, d'où vient cette légende ? En partie d'une réalité qui aujourd'hui n'existe plus : la vendetta, vengeance que se livraient les familles corses de génération en génération. Un mot que plusieurs pays ont adopté pour qualifier cette justice qu'on rendait soi-même selon le principe : œil pour œil, sang pour sang !

Œil pour œil ?

Mais la vendetta, c'est plus que la simple loi du talion (meurtre pour meurtre, blessure pour blessure, etc.), car on est bien loin en réalité de la riposte proportionnée ! Lors de ces vengeances, on ne compte précisément pas combien on va tuer de personnes dans le clan rival : on tire au pistolet d'abord et on additionne les morts après ! Le lendemain, dans le village, les Corses parlent de boucherie, de carnage... La majorité des villageois condamnent cette violence. Dans le Sud de l'île, on utilisait l'expression grave de *carrimasciu* (de *carri*, la viande, et de *macceddu*, le boucher). Mais que peut-on faire ? Il n'y a aucune raison pour que la vendetta s'arrête, chacun pensant que la famille rivale n'avait pas à tuer un des leurs, cela peut continuer indéfiniment, et de génération en génération...

Pascal Paoli dit stop à la vendetta !

Justement que faire ? Comment arrêter la vendetta ? Ça a été un grand problème des Corses, en l'occurrence pour les premiers indépendantistes du XVIIIe siècle. À cette époque, souvenez-vous, les meurtres ont pris des proportions incroyables : on compte plus de 900 morts par an à cause de ces règlements de comptes ! Imaginez, pour une population qui n'a en ce temps que 120 000 habitants. Que fait alors la République de Gênes qui occupait l'île à ce moment ? Que les Corses s'entretuent, cela arrangeait bien la domination génoise… qui a d'ailleurs été étrangement souple vis-à-vis de la vendetta : « *Non procedatur* » ! On ne poursuit pas ! Sans motif, le gouverneur génois peut ainsi décider de ne pas traduire devant la justice les meurtriers, un usage qui est une porte ouverte aux assassinats dans l'île.

Une situation inacceptable pour Pascal Paoli, qui retourne en Corse avec les livres de Montesquieu sous le bras, et notamment *De l'esprit des lois*. Dans ce livre, il est question de cette pratique consistant à faire vengeance soi-même. Elle montre que nous sommes encore dans un « état de nature » (sur *De l'esprit des lois*, livre XXX, à propos de peuples germains qui ont les mêmes pratiques !)… autrement dit qu'il n'y pas d'État en Corse ! Il faut donc légiférer une bonne fois pour toutes : c'est l'objet de la Constitution de Pascal Paoli rédigée en 1755 et dont presque 50 % du texte parle du problème de la vendetta et des bandits corses !

Un simple baiser à l'origine d'une vendetta…

LE SAVIEZ-VOUS ?

La vendetta pouvait naître de choses qui aujourd'hui nous paraissent très futiles. Un simple baiser pouvait être à l'origine de plusieurs meurtres ! Pour peu qu'un homme arrive à embrasser une femme sur la bouche alors qu'il n'en est pas le mari et la voilà déshonorée ! Les témoins de la scène criaient : « Disonorata ! » (« Déshonorée ! »), ce qui signifiait que la femme ne pourrait plus épouser autre homme que celui qui avait commis ce geste irréparable, une humiliation impardonnable pour les familles qui n'hésitaient pas à se venger en allant jusqu'à tuer l'auteur de ce geste. Un baiser ou même un attouchement – parfois simplement aux mains ou au visage ! – pouvait donc faire couler beaucoup de sang…

… ou d'un an de prison !

Sous la République de Pascal Paoli, on ne plaisante pas avec l'individu qui déshonore publiquement une femme « sous prétexte de l'épouser ». Ce geste nommé attacar (en corse, attacà signifie à la fois « s'en prendre à » et « attacher à ») est sévèrement puni par la Constitution corse de 1755. Vous avez humilié une jeune fille dans la rue ? Hop ! un an de prison avec amende ! C'est dur, mais il fallait bien mettre fin à la vendetta qui faisait des milliers de morts en Corse.

La vendetta, c'est romantique

Nous sommes en 1839, lorsque Mérimée écrit – lors de son voyage en Corse – *Colomba*… À ce moment, la vendetta tue beaucoup moins qu'au XVIIIe siècle : environ 80 morts par an, soit dix fois moins qu'au siècle précédent ! Le nombre reste important, mais tout au long du XIXe siècle, la vendetta fera de moins en moins de victimes, jusqu'à devenir de l'ordre du simple fait-divers… Cela n'empêche pas les écrivains de continuer à dépeindre la Corse comme une île peuplée de femmes fatales – comme Colomba (voir *supra*) – qui peuvent vous faire tuer du jour au lendemain et de bandits superstitieux qui vivent dans le maquis. *La Vendetta*, c'est aussi le titre d'un récit de Balzac en 1830, d'un autre de Maupassant en 1885, alors que la coutume commence à devenir de plus en plus anachronique. Trop tard, le mythe est en marche ! Des morts, du sang, du drame, avec pour seule trame : la vengeance familiale… Mérimée avait ouvert la voie en 1829 avec *Mateo Falcone*. Il inspirera tout le courant romantique. Alexandre Dumas aura au moins le mérite de le reconnaître : son livre, *Les Frères corses* (1845), est dédié à l'auteur de *Colomba*.

Les hors-la-loi corses

Le bandit d'honneur vivait dans le maquis et était généralement ravitaillé par un berger. Les gens du village lui venaient en aide ; on ne lui refusait jamais l'hospitalité. Mérimée le compare aux *outlaws* (hors-la-loi) des ballades anglaises. Le bandit pousse au paroxysme quelques traits du caractère corse, dont la fierté et le sens de l'honneur… Pour cela, certains font figure de héros auprès de la population !

Ne pas juger les bandits corses avec « nos petites idées européennes » !

Les bandits d'honneur ont toujours intrigué les romanciers. En 1840, Flaubert publie son *Voyage en Corse*. L'île est française depuis plus de 70 ans… mais on n'en a pas l'impression en le lisant. Elle est un monde à part, étrangère aux « petites idées européennes » ! Voilà ce qui est dit : « Il ne faut point juger les mœurs de la Corse avec nos petites idées européennes. Ici un bandit est ordinairement le plus honnête homme du pays et il rencontre, dans l'estime et la sympathie populaire, tout ce que son exil lui a fait quitter de sécurité sociale. Un homme tue son voisin en plein jour sur la place publique, il gagne le maquis et disparaît pour toujours. Hors un membre de sa famille qui correspond avec lui, personne ne sait ce qu'il est devenu. Ils vivent ainsi 10, 15, quelquefois 20 ans. Quand ils ont fini leur contumace, ils rentrent chez eux comme des ressuscités, ils reprennent leur ancienne façon de vivre, sans que rien de honteux ne soit attaché à leur nom. Il est impossible de voyager en Corse sans avoir affaire avec d'anciens bandits qu'on rencontre dans le monde comme on dirait en France. Ils vous racontent eux-mêmes leur histoire en riant et ils s'en glorifient plutôt qu'ils n'en rougissent et c'est toujours à cause du point d'honneur, et surtout quand une femme s'y trouve mêlée, que se déclarent les inimitiés profondes qui s'étendent jusqu'aux arrière-petits-fils et durent quelquefois plusieurs siècles, plus vivaces et tout aussi longues que les haines nationales. »

L'honneur des bandits

Mais qui sont ces bandits corses ? Ce sont des bannis (banditu a les deux sens en corse) ! Ils sont hors la loi : la plupart du temps parce qu'il ont fait justice eux-mêmes. Ils doivent souvent leur bannissement à une vendetta. On a tué un homme qui avait humilié une femme et on devient un hors-la-loi. On part alors se cacher dans le maquis pour mener une vie de « bandit d'honneur ». On est donc ainsi tout simplement parce que l'on a voulu défendre précisément un honneur, en l'occurrence celui de la famille. Mais le bandit peut être aussi un rebelle qui rejette les forces de l'État (voir à ce propos les « Primitive rebels » ou « social bandits » dont parle le sociologue Éric Hobsbawn en 1965). Certains passent même, à tort ou à raison, pour des justiciers, défenseurs de la veuve et de l'orphelin ! Le bandit est alors, aux yeux de certains, un héros, un insoumis, une sorte de Robin des Bois !

Berceuse en l'honneur des bandits

Voici l'authentique nanna (berceuse) que les mamans corses chantaient à leur nouveau-né au XIXe siècle :

Quandu sareti grandoni	Quand vous serez grand
Purtaretu li vostr'armi.	Vous porterez vos propres armes.
Un'vi farrani paura	Ne vous feront peur
Vultisciori ne giandarmi	Ni les voltigeurs [soldats français], ni les gendarmes.
E si vu' st'inzirmitu	Et quand vous serez en colère
Sareti un fieru banditu.	Vous serez un fier bandit.

Le bandit roi

Il était une fois au début du XIXe siècle, un banditu qui avait créé sa propre « République des bandits ». Théodore Poli était devenu un hors-la-loi après avoir été accusé à tort d'avoir voulu déserter l'armée. Arrêté par les gendarmes, il arrive à s'échapper. À partir de ce moment, il devient l'ennemi numéro un : il est réputé dans toute la Corse pour ses assauts contre les représentants de l'ordre. Les villageois le soutiennent. Nous sommes en effet sous la Restauration de Louis XVIII : Théodore Poli passe aux yeux de certains comme un résistant, un insoumis, un rebelle… Sorte de Robin des Bois de la forêt d'Aïtone, le bandit recrute alors plusieurs autres bandits. Réunis en assemblée, ils le font « roi de la montagne ». Son royaume défie l'autorité française et taxe le clergé et les notables d'un impôt ! Quant à ceux qui refusaient de se plier à sa justice, ils étaient condamnés par un arrêt signé du roi Théodore ! Le phénomène devient trop gênant pour que la monarchie reste les bras croisés. Par ordonnance du 23 novembre 1822, le gouvernement envoie une armée de voltigeurs pour en finir avec le bandit. Les circonstances de la mort de Théodore Poli ne sont pas très bien connues. Son cadavre est porté dans le village de Vico. Ses anciennes maîtresses sont là, on chante les lamenti. Pendant deux jours, des Corses de toute la région viendront lui rendre un dernier hommage.

Les derniers bandits

Jusqu'au xxe siècle, plusieurs banditi vivront dans le maquis. Ils sont plus bandits « percepteurs » que bandits « d'honneur ». Mais ils n'en conservent pas moins un certain sens de l'honneur. Un des plus connus étant Bellecuisse (voir son histoire, lorsque nous visiterons Bocognano, d'où il est originaire).

Un autre bandit célèbre est André Spada. En 1932, il reçoit la presse parisienne dans le maquis. Il se présente comme le « dernier bandit d'honneur et de vengeance ». Il est connu pour ses exploits : en 1922, il aide un ami d'enfance arrêté par les gendarmes. Spada tire plusieurs coups de feu pour libérer son compagnon. Deux gendarmes sont tués. Commence alors une nouvelle vie. Spada prend le maquis : il devient le « Tigre de Cinarca ». Il vit de braquages : il dévalise régulièrement les fourgons de la poste qui font la route Ajaccio-Lopigna. Lors d'une attaque, il tue encore plusieurs gendarmes et blesse le concessionnaire du service postal. Après cela, la liaison entre Ajaccio et Lopigna est interrompue pendant six mois, on cherche un nouveau candidat pour l'assurer … et Spada se présente sous couvert d'un prête-nom ! Mais c'est le maire de Lopigna, lui aussi candidat, qui sera finalement choisi pour assurer le service de la poste. Quelques semaines après, lors d'une attaque de véhicule, le bandit tue le frère du maire et trois gendarmes qui sont là… Le parcours du Tigre de Cinarca s'achève lorsque, au début des années 1930, le gouvernement décide d'en finir avec les bandits corses. Arrêté, il est guillotiné le 21 juin 1935 à 4 heures du matin.

Bandit et fier de l'être

Mais Spada est-il le dernier bandit d'honneur comme il le prétend ? En tout cas, il a un rival : Joseph Bartoli. Spada le blessera en 1931. Bartoli n'est pas non plus un plaisantin. Dans son village de Palneca, il fait la loi : il impose le couvre-feu après 9 heures du soir, les cafetiers ont l'obligation de toujours bien nettoyer leurs carreaux et de ne pas avoir de rideaux, afin que l'on puisse bien voir tout ce qu'il se passe dedans et dehors. Et les gendarmes dans tout cela ? Eh bien, ils sont interdits de séjour à Palneca ! Ici, on est banditu de père en fils pourrait-on dire dans la famille de Joseph. Bandit et fier de l'être ! Il signe ses lettres d'un cachet où l'on peut lire : « Joseph Bartoli / Bandit / Palneca (Corse) ».

Le bandit dandy

Joseph Bartoli n'est pas le seul à avoir un tampon marqué « bandit ». Nonce Romanetti, un autre bandit de la même époque, disposait d'un cachet semblable, avec son nom. Cela était bien pratique, car il était très célèbre et on lui demandait des autographes ! Comme il ne savait pas écrire, il tamponnait des photos de lui qu'il donnait à ses admirateurs. Parmi eux, des touristes, des journalistes et même le célèbre cinéaste Abel Gance, venu dans l'île tourner son Napoléon ! Il faut dire que Romanetti était vraiment un des derniers bandits d'honneur. À Lava, sur la commune d'Appietto, il rendait lui-même justice contre les voleurs et les assassins. Ses « fans » allaient lui rendre visite dans son « palais vert » (le maquis). Là, il accueillait par de grandes réceptions les invités de marque. Il alliait ainsi vie de bandit et vie de dandy, en multipliant les conquêtes amoureuses. Dernier « roi de la montagne », il fut tué le 25 avril 1926 par des gendarmes. On dit que près de 5 000 personnes sont venues assister à ses obsèques.

Préjugés et idées reçues sur le tempérament corse

Les préjugés sur les Corses sont légion ! C'est le regard de beaucoup de non-Corses qui voient l'île au travers d'un miroir déformant. Ici, tout est faux, exagéré... N'en croyez donc rien !

L'invention du Corse paresseux

Les Corses paresseux ? Qui a osé dire ça ? Ça remonte à l'Antiquité...

C'est le géographe grec Strabon qui est le premier à affirmer la chose : les Corses sont trop apathiques pour faire de bons esclaves ! Voilà ce qu'il dit à propos des habitants de l'île : « Ils ne supportent pas de vivre dans la servitude ou s'ils se résignent à ne pas mourir, lassent par leur apathie et leur insensibilité, les maîtres qui les ont achetés, jusqu'à faire regretter le peu d'argent qu'ils leur ont coûté. » (*Géographie*, livre V, 7) Voilà, on a compris ! Les Corses ne supportent pas de travailler pour les autres de manière servile. Ce qui est plutôt un signe d'intelligence. Mais, du coup, on dit d'eux qu'ils sont paresseux !

Cette calomnie va perdurer pendant des siècles ! Dans son *Projet de Constitution pour la Corse*, Rousseau explique que les vices des Corses viennent de leur « paresse » ! Même constat dans les *Souvenirs de Corse* de Mme Beaulieu-Delbet (1890) : « Est-ce par excès de fierté ou par paresse ? Les Corses ne travaillent pas ; ils font bêcher leurs champs et cultiver leurs vignes par les Lucquois ; on donne ce nom en général à une nuée d'Italiens qui, au nombre de 8 000, s'abat tous les ans sur la Corse. » Que font-ils alors de leurs journées ? Réponse de Paul Bourde, qui tient une chronique pour le journal *Le Temps* en 1887 : « Les Corses travaillant peu, à quoi emploient-ils leur temps ? À faire de la politique. »

Le Corse paresseux, c'est une blague !

Dans *Astérix en Corse*, les auteurs Goscinny et Uderzo font dire à un personnage corse que travailler est un gros mot ! Bon, on ne va pas s'amuser à démontrer ici que tout cela est une blague. La vie paysanne a toujours été très dure dans l'île, il fallait se lever à l'aube, et aujourd'hui encore, il existe bien sûr une Corse qui doit se lever tôt le matin pour travailler... Mais les Corses ont été les premiers à s'amuser de cette prétendue vie oisive, à commencer par le comique insulaire Christian Mery (Christian Filippini de son vrai nom), qui a enregistré 240 blagues sur les Corses dans les années 1960...

Un Corse débarque à Marseille. Ses amis lui ont dit :

– Tu verras, là-bas, l'argent, il suffit de se baisser pour en ramasser.

Sur le quai de Marseille, il trouve un billet de 50 euros. Le Corse ne se baisse pas et dit :

– Je ne vais quand même pas travailler dès mon arrivée.

Le mythe du Corse criminel

Le romantisme a su utiliser à profit Colomba et la vendetta. Le roman noir et le cinéma se nourriront des histoires de gangsters et on va jusqu'à parler de « mafia corse » !

« Prêts à tuer à la moindre apparence d'insulte » !

Maupassant aime la Corse, mais pas ses habitants ! L'*Histoire corse* qu'il publie en 1881 en est la preuve :

« Deux gendarmes auraient été assassinés ces jours derniers pendant qu'ils conduisaient un prisonnier corse de Corte à Ajaccio. Or, chaque année, sur cette terre classique du banditisme, nous avons des gendarmes éventrés par les sauvages paysans de cette île, réfugiés dans la montagne à la suite de quelque vendetta. Le légendaire maquis cache en ce moment, d'après l'appréciation de MM. les magistrats eux-mêmes, 150 à 200 vagabonds de cette nature qui vivent sur les sommets, dans les roches et les broussailles, nourris par la population, grâce à la terreur qu'ils inspirent.

Je ne parlerai point des frères Bellacoscia dont la situation de bandits est presque officielle et qui occupent le monte d'Oro, aux portes d'Ajaccio, sous le nez de l'autorité. La Corse est un département français ; cela se passe donc en pleine patrie ; et personne ne s'inquiète de ce défi jeté à la justice. Mais comme on a diversement envisagé les incursions de quelques bandits kroumirs, peuplade errante et barbare, sur la frontière presque indéterminée de nos possessions africaines !

Et voici qu'à propos de ce meurtre le souvenir me revient d'un voyage en cette île magnifique et d'une simple, toute simple, mais bien caractéristique aventure, où j'ai saisi l'esprit même de cette race acharnée à la vengeance. [...] Parfois je rencontrais un habitant, soit à pied, soit monté sur un petit cheval maigre ; et tous portaient le fusil chargé sur le dos ; sans cesse prêts à tuer à la moindre apparence d'insulte. »

Les Corses dans la littérature : les anti et les pro

La criminalité corse a toujours été exagérée. C'est à qui en rajoutera le plus. Certes, il y a bien une réalité de la vendetta et des bandits corses (voir *supra*). Mais comment expliquer qu'à la fin du XIXe siècle, alors que la criminalité diminue dans l'île, des écrivains comme Maupassant, Jules Vallès et bien d'autres continuent à donner une image très négative des Corses ? Si vous avez lu la partie historique, vous savez pourquoi... Bien que française depuis 1768, il a fallu du temps, beaucoup de temps pour que les républicains acceptent l'idée que cette île est un département comme les autres. Elle qui, de plus, avait été la terre d'origine de deux empereurs français à un demi-siècle d'intervalle ! Ouste ! on n'en veut plus ! C'est le début du racisme anticorse de la IIIe République...

En même temps, la Corse devient mythique, et le Corse criminel, une figure de la littérature et même de la philosophie ! Mérimée et les romantiques avaient donné une vision sublimée de la criminalité corse (et de la femme corse !). Il en va de même avec Nietzsche. Lisez les passages où il parle des Corses dans la *Volonté de puissance*. C'est presque avec admiration qu'il le traite de criminel : « Tous les hommes sont égaux dans leur capacité d'agir – et quant à la décision qui est nécessaire, le criminel, le bandit et le Corse surpassent certainement un honnête homme. » Le Corse surhomme nietzschéen ? Ça laisse penseur...

Le polar et le cinéma s'emparent du mythe

Woody Allen dit que le cinéma n'a rien de moral puisqu'il a fait des mafieux des héros hollywoodiens que l'on a envie d'imiter. On comprend également que le polar et le cinéma aient fait la part belle au banditisme insulaire et à la « mafia corse » (précisons que le terme *mafia* tout comme celui d'*omerta* est italien et non corse ! Peut-on vraiment parler de mafia corse ?). Au départ, il y a des histoires vraies : à partir du début du XXe siècle, des Corses mettent en place un important réseau de prostitution et de trafics en tout genre. Gangster, borsalino, costumes rayés et armes à feu : tous les ingrédients sont là pour nourrir un genre nouveau qui est le polar. Un nouveau mythe naît. Fini, les bandits d'honneur qui vivaient dans le maquis, ce qui intéresse les romanciers et les cinéastes ce n'est plus le bandit, mais le grand banditisme insulaire. Dans le cinéma français, on aime bien le personnage du gangster corse... ou son opposé : le policier corse (comme celui joué par Bourvil dans *Le Cercle rouge* de Melville). Les histoires se passent à Marseille ou à Paris. Ce nouveau mythe perdure... comme le prouve la récente série « Mafiosa » diffusée depuis 2006 à la télévision française et qui met en scène des mafieux corses. Peu importe que tout cela soit parfois fantaisiste ! Les romanciers et les cinéastes font de la fiction. Quoi qu'il en soit, le mythe du banditisme corse est désormais devenu mondial, sacralisé avec James Bond, où l'on apprend que les criminels corses ont le réseau le plus implacable et le mieux organisé au monde, pire que la mafia italienne ! Voyez *Au service secret de sa majesté*, le livre de Ian Fleming, auteur british de James Bond...

James Bond et les Corses

Dans *Au service secret de sa majesté*, James Bond rencontre le *capu*, chef de l'Union corse, un réseau de banditisme inventé, mais dont la description est sans nul doute la plus poussée et la plus exagérée que l'on ait pu faire de la criminalité corse. Extrait : « L'Union corse ! Maintenant, une partie du mystère se dissipait. Bond plongea son regard dans les yeux bruns qui guettaient sa réaction, tandis qu'il essayait de se rappeler tout ce qu'il savait de cette organisation baptisée discrètement "Union corse", mais qui était plus implacable et peut-être même plus ancienne que l'Union sicilienne, la mafia. Bond savait qu'elle coiffait le consortium du crime le mieux organisé à travers la France métropolitaine et ses possessions d'outre-mer : protection, rackets, contrebande, prostitution et anéantissement des gangs rivaux. » *On Her Majesty's Secret Service,* Ian Fleming, trad. F. Lourbet, R. Laffont, coll. Bouquin, 1986). L'auteur de James Bond, Ian Fleming, continue cette description sur plusieurs pages...

Jean-Jacques Rousseau et le mythe du bon sauvage corse

Retour au XVIIIe siècle ! On ne peut pas clore ce chapitre sans parler de Jean-Jacques Rousseau. En 1765, il écrit un *Projet de Constitution pour la Corse*. Dans ce texte, le Corse y est présenté comme forcément corrompu puisqu'il a été en contact pendant plusieurs siècles avec des occupants étrangers. Mais tout n'est pas perdu !

« Un jour cette petite île étonnera l'Europe » !

Rousseau avait en fait une réelle admiration pour la Corse et son peuple ! Comme beaucoup de philosophes des Lumières, il est fasciné par Pascal Paoli qui a rédigé la première Constitution démocratique de l'Europe moderne. Dans le *Contrat social*, il écrit : « Il est encore en Europe un pays capable de législation ; c'est l'île de Corse. La valeur et la constance avec laquelle ce brave peuple a su recouvrer et défendre sa liberté mériterait bien que quelque homme sage lui apprît à la conserver. J'ai quelque pressentiment qu'un jour cette petite île étonnera l'Europe. » Qui est cet « homme sage » ? Pascal Paoli ? Ce ne peut être que lui, puisqu'il est le seul auteur en 1755 de la très célèbre Constitution corse. Alors, pourquoi Rousseau a-t-il écrit un *Projet de Constitution pour la Corse* ?... À moins que par cet « homme sage », Rousseau ne parla de personne d'autre que de lui-même...

Le Corse bon sauvage ?

L'origine de la rédaction du *Projet de Constitution pour la Corse* vient d'un besoin de Pascal Paoli. Ce dernier aurait sollicité Rousseau pour l'aider à un projet de réglementation de la Corse. Une Constitution existait déjà dans l'île depuis 1755. Ce que ne semble pas avoir compris le philosophe français, qui conçoit son propre projet en 1765. Le texte est utopiste et irréaliste. Après sa rédaction, Pascal Paoli prendra ses distances avec Rousseau. Les Corses avaient déjà fait une révolution et vivaient en république... Mais Rousseau semble l'ignorer et préfère voir dans ce peuple une vie primitive : « Les Corses sont presque encore dans leur état naturel et sain, mais il faut beaucoup d'art pour les y maintenir parce que leurs préjugés les en éloignent. » On n'est pas loin du mythe du bon sauvage...

Chapitre 8

Politique, nationalisme et banditisme

Dans ce chapitre :

- Comprendre la politique corse
- Autonomistes et nationalistes : qui sont-ils et que veulent-ils ?
- Banditisme, ou le « milieu corse »

La politique, ce sont des idées, mais aussi des réseaux. Attention néanmoins aux mauvaises associations, surtout aux associations d'idées périlleuses : ne confondons pas le banditisme et le reste ! Dans ce chapitre, nous partirons par la case départ : la politique. La Corse est une île qui baigne dans la politique depuis toujours. Une tradition ! Au point qu'elle s'est constituée sous forme de clans et de réseaux qui se sont enracinés au fil du temps. Puis, dans les années 1970, le nationalisme est né, en réaction au pouvoir politique en place, et notamment au clanisme. Et puis les autonomistes et les nationalistes se sont, à leur tour, présentés aux élections. Et le banditisme ? On ne pouvait pas ne pas en parler. Il s'est lui aussi développé dans l'île au cours du siècle dernier. Il s'agit d'un troisième réseau, à part… Certains disent que l'on exagère son importance… En tout cas, il peut venir perturber le jeu des deux premiers.

Politique corse

N'oubliez pas que les Corses ont été les premiers à proclamer une démocratie dans l'Europe moderne avec la République de Pascal Paoli en 1755. Mais bien avant, il existait une culture du débat et de la dispute lors des assemblées (consulte) qui rassemblaient les chefs de clan et le peuple de l'île. Toute la culture corse est imprégnée de cette culture politique…

La politique à la corse selon Paul Bourde

Chroniqueur au journal *Le Temps* en 1887, Paul Bourde fait un petit portrait de la politique telle qu'on la pratiquait en Corse au XIXe siècle… les choses n'ont pas tellement changé depuis :

« Chaque jour on se réunit sur la place du village pour en parler, et chaque jour quelques incidents en renouvellent l'intérêt : on se dispute entre vainqueurs les profits de la victoire, on se réjouit des humiliations infligées aux adversaires, les vaincus ruminent leurs griefs, on intrigue auprès des mécontents d'un parti pour les attirer dans l'autre, on combine des ruses pour être maître coûte que coûte aux élections prochaines. Toutes les ressources de l'intelligence, toutes les passions sont mises en jeu dans ces sortes de complots permanents. L'esprit de clan y apporte sa naïve iniquité, la tolérance administrative en favorise les audaces, l'intérêt particulier les échauffe de ses âpres violences, l'oisiveté les envenime par ses longues songeries, et tout cela fait à ce peuple insulaire une âme du XIVe siècle italien logée dans notre Constitution en 1875, dont l'énergique originalité ravit l'artiste, et scandalise l'honnête bourgeois continental. Cette façon essentiellement réaliste de "faire de la politique" est incompatible avec le dévouement à des doctrines abstraites ».

La pulitichella

La politique a deux sens en corse : il y a l'alta pulitica (haute politique) et la bassa pulitica ou pulitichella (basse politique). La première, c'est la politique des idées, des grands courants de pensée… la seconde, c'est Clochemerle ! Nous allons vous parler ici surtout de la basse politique car la grande politique, c'est celle de l'histoire de Corse, et nous en avons déjà parlé dans la première partie de ce livre. Bienvenue donc dans la politique quotidienne de l'île de Beauté ! La pulitichella…

Le partitu et le contrapartitu

L'opposition corse s'est traditionnellement faite entre un *partitu* (parti) et un *contrapartitu* (opposition). À Corte, la tradition opposait le *partitone* (le grand parti) et le *partitellu* (le petit parti). On n'insiste pas trop sur les étiquettes politiques. Bien sûr, il y a des idées de gauche ou de droite et les candidats ont une étiquette gauche ou droite, mais, lorsqu'il s'agit d'élections locales, il est surtout question de choisir son camp !

Grand observateur de la vie insulaire, Auguste Blanqui écrit dans son rapport de 1838 : « Il se dépense dans certaines communes plus d'énergie pour la nomination d'un maire qu'il n'en faudrait à une armée pour gagner 20 batailles, et plus d'un conseiller municipal n'a dû son élection, dans un hameau de 500 âmes, qu'à des combinaisons d'une profondeur digne du Sénat de Venise » ! Cette réflexion est toujours d'actualité...

La bataille électorale

Ça y est, c'est la campagne électorale ! Les plus grandes manœuvres ont généralement lieu lors des municipales. Branle-bas de combat ! Les partis doivent composer la liste des candidats. Le meilleur candidat est celui qui connaît tout des familles du village : les rivalités, les jalousies, les influences. Une des méthodes encore très efficace est de proposer à chacune des familles de mettre un de leurs membres sur la liste. Mais attention : le démarchage fonctionne dans les deux sens. Chacun des partis va essayer de débaucher des membres dans une même famille. Résultat : les batailles politiques peuvent être à l'origine de drames familiaux. Les frères ne se parlent plus, les parents et les enfants sont fâchés...

LE SAVIEZ-VOUS ?

La bataille électorale a été un moyen de régler les différends entre personnes par les urnes et non plus par les armes. Toutefois, au moment de la victoire, il est très fréquent que les militants fêtent leur succès en tirant des coups de feu en l'air. On dit alors « facenu e vive » (prononcez [fachenou é ouioué]) !

Vocabulaire politique

L'importance de la politique dans la vie corse fait qu'il existe un grand nombre d'expressions liées aux enjeux électoraux. En voici quelques-unes :

- *« Hè u volta fritelle »* renvoie à quelqu'un qui retourne sa veste. Mais, en Corse, on parle de *fritelle* (beignets) et non de veste. Littéralement, l'expression signifie : « Il se retourne comme un beignet » ! Pour faire les beignets, il faut en effet les retourner plusieurs fois dans la poêle. Notez que les beignets ont un rôle important dans les campagnes électorales. Le vainqueur invite généralement les électeurs qui l'ont soutenu à un buffet… et les *fritelle* sont souvent là !
- *« Falanu in l'urna tutti secchi »* : « Ils tombent dans l'urne liste sèche », c'est-à-dire que les bulletins tombent dans l'urne sans que personne ne s'oppose aux votes. L'expression est révélatrice : elle suppose que la liste, « sèche », est votée entièrement sans panachage… On le sait déjà alors que le vote est censé être secret… ;
- *« Vutà a facia aperta »* : « Il vote à visage découvert ! » signifie que la personne n'a pris qu'un bulletin sans passer par l'isoloir ;
- *« Pulitica è tribunali sò a ruina di u casali »* : « La politique et le tribunal sont une ruine pour la maison »… ;
- *U capizzone* : « le leader » ;
- *Piddà partitu* : « Prendre parti » ;
- *Lintà partitu* : « Être un lâcheur ».

En Corse, le fait d'être rayé des listes électorales peut être très mal pris ! Jusque dans les années 1930 – époque des bandits corses où l'on réglait les problèmes d'honneur par les armes –, cela pouvait finir dans un bain de sang avec suppression physique du maire qui avait pris l'initiative de rayer un nom de la liste ! Il existe une expression insulaire pour définir cette humiliation de ceux qui ne peuvent pas aller voter : ils deviennent des Lucchesi (Lucquois). Cela veut dire qu'ils sont dans la situation des anciens émigrés italiens qui ne pouvaient pas aller voter.

Manœuvres frauduleuses, urnes à la mer et autres histoires

Mais d'où viennent toutes ces histoires selon lesquelles les Corses font « voter les morts », bourrent les urnes ou encore, en cas de différend, jettent les urnes à la mer (voyez *Astérix en Corse*) ? Pour cette dernière anecdote, Goscinny et Uderzo se sont inspirés de quelques (rares) cas qui ont eu lieu dans les années 1960 et 1970, notamment à Bastia, lors des élections législatives de 1967. Après une dispute dans un bureau de vote du quartier Saint-Joseph, des militants jettent l'urne à la mer... mais elle reste accrochée à un figuier au-dessus de la falaise. Un photographe prend alors l'urne en photo. L'image insolite est diffusée dans la presse française et à travers le monde. Un cliché dont les Corses auront du mal à se défaire par la suite...

La fraude existe bien aujourd'hui en Corse et des procédures ont lieu, mais c'est aux tribunaux d'en définir l'ampleur... Retenez que plusieurs histoires ont défrayé la chronique corse depuis plus de 150 ans. À Linguizetta, petite commune près d'Aléria, la bataille électorale avait pris une telle ampleur que la préfecture a dû envoyer presque un gendarme pour deux électeurs afin de surveiller le scrutin. Cette anecdote qui se passe dans les années 1920 montre bien le comportement de certains maires prêts à tout pour conserver leur mairie : ainsi le maire Monti avait-il pris l'habitude d'organiser les élections dans la salle d'école des garçons... située au deuxième étage de son habitation privée ! L'urne étant dans le domicile du maire, les opposants soupçonnent la fraude. Le maire refuse cependant de changer le lieu du vote, malgré un arrêté du préfet lui en donnant l'ordre ! Mais pourquoi le préfet a-t-il envoyé autant de gendarmes ? L'opposant au maire était l'abbé Lucciani... Ce dernier n'a rien d'un dom Camillo : le maire l'accuse d'avoir « usé de son ascendant moral sur un débile léger » pour assassiner un membre de son camp. De leur côté, les membres du clan de l'abbé affirment que Monti a fait assassiner un des leurs de cinq balles de revolver dans la nuque... Jusque dans les années 1930, les rapports de police font état de nombreux incidents au cours des campagnes électorales. Certaines pratiques du maire (radiations abusives, bourrage d'urne...) n'étaient pas toujours du goût de tout le monde et pouvaient se solder par quelques morts...

Naissance et évolution du nationalisme

Après la naissance des mouvements autonomistes, passons à la naissance du nationalisme corse, ou plutôt renaissance, car ces nationalistes se revendiquent de Pascal Paoli et de sa Constitution, laquelle affirme dès le XVIIIe siècle que le « peuple corse » est « légitimement maître de lui-même ».

Ghjustizia paolina...

D'ailleurs, un des premiers groupes clandestins fait directement référence à Pascal Paoli. Il se nomme Ghjustizia paolina, ce qui signifie « Justice paoliste ». Et comme son nom l'indique, il fait lui-même justice selon une vieille vision romantique... En mars 1974, il commence ses exploits en plastiquant une caravelle d'Air Inter à l'aéroport de Bastia-Poretta. Une façon de saluer la visite du Premier ministre de l'époque, Pierre Mesmer, en Corse.

... et Fronte paisanu corsu di liberazione

Les méthodes utilisées sont plutôt radicales, elles rappellent les plasticages du Fronte paisanu corsu di liberazione (FPCL – Front paysan de libération corse), qui avait fait sauter le 14 septembre 1973 le navire de la société italienne Montedison qui intoxiquait les côtes corses par ses boues rouges (pollution au bioxyde de titane) et organisé, dans la nuit du 3 au 4 janvier 1974, la première « nuit bleue » dans l'île de Beauté. À partir de 1973-1974, c'est donc bien un nouveau mode d'actions illégales et clandestines qui est en train de se mettre en place. Et ce n'est qu'un début...

La presse internationale découvre le nationalisme corse

À Beyrouth, devant toute la presse internationale, le président de la jeune chambre économique de Bastia prend la parole. Nous sommes en 1973, c'est la Conférence des villes de la Méditerranée. Il commence d'abord par parler du berceau de civilisation qu'est la Méditerranée, puis il aborde la situation insulaire : « La Corse a la conscience de lutter pour la survie des hommes, le bien-être et l'avenir de leurs enfants… La Corse est une poubelle parce qu'une colonie. Victime d'un impérialisme sournois, dont les agissements de la Montedison sont la manifestation la plus évidente, elle se considère désormais comme en légitime défense… Ne pouvant pas compter sur la France, nous demandons aux nations ici présentes, au nom d'un peuple muselé, de porter ces problèmes devant l'Organisation des Nations unies »… Le discours ne passe pas inaperçu. Il fait la joie de la presse internationale qui colporte la nouvelle. L'homme qui vient de parler est soupçonné par Paris d'être l'auteur de récents attentats sur l'île de Beauté. Il est arrêté quelques mois après son discours…

Et les autonomistes dans tout cela ?

Mais que disent les autonomistes de tout cela ? Ancien membre de l'ARC et fondateur de l'ANC, Pierre Poggioli affirmera par la suite que « Ghjustizia paolina travaillait main dans la main avec l'appareil de l'ARC »… Mais les choses ne sont pas si simples… L'ARC (devenue après les événements d'Aléria en 1975 Azzione pà a rinascita di a Corsica) peut-elle encore contrôler cette nouvelle jeunesse corse qui brise désormais le tabou de l'indépendance de l'île ? On parle alors d'indépendantisme. En 1974 est créée la Consulta di i studenti corsi (CSC – l'Assemblée des étudiants corses), qui regroupe près de 800 Corses de la diaspora. Dans sa revue *U Ribombu*, le rédacteur en chef termine un de ses éditos adressés aux leaders de l'ARC par : « Messieurs, je vous dis m****. » Certains jeunes pensent que l'ARC n'est pas assez radicale et vont bientôt rejoindre la mouvance clandestine. Les temps ont changé… Tout cela conduira à la création du Front de libération national corse (FLNC) en 1975-1976.

Arritti et U Ribombu

Les mouvements autonomistes et nationalistes ont leur revue. *Arritti* (debout !), l'ancien journal de l'ARC existe encore aujourd'hui : il est la voix de l'actuel PNC. Quant à *U Ribombu*, c'est toujours l'organe de presse des nationalistes. *U ribombu* ? Ça veut dire « l'écho » en corse. Les mauvais esprits peuvent y voir un jeu de mots, puisque dans *ribombu*, il y a « bombe »…

Des groupes de jeunes organisent la création du FLNC

Après l'événement d'Aléria, des groupes de jeunes décident de créer un Front de libération de la Corse : le FLNC. Le sigle est directement inspiré du FLN algérien. Mais ce que l'on appellera communément sur l'île *u Fronte* (le Front) a besoin d'armes et d'argent. L'assemblée des étudiants corses (CSC) organise des soirées pour financer les premières opérations du futur mouvement clandestin. On récupère aussi les pistolets-mitrailleurs Sten de la Seconde Guerre mondiale que les Corses n'avaient pas rendus (voir chapitre 4), ainsi que le raconte l'ancien militant, Pantaléon Alessandri, dans son livre *Indépendantiste corse* (2001)...

Le 4 mai 1976, les militants du FLNC distribuent pour la première fois un tract bilingue sur lequel ils font figurer leur programme :

- Reconnaissance des droits nationaux du peuple corse » ;
- « Destruction de tous les instruments du colonialisme français (armée, administration, colons) » ;
- « Instauration d'un pouvoir populaire démocratique, expression de tous les patriotes corses » ;
- « Réalisation de la réforme agraire pour assurer les aspirations des paysans, ouvriers et intellectuels et débarrasser le pays de toutes les formes d'exploitation » ;
- « Droit à l'autodétermination après une période transitoire de trois ans durant laquelle l'administration se fera à égalité entre force nationaliste et force d'occupation. Cette période de désaliénation permettra à notre peuple de choisir démocratiquement son destin avec ou sans la France. »

Après la distribution du tract, des militants du FLNC décident de se détendre. Ils vont à la dernière séance du cinéma de Bastia... mais le film semble plus se dérouler hors de la salle qu'à l'intérieur. En effet, ce soir n'est pas un soir comme les autres... c'est la première nuit bleue du FLNC : plus de 20 attentats dans toute l'île. C'est vers 21 heures que la DDE saute à Bastia, puis, un quart d'heure après, c'est au tour du centre des impôts ! Depuis le cinéma, les nationalistes entendent les explosions. À la fin de la séance, la salle est remplie de membres du FLNC qui sont arrivés en plein milieu du film. Pantaléon Alessandri raconte : « Le film fini, les lumières s'étaient rallumées... Tout le monde se souriait d'un air entendu ; nous avions tous la même idée – le FLNC était né par une belle nuit bleue. »

Des attentats contre les bâtiments...

Au départ, le FLNC vise uniquement les biens matériels... sans faire de victimes – à la différence des mouvements nationalistes basques (ETA) ou irlandais (IRA). Les plasticages touchent généralement des bâtiments administratifs, des infrastructures touristiques, des sociétés immobilières ou d'autres biens appartenant à des non-Corses, à qui l'on reproche de bétonner le littoral et de servir des intérêts étrangers à la Corse... À chaque attentat, les commandos clandestins prennent soin d'évacuer les familles qui habitent éventuellement dans le bâtiment qu'ils vont plastiquer. Ils embarquent alors hommes, femmes, enfants et même les animaux domestiques ! Ensuite, le commando fait tout sauter ! Puis il abandonne en plein maquis les personnes qu'il a embarquées...

... aux premiers assassinats

Mais à partir du début des années 1980, on commence à compter les premiers morts. C'est aussi à cette époque que le nombre d'attentats contre les bâtiments et autres biens matériels atteint des sommets. Le financement du FLNC est organisé au travers de ce que les « nationalistes » appellent l'« impôt révolutionnaire », prélevé auprès de riches particuliers ou de sociétés du continent. C'est le début des violences : menaces contre les non-Corses qui refusent de payer, contre des enseignants accusés de véhiculer la culture française, sigles IFF sur les murs... Tout cela conduit à certaines dérives, comme l'assassinat du coiffeur Schock en février 1983 et une tentative d'assassinat contre le docteur Lafay qui refuse de payer l'impôt révolutionnaire (il sera finalement assassiné en 1987)... Il n'est pas non plus toujours évident de savoir qui est derrière les attentats. Toutes sortes de rumeurs naissent, y compris sur le prétendu rôle joué par des officines barbouzardes dans la mort du nationaliste

Guy Orsoni, assassiné sur un fond d'histoire de règlement de comptes. Le 13 septembre 1983, le FLNC revendique le meurtre du chef de cabinet du président du conseil général de Haute-Corse. Cette revendication se fait par un communiqué du FLNC… officiellement dissous depuis le début de l'année. D'ailleurs, la police n'y croit pas trop et penche pour une autre affaire de droit commun…

ÉVÉNEMENT

Francia

Le 6 janvier 1980, dans le village de Bastelica, une voiture est arrêtée. À l'intérieur, trois individus armés semblent chercher quelque chose. Les hommes qui viennent de les arrêter sont des nationalistes, ils les connaissent très bien. Ce sont des membres de Francia : le Front d'action nouvelle contre l'indépendance et l'autonomisme. Ce mouvement a été créé en 1977 par des Corses proches du SAC (Service d'action civique). Un des individus faits prisonniers par les nationalistes en est le leader. Il y a quelques années, il a perdu une jambe et un œil lors d'un attentat à la voiture piégée. Les nationalistes pensent qu'il est venu se venger. Francia est aussi connu pour avoir plastiqué des maisons de membres du FLNC ! Ils décident d'embarquer les trois hommes et les mènent à la mairie. Le maire prévient alors la police, le procureur et le préfet. Les nationalistes affirment qu'ils garderont les prisonniers le temps de faire une conférence de presse. Celle-ci est censée avoir lieu le 8 janvier. Mais ce jour-là, vers 9 heures du matin, un important dispositif de gendarmerie encercle le village. La conférence de presse ne pourra pas avoir lieu… les forces de l'ordre donnent l'assaut. Quelques militants nationalistes prennent la fuite et se réfugient dans un hôtel à Ajaccio. CRS et manifestants nationalistes sont là… rien ne va plus ! Un homme tire… un CRS est tué. C'est la panique. Trois femmes montent dans leur voiture et tentent de démarrer lorsque deux policiers en civil tirent sur le véhicule. Bavure policière : une des femmes, une psychologue scolaire d'Ajaccio, est atteinte en plein cœur, tandis que sa voisine est touchée à la tête… D'autre incidents marqueront la triste journée. Le leader de Francia sera finalement arrêté par les forces de l'ordre et condamné par la justice. Au total, quatre personnes auront été tuées ce jour-là.

Vendetta dans la prison d'Ajaccio

7 juin 1984, trois hommes guettent devant la prison d'Ajaccio. Ils sont déguisés en gendarmes avec de fausses moustaches. Comme tous les matins, les gardiens sortent les poubelles. Le commando s'introduit dans la prison et neutralise les agents qui ont ouvert les portes. Les hommes qui viennent d'entrer dans la prison sont là pour tuer deux prisonniers qu'ils soupçonnent être des complices de l'enlèvement de Guy Orsoni, un nationaliste qui a étrangement été assassiné un an avant et dont on ne retrouvera jamais le corps. La police est déjà au courant de cette intrusion dans la prison d'Ajaccio. Elle attend dehors. Le commissaire Broussard, envoyé en Corse depuis un an, est là. Les caméras aussi. Ils ne savent pas exactement ce qu'il se passe. Les deux prisonniers ont été tués… dans la prison. Une première. Le commando est arrêté. Devant les caméras, au moment de monter dans le camion, les membres à qui l'on vient de passer les menottes crient « *Evviva u Fronte, evviva u Fronte !* » (« Vive le Front, vive le Front! »).

Vitrine légale

U Fronte, c'est le mouvement clandestin. Mais, en parallèle, le nationalisme a aussi une existence légale. Entrez dans l'univers nationaliste corse sans aucune cagoule, ou presque !

De 1981…

Lorsque la gauche est arrivée au pouvoir en 1981, elle a cherché dans un premier temps à rompre avec l'ancienne politique gouvernementale. La première chose qu'a fait Mitterrand a été d'ailleurs d'amnistier les « prisonniers politiques », c'est-à-dire les nationalistes corses qui avaient été condamnés à des peines de prison dans les années 1970… Le second geste en direction des nationalistes a été de permettre certaines manifestations comme les Ghjurnate internaziunale di Corti (Journées internationales de Corte). À la manière des autonomistes, les indépendantistes (nationalistes voulant l'indépendance de la Corse) vont peu à peu s'exprimer dans un cadre d'action légale avec une première vitrine légale : la CCN (Consulte des comités nationalistes). En même temps sont menées des actions clandestines…

... à aujourd'hui : les Journées internationales de Corte...

C'est l'été, des hommes, des femmes, des enfants viennent sous les chapiteaux. L'ambiance rappelle un peu la foire. On peut boire et manger des produits corses. L'esprit est festif. Le soir, des chanteurs engagés dans la cause nationaliste viennent chanter. Bienvenue aux Journées internationales de Corte ! Elles ont lieu tous les ans, au début du mois d'août. Internationales ? Autonomistes, régionalistes, indépendantistes de tous horizons s'y donnent rendez-vous : les « nations sans État » comme on dit ici. On y croise des Bretons, des Basques, etc. Ces journées fonctionnent aussi comme des universités politiques. Les courants nationalistes officiels sont présents, il y a des débats. Durant certaines périodes, des hommes encagoulés du Fronte pouvaient faire leur apparition les armes à la main. Ici, beaucoup de gens sont armés, les armes ne sont pas montrées ostensiblement... mais, lorsque c'est un peu trop la fête, vous pouvez entendre quelques coups de feu partir en l'air !

Du MCA...

Nous sommes dans les années 1980 : depuis 1982, la Corse a un statut particulier, mais on est loin des revendications faites par les nationalistes. Après les autonomistes de l'UPC, le MCA (créé en 1983) présente des candidats aux élections territoriales de 1984. Le MCA ? C'est le Muvimentu Corsu pà l'Autodeterminazione (Mouvement corse pour l'autodétermination). Il obtient, en 1984, trois élus (comme l'UPC). Ses candidats sont des membres du FLNC qui ont retiré leur cagoule pour se présenter aux élections. Le Fronte joue désormais aussi à visage découvert. Mais tout en se présentant aux élections, il critique le système de vote en accusant les clans politiques corses d'organiser des fraudes électorales. En effet, le 8 juillet 1986, le Conseil constitutionnel annule les élections législatives en Haute-Corse en raison de « nombreuses procurations irrégulières » ! Un nouveau vote a lieu le 24 août 1986 sous tension. Ce jour-là, un commando du FLNC entre dans trois bureaux de vote pour détruire les machines à voter que l'on avait cru bon d'essayer en Corse... Quelques mois après, le MCA est dissous par la droite arrivée au pouvoir (décret en Conseil des ministres en date du 22 janvier 1987)...

… à la Cuncolta naziunalista

Après la dissolution du MCA, un nouveau parti voit le jour : A cuncolta naziunalista. On prend les mêmes et on recommence ! Il s'agit toujours de membres du FLNC, qui décrète la trêve de ses attentats au mois de mai 1988 pour saluer l'élection présidentielle de François Mitterrand… Mais la Cuncolta ne va pas être la seule vitrine légale du FLNC. Quelques mois après sa création, les divergences sont palpables entre les nationalistes… C'est le début de la fin du front uni.

PARLER CORSE

U ribellu

U ribellu signifie « le rebelle » en corse. C'est un petit personnage dessiné en noir et blanc. Il représente un homme du Fronte avec une cagoule. Il est à genoux et tient une mitraillette de ses deux mains. Il incarne donc pour certains une sorte d'emblème (comme Pascal Paoli ou la tête de maure), justicier ou héros de la cause nationaliste. Son image est déclinée sur des briquets, porte-clés, pin's, tee-shirts… qui peuvent être achetés lors des Journées nationalistes mais aussi dans certains magasins de souvenirs de l'île par celui qui en fait la demande…

Bisbigliu chez les nationalistes

PARLER CORSE

Le bisbigliu, en corse, c'est la rumeur, le rififi, la dispute, la confusion. On peut vraiment parler de bisbigliu chez les nationalistes tant il y a eu de scissions, de branches et de canaux inattendus (un mouvement de la BD de Pétillon s'appelle « canal inattendu ») !

Faut négocier avec les socialistes ! Depuis la réélection de François Mitterrand et la nouvelle majorité socialiste à l'Assemblée nationale, le FLNC tente de négocier la libération des nouveaux « prisonniers politiques » (arrêtés dans les années 1980). C'est aussi le début des discussions autour du statut de Pierre Joxe (qui verra le jour en 1991 – voir chapitre 4).

Mais voilà, au sein du FLNC, les nationalistes ne sont pas d'accord sur la stratégie. Pierre Poggioli, militant de la première heure, fonde son propre mouvement : l'ANC à la fin de l'année 1989. Même chose avec l'équipe d'Alain Orsoni, qui fonde le MPA en 1990. Sa branche clandestine « FLNC Canal habituel » fera parler d'elle...

Le Canal historique et le Canal habituel

Il y a au début des années 1990 deux canaux du FLNC : le Canal historique (dont la vitrine légale est la Cuncolta) et le Canal habituel (dont la vitrine légale est le MPA) ! Drôles de noms pour des mouvements clandestins. Pourquoi « canal » ? Le canal est en fait un code (correspondant à une série de chiffres) qui permet de communiquer avec les journalistes. Il existait d'ailleurs dans les années 1980 un « canal d'authentification », qui servait à authentifier les attentats du FLNC auprès des journalistes...

Ces deux grands canaux rivalisent pour représenter le FLNC. Cela va poser quelques petits problèmes dans la négociation du statut Joxe. Les socialistes avaient pris l'habitude avec des membres de l'équipe d'Alain Orsoni. Cela va donc continuer jusqu'au statut qui sera adopté en 1991... et c'est le MPA qui aura essentiellement servi d'interlocuteur. Pendant ce temps, des membres de la Cuncolta misent sur le RPR pour négocier.

François Santoni à la mairie de Paris

Dans le milieu, on l'appelle l'« iguane ». L'homme a le crâne rasé, une silhouette massive. François Santoni est une des grandes figures du nationalisme corse des années 1980 et 1990. Il joue un rôle déterminant dans la Cuncolta. Il connaît bien Maurice Ulrich, sénateur RPR et conseiller de Jacques Chirac à la mairie de Paris, il l'a rencontré à plusieurs reprises à Propriano. D'après Santoni, au printemps de l'année 1992, un rendez-vous est organisé à la mairie de Paris avec Ulrich. Jean Baggioni, président du conseil exécutif de l'Assemblée territoriale de Corse, aurait été là. Le courant passe... Cette première rencontre sera déterminante pour la suite des événements.

Nous sommes en 1992, pour la première fois, la Cuncolta va présenter ses candidats aux élections territoriales de Corse. Malgré les divisions au sein du FLNC, les nationalistes arrivent à former un front uni. Les listes Corsica nazione rassemblent A cuncolta, l'UPC (les autonomistes), I Verdi (les Verts corses) et l'ANC (le mouvement de Pierre Poggioli qui a fait scission en 1989). À côté, le MPA d'Alain Orsoni présente aussi ses listes. Au total, les nationalistes feront 25 %.

Charles Pasqua

En 1993, retournement de situation ! C'est la droite qui redevient majoritaire à l'Assemblée nationale. Charles Pasqua est ministre de l'Intérieur. L'homme n'est pas apprécié des nationalistes. En 1986, son « Il faut terroriser les terroristes » avait été perçu comme une déclaration de guerre. Mais voilà, à présent, les nationalistes font 25 % aux élections… Le discours de Charles Pasqua est plus mielleux lorsque… François Santoni le rencontre une nouvelle fois dans son bureau au conseil général des Hauts-de-Seine.

Une autre fois, au mois de septembre, François Santoni revient du baptême de son filleul à Sartène. La route est bloquée. C'est le jour des cérémonies commémoratives de la libération de la Corse. Charles Pasqua est là. Il voit Santoni dans sa voiture. Devant tous les journalistes, il vient lui parler en corse : « *Cumu va ?* » (« Comment ça va ? »). La petite discussion dure deux minutes. Pasqua est très détendu comme d'habitude. Il montre à tout le monde qu'il est ami avec des nationalistes comme Santoni. Finis les rendez-vous secrets ! À partir de ce moment, écrit Santoni, « nos discussions sont officielles… je ne pourrai pas jouer sur les deux tableaux, le négociateur à Paris et l'intransigeant en Corse ».

La gaffe de Jean-Louis Debré

Pasqua avait promis que si Balladur était élu, la Corse aurait le statut de territoire d'outre-mer (TOM)… Mais les promesses n'engagent que ceux qui les croient, avait-il dit une fois à propos de tout autre chose… De toute façon, en 1995, c'est Chirac qui est élu président de la République ! Jean-Louis Debré est alors ministre de l'Intérieur. Va-t-il aller en Corse ? Ne va-t-il pas y aller ? Le fidèle chiraquien n'a qu'une peur, c'est que le FLNC mette des bombes le jour de son déplacement dans l'île.

Il demande aux nationalistes du Canal historique d'annoncer publiquement une trêve des attentats. Ces derniers acceptent à condition de faire une conférence de presse dans le maquis. Debré donne son accord… Ce sera une belle gaffe de sa part !

Victoires historiques !

Pendant longtemps, les 25 % réalisés par les nationalistes lors des élections territoriales de 1992 sont restés un record dans l'histoire de ce mouvement. Mais l'apparition de courants nationalistes dits « modérés » comme Inseme per a Corsica ont changé la donne : aux élections territoriales de 2010, les nationalistes modérés et Corsica Libera (parti nationaliste de Jean-Guy Talamoni, créé en 2009), cumulaient 35,5 % des voix mais n'avaient pas fusionné, laissant la victoire à la gauche avec 36,6 %. Aux élections de 2015, les nationalistes cumulent également avec un score de 35,34 %… mais, cette fois-ci, ils fusionnent et gagnent ! Le nationaliste modéré Gilles Simeoni (fils d'Edmond Simeoni. Cf. l'événement d'Aléria en 1975) prend la tête de la collectivité territoriale de Corse. Une première historique !

Tralonca : plus de 500 personnes en cagoule !

Nous sommes le 10 janvier 1996 au soir. Sur la route qui va à Tralonca, petit village au cœur de la Corse, les gendarmes voient arriver des centaines de voitures. Ce sont celles des nationalistes qui vont faire leur conférence de presse dans le maquis. Ils sont plus de 500 à aller à Tralonca ! Viennent ensuite les voitures des journalistes… Tout cela ne passe pas inaperçu, mais les gendarmes qui voient passer ce défilé sous leur nez ont reçu la consigne de faire comme si de rien n'était. Là-haut, dans la montagne, la conférence de presse commence. Cérémonial habituel : des hommes en cagoule du FLNC parlent devant les caméras des journalistes. Tout l'arsenal militaire est montré ostensiblement : lance-roquettes, lance-grenades, fusils-mitrailleurs, M16, kalachnikovs, etc. Les images font la une des journaux télévisés. Les nationalistes annoncent une trêve de trois mois et demandent la reconnaissance du peuple corse. Ils annoncent une paix, mais pour les Français ce sont des images de guerre ! Ils voient là une véritable armée, plus de 500 personnes avec des cagoules ! L'opinion est sous le choc, le gouvernement s'est totalement discrédité…

Des « ministricules » de Jospin au processus Matignon

On change, on change ! En 1997, après la dissolution de l'Assemblée nationale par Jacques Chirac, le gouvernement est maintenant socialiste et n'est pas très enclin à parler avec les nationalistes. Le gouvernement précédent a déjà essuyé un rude échec après la conférence armée de Tralonca. Malgré sa prudence, la gestion du dossier corse par Lionel Jospin démarre en catastrophe : en janvier 1998, le FLNC Canal historique dénonce l'« arrogance imbécile » des « ministricules » envoyés en Corse par Jospin. La suite des événements va être beaucoup plus dramatique – le 6 février 1998, le préfet Érignac est tué par un commando indépendant du FLNC (organe anonyme) – puis grotesque : l'État envoie le préfet Bernard Bonnet qui jouera les grands justiciers. Mais les méthodes rappellent les vieilles pratiques barbouzardes, notamment l'incendie de la paillote Chez Francis. Et voilà l'incendiaire incendié… Le feu remonte jusqu'au Premier ministre, qui doit s'expliquer au journal télévisé et désavouer le préfet Bonnet que l'on accuse d'avoir donné l'ordre d'incendier la paillote. Pour rattraper le coup, Jospin lance le processus Matignon : une longue discussion avec les nationalistes et les élus corses qui aboutira à la loi Corse de 2002.

« Si les Corses veulent leur indépendance, qu'ils la prennent ! »

Après la conférence de Tralonca, Raymond Barre lance une grenade : « Si les Corses veulent leur indépendance, qu'ils la prennent ! » Mais, au fait, quelle est la position des Corses à ce sujet ? Citons deux enquêtes qui ont été réalisées en 2000. Une du CSA pour *Marianne* déclarait que 83 % des Corses interrogés n'étaient pas favorables à l'indépendance de l'île. Une autre enquête de l'institut IPSOS pour *Le Point* affirme aussi qu'ils sont environ 80 % à être contre l'indépendance… Enfin, d'après un sondage de l'institut Harris pour le mensuel *Corsica* : 62 % des Corses seraient favorables à la reconnaissance du « peuple corse ».

Pour solde de tout compte

En 2000, François Santoni et Jean-Michel Rossi règlent leurs comptes avec les milieux nationalistes et publient *Pour solde de tout compte* aux éditions Denoël, un entretien avec Guy Benhamou qui raconte les 20 dernières années du nationalisme corse. Dérives mafieuses de certains membres, règlements de comptes (des dizaines de militants nationalistes ont été assassinés sur fond de rivalités entre le FLNC Canal historique et le FLNC Canal habituel durant les années 1990)... En 1998, François Santoni avait quitté la Cuncolta pour fonder avec Jean-Michel Rossi le parti Presenza naziunale. Après ce livre, son ami Jean-Michel Rossi est assassiné avec son garde du corps à Île-Rousse le 7 août 2000... Un an plus tard, le 17 août 2001, c'est au tour de François Santoni...

Le livre de Jean-Michel Rossi et de François Santoni raconte une anecdote : ça se passe après l'arrestation en mars 1994 de militants nationalistes pris en flagrant délit de plasticage du complexe touristique du golf de Sperone. Ce soir-là, François Santoni dort à Ajaccio. Il reçoit un appel du préfet de police lui demandant de se rendre en urgence au commissariat. Accompagné du chef de cabinet du préfet, Santoni se déplace aussitôt sur les lieux pour rencontrer les militants interpellés. Il en profite pour leur remettre 5 000 francs de l'époque (environ 750 euros). En le voyant, un inspecteur s'exclame : « Bon, il y a Santoni dans les couloirs. L'enquête est terminée ». Le célèbre nationaliste raconte la suite de la scène : « Je monte et je descends comme je veux dans les bureaux, je passe un long moment avec l'un des interpellés... On discute, on boit le café. Puis les familles des personnes arrêtées viennent à leur tour, il y a un monde fou qui va et qui vient, parents, faux cousins, amis. Voilà comment se passe la garde à vue de Sperone. » (François Santoni, *Pour solde de tout compte*)

LE SAVIEZ-VOUS ?

« Corsic'armes »

À Paris, François Santoni et le chanteur Renaud prenaient parfois quelques verres ensemble à la brasserie la Closerie des Lilas. À la mort de Santoni, Renaud écrit une chanson – « Corsic'armes » –, qu'il publie dans son album Boucan d'enfer. Extrait :

« *Il m'expliquait sa terre, son peuple, son pays / J'écoutais en silence, attendri / Me parlait / d'Ajaccio, de Calvi, de Bastia / Des corrompus notoires, des élus, des mafias / Et des encagoulés réunis au fond des bois / Pour défier la justice et ce putain d'État / Moi qui ai toujours aimé tous les Robins des Bois / Les peuples insoumis, j'aimais ça…*

S'est fait buter un soir aux abords du maquis / S'est fait flinguer, pourquoi ? et par quel ennemi ? / Avait-il tué d'abord pour être tué aussi ? / Était-il un rebelle, était-il un bandit ?

Tu me manques ce soir et je parle de toi / À ta douce compagne qui pleure près de moi / Les mots qu'elle ne dit pas c'est la loi de l'Omerta / De ce pays que j'aime quand il vit libre, épanoui / Loin du bruit, d'la fureur des fusils… »

LE SAVIEZ-VOUS ?

Corse : île de réseaux

Durant les années 1980 et 1990, la franc-maçonnerie a joué un grand rôle dans les négociations avec les nationalistes, notamment lors de la mise en place du statut Joxe en 1991 (voir chapitre 4). L'île de Beauté est une île de réseaux : normal donc que la franc-maçonnerie y ait toujours été importante depuis son apparition au XVIIIe siècle. Paoli y était affilié ! On ne sait pas si Napoléon a été initié, mais son père et ses frères étaient francs-maçons. Joseph Bonaparte a même été élu en 1805 Maître du Grand Orient de France. Aujourd'hui, le nombre de francs-maçons en Corse est deux fois plus élevé que sur le continent… En 1989 a été créée la loge Fraternité Pasquale Paoli au Grand Orient de France.

Banditisme : entre Corse et diaspora

Les bandits corses disparaissent au début des années 1930. L'État avait juré de mettre un terme à ces hors-la-loi qui régnaient sur l'île depuis le maquis (voir chapitre 7). Au début du xxe siècle, c'est donc la fin des bandits... mais le début du banditisme ! On a alors affaire à des hors-la-loi organisés, rois du trafic en tout genre. Ce n'est pas en Corse qu'ils agissent au tout début, mais à Marseille où s'est développée la diaspora corse. Bienvenue dans l'univers du banditisme corse !

Le banditisme marseillais

Le banditisme corse va s'appuyer sur des contacts au sein de la diaspora corse. Il sera bien implanté à Marseille, mais il fonctionnera sur toute la planète. Le trafic évoluera selon les époques : au départ, c'est la traite des blanches, l'opium, puis vient la vente de cigarettes, d'héroïne, de cocaïne, etc. De Paris à Marseille, d'Amérique jusqu'en Indochine, en passant par l'Europe et le Nord de l'Afrique, c'est bien un trafic mondial qui est organisé...

C'est le plus vieux métier du monde. Mais, au début du xxe siècle, la prostitution devient un véritable trafic... au point d'inquiéter la Société des Nations, qui rédige en 1927 un rapport dans lequel elle soupçonne une organisation occulte de diriger l'ensemble du réseau mondial ! La « traite des blanches », c'est comme ça que l'on appelle à l'époque le réseau de prostitution qui traite les femmes comme une marchandise que l'on importe ou que l'on exporte pour satisfaire le client... Une partie de ce réseau se situe à Marseille et à Paris. Et qui tient le haut du pavé ? Des Corses...

La véritable version de la chanson « Mon amant de Saint-Jean » reprise par Patrick Bruel est mon « Mon barbeau de Saint-Jean »... Le barbeau ? C'est le julot, le mac, le proxénète ! Saint-Jean, c'est le quartier de Marseille où les filles vont « au charbon » (c'est-à-dire vont se prostituer pour leur maquereau). Il y a aussi le Panier, autre quartier corse de la cité phocéenne.

À la tête de ce réseau se trouve François Albertini dit « le Fou », Dominique Padovani, ou encore Louis Orsoni – alias « Patate » – aux traits épais, visage renfrogné et tête de tueur… Voilà pour les précurseurs. Jusqu'à ce qu'arrive dans les années 1920 Paul Carbone, le plus grand gangster corse de Marseille.

Paul Carbone laisse son empreinte

Paul Carbone sera le grand patron du banditisme marseillais de 1920 à 1943. Né à Propriano en 1894, il grandit à Marseille. Comme beaucoup de Corses de l'époque, il a énormément voyagé. Il est le descendant de la nourrice de Napoléon, Illéria Carbone… D'où son tatouage « Vive Napoléon » qu'il porte sur la poitrine, pas loin la tête de Maure, tandis qu'il affiche ostensiblement sur le bras : « Mort aux vaches! ». En Égypte, il se lance dans le trafic d'opium, mais surtout dans la traite des blanches, des filles qu'il fait venir directement de France. Puis l'homme prend des parts dans les maisons closes de Marseille. Avec d'autres Corses, il est ainsi à la tête d'un énorme réseau de prostitution qui a ses quartiers à Marseille, mais aussi à Paris… où il est ami avec le préfet de police de l'époque, Jean Chiappe, d'origine corse. À Marseille, il est l'ami de Simon Sabiani, premier adjoint au maire de la ville et originaire du même village corse que Carbone (le nom des deux hommes est d'ailleurs évoqué lors de l'affaire Prince, qui est en fait un coup monté contre eux, où on les accuse d'avoir tué Prince, un conseiller de la Cour d'appel de Paris en charge de l'affaire Stavisky…). À Paris, le gangster côtoie la jet-set de l'époque, dont un certain Tino Rossi… lequel viendra chanter pour l'enterrement de Paul Carbone en décembre 1943.

Carbone et les Corses

Mais que faisait Carbone avec Simon Sabiani ? Le premier adjoint au maire de Marseille avait mis en place un système clientéliste consistant à aider les Corses : associations d'entraide, amicales corses… Il donne des logements et des emplois : en cinq ans, le personnel des cimetières est presque multiplié par deux afin de donner du travail aux compatriotes venus de l'île de Beauté. Et Carbone ? Il propose à Sabiani de lui donner un grand coup de main lors des campagnes électorales. Il ne se contente pas de fournir des hommes pour le collage des affiches. C'est toute une clique de gangsters qui est là pour jouer les gros bras lors des meetings, activer les réseaux des militants afin de s'assurer de leur présence le jour du vote et organiser la fraude électorale…

Les Guérini trafiquent les « blondes »

À la mort de Carbone, un nouveau clan règne sur le banditisme marseillais : les frères Guérini. Antoine Guérini est né à Calenzana (Haute-Corse). Il arrive à Marseille en 1940. Il vit de petits trafics (marché noir, poudre de pastis…). Son frère, Barthélemy, *alias* Mémé, s'engage dans la Résistance, c'est là qu'il rencontre… Gaston Defferre, qui deviendra à la Libération le maire de Marseille. Les Guérini resteront proches de Defferre. Après la Seconde Guerre mondiale, ils remplacent donc Carbone et deviennent les rois du gangstérisme marseillais jusqu'à la fin des années 1960. Avec Jo Renucci, ils se spécialisent dans la contrebande. Leur commerce ? Le trafic de cigarettes, les fameuses « blondes » venues d'Amérique.

Le saviez-vous ?

« La police française ne peut pas lutter contre le milieu corse »

Au début des années 1950, les Américains s'inquiètent des proportions qu'a pris le trafic de cocaïne mis en place par les Corses, la fameuse « *french connexion* ». Dans un rapport, ils n'hésitent pas à parler de « mafia corse » (J. T. Cusack, « Subject : report for ambassador James Gavin », 12 mars 1962). Le réseau aurait installé une dizaine de laboratoires d'héroïne et organiserait la distribution aux États-Unis en passant par Cuba, le Mexique, le Canada et l'Italie. L'ampleur est telle que le rapport en déduit que « la police française ne peut pas lutter contre le milieu corse » trop « sophistiqué et bien organisé » ! Pure fantasme des Américains ? Tentative d'ingérence des États-Unis dans le système de lutte contre le banditisme français ? Devant le Sénat américain, les Services secrets n'hésitent pas à évoquer l'existence d'un réseau appelé Union corse, une organisation toute-puissante digne des films de James Bond… et qui d'ailleurs inspirera l'auteur de 007, Ian Fleming, qui imagine dans *Au service secret de sa majesté* (1963) une rencontre entre Bond et le *capu* de cette Union corse !

De l'opium à l'héroïne...

C'est à partir de l'opium que l'on fabrique l'héroïne. Des Corses faisaient déjà le trafic de l'opium depuis les colonies d'Indochine. « Opium poison de rêve », peut-on encore aujourd'hui entendre chanter dans les bars de l'île... Rien de plus simple, alors, que de transformer cet opium en héroïne. Ce que font à partir des années 1950 quelques laboratoires installés à Marseille, puis en Corse. Dominique Albertini, né à Loreto-di-Casinca (Haute-Corse) est le chimiste du réseau corse. Son laboratoire est basé à Marseille. Il forme son demi-frère Joseph-André Cesari dit Jo Cesari, né à Bastia en 1915, lequel travaille sur la morphine-base (tirée de l'opium) qu'il reçoit directement et transforme en héroïne.

... et de l'héroïne à la cocaïne

Deux grands noms du milieu marseillais vont alors émerger : Jean-Baptiste Croce et Paul-Damien Mondoloni. Le premier est originaire d'Olmeta-di-Tuda (Haute-Corse), le second de Sartène. Leur trafic consiste à importer la morphine-base fabriquée en Turquie et à la transformer en héroïne. Ils expédient ensuite leur production vers les États-Unis (par les plates-formes de Cuba, du Mexique et du Canada). Dans l'autre sens, ils importent la cocaïne d'Amérique du Sud. Le réseau Croce et Mondoloni va perdurer jusque dans les années 1970 et 1980 !

Le banditisme souffle en Corse

Après Marseille, la Corse. L'île servait par le passé de base arrière pour les trafiquants situés à Marseille et à Paris. Mais à présent, elle est devenue la base même d'une certaine forme de banditisme qui n'a rien de l'amateurisme, bien au contraire !

La Brise de mer naît à Bastia

La Brise de mer, c'était le nom d'un bar situé sur le vieux port de Bastia. Les premiers membres de l'organisation s'y réunissaient, c'était en quelque sorte leur QG. Ne cherchez pas, aujourd'hui le bar a changé de nom !

La Brise de mer, c'est aussi une organisation qui naît en Corse dans les années 1970. Au départ, elle regroupe quelques bars de Bastia. Le système est simple : il s'agit de placer des machines à sous dans les bars et de récolter ensuite l'argent, les propriétaires des établissements touchant une part de la recette. La Brise de mer n'est pas la seule organisation à avoir alors ce genre de pratiques, mais, en quelques années, elle va se développer et s'imposer dans l'île. Elle devient alors une sorte de fédération avec plusieurs piliers qui détiennent chacun de leur côté des bars, des restaurants ou des discothèques, qui servent à blanchir l'argent sale. Après les machines à sous, ses membres commencent, à partir des années 1980, à braquer les banques en se déguisant avec des postiches… à l'instar d'un autre célèbre gang avec lequel la Brise de mer aura des relations. La Brise ne va alors plus seulement souffler en Corse, mais aussi sur le continent.

Le gang de la Brise de mer est connu pour plusieurs braquages spectaculaires, mais aussi pour être à l'origine du casse du siècle ! Ça se passe le 25 mars 1990… à Genève, le paradis des banques, mais aussi des braqueurs pour peu qu'ils arrivent à leurs fins. Un commando armé entre dans une agence de la banque suisse UBS et part avec une grosse somme, une très grosse somme : l'équivalent de 125 millions de francs (19 millions d'euros aujourd'hui) ! Jamais on n'aura fait un plus gros braquage !

Un berger corse négocie les tableaux de Monet

Pendant un moment, à partir de 1985, les visiteurs du musée Marmottan à Paris ne peuvent plus admirer *Impression soleil levant*, ce célèbre tableau de Monet qui a donné son nom à l'impressionnisme. La raison ? Il a été volé le 27 octobre 1985 par un commando armé, avec quatre autres tableaux : trois de Renoir et un autre de Berthe Morisot ! En 1990, les tableaux sont finalement retrouvés à… Porto-Vecchio ! Un berger corse avait tout d'abord essayé de les vendre à des Japonais, mais sans succès… Ils auront également été proposés comme monnaie d'échange pour la remise en liberté de quatre membres de la Brise de mer incarcérés à la prison des Baumettes, mais là encore sans succès.

5,74 millions de francs disparaissent dans les airs

17 juillet 1991, un avion part de Bastia direction Paris. À son bord, 5,74 millions de francs (875 000 euros) ! À Orly, les policiers ouvrent le carton censé contenir l'argent. Comme dans un mauvais tour de magie, la caisse ne contient plus que des morceaux de carton ! Où est passé l'argent ? Les policiers supposent qu'une personne était restée cachée dans la soute à bagages. Durant l'heure et demie de vol, elle a eu tout le loisir de prendre l'argent et de s'enfermer dans une caisse récupérée à l'arrivée par des complices. Ni vu ni connu !

« Je ne suis pas le parrain de la Corse ! »

« Le milieu corse est représenté principalement par deux cercles qui défraient régulièrement la chronique, celui dit de la "Brise de mer" et celui gravitant autour de M. Jean-Jérôme Colonna », affirme le rapport Glavany en 1998. Lors d'une interview donnée en 2002 pour le journal *Corsica*, Jean-Jérôme Colonna, dit Jean-Jé, réfutera ces accusations : « Je ne suis pas le parrain de la Corse ! » Au mieux, il reconnaît avoir voulu venger son père tué sous ses yeux alors qu'il n'avait que 16 ans. L'oncle de Jean-Jé avait été victime d'une vendetta dans les années 1950, suite à l'affaire du *Combinatie* : un cargo bourré de cigarettes qui devait être pris d'assaut par de faux pirates en vue d'une arnaque à l'assurance. Mais, suite à une tempête, le bateau doit faire escale à Ajaccio. Dans l'île, des gangsters – dont un certain Antoine Paolini – décident d'écouler les cigarettes, malgré l'avis défavorable des Guérini, parrains du milieu marseillais, et de Jean Colonna, l'oncle de Jean-Jé... Une simple gifle donnée par Jean Colonna à Antoine Paolini provoque le début de la vendetta qui touchera accidentellement le père de Jean-Jé. Voilà comment Colonna explique en 2002 son rôle dans le milieu marseillais. En 1983, à la mort de Mondoloni, parrain du milieu marseillais, Jean-Jé entre en Corse... L'homme y mène une vie simple et modeste selon lui. Le rapport Glavany le cite pourtant comme étant le centre d'un cercle du milieu corse ! Mais aucune charge ne pourra être trouvée contre lui. Il sera même blanchi, et en 2001 son nom est rayé des fichiers du grand banditisme. Reste que Jean-Jé Colonna est une légende... une fausse selon lui ! Le 1er novembre 2006, il roule sur la route de Porto-Pollo en Corse-du-Sud, sa voiture percute le parapet. Elle s'enflamme et il meurt sur le coup. On parle alors d'attentat... mais, une fois de plus, on n'a trouvé aucune trace permettant d'accréditer cette thèse...

Bienvenue à la prison de Borgo

La prison de Borgo, vous ne connaissez pas ? Cette maison d'arrêt située au bord de la mer, sur la plaine orientale, bénéficie d'un régime dérogatoire : une de ses particularités est que les cellules restent ouvertes ! Ce qui fait dire à un surveillant : « Ici, ce sont les prisonniers qui gardent les matons » (*Le Monde*, 31 mars 2000). La prison est connue pour ses évasions spectaculaires…

Évasion par fax !

« Il est libre, le fax » ont chanté certains sur l'air d'« Il est libre Max » après cette incroyable histoire qui s'est passée dans la prison de Borgo. Le 31 mai 2001, le greffe de la prison reçoit un fax avec tout ce qui ressemble à un document officiel : « Mandons au directeur de la maison d'arrêt de Borgo de rayer sur son registre l'écrou de ladite personne et de la mettre, sur-le-champ, en liberté, si elle n'est pas détenue pour autre cause. » La demande de libération concerne trois hommes censés appartenir au gang de la Brise de mer. Les prisonniers sont libérés, on leur rend leurs affaires… Les hommes sont partis et sont déjà bien loin lorsque l'on réalise que le fax est un faux… bien longtemps après, car le juge d'instruction n'est informé du faux que cinq jours plus tard, en raison du pont de la Pentecôte ! Mieux que l'évasion par hélicoptère, l'évasion par télécopie !

Mais rien ne vaut les bonnes vieilles méthodes. Un mois après l'évasion par fax, un prisonnier s'échappe en hélicoptère de la prison de Borgo. Eh non, on n'avait toujours pas pensé à mettre des filins pour empêcher ce genre d'évasion !

Tentative d'évasion par balle de tennis !

Afin d'éviter les évasions par hélicoptère, on a installé depuis des filins à la maison d'arrêt de Borgo. Quant aux fax, on fait un peu plus attention… Mais en juillet 2008, des gardiens de la prison se sont rendu compte que des personnes de l'extérieur pouvaient envoyer des balles de tennis au sein de la prison. Jusque-là, rien de trop grave, sauf que ces balles contenaient des explosifs, en quantité suffisante pour faire un gros trou dans le mur et permettre la fuite ! Pour une fois, le plan d'évasion a été découvert à temps…

Troisième partie

La Corse au naturel

Dans cette partie…

La Corse est un immense patrimoine naturel à protéger. Cette partie vous invite à découvrir ses magnifiques formations rocheuses, son climat, mais aussi ses végétaux et ses animaux domestiques ou sauvages, qui forment une extraordinaire biodiversité. À l'heure actuelle, la question écologique est cruciale pour préserver les trésors naturels de l'île de Beauté.

Chapitre 9

Une montagne dans la mer

Dans ce chapitre :

- Comment s'est formée la Corse ?
- Du nord au sud : se familiariser avec la géographie de la Corse

La Corse, c'est trois « M » : Montagne, Mer et Maquis ! Montagnes rocheuses qui plongent dans l'eau, torrents qui coulent dans les gorges et vallées, beaucoup de dénivelés et très peu de plaines. Après avoir lu ce chapitre, vous connaîtrez tout de la géographie corse, du climat de l'île et même des origines de ses roches… Car, pour comprendre la géographie de la Corse aujourd'hui, il faut remonter toute l'histoire de sa création ! Il était une fois la Corse, une montagne dans la mer…

Et Dieu créa la Corse !

Au début il n'y avait rien, puis arriva la Corse, née du magma en fusion !

Quand la Corse était rattachée à la France

La Corse est aujourd'hui plus proche de l'Italie que de la France : 200 kilomètres séparent l'île de Beauté de l'Hexagone, alors que la botte italienne est deux fois plus près : les côtes toscanes étant à 90 kilomètres des côtes corses. Et pourtant, il y a bien longtemps, la Corse était rattachée à la France !

Le bloc corso-sarde

La Corse et la Sardaigne sont aujourd'hui deux îles voisines. Mais, il y a plusieurs millions d'années, elles étaient rattachées ensemble… à la plaque continentale, à quelques kilomètres des actuelles côtes françaises. Il n'y avait donc pas à l'époque de Côte d'Azur puisqu'il n'y avait pas d'eau qui séparait le bloc corso-sarde de l'actuelle Provence ! Mais voilà, durant l'ère tertiaire, la Corse et la Sardaigne partent à la dérive en mer Méditerranée et deviennent des îles. Cela commence il y a plus de 23 millions d'années : un fossé d'effondrement appelé rift se creuse entre la Côte d'Azur et le bloc corso-sarde et cela va durer des millions et des millions d'années ! Pendant tout ce temps, ce bloc corso-sarde va pivoter dans le sens inverse des aiguilles d'une montre en suivant une rotation de 30 degrés comme vous le voyez dans le schéma ci-dessous.

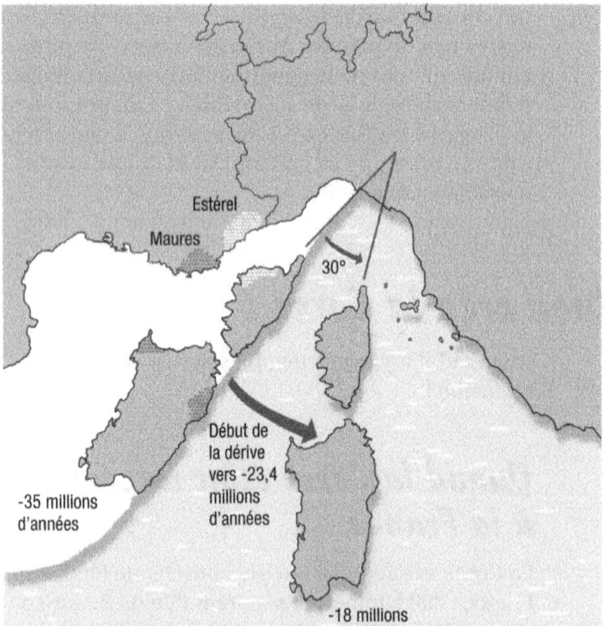

Carte 12-1 : Le bloc corso-sarde.

L'Esterel et le plateau des Maures

Avez-vous déjà visité la région de l'Esterel et le plateau des Maures ? Ils se trouvent sur la Côte d'Azur. En se promenant dans la région de l'Esterel, on a une impression de déjà-vu. Ces roches rouges, ces couleurs vives, ces formes rocheuses érodées rappellent les rochers de Piana ou de la réserve de Scandola en Corse ! Ce sont en effet les mêmes roches volcaniques, un des indices qui montre que la Corse était bien rattachée à cette région du continent. Quant au plateau des Maures, les géologues y ont retrouvé les mêmes feuillets rocheux qu'en Sardaigne.

CURIOSITÉ

Orgues et cathédrales de roche

Lorsqu'ils sont droits, ils ressemblent à des orgues, lorsqu'ils sont inclinés, ils font penser à des escaliers parfaitement moulés dans la roche ! Vous en voyez dans la montagne ou dans la réserve de Scandola, baignant parfois dans l'eau, en forme de prismes allongés. Ce sont des orgues rhyolitiques. Ils sont constitués de rhyolithe, une roche de la famille du granite, mais dont la particularité est d'être un mélange de cristaux et de pâte amorphe qui n'a pas eu le temps de se cristalliser. Pourquoi ? Tout simplement parce que la lave a été très rapidement projetée puis refroidie lors de l'éruption volcanique. Les couches inférieures se sont attiédies plus lentement et se sont ensuite fracturées sous forme de prismes, pour donner les colonnes que vous voyez à Scandola.

Quelques millions d'années après...

Nous sommes il y a 18 millions d'années ! La Corse est en train d'achever sa rotation et se trouve au niveau actuel. Le bloc corso-sarde est désormais un beau rocher dans la mer. Mais il faudra encore attendre un peu avant de construire des bungalows au bord de l'eau ! En effet, quelques millions d'années après – vers 5,6 millions d'années avant notre ère –, la Méditerranée s'évapore ! Explication : le mouvement de la plaque africaine vient de boucher le passage entre l'océan Atlantique et la mer Méditerranée. Résultat : les eaux de pluie ne suffisent plus à alimenter la Méditerranée... la mer est emprisonnée et, peu à peu, s'assèche ! Un phénomène qui aujourd'hui se reproduirait si le détroit de Gibraltar se refermait.

La Méditerranée se vide, se remplit et gèle !

La Méditerranée est en train de se vider sous l'effet de cette évaporation… mais ce phénomène a aussi des avantages : de nouveaux animaux et végétaux vont pouvoir peupler la Corse… jusqu'à ce qu'elle redevienne à nouveau une île… 300 000 ans après, lorsque se forme le détroit de Gibraltar. La mer s'engouffre alors à nouveau dans cette cuvette à une vitesse inouïe. L'eau monte au rythme de 10 mètres par jour. Au bout de deux ans, on retrouve ainsi notre mer Méditerranée (vers 5,9 millions d'années avant notre ère). Mais un dernier changement se produit il y a environ deux millions d'années. C'est la période que l'on appelle le Quaternaire. Il fait très froid ! L'eau se gèle dans le Bassin méditerranéen. On ne sait pas trop si la Corse est restée une île ou si elle était reliée au continent européen par une plaque de glace. Quoi qu'il en soit, elle a pu être peuplée par d'autres animaux (certains probablement arrivés par radeaux naturels). Quant aux hommes qui ont commencé à apparaître durant cette période de glaciation, on ne sait pas trop non plus comment ils ont pu arriver en Corse et vers quelle date exactement… On suppose que l'île n'était qu'à 40 kilomètres des côtes italiennes, voire moins. Sont-ils arrivés à la nage ? En bateau ? Comment a commencé l'histoire de Corse ? Rendez-vous à la première partie de ce livre si vous ne l'avez pas lue !

Ce n'est pas fini !

Voilà plusieurs millions d'années que les continents africain et européen se rapprochent, et ça continue ! Dans quelques millions d'années, la mer Méditerranée n'existera plus ! Il n'y aura plus que quelques bassins d'eau de chaque côté du bloc corso-sarde (la mer Tyrrhénienne sera ainsi isolée). Et puis, quelques millions d'années plus tard encore, la Corse sera comprimée entre la plaque africaine et la plaque européenne ! Si vous voulez visiter l'île, dépêchez-vous donc !

L'histoire des roches corses

Vous ne le savez peut-être pas, mais lorsque vous passez de la Corse orientale aux montagnes du centre de l'île, vous voyagez de plusieurs centaines de millions d'années en arrière ! Bloc de roc dans la mer, la partie occidentale de la Corse est une des montagnes les plus anciennes.

Au début : les roches issues du magma en fusion

Nous sommes au plus loin dans la chronologie des origines de l'île, durant l'ère primaire, entre 550 et 250 millions d'années avant notre ère. Des éruptions venues des profondeurs de la Terre donnent des roches avec de gros grains colorés et visibles à l'œil nu appelés feldspath, mica ou quartz. Il s'agit de granite : la Corse « granitique » est en train de naître ! Au fil des éruptions, elle devient un immense bloc de roches issues du magma en fusion. Cette Corse est la plus vieille partie de l'île. C'est aussi la plus rocheuse. Voyez ainsi la côte occidentale et ses montagnes qui tombent dans la mer. Après le granite, d'autres roches (basaltes, rhyolithes…) naissent du refroidissement des coulées de lave à la surface terrestre. Cette Corse faite de granite et de roches cristallines sera ensuite façonnée par des millions d'années d'érosion. Cette première formation couvre presque toute la Corse-du-Sud et la longue chaîne de montagnes qui la sépare de l'actuelle Haute-Corse… laquelle est issue en partie d'une formation géologique différente.

Puis vient le schiste

Entre l'ère secondaire et l'ère tertiaire, le niveau de la mer descend et la partie occidentale, rattachée au continent, n'est plus immergée. C'est à ce moment qu'un phénomène se produit : les plaques européenne et africaine entrent en collision. Résultat : la Corse granitique et cristalline de la partie occidentale se soulève… Mais ce n'est pas tout : une nouvelle zone se dresse également et donne naissance à une partie orientale qui correspond à peu près à la Haute-Corse. Comme la Corse est encore rattachée au continent, seule la côte orientale baigne dans la mer. Sa composition est différente de la partie occidentale. Les roches qui viennent de se soulever proviennent d'une formation sous l'eau. De plus, les mouvements des plaques africaine et européenne les ont compressées et pliées comme un accordéon. Chic, c'est du schiste ! Cette roche est caractérisée par des feuillets très pratiques pour réaliser les toits en ardoises. Les lauzes plates de la commune de Brando, feuilles de roches particulièrement résistantes, serviront à fabriquer les fameux toits corses ! Mais on retrouve aussi d'autres variétés de roches issues des formations aquatiques dans les sommets corses, comme la serpentinite, une roche à écailles vertes présente notamment dans le cap Corse ou en Castagniccia… et dont la particularité est de contenir de l'amiante !

Les Alpes en Corse ?

La Corse orientale (schisteuse) est appelée aussi Corse alpine. Pourquoi ? Cette formation est datée entre la fin du Secondaire et le début du Tertiaire (elle se termine probablement il y a un peu moins de 50 millions d'années), lorsque les plaques européenne et africaine entrent en collision. Cela crée une échine dans le prolongement des Alpes. Ce soulèvement « alpin » trace une ligne qui va du cap Corse à la Castagniccia et dont l'altitude moyenne est de 1 000 mètres. Elle est différente de la chaîne de montagnes granitique et cristalline qui sépare Haute-Corse et Corse-du-Sud. Celle-ci est dite « chaîne hercynienne », pour désigner la chaîne de montagnes très ancienne qui englobait le Massif central, les Vosges, mais aussi le Portugal, l'Irlande et même l'Oural… entre 350 et 250 millions d'années avant notre ère, lorsque tous les continents ne formaient qu'un tout appelé la Pangée ! On apprend à l'école que les montagnes jeunes sont plus hautes que les montagnes anciennes, mais ici, c'est le contraire ! En Corse, la montagne jeune (alpine) est moins haute que la montagne ancienne (hercynienne), dont l'altitude moyenne est de 2 000 mètres ! Cela est dû au fait que cette dernière s'est surélevée beaucoup plus tardivement, en même temps que la Corse alpine.

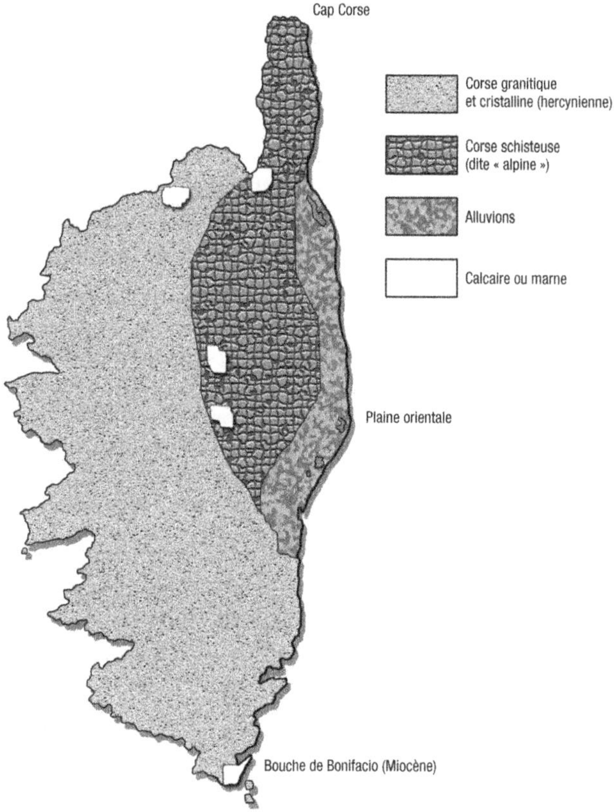

Carte 12-2 : Les roches corses

Bonifacio : c'est du calcaire !

D'un blanc éclatant, elles frappent l'œil : ce sont les falaises calcaires des Bouches de Bonifacio, un des endroits les plus magnifiques de l'île. De quand datent ces falaises ? Leur formation commence à la fin de l'ère tertiaire, à la période dite du Miocène plus exactement. La Corse finit sa rotation qui avait débuté plus de cinq millions d'années auparavant, lorsqu'elle a commencé à se détacher du continent. La voilà donc en train de se positionner à sa place dans la Méditerranée, mais elle est encore sous l'eau ! Peu à peu, les sédiments marins (argile, coquillages, squelettes d'animaux marins…) vont constituer plusieurs couches de calcaire dont les strates sont très nettement visibles aujourd'hui. En effet, lorsque le niveau de la mer commence à descendre, l'érosion marine et des eaux de pluie vont creuser les falaises que l'on voit à présent, hautes à certains endroits de plus de 90 mètres. Aux Bouches de Bonifacio, des millions d'années de dépôts marins s'offrent à nos yeux !

Le « pudding » de la plaine orientale

Le poudingue, c'est un pudding géologique ! C'est d'ailleurs du nom du gâteau anglais que vient ce terme. Ici, pas de raisins secs ni de fruits confits, mais des galets mélangés à une roche sédimentaire. Le poudingue de la plaine orientale est particulièrement intéressant. La plaine orientale est la partie la plus récente de l'île. Enfin, comptez quand même entre cinq et sept millions d'années pour la région d'Aléria ! Cette plaine est constituée d'alluvions, c'est-à-dire de coulées de boue et de pierres transportées par les eaux. Mais le poudingue d'Aléria contient des roches granitiques et schisteuses, ce qui signifie qu'à la fin du Miocène (plus précisément à l'âge messinien, c'est-à-dire entre cinq et sept millions d'années), il y a eu une importante érosion dans l'île. C'est donc à ce moment-là que la Corse émerge de l'eau ! Les pierres roulent et descendent des montagnes jusque dans la plaine d'Aléria. Là où nous les retrouvons aujourd'hui dans ce poudingue !

CURIOSITÉ

Des trous, toujours des trous

L'érosion des roches corses a parfois donné aux pierres des formes fantasmagoriques laissant entrevoir des figures d'animaux ou des visages humains. Les parties friables ont été balayées au fil du temps par la force du vent (très puissant !), les vagues et la pluie ! Seuls restent alors le roc et les cavités qui ont été creusées par l'érosion. Celles-ci sont appelées taffoni, un terme géologique désormais international et qui vient du mot corse tafone, qui veut dire « trou ». Certaines de ces cavités très importantes servaient d'abris aux premiers habitants de la Corse et ont même parfois été aménagées dans des temps plus récents comme l'abri d'Oriu-di-Canni (près du village de Sotta en Corse-du-Sud) à l'étrange allure de maison de Schtroumpfs !

De la base au sommet : géomorphologie de la Corse

L'île de Beauté a une forme que l'on reconnaît entre mille ! Ses côtes sont sexy, simples à dessiner… Voyons un peu ses mensurations…

Mensurations

La Corse fait 8 680 kilomètres carrés. Elle est 2,7 fois plus petite que sa voisine la Sardaigne… Sa largeur maximale est de 83 kilomètres (d'est en ouest). Sa longueur maximale est de 183 kilomètres (150 kilomètres sans le cap Corse !). Du fait de la largeur réduite de l'île, quelle que soit votre position dans l'île, vous êtes toujours près de la mer ! Au grand maximum, vous êtes éloigné(e) de 35 kilomètres de la côte à vol d'oiseau. Même lorsque vous êtes tout au centre de l'île, vous pouvez donc voir passer les bateaux, pour peu que vous ayez une visibilité sur l'horizon bleu !

Tout d'abord vous avez le cap Corse. Une pointe qui se détache dans la mer comme un doigt (fermez le poing de votre main droite, levez le pouce et vous avez la Corse !). Puis, de Bastia au sud de Solenzara, la côte orientale forme presque une seule et même plage. Vient ensuite la pointe de Bonifacio, au sud. La côte ouest est plus découpée, présentant quatre golfes (du sud au nord : Valinco, Ajaccio, Sagone, Porto). À partir du golfe de Porto, elle forme au nord-ouest un arc jusqu'au golfe de Saint-Florent, situé au sud du cap Corse.

La Corse autonomiste

La Corse peut être schématisée très symboliquement par trois traits représentant un triangle construit sur une ligne droite verticale qui dépasse un peu vers le haut pour figurer le cap Corse. Certains pendentifs représentent l'île de Beauté sous cette forme. Mais saviez-vous que l'origine de ce symbole vient des années 1960 avec la naissance des mouvements autonomistes ? Eh oui, ce croquis a l'avantage d'être très simple et rapide à réaliser : pratique lorsque l'on tague les murs de l'île !… Les touristes qui aujourd'hui achètent ces pendentifs en forme de Corse triangulaire ignorent bien souvent qu'ils portent autour du cou un des premiers symboles de l'autonomisme et du nationalisme insulaires !

La Corse dans une grotte

CURIOSITÉ

La nature fait parfois d'étranges choses. Lorsque vous vous promenez en Corse, vous pouvez voir apparaître dans la découpe de certaines roches, morceaux de bois ou tout autre élément naturel, la forme de l'île de Beauté (le même phénomène existe avec le chapeau de Napoléon !). Ainsi, dans la grotte de Sdragonato, une des nombreuses grottes qui percent les falaises de Bonifacio, une brèche dans la voûte dessine parfaitement les contours de la Corse ! Accessible par la mer, cette cavité naturelle peut être visitée en barque ou avec de petits bateaux de croisière.

En coupe : reliefs et cours d'eau

Après avoir vu la Corse en long et en large, regardons maintenant de bas en haut les mensurations de notre petite beauté et les merveilleux reliefs qui font ses paysages inoubliables…

On atteint les sommets

C'est le géographe allemand Friedrich Ratzel (1844-1904) qui a utilisé cette expression « montagne dans la mer » pour parler de la Corse. Et pour cause : les plus hauts sommets font tous plus de 2 000 mètres, des géants comparés à la Sardaigne qui n'atteint pas ces hauteurs.

Voici les plus hauts :

- **Le monte Cinto** (2 710 m) ou Cintu en corse (prononcez [tchin-tou]). Il domine tous les autres sommets. Il se situe sur la crête qui sépare la vallée d'Asco du fleuve le Golo ;
- **Le monte Rotondo** (2 622 m) (Ritondu en corse). Comme certains sommets, le Ritondu abrite un lac naturel. Il s'agit ici du lac Bellebone (2 320 m) qui est le plus grand de Corse… ;

Le Paglia d'Orba (2 525 m). C'est une montagne à l'étrange forme d'un aileron de requin ! Elle est située dans la région du Niolo (Niolu), mais on la voit aussi de la vallée d'Asco ou d'autres sommets comme le monte Cardu. On ne peut pas la louper !

- **Le monte Cardo** (2 453 m). En allant au sommet du Cardo (ou Cardu en corse) vous avez une drôle d'impression : vous êtes à la fois au plus profond de la Corse, mais, de là-haut, vous pouvez aussi bien observer les levers que les couchers de soleil sur la mer ! Il n'y a pas de doute, vous êtes bien sur une île !
- **Le monte Padro (Padre)** : 2 393 mètres de haut ;
- **Le monte d'Oro (d'Oru)** : 2 389 mètres de haut ;
- **Le monte Renoso (Rinosu)** : 2 354 mètres de haut.

Quatre cols routiers entre le Cismonte et le Pumonte

La montagne coupe l'île en deux parties qui correspondent à peu près aux départements de Haute-Corse et de Corse-du-Sud. On appelait autrefois ces deux parties l'« en deça des monts » (Cismonte) et l'« au-delà des monts » (Pumonte). Si vous avez lu notre histoire de la Corse, vous connaissez le rôle déterminant qu'a joué cette séparation naturelle de l'île… Elle suit une diagonale qui va du nord-ouest au sud-est. Par la route principale Ajaccio-Bastia, c'est le col de Vizzavona (1 183 m) qui est le passage entre le Cismonte et le Pumonte. Mais vous avez trois autres cols : celui de Vergio (sur la route D84), de Verde (sur la D69) et celui de Bavella (sur la D268). Le col de Vergio (Verghju en corse) est le plus haut des cols routiers de l'île : 1 464 mètres ! Voir carte des reliefs dans le cahier couleur.

Gorges et vallées

Qui dit montagnes dit vallées. Référez-vous à la carte de Corse pour ne pas vous perdre dans ces multiples plis et replis de la montagne insulaire ! Certaines vallées sont situées au plus profond de la Corse, au cœur de l'île. Très encaissées – on parle parfois de gorges (gorges de la Restonica, gorges du

Tavignano, gorges de l'Asco...) – et quasiment pas habitées, elles sont uniquement accessibles par des routes sinueuses et, au pied des sommets, par des sentiers de randonnée parfois très escarpés ! Certaines de ces gorges s'élargissent en aval, comme le Golo (Golu) ou le Tavignano (Tavignanu) dans la partie nord de l'île. La Corse-du-Sud a aussi ses larges vallées, telles la Gravona, le Prunelli et le Taravo (Taravu), dont les fleuves coulent sur la côte ouest. Elles constituent des microrégions : la vallée de l'Ostriconi, au nord-ouest, du Fango (Fangu) au nord de la réserve de Scandola (Scandula), du Liamone à l'ouest, du Niolo (Niolu) au centre, etc.

PARLER CORSE

En Corse, on ne se casse pas la tête à faire des distinctions entre le torrent, la rivière et le fleuve ! Il n'y a qu'un seul mot corse pour désigner ces trois types de cours d'eau : u fiume. Et pour cause, il n'y a en fait pas de très grandes différences visibles entre un fleuve, une rivière et même un torrent. Tous les cours d'eau ont des débits irréguliers et aucun n'est praticable en bateau (à moins de faire du canoë-kayak !). Il y a bien des fleuves – géographiquement parlant (la rivière se déversant dans le fleuve qui se déverse dans la mer) –, mais ils n'ont rien à voir avec les voies navigables qui existent sur le continent ou ailleurs. Ils ressemblent plutôt à des rivières... comme les rivières du centre de l'île ressemblent plutôt à des torrents...

LÉGENDE

Le Golo, le Tavignano et le Liamone : trois frères

Il existe trois grands fleuves dans l'île : le Golo (89,6 km, le plus long), le Tavignano (89 km) et le Liamone (46 km). La légende corse dit qu'ils sont frères ! Nés dans les massifs glacés de l'île, ils décidèrent un jour de grand froid d'aller se jeter dans les mers pour y trouver la chaleur. Le Golo et le Tavignano font alors la course sur la côte orientale, mais le Liamone traîne sur la côte ouest. Là, il rencontre Satan qui l'informe de la course que se livrent ses deux autres frères et lui propose de l'aider à les rattraper. Le Liamone accepte et arrive à la mer avant ses frères mais, en échange, il devra sacrifier tous les ans une âme humaine à Satan ! Faites attention : certains fleuves peuvent être très dangereux au moment des crues !

De la vallée du Golo à celle du Tavignano

Prenons nos bottes de géant et parcourons rapidement quelques vallées et cours d'eau de l'île. Au creux de la vallée, les rivières sont alimentées par d'impétueux torrents, comme le Stanciacone pour la vallée d'Asco qui descend tout droit des neiges du Cinto. Celle-ci (dont la rivière porte le même nom) débouche à l'est sur la large vallée du Golo au niveau du hameau de Ponte-Leccia. Les gorges de la Restonica, au-dessus de Corte, sont aussi réputées pour la beauté de leurs paysages. Sautons la ligne de crête au nord pour nous retrouver dans les gorges du Tavignano. Elles communiquent avec le haut de la vallée du Niolo, très belle, sauvage… avec quelques bergeries seulement dans ses hauteurs. Puis les gorges du Tavignano descendent vers Corte. Les deux rivières – la Restonica et le Tavignano – se rejoignent juste en dessous de la citadelle de Corte. Le Tavignano devient alors l'unique fleuve : il s'écoule le long de la large vallée du Tavignano (autrefois très cultivée par les paysans qui y récoltaient le raisin pour leur vin) jusqu'à Aléria, sur la plaine orientale.

Vallées de la Gravona et du Prunelli

Allons maintenant de l'autre côté des monts, vers le Pumonte, où se trouvent deux cours d'eau : la Gravona et le Prunelli. Ils descendent du monte Renoso et se déversent dans le golfe d'Ajaccio en se rencontrant à l'embouchure. Ils donnent leur nom à deux vallées aux histoires différentes. La vallée de la Gravona est un lieu de passage : route nationale reliant Ajaccio-Bastia, chemin de fer et même un formidable aqueduc construit du temps de Napoléon III. Sa voisine, la vallée du Prunelli est en revanche restée relativement isolée des grandes voies de passage.

La plaine orientale

Pour les plaines, c'est moins compliqué, il n'y en a qu'une : c'est la plaine orientale ! Le rare endroit plat de Corse, ou quelque peu vallonné. Nous voilà à quelques mètres à peine au-dessus du niveau de la mer. Au pied des montagnes du Centre de l'île, la plaine orientale va du sud de Bastia à Ghisonaccia en passant par Aléria. L'office du tourisme désigne cette région sous le nom de costa serena – la côte tranquille ! – histoire d'oublier sa grande productivité agricole et insister un peu plus sur sa longue et belle plage de sable fin qui borde toute cette région du littoral.

Signalons la présence de très gros étangs sur la plaine orientale : au nord (plaine de Bastia), l'étang de Biguglia, séparé de la mer par une lagune de sable de 10 kilomètres ; au sud (plaine d'Aléria) se trouvent les étangs de Diana et d'Urbino (Urbinu).

Il était une fois l'étang de Diana

L'étang de Diana est situé à 3 kilomètres au nord d'Aléria. La légende raconte que l'ancienne cité d'Aléria y aurait été engloutie ! Au milieu se trouve une île appelée l'île des Pêcheurs… formée par une accumulation de coquilles d'huîtres qui remonte à l'époque romaine ! Déjà, sous l'Antiquité, on pêchait ces mollusques pour les exporter salées vers Rome… une vocation que l'étang n'a pas perdue depuis. En plus des huîtres, on y produit aujourd'hui également des moules (comme dans l'étang d'Urbino, un peu plus au sud). Et on exporte toujours une bonne partie de la production vers l'Italie !

Le désert des Agriate

Il y a de tout en Corse, même un désert ! Vous en faites la traversée en prenant la route qui relie au nord la vallée de l'Ostriconi pour aller à Saint-Florent (San Fiurenzu). Un désert ? Pourtant son nom même – les Agriate (il n'y a pas de « s » car le « « e » signifie déjà que c'est un pluriel !) – vient du latin ager qui veut dire « agricole »… ce qui semble indiquer qu'il y avait autrefois une agriculture dans la région. Il aurait été en effet un grenier à blé pour les Romains ! Mais l'eau est rare dans le coin. On a tenté par le passé de fertiliser cet endroit. Au XVIIe siècle, les Génois avaient prévu d'y planter 1 000 arbres domestiques et 10 000 pieds de vigne ! Aujourd'hui, une bonne partie des terres appartiennent au Conservatoire du littoral. Ce désert est aussi déserté des touristes… sauf quelques petites plages du littoral accessibles en bateau ou par sentiers de randonnée.

43 lacs !

La Corse est un réservoir d'eau. On y a recensé 43 lacs ! Si on met de côté les étangs, ils sont généralement situés à de très hautes altitudes. Parfois à vous donner le vertige ! Ils sont cachés dans la roche et vous ne les découvrez qu'au dernier moment, une fois que vous avez fini de grimper les centaines de mètres de dénivelés qui vous y conduisent. Un des plus connus est le lac du Melo (Melu en corse – 1 710 m), situé un peu en dessous du Capitello (Capitellu – 1 930 m), un des plus beaux lacs, encaissé dans la roche qui le surplombe. Ce dernier est aussi un des plus profonds avec 42 mètres de profondeur. Certains touristes imprudents se jettent dedans comme dans une grande piscine. Problème : il est aussi très froid (vous y trouvez encore de la neige l'été)… d'où certains cas d'hydrocution ! Le Melo et le Capitello sont tous les deux accessibles par la vallée de la Restonica. Le lac du Nino (Ninu – 1 743 m) est, lui, connu pour les pozzini (petites mares) qui l'entourent ainsi que sa verte prairie. Il est le deuxième plus grand lac naturel de Corse, après celui du Rotondo (2 321 m), situé dans le massif du même nom. Vertigineux ! Ce dernier fait 425 mètres de long. Autre lac connu, beaucoup plus bas (1 310 m) : le lac du Creno (Crenu). Il est sombre, entouré d'une forêt de pins (les pins laricio). La légende raconte qu'il a été créé par le diable !

Tolla détrône Calacuccia

Le lac du Rotondo est le plus grand lac naturel… mais lorsque vous regardez la carte de Corse, vous voyez un autre lac au centre, beaucoup plus grand : c'est le lac de Calacuccia. Mais celui-ci n'a rien de naturel. C'est en fait un barrage artificiel sur le Golo, un des plus importants de l'île. Mais ne vous fiez pas aux apparences ! S'il est la plus vaste étendue d'eau, le lac de Calacuccia est détrôné par un autre barrage : Tolla, situé au nord-est d'Ajaccio. Ce dernier est de plus faible surface, mais sa capacité est beaucoup plus importante : 32 millions de mètres cubes d'eau contre 25 millions pour Calacuccia. Tolla et Calacuccia sont de loin les deux plus gros barrages de Corse.

Autour de la Corse

Il y a des îles autour de l'île de Beauté… et il n'y a pas une mer, mais plusieurs !

On dit que la Corse baigne en Méditerranée. Mais il y a en fait deux autres petites mers qui bordent l'île de Beauté. Celle qui se situe entre la côte orientale et l'Italie s'appelle mer Tyrrhénienne et, au nord du cap Corse, se trouve la mer de Ligurie. Seules les côtes occidentales de Corse baignent donc dans la Méditerranée. Il y a ainsi trois mers autour de la Corse : Méditerranée, Tyrrhénienne et Ligure. Voir carte de la Corse dans le cahier couleur.

La colonne de Goliath

L'île de Cavallo a toujours aimé le luxe : du temps des Romains, on sculptait notamment de magnifiques colonnes dans son marbre. Dans les années 1930, une de ces colonnes a d'ailleurs été transportée de l'île de San Baïnso (juste à côté de Cavallo) vers Bonifacio afin d'ériger un monument à la mémoire des soldats morts durant la Première Guerre mondiale. Un exploit digne de Goliath (c'est le nom du remorqueur qui a trimballé à l'époque l'énorme monolithe !) : la colonne mesure tout de même 9 mètres de haut et pèse pas moins de 20 tonnes ! Une fois qu'elle s'est trouvée sur le quai, il a fallu trois jours pour la faire rouler sur des rondins de bois jusqu'au site où elle se tient actuellement. Malgré l'utilisation de plusieurs remorqueurs pour tracter le mastodonte, l'érection de cette colonne dans le port de Bonifacio a été un événement qui a marqué les mémoires. On imagine combien ce genre de tâche a dû être encore plus pénible pour les esclaves qui devaient faire le même travail plus de 2 000 auparavant… mais sans l'aide des engins à moteur !

Une île et des îles

L'île de Beauté est entourée de petites îles. Il y en a des dizaines, sans compter les petits îlots. Au total, près de 90 îles et îlots. Sauf sur l'île de Cavallo, la faune et la flore y sont généralement protégées (soit parce qu'elles appartiennent au réseau Natura 2000, soient parce qu'elles ont été classées depuis plusieurs années déjà dans une zone de réserve naturelle). Faisons rapidement leur tour… tout autour de la Corse ! Et arrêtons-nous uniquement dans les plus importantes…

Au sud…

- Les îles Bruzzi et les îlots des Moines : il s'agit d'une réserve naturelle protégée où vivent notamment des cormorans huppés et des balbuzards pêcheurs (un nid artificiel est même aménagé sur la plus grande des îles). Cette zone est visible de la côte, à l'ouest de Bonifacio, entre la crique de Roccapina à la punta di u Pozzu ;
- L'île de Cavallo : avec ses 112 hectares, c'est la plus importante par sa taille. Elle se situe au sud de la Corse (à l'est de Bonifacio). On vous a déjà parlé de cette île des milliardaires avec ses maisons luxueuses, son port en béton et sa piste d'atterrissage pour avions privés… ;
- L'archipel des Lavezzi : une multitude de petits récifs et îlots aux rochers blancs qui ont été classés réserve naturelle en 1982 (sauf Cavallo). Cet archipel comprend l'île de Cavallo et l'île principale de Lavezzi qui fait 60 hectares. Ces îles sont les restes d'un isthme qui reliait, il y a plusieurs millions d'années, la Corse et la Sardaigne. Leurs récifs sont redoutés des marins car ils sont à l'origine de plusieurs naufrages, dont le plus important est celui de la Sémillante en 1855. Alphonse Daudet en raconte l'histoire dans l'« Agonie de la Sémillante » (*Lettres de mon moulin*) ;
- Cap vers les îles Cerbicales, au large de Porto-Vecchio. Ces petits îlots sont classés réserve naturelle depuis 1980.

Au nord…

- Les îles Finocchiarola : nous voilà remontés tout au nord de l'île, à la pointe du cap Corse. Il s'agit d'une autre réserve naturelle créée en 1987 ;
- L'île de la Giraglia : cette île de 8 hectares est la plus au nord, tout en haut du cap Corse !
- L'îlot de Capense : d'une surface de 2 hectares, il se situe au large de Centuri (côte ouest du cap). Cet îlot a été fortifié au Moyen Âge ! Il ne reste plus aujourd'hui que quelques ruines de la chapelle Santa Maria Maddalena construite à la même époque à cet endroit.

À l'ouest...

- L'île de la Pietra : c'est désormais une presqu'île. Ce sont ses roches rouges qui ont donné le nom à la ville d'Île-Rousse. Le phare construit en 1857 est maintenant relié à la ville par une route ;
- L'île de Gargalo : c'est une île de la réserve de Scandola (voir p. 403). Elle est formée de roches rouges avec une tour génoise au sommet !
- Les îles Sanguinaires : belles et célèbres, elles sont composées de quatre îlots qui séparent le golfe d'Ajaccio de celui de Sagone. D'où leur nom d'îles Sagonari sur d'anciennes cartes... on les appellera ensuite îles Sanguinaires. Leur nom n'a donc rien à voir avec d'éventuels reflets rouges dus au soleil couchant ou à la couleur de leur roche qui est plutôt noire, puisqu'il s'agit pour la plupart de diorite ! Le premier îlot est en réalité une presqu'île. C'est la pointe de la Parata, avec une tour gênoise plantée à l'extrémité. Sur la plus grande des îles, un phare construit en 1844 a inspiré à Alphonse Daudet sa nouvelle « Le phare des îles Sanguinaires » (*Lettres de mon moulin*).

Bastia : îles à l'horizon

De Bastia, en vous postant au sud de la citadelle, vous pouvez voir par beau temps ses îles se dessiner à l'horizon. Elles ne sont pas françaises, mais italiennes ! La plus grosse est l'île d'Elbe où, en 1814, Napoléon est resté en exil pendant près de 300 jours. Elle est située à plus de 50 kilomètres de la Corse, mais on voit ses montagnes se découper. Sur votre gauche, c'est Capraia (à seulement 25 kilomètres du cap Corse). Quant à la terre que vous pouvez parfois deviner sur votre droite, c'est Pianosa (à 40 kilomètres de la côte). Enfin, il y a une autre île, très célèbre, qui se trouve au sud de ces trois îles : c'est la fameuse île de Montecristo qui a inspiré le roman d'Alexandre Dumas. Pour l'anecdote, Dumas y est allé pour la première fois en 1842 accompagné de Joseph-Charles Bonaparte alias Plon-Plon, lors d'un voyage-pèlerinage à l'île d'Elbe.

Chapitre 10

Faune et flore insulaires

Dans ce chapitre :

- La Corse : une formidable réserve naturelle à découvrir
- À la rencontre des espèces endémiques et des autres habitants de l'île
- Balade herboriste dans le maquis
- Sur la plage, les pins dans l'eau…

Ah… la Corse sauvage ! Une grande partie de l'île est protégée, classée réserve naturelle pour la faune et la flore. Certains animaux sont dits endémiques, car ils n'existent qu'en Corse, comme la sitelle corse, certains crapauds, lézards et salamandres… et bien sûr le mouflon, animal emblématique de l'île, difficile à approcher, mais que vous pouvez voir aux jumelles. Tout ce petit monde habite au milieu du maquis et des forêts de feuillus et de pins laricio. Gardez vos jumelles et regardez dans le ciel : vous y verrez aigles, gypaètes barbus et, au bord de la mer, goélands au bec rouge, balbuzards pêcheurs et bien d'autres rois du ciel. Et dans l'eau ? Il faut plonger… pour y voir plein d'animaux marins ! Mais, à la surface des mers, peut-être aurez-vous la chance de voir des baleines et des dauphins. N'oublions pas le cœur de l'île et sa truite corse, une espèce endémique ! Penchez-vous vers le sol et découvrez les petits insectes et araignées. On fait peu attention à eux, c'est un tort. Heureusement, l'on va regarder tout cela de plus près…

E bestie (les bêtes)

Elles sont sauvages, domestiques et parfois les deux ! Voici un petit bestiaire corse.

Les mammifères sauvages

Si on met de côté les chauves-souris, les mammifères sauvages corses sont au nombre de dix-sept. Pas plus ! Les trois plus gros sont le cerf (cervu), le sanglier (cignale) et le mouflon (a muvra). Puis, plus petits : le renard (volpe), le chat sauvage (ghjattivolpi), le lièvre (levra), le lapin de garenne (cunigliulu), le hérisson (ricciu), la belette (bellula, variété corse), le loir (ghjira). Et puis il y a aussi tous ces animaux que l'on assimile en Corse à des rats (topi) : la musaraigne des jardins, la musaraigne étrusque (topuragnu), le lérot (topu mascaratu), le mulot (topu campagnolu), le rat noir (topu), le surmulot, la souris (tuparellu). Enfin, n'oublions pas les chauves-souris (topi pinnuti), qui vivent dans les grottes de l'île !

Les mammifères à gros ongles

Les trois plus gros mammifères sauvages de Corse appartiennent à la famille des ongulés… appelés ainsi à cause de leurs gros ongles… que sont les sabots ! On ne dirait pas, mais les sabots sont bien adaptés pour les sols rocheux… à condition d'être un animal. Les trois ongulés corses qui vivent à l'état sauvage sont le mouflon, le cerf et le sanglier.

LE SAVIEZ-VOUS ?

Les lapins-rats

En Corse, il y a des lapins. Il y a aussi des rats. Mais, à la préhistoire, il existait le lapin-rat ! Il est, avec le mulot, le campagnol et la musaraigne, un des premiers habitants de la Corse, contemporain des premiers occupants humains de l'île… 8 000 ans av. J.-C. ! Ces animaux étaient en fait de minuscules lapins… de la taille d'un rat !

Le mouflon, une chèvre préhistorique

CURIOSITÉ

On ne peut pas parler de la Corse sans parler du mouflon corse (a muvra), une espèce endémique. Il est une des cinq variétés de mouflons qui peuplent la planète et fait partie intégrante de la culture corse. Même un groupe de chanteurs de l'île s'appelle I Muvrini, ce qui veut dire

« les petits mouflons ». Sans compter les multiples représentations de cet animal dans l'art corse : son poil, ses cornes… Vous trouvez qu'il ressemble à une chèvre ? En effet, c'est son lointain parent. Domestiqué par les hommes du Néolithique, le mouflon est redevenu sauvage par la suite… Cet animal protégé est désormais réfugié dans la réserve d'Asco et dans celle de Bavella, où il vit dans les montagnes rocheuses. Il est très diffcile de l'approcher : craintif, il s'échappe dès qu'il voit l'homme. Mais vous pouvez l'observer de loin avec des jumelles. Notez que, lorsqu'il commence à neiger l'hiver sur les sommets, le mouflon descend brouter dans les vallées. Vous avez ainsi plus de chances de l'apercevoir…

LE SAVIEZ-VOUS ?

20 000 chasseurs !

Traditionnellement, on chassait la grive en posant des collets (*i capii*) ou des lacets (*i lacci*). D'autres pièges étaient posés pour attraper lapins, musaraignes, loirs, renards, mais aussi oiseaux (grives…). Mais de nos jours, la chasse (*a caccia*) a pris une autre dimension. Le seul gros mammifère que l'on peut chasser en Corse, c'est le sanglier ! L'animal omnivore n'a jamais trop été aimé dans l'île, sinon en civet. Il abîme les jardins et les pâturages en remuant la terre (les municipalités organisaient autrefois des battues au sanglier lorsque les villages en étaient envahis !). C'est sans regret qu'on lui tire dessus… Mais si la saison de la chasse est attendue de longue date, c'est parce qu'elle mobilise tous les hommes du village. Le jour venu, c'est une vraie cérémonie : les hommes s'habillent en treillis, prennent leur fusil à l'épaule et partent en équipe avec leurs chiens… traditionnellement avec leur *cursinu*, le chien corse, imbattable à la course ! Le soir, on ramène éventuellement le sanglier tué. On l'a attaché à une longue et solide branche. Deux hommes à chaque bout de la branche portent ainsi l'animal qui finira peut-être en ragoût (*tianu*)… La Corse est la région de France où il y a le plus de chasseurs proportionnellement au nombre d'habitants : on en recense 20 000 !

Des cerfs de plus de 60 000 ans !

Dans les années 1990, on a découvert, dans une grotte du cap Corse (grotte de la Coscia), une spectaculaire accumulation d'ossements d'une variété de cerf nain – appelée cerf de Caziot – qui n'existait qu'en Corse et qui a disparu depuis.

Cet incroyable amoncellement d'os et de crânes a fait dire, à l'époque, que des hommes avaient pu les entreposer à cet endroit… il y a 60 000 ans ! Mais l'explication attribuant la présence de ces ossements à une origine humaine est actuellement contestée. À présent, c'est une autre variété endémique que l'on rencontre en Corse : le *Cervus elaphus corsicanus* ! Mais le dernier cervidé de l'île aurait disparu dans la forêt de Pinia en 1968 ! Heureusement, au milieu des années 1980, l'espèce a été réintroduite dans l'île. Le peuplement vient de Sardaigne, mais il s'agit de la même race que le cerf corse. Le mal a été réparé !

Sangliers sauvages

La terre a été remuée comme si elle venait d'être labourée. Il n'y a pas de doute, il y a des sangliers dans le coin ! U cignale, dit-on en corse. Vous pouvez de temps en temps en observer un ou plusieurs dans la forêt ou le maquis. Contrairement au cochon domestique – son très proche cousin –, le sanglier sauvage a plutôt tendance à se cacher ou à fuir lorsqu'il voit l'espèce humaine. Il est la cible des chasseurs dès que commence la saison de la chasse… à partir de la mi-août. Comme le mouflon, le sanglier a été domestiqué à la préhistoire avant de retourner vivre à l'état sauvage.

La particularité du sanglier corse est qu'il a 38 chromosomes alors que le sanglier du continent en a 36… Le sanglier corse est ainsi très proche du porc, qui a lui aussi 38 chromosomes. Ceci explique les nombreux croisements entre les premiers et les seconds…

Les chauves-souris corses

Ces mammifères volants sont menacés et pas toujours très aimés. Pourtant, ils sont d'une grande utilité : une chauve-souris peut aller jusqu'à manger un tiers de son propre poids en insectes… mieux qu'un insecticide acheté dans le commerce ! Il existe en Corse plus d'une vingtaine de chauves-souris différentes (une dernière espèce qui n'existe pas sur le continent, le murin du Maghreb, a été découverte en 2000). Sur le territoire corse niche la plus petite chauve-souris d'Europe, la pipistrelle commune, mais aussi la plus grande, appelée grande noctule.

Animaux domestiques… en pleine nature

En Corse, on trouve les animaux de la ferme… mais parfois sans la ferme ! Veaux, vaches, cochons sont souvent en liberté. Ils font ainsi partie de la faune insulaire. Impossible de ne pas les croiser sur votre chemin !

Les chèvres répondent « bè » à l'appel

Le vocabulaire corse est extrêmement riche pour définir la physionomie de la chèvre (a capra) ou de la brebis (a pècura) : ochjata rossa (chèvre rousse avec le pourtour des yeux d'une autre couleur), grisgia muglia (chèvre au poil dégradé gris et blanc), muglia lombata nera (brebis gris foncé), ceria (chèvre roux-blond), ciuffata muglia (chèvre grise avec des touffes entre les cornes), chjerchjate (cornes en demi-cercle), rampinate (cornes pointues), modina (chèvre sans cornes), etc., etc. Aucune chèvre ne se ressemble ! Le berger les connaît toutes par le nom qu'il leur a donné. Il faut dire que la chèvre est un animal dont le QI est voisin de celui du chien. Et quand le berger les appelle par leur nom, elles lui répondent « bè » comme pour dire qu'elles vont « bien » (jeu de mots corse). Dernière précision : si les brebis ont toujours besoin d'herbe tendre, les chèvres sont moins difficiles. Ces dernières sont aussi de belles montagnardes (comme les mouflons !). Cela ne les empêche pas de passer l'hiver sur la côte. C'est ce qu'on appelle la transhumance : le troupeau voyage à travers les terres sous la houlette du berger (du latin *trans*, à travers, et *humus*, terre). Cela peut durer plusieurs jours, le temps de passer de la plaine à la montagne (en mai), puis de la montagne à la plaine (en septembre). Il faut par exemple six jours aux bergers pour aller avec leur troupeau de la vallée du Fangu sur la côte ouest aux montagnes du Niolo.

Sangliers domestiques ou cochons sauvages ?

Sous l'effet de croisements, il existe en Corse des cochons à poils longs qui ne ressemblent pas à des cochons domestiques. Pourtant, ils vivent aux abords des routes et des villages corses (pour être exact, souvent aux abords des décharges !)… au point qu'Obélix croit, dans *Astérix en Corse*, qu'il s'agit de « sangliers domestiques » ! En fait, ce sont des cochons sauvages ! Ils se nourrissent comme les sangliers, de châtaignes, de fruits, de glands de chêne… qu'ils cherchent en remuant la terre. D'autre part, le porc (cochon domestique), avec lequel on fait la charcuterie, est souvent élevé, lui aussi, en liberté, dans le maquis ou dans les forêts de châtaigners. C'est parce qu'il se repaît uniquement de produits sains que sa viande est si exquise ! Mais attention, si le porc a mangé des faines (fruits du hêtre), la charcuterie est de moindre qualité…

L'âne : bête de somme… en Corse

LE SAVIEZ-VOUS ?

L'âne (u sumere) est un animal mythique et sympathique de l'île de Beauté. Dans la vie de tous les jours, il portait les lourdes charges, mais des poètes comme Santu Casanova le font aussi parler ! Comme ailleurs, l'âne est une référence de bêtise et, pour insulter quelqu'un, on lui dit en corse : « O sumerò ! » En tout cas, l'animal n'a jamais été mangé dans l'île ! Mais, depuis quelque temps, on peut voir du saucisson d'âne dans certaines boutiques… alors que ce n'est pas un produit corse traditionnel. Il y avait 20 000 ânes sur l'île au début du XXe siècle, il n'en reste aujourd'hui plus qu'un millier. Il est donc hors de question qu'ils finissent dans des assiettes ! Le saucisson d'âne que vous pouvez voir en Corse vient en fait tout droit de Sardaigne.

La vache !

Les vaches (e vacce) ne sont pas censées être des animaux sauvages. Pourtant, on en voit partout dans les montagnes se promener en liberté. Les troupeaux suivent paisiblement les sentiers qu'ils broutent. Parfois, en vous promenant, vous pouvez rencontrer un taureau, lui aussi sur le sentier. À vous de ne pas trop l'énerver ! D'ailleurs, avez-vous déjà vu deux taureaux se battre à mort devant vous ? C'est très impressionnant… Vous pouvez aussi rencontrer des vaches « maronnes » sur certaines plages du littoral peu fréquentées. Elles sont retournées à la vie sauvage depuis plusieurs générations ! En montagne, les troupeaux sont d'une grande utilité : ils peuvent vous indiquer des chemins (vous les entendez de loin grâce à leurs cloches) ou des sources. Mais attention, si vous avez soif… Sur le sentier, le long de la pente escarpée, les vaches très disciplinées font la queue à la source ! Elles boivent les unes après les autres… Si vous voulez vous désaltérer, vous devez attendre votre tour et faire la queue avec les vaches !

U cursinu : le chien corse

Depuis plusieurs siècles, il était attesté qu'il existait une espèce canine propre à la Corse. Autrefois chien de berger ou chien de chasse, le turcatu a été rebaptisé récemment cursinu. Ce grand chien au corps robuste, à la poitrine large et haute, au visage foncé et à l'œil en amande, proche du loup, existe sous diverses variétés. Les poils peuvent être longs ou courts, la couleur sable, noir ou fauve. Mais, avec les mélanges, rien n'était sûr. Dans les années 1980, le Parc naturel régional de Corse a lancé une étude sur le chien insulaire… et il s'est avéré que le cursinu était bien une race à part… reconnue officiellement en 2003.

Drôles d'oiseaux

On a compté 128 espèces d'oiseaux insulaires ! À ce nombre s'ajoutent les oiseaux de passage qui font escale en Corse au printemps.

Le dernier bastion du pigeon !

En Corse, il y a des pigeons bisets. Quoi de plus banal, direz-vous ! Ce pigeon, il y en a partout, en ville, on ne voit que ça… Mais le pigeon biset que l'on trouve en Corse est particulier : il n'est pas domestique, c'est un pigeon sauvage, ancêtre du pigeon voyageur, ce qui est assez rare. Mais ce n'est pas tout : les pigeons sauvages qui nichent en Corse sont les seuls de souche pure, les derniers représentants de l'espèce ! Sédentaire, ce pigeon de Corse qui vit sur les îlots rocheux (colombu petraghjolu) est resté sans se mélanger à d'autres espèces… L'île de Beauté est donc le dernier bastion des ancêtres sauvages de ces pigeons pas si banals que ça.

Quelques oiseaux terrestres de l'île…

Voici les principales espèces protégées qui nichent dans l'île :

- **La sitelle corse** (pichjarina) : pour commencer, un oiseau qui n'existe qu'en Corse ! Cette espèce de sitelle qui ne mesure que 12 centimètres a été découverte au XIXe siècle par le naturaliste John Whitehead, un des rares à ne pas l'avoir confondue avec la sitelle torchepot, très commune en Europe. La sitelle corse porte comme un bandeau noir autour des yeux ! Le mâle a également une calotte noire sur la tête. Autre particularité de ce petit animal très agile : il reste souvent accroché à l'envers, les pattes agrippées à l'écorce des arbres et la tête en bas ;
- **Le venturon corse** (nom savant : *serinus corsicana*) : il est moins connu que la sitelle qui lui vole la vedette. Il est toutefois une espèce de passereau endémique que l'on ne trouve qu'en Corse et en Sardaigne. Son ventre est jaune et son dos est vert avec des ailes noires (un peu comme une autre sous-espèce qu'est le venturon montagnard, sauf que la variété corse est d'un jaune plus clair avec un dos strié chez le mâle). Comme toutes les espèces endémiques, il reste en Corse l'hiver ;
- **Le chevalier gambette** (vadaghju pedirossu) : on dit qu'il a de belles gambettes, et c'est vrai ! Elles sont rouges. Mais le chevalier gambette a aussi un beau bec. Ce drôle d'oiseau se tient au bord des étangs… il a souvent le bec dans l'eau !
- **Le pic épeiche** (pichju) : toc toc toc ! c'est comme un pic-vert… mais ça n'est pas un, pour une simple et bonne raison : il n'existe pas de pic-vert en Corse ! En fait, c'est un pic épeiche – seul pic corse –, une espèce que l'on trouve un peu partout en Europe… mais la version corse n'existe qu'en Corse et en Sardaigne ;
- **La chouette effraie** (malacella) : vous entendez la nuit son sifflement répété, « shrrreeee », qui vous effraie. On ne pouvait pas ne pas citer cet animal qui symbolisait la sagesse sous la Grèce antique. Mais, en Corse, c'est un oiseau de mauvais augure (son nom corse signifie littéralement « mauvais oiseau »). Quand il arrivait un drame, on disait : « Ha cantatu a malacella » (« La chouette a chanté »)… comme pour dire qu'elle avait annoncé le malheur ;

- **Le hibou petit duc scops** (ciocciu) : vous entendez la nuit son chant mélodieux. C'est normalement un migrateur… mais beaucoup d'hiboux préfèrent rester en Corse plutôt que d'aller en Afrique ! Ils trouvent en effet suffisamment de nourriture sur place pour hiverner dans l'île !
- **La mésange bleue** (cappellina) : vous en voyez par exemple dans la vallée du Fangu près de Scandola. C'est un passereau bleu… et jaune. Mais il existe plusieurs espèces de mésanges en Corse (noire, à longue queue, charbonnière, mésange huppée,…) ;
- **Le troglodyte mignon** (scrizzula) : c'est un tout petit oiseau qui s'approche des maisons. Très curieux, il cherche des insectes !
- **La fauvette sarde** : elle n'existe qu'en Sardaigne et en Corse. Ce passereau au plumage gris ardoise est un peu plus grand que son cousin des Baléares. Son cri aussi est différent : « trrut » ou « drut » puis « slit », « tsig » ou « tik ».

LE SAVIEZ-VOUS ?

Les oiseaux que l'on peut chasser en Corse

Certaines variétés d'oiseaux sont la cible des chasseurs ! Voici quelques espèces non protégées que l'on peut chasser en Corse : la perdrix rouge (pernice), très abondante dans le maquis, la bécasse (biccazza) et la bécassine (biccazzinu), qui vivent dans les marais, la grive draine (trizina), l'étourneau (sturnellu), le merle noir (merlu), le geai (ghjandaghja), la tourterelle (turturella), le canard colver (frisgione), le faisan (fasgianu), la foulque (forgha), qui nage sur les étangs, etc.

Pour ne pas les oublier, on trouve aussi en Corse : la bouscarle de Cetti (rossignolu fiumarecciu), le merle bleu (merlu ghjentile), le roitelet triple bandeau (suchjafica), le martin-pêcheur (ciottulu mergo), le grimpereau des bois (rampichinu), la bergeronnette (coditremula), le cincle plongeur (merula fiumulanica), le bruant zizi (fenattu), l'alouette (terraghjola), le moineau friquet (passarotu), le grand corbeau (corbu), la corneille mantelée (curnachja), etc., etc.

On prend de la hauteur…

Élevons-nous un peu pour observer les oiseaux d'altitude. Toutes ces espèces sont là encore protégées et nichent en Corse :

- **Le gypaète barbu** (altore) : il a une petite barbiche noire, d'où son nom ! Son plumage est gris et jaunâtre et son œil cerclé de rouge. Mais c'est surtout sa taille qui impressionne : il peut atteindre presque 3 mètres lorsqu'il déploie ses ailes. Pas d'affolement : ce géant du ciel ne mange que des os ! D'ailleurs, on le surnomme le « casseur d'os ». C'est sa grande spécialité. Cet oiseau rare monte en altitude et jette ses carcasses de viande sur les rochers pour mieux les fracturer. Vous pouvez voir cette espèce protégée planer dans les hauteurs du Centre de la Corse où ils sont une dizaine de couples à avoir fait leur nid dans les taffoni (grottes naturelles de la roche corse). Attention à ne pas recevoir un os sur la tête !
- **Le chocard** (taccula) : Ce corvidé tout noir au cri plutôt stressant n'en demeure pas moins très sympathique. Il ressemble à un choucas des tours avec lequel on le confond souvent ! Mais contrairement à celui-ci qui a le bec noir, le chocard a le bec jaune. Vous en voyez des nuées dans la haute montagne, comme au lac du Capitello, au-dessus de la vallée de la Restonica. La chocard aime bien les touristes qui viennent visiter le lac. Il s'approche furtivement, comme si de rien n'était, pour piquer la nourriture, dans les provisions des randonneurs !
- **Le milan royal** (filanciu) : c'est un rapace que l'on voit souvent dans le ciel corse. Il vit dans la montagne et plane longuement au-dessus des vallées. Il tourne, il tourne dans le ciel en dessinant des cercles… c'est qu'il vient de repérer une proie ! Attention, il va peut être foncer vers sa victime ! À ne pas confondre avec son cousin, le milan noir, qui est un oiseau migrateur ;
- **L'aigle royal** (acula) : il est le roi du ciel. Une quarantaine de couples nichent aujourd'hui dans les sommets de l'île. C'est bien sûr une espèce très protégée !

- **L'autour des Palombes** : il est proche de l'épervier d'Europe (stantarolu) que l'on peut observer aussi en Corse. Ce très beau rapace mesure 50 à 70 centimètres. Il chasse des oiseaux plus petits que lui. Cette espèce qui n'existe qu'en Corse et en Sardaigne n'est représentée que par une cinquantaine de couples dans l'île… ;
- **Le faucon pèlerin** (falcu pelegrinu) : il réside sur les falaises et bat les records de vitesse lorsqu'il pique sur ses proies : il descend à 270 kilomètres-heure ! Ce faucon aux plumes noires est le cousin du faucon crécerelle (zaccavighjulu), aux plumes de couleur brun clair. Ce dernier vit plutôt dans les campagnes… ;
- **La buse** (buzzaiu) : vous voyez cet oiseau au plumage clair percher parfois sur des poteaux. Elle vit à plus basse altitude que les autres rapaces.

On redescend vers la mer

De grandes réserves comme Scandola (au nord du golfe de Girolata) abritent des oiseaux rares et protégés. Plusieurs variétés vivent aussi sur les îles et îlots situés tout autour de la Corse, là où personne ne vient les déranger !

- **Le cormoran huppé de Desmarest** (marangone) : son plumage est noir ou gris et il mesure, adulte, 75 centimètres. Cet animal au long bec et au long cou niche à Bonifacio, une des colonies les plus importantes de Méditerranée. Vous pouvez en observer aussi aux îles Finocchiarola (cap Corse) et dans la réserve de Scandola ;
- **Le goéland d'Audouin** (gabbianu corsu) : il a le plumage blanc ou gris. Il n'en existe qu'une centaine de couples en France… et ils sont corses ! C'est un des goélands les plus rares au monde. À quoi le reconnaît-on ? Il a un bec rouge (alors que les autres espèces ont un bec jaune)… Vous le voyez dans les îles du nord du cap Corse, dans les golfes de Porto et d'Ajaccio (où ils viennent parfois faire un petit tour en ville !), ainsi qu'aux îles Lavezzi et Cerbicales. Leur parade nuptiale est assez bizarre : le mâle et la femelle balancent la tête de haut en bas. Sous les cris de la femelle, le mâle régurgite de la nourriture que la femelle s'empresse d'avaler !

- **Le puffin cendré** (guaiu) : « guaiu, guaiu », c'est son cri… mais aussi son nom à Bonifacio. Il peuple les endroits protégés de la côte comme sur l'île de Giraglia qui n'est plus habitée depuis 1992 (date de l'automatisation du phare). Il vient en petit nombre des Açores pour y pondre ses œufs !
- **L'océanite tempête** : c'est un petit oiseau noir. Vous pouvez les regarder voler dans le ciel de la réserve de Scandola. Il tourne autour des bateaux ;
- **Le balbuzard pêcheur** : c'est une espèce d'aigle (alpana) qui niche sur la roche au bord de l'eau. Réintroduit peu à peu sur tout le littoral corse et sur les îles, il se nourrit exclusivement de poissons qu'il attrape à la surface de l'eau grâce à une vue perçante qui en fait un excellent pêcheur !

Les oiseaux migrateurs en escale en Corse

Beaucoup d'oiseaux migrent. La Corse est une escale privilégiée pour ces grands voyageurs. Vous les voyez surtout à Barcaggio (à la pointe du cap Corse), à Capitello (près d'Ajaccio) et près de l'étang de Biguglia, au sud de Bastia. Ce sont des centaines d'espèces différentes ! Ils sont là de passage au printemps. Le rouge-gorge, qui hiverne en Algérie, part pour l'Est et le Nord-Est de l'Europe. Le pouillot fitis a pour destination, lui aussi, le nord et l'est, jusqu'au Danemark ! Les hirondelles viennent d'un peu partout à travers l'Europe. Le gobemouche s'envole vers l'est. Parmi les autres oiseaux migrateurs qui visitent la Corse, on peut citer : les canards, qui descendent vers l'île de Beauté lorsqu'il commence à faire au nord de l'Europe un… « froid de canard ». Quelques-uns nichent dans l'étang de Biguglia…

Mais aussi : le vanneau huppé (chifa), le chevalier guignette, la bécassine au long bec (biccazzina), la rousserolle effarvatte, le flamant rose (il hiverne dans l'étang de Biguglia !), le faucon hobereau (falcu sbiru), le coucou (cuccu), la pie-grièche (ciarla), l'engoulevent d'Europe (espèce rare appelée funtu ventu en Corse), la grive mauvis (tordulu rossu), le merle de roche (merlu petricaghjolu), le rossignol philomèle (rusignolu), le guêpier d'Europe (vespaghju), le huppe fascié (cristuda), l'hirondelle (accella benedetta), le martinet noir (sbirulu), le tarier pâtre (sora), la fauvette (capinera), etc., etc.

La pêche des pointus

La Corse n'a jamais véritablement été une île de pêcheurs… à l'exception des populations habitant à l'extrême nord de l'île (le cap Corse) et à l'extrême sud (Bonifacio). À Bastia, on préférait pêcher dans l'étang de Biguglia, riche en poissons (anguilles, muges, loups…), mais les traditionnels ports de pêche avec les barques « pointues » (schivettu) – dont le nom vient de leur poupe pointue – font pourtant partie du paysage corse. Voyez le vieux port de Bastia et ses barques en bois qui mouillent à quai (lorsque les places ne sont pas prises par des bateaux de plaisance). Ce sont les traditionnels bateaux colorés des pêcheurs d'anchois et de sardines. Ils jetaient le filet à la mer, lorsqu'elle était calme. Ce qui fait dire à l'abbé Gaudin au XVIIIe siècle que ce sont les Napolitains qui fournissent les autres variétés de poissons à la Corse !… et souvent les plus mauvais (comme en témoigne l'expression « Baccalà pè Corsica » – « de la morue pour la Corse » – utilisée encore aujourd'hui pour dire que l'on donne aux Corses les plus mauvaises choses). Toutefois à Bonifacio, à Calvi ou dans le cap Corse, on pêche à la nasse (sorte de panier réalisé avec des baguettes de myrte) ou au filet. Que pêche-t-on ? À la carte : dorades grises (canthères, pagru), congre (grongu), murène (murena), rougets (triglia), chapon (capponi), pageots (paghjelli), mustelles (mustella), chats des mers (gattuzzu)… sans oublier la langouste que l'on attrape encore à Centuri (cap Corse), premier port de pêche de la langouste !

Dans l'eau…

Eau de mer, eau douce, étangs… Qu'y a-t-il dedans ? Des poissons, mais pas seulement…

La truite corse

Commençons d'abord par un animal de torrent : la truite ! Difficile à première vue de faire la différence, pourtant, il existe bien dans l'île deux variétés de truites qui n'ont rien à voir génétiquement : celle de souche, appelée « truite corse » (nom savant : *Salmo trutta ssp. Macrostigma*) et la truite méditerranéenne… Faites alors attention quand vous pêchez ou quand vous avez ce poisson dans votre assiette ! Où repère-t-on la truite corse ? Réponse : dans les lacs et torrents d'altitude. On parle de protéger cette truite de souche, unique au monde, puisqu'elle n'existe que dans l'île de Beauté !

La patelle géante

La patelle est un coquillage légèrement conique. Elle reste accrochée sur toutes les côtes françaises, mais en Corse vit la plus grosse de France, c'est la patelle géante. Elle mesure 8 centimètres, ce qui est grand pour cette variété de coquillage que l'on trouve aussi en Espagne, en Sardaigne et en Afrique du Nord… Autrefois, on en cueillait un peu partout en Méditerranée, et c'est pour cette raison qu'elle a commencé à disparaître du Bassin méditerranéen. La patelle géante est donc aujourd'hui une espèce menacée. Notons qu'elle est désignée en Corse sous des noms bien différents : a patella à Macinaggio, ochje di prete à Centuri, a lappera grande à Bastia, a labbera maio à Saint-Florent, a labbera maio-U Prete à Calvi, a patella sumirina à Ajaccio, a patella maiora à Pianotolli, a patilla muntagnata à Bonifacio, a laparedda maiora à Porto-Vecchio.

Le corail : or rouge de Méditerranée

La légende veut que Persée, lorsqu'il tua la Méduse, déversa son sang pétrifié dans la mer… ce qui donna le corail. Le rouge, c'est la couleur du sang, mais aussi une couleur porte-bonheur. L'origine marine du corail (curallu) fait qu'il a toujours fasciné. On lui attribue dans l'île des pouvoirs magiques (voir chapitre 5). Mais ce polype marin peut aussi être blanc (mais c'est assez rare). Le corail a été exploité dès l'Antiquité. Sa pêche est réglementée en 1779 par Louis-Jean-Marie de Bourbon, représentant du roi de France en Corse. Il faut dire que la prospection de cet or rouge a suscité de nombreuses rivalités entre la Corse et l'Italie par le passé. Au XVIIIe siècle, les corailleurs (pêcheurs de corail) italiens exploitaient les côtes de l'île de Beauté. Mais il existait aussi des corailleurs corses qui sillonnaient la Méditerranée à la recherche de ce précieux animal. De nos jours, le corail corse est taillé sur l'île à la sortie de Porto-Vecchio, mais transformé en bijoux à Torre del Greco, près de Naples, là où se trouvent les meilleurs joailliers. La pêche de cet animal précieux est plus que jamais réglementée : dans toute l'île, seuls dix pêcheurs ont le droit d'aller chercher du corail au fond des mers… parfois jusqu'à 100 mètres de profondeur !

Le mérou des Lavezzi

La chasse sous-marine au mérou brun est interdite depuis 1983… mais pas la pêche artisanale. Cette variété de mérou qui nage dans le détroit de Bonifacio (îles Lavezzi, îlots des Moines, îles Cerbicales…) ou dans la réserve de Scandola est en train de disparaître. Mais l'animal se défend bien… il est particulièrement farouche vis-à-vis des plongeurs qui visitent les fonds marins de ces coins.

Aïe, ça pique !

Vous vous promenez dans les rochers ou dans le sable et soudain vous ressentez une vive douleur. Aïe ! Qu'est-ce que c'est ? Vous venez peut-être de marcher sur un de ces animaux à épines qui peuplent les côtes corses, comme l'oursin noir ou la spatangue pourpre, sorte d'oursin de couleur pourpre aux très fines aiguilles transparentes, difficiles à extraire de la peau. Plus loin, dans l'eau, vous avez les méduses : méduse pélagie, guêpe de mer, hydroméduse nocturne qui dort le jour au milieu des herbes de Posidonies ou encore la galiote portugaise (grosse méduse mauve appelée aussi physalie). Ces méduses ont des cellules dotées de petits dards qui leur permettent de vous injecter leur venin. Cela cause généralement de fortes irritations mais, dans quelques cas, des arrêts cardiaques ont été signalés ! Au fond de l'eau se trouvent aussi quelques anémones de mer. C'est joli, mais faites attention à ne pas trop les toucher avec les mains ! Elles se feront un plaisir de vous injecter leur poison ! Et ce petit ver, là, au fond, qui possède sur tout le corps des soies blanches ? Il s'appelle ver de feu… car sa soie est enduite de sécrétions qui brûlent la peau comme le feu ! Quant aux poissons, vous avez, bien entendu, la très redoutée vive, sur laquelle il faut éviter de marcher ! Même chose pour la rascasse aux énormes pointes, le chinchard ou le gobie ! N'oublions pas les décharges électriques de la raie, mais surtout de la torpille noire… à 220 volts, elles peuvent vous torpiller ! Terminons cette petite découverte des animaux dangereux des mers corses par la seiche et le poulpe. Tous les deux mordent et inoculent un venin au moment de la morsure. On ne s'amusera donc pas à leur taquiner la bouche !

Mort de cétacés en Méditerranée : c'est assez !

Plusieurs variétés de cétacés nagent au large de la Corse, dont notamment le grand dauphin tursiops, une espèce menacée, et la baleine :

- Le grand dauphin tursiops a commencé à se raréfier à partir des années 1950. Il a le bec en pointe et est de coloration gris sombre (ce qui permet de le distinguer d'autres dauphins de Méditerranée). Ils s'échouent parfois sur les plages corses. Les raisons ? Mort naturelle, mais aussi pollution à l'hydrocarbure, aux métaux lourds, expérimentations militaires, prise dans les filets de pêche, collision avec les navires… Si vous trouvez un dauphin mort, il est conseillé d'éviter de le toucher (raisons sanitaires) et d'appeler les pompiers !
- La baleine : c'est une chance lorsqu'on peut en apercevoir une ! Ces rorquals de 24 mètres de long vivent généralement dans le triangle Nice-Corse-Porquerolles. Mais là aussi, ces baleines meurent à peu près pour les mêmes raisons que les dauphins.

Il y a des phoques en Méditerranée ! Ce sont les phoques moines, qui aiment la mer chaude. Mais beaucoup ont disparu et, en Corse, il n'en existe plus ! Pour le reste de la Méditerranée, on ne compte plus que 300 phoques moines. On dit avoir vu le dernier phoque corse en 1979, sur la côte de la réserve de Scandola. Là, il vivait seul dans une grotte, sans femelle, une vie quelque peu monacale… Il n'a pas pu se reproduire.

Ils viennent des mers chaudes…

Plusieurs centaines d'espèces de poissons ont été référencées dans les mers corses. Ce chiffre est en augmentation. Dans les années 1990, on en avait compté 187… Elles sont aujourd'hui plus de 410. La raison de cette augmentation ? Avec le réchauffement climatique, de nouvelles espèces « tropicales » franchissent le canal de Suez ou viennent de l'océan Atlantique pour s'installer en Méditerranée. Parmi les nouvelles variétés : des barracudas, des saumons des dieux (250 kg) ou encore les gigantesques raies manta !

Des reptiles inoffensifs

En Corse, pas de varans gigantesques, rien de bien monstrueux. Les reptiles corses sont tout ce qu'il y a de plus inoffensif… On en compte un peu plus d'une dizaine d'espèces dans l'île…

L'île de la tortue

On peut parfois les voir aux abords des maisons. L'animal est sympathique par sa lenteur… certains touristes ont parfois la mauvaise idée de les emporter avec eux en ignorant qu'ils ont affaire à une variété de tortue protégée. Il s'agit de la tortue d'Hermann, du nom du naturaliste qui l'a découverte pour la première fois en 1850. La tortue d'Hermann et la cistude sont les deux seules variétés de tortues corses. Elles sont très différentes et facilement distinguables : la cistude a les pattes palmées, car c'est une tortue aquatique qui vit au bord des étangs et des mares. Elle a le teint noir et des points jaunes au visage… La tortue d'Hermann n'a pas du tout le même aspect : sa carapace est de couleur orange avec des taches noires. La cistude mesure en moyenne 16 centimètres tandis que la tortue d'Hermann est longue d'une vingtaine de centimètres. Cette dernière habite la côte orientale, mais vous pouvez l'apercevoir aussi en montagne, à plusieurs centaines de mètres d'altitude… Ce qui veut dire, si c'est le cas, qu'elle a fait une sacré trotte mais, vu sa vitesse, il y a de fortes chances qu'elle soit là parce que quelqu'un l'a transportée ! Rappelons qu'il est interdit de les vendre et de les sortir de Corse !

Les tortues d'Hermann ont leur village !

La tortue d'Hermann est parfois appelée « tortue corse ». Pourtant, cette tortue existe aussi en Espagne, en Italie, dans le Sud-Est de la France et dans certains pays de l'Est de l'Europe. Mais elle a réussi à perdurer dans l'île alors que les autres peuplements méditerranéens ont tendance à disparaître. Cette tortue apparue il y a un million d'années peut être considéré comme un fossile vivant ! Sa zone d'habitat va de la Castagniccia à l'extrême sud de la Corse. Afin de mieux les protéger, une zone près de Porto-Vecchio est désormais inscrite dans le réseau Natura 2000. Les tortues d'Hermann ont aussi leur village, à Moltifao, au nord de Ponte-Leccia. Il est géré par le Parc naturel régional de Corse et vous pourrez ainsi facilement les observer !

Lézards au soleil

Vous les voyez se faire dorer au soleil et ils aiment bien les rochers plutôt chauds. Ce ne sont pas des touristes… mais des lézards. Il existe trois variétés endémiques en Corse et en Sardaigne… et une petite sous-espèce qu'on voit uniquement sur l'île de Finocchiarola, à l'est du cap Corse.

- Le lézard de Bedriaga : c'est un montagnard. Il chasse les mouches dans les bergeries ! Il mesure en moyenne 25 centimètres, sa tête est pointue, il est vert avec des taches noires ;
- Le lézard de Finocchiarola : c'est une sous-espèce des lézards tiliguerta (une autre espèce endémique)… et qui a évolué à part sur les îles Finocchiarola, dans le cap Corse ! Elle se distingue de la variété de l'île mère par son ventre jaune et orangé ;
- L'algyroïde de Fitzinger : c'est une des quatre variétés d'algyroïde que l'on trouve en Méditerranée. Il s'agit d'une sorte de lézard légèrement plat et effilé avec des doigts très longs et des écailles assez grandes. La variété corse et sarde est unique en son genre.

« Il mange des serpents »

Sur le chemin vous entendez un bruit. C'est un serpent ! Rassurez-vous, il n'existe pas de vipère en Corse. Les seules bestioles rampantes que vous rencontrez sont des couleuvres. C'est d'ailleurs la raison pour laquelle l'expression « avaler des couleuvres » se dit en corse « *ingolle sarpi* » (« il mange des serpents »)… la couleuvre étant désignée en corse par le mot sarpu qui veut dire « serpent ». Normal, puisque c'est le seul serpent de l'île. Alors, pas de panique ! Et même si vous avez peur de ces reptiles, sachez que la couleuvre est elle aussi très craintive et détalera à votre passage.

Crapauds, grenouilles et salamandres…

Les crapauds, grenouilles, salamandres font partie de la famille des amphibiens. Et dans le jeu des familles d'amphibiens, il existe sept espèces en Corse : la grenouille verte (*botta*), la rainette de Sardaigne (une petite grenouille), le crapaud vert (*ruspiu*), le discoglosse corse et son cousin le discoglosse sarde (deux sortes de crapauds), la salamandre tachetée et l'euprocte de Corse (qui est une sorte de salamandre). Le discoglosse corse et l'euprocte de Corse sont des espèces endémiques.

Discoglosse corse et son cousin sarde

C'est un tout petit crapaud qui ressemble à son cousin le discoglosse sarde, mais il s'agit bien de deux espèces différentes. Il faut être spécialiste pour bien faire la différence entre le discoglosse corse et le discoglosse sarde… qui a rendu visite à son cousin corse sur l'île. Le discoglosse vit près des ruisseaux et torrents de la montagne où il crapahute de rocher en rocher. On peut en trouver jusqu'à 2 000 mètres d'altitude ! Comment distinguer les discoglosses des autres crapauds ?… On vous donne un truc : sa pupille dessine un joli cœur !

Euprocte de Corse

L'euprocte (*tarentella* ou *vecchiottu*) est une sorte de salamandre dont il n'existe que trois espèces en Europe et l'une d'entre elles se trouve en Corse : l'euprocte corse, unique en son genre. De couleur jaune ou olive, tachetée de brun, cette espèce peut mesurer jusqu'à 12 centimètres. Elle vit elle aussi parfois très haut dans la montagne insulaire. L'euprocte n'a pas de poumons ! Comment respire-t-il alors ? Les échanges gazeux se font au niveau de la peau et de la bouche. Mais il n'est pas évident de l'observer : l'euprocte ne sort que la nuit !

Salamandre de Corse : en jaune et noir

Le spécimen corse de cette salamandre (catellu lurcu) est très beau : noire avec des taches jaune vif ! Elle vit dans les forêts… Évitez de la caresser : les glandes au milieu de son front contiennent un venin irritant ! On la rapproche génétiquement de la salamandre noire alpine, qui, elle, n'a pas de taches jaunes.

Les insectes

Ils sont les plus nombreux à habiter l'île. Il y a de tout en Corse : calosome à points d'or, bousiers, lucarnes, blattes (Ectobius corsorum), furmìculone (grosses fourmis)… et même des scorpions (mais ces derniers ne sont pas des insectes, puisqu'ils n'ont pas six pattes, mais huit comme les araignées) ! On trouve des milliers d'espèces, notamment plus de 1 500 variétés de papillons, et beaucoup sont endémiques, puisque l'on est sur une île. Il serait fastidieux de toutes les citer…

Tsss tsss tsss

« Tssss tssss tssss », c'est le bruit monotone et répété des cigales. À ne pas confondre avec celui des grillons plus espacé ou celui des criquets plus mélodieux. Ce sont les mâles qui chantent ! Ils font la musique du maquis corse. Il existe près de 80 espèces de cigales, grillons et criquets qui chantent en concert dans l'île ! Quelques variétés n'existent que dans l'herbe corse : le Rhacocleis corsicana, la Decticelle de Bonfils, l'Ephippiger provincialis, l'Uromerus chopardi (sauterelle), la Cicadetta fangolana (cigale), etc.

ANECDOTE

L'invasion des criquets de 1947

Nous sommes en mai 1947. Le ciel s'assombrit. Un gros nuage bruyant s'approche. C'est l'invasion des criquets ! Les voitures sont bloquées. Le train de la ligne Ajaccio-Bastia doit s'arrêter et dégager à la pelle les énormes tas d'insectes qui restent sur la voie et empêchent la machine d'avancer. Il y avait déjà eu des invasions de criquets par le passé, fléau mémorable qui rappelle celui des dix plaies d'Égypte. Mais, en cette journée chaude de mai 1947, la Corse vit une des plus importantes invasions de son histoire récente. La masse de criquets s'est abattue sur l'île et a tout dévasté sur son passage. Cela a duré plusieurs jours. Les cultures ont été totalement grignotées par ces insectes venus d'Afrique du Nord. Ils dévorèrent toutes les plantes de la terre et tous les fruits des arbres. Il ne reste presque plus rien des plantations et de la végétation insulaires, et cela malgré l'utilisation de puissants insecticides et les multiples processions organisées dans les villages pour lutter contre cette malédiction…

Les farfalle

Les farfalle, ce ne sont pas des pâtes, mais les papillons en corse. On en compte plus de 1 500 variétés dans l'île ! Mais seulement six sont protégées… Quelques papillons que vous ne verrez que sur l'île : le fadet tyrrhénien (aux ailes bordeaux), le nacré tyrrhénien, le mercure tyrrhénien, la timie corse (papillon nocturne appelé aussi Axia napoleana), la mélanippe corse, le papillon hospiton et bien d'autres…

Le papillon hospiton

CURIOSITÉ

Arrêtons-nous sur ce grand papillon dit « hospiton » ou « porte-queue » qui est une espèce endémique aux ailes jaunes avec des motifs noirs, une série de taches bleues et un point rouge tout en bas, de chaque côté. Le porte-queue de Corse est une variété rare. Son grand malheur est que sa chenille aux couleurs vives est facilement repérable pour les prédateurs. Sa rareté fait qu'il est, hélas, encore chassé par quelques collectionneurs…

Attention : insectes protégés !

Faites attention à ne pas les écraser ! Voici la liste des insectes corses protégés. Ils ne sont qu'au nombre de neuf (sur un total de 170 insectes protégés par les lois françaises) :

- **La magicienne dentelée (*saga pedo*)** : c'est une sorte de sauterelle, très élégante, qui a le corps allongé et les pattes fines ;
- **La rosalie des Alpes (*rosalia alpina*)** : ce coléoptère ne ressemble à aucun autre ! Tout bleu avec quelques petites taches noires et de longues antennes bigarrées (bleu et noir) ;
- **Le grand capricorne (*cerambyx cerdo*)** : il peut mesurer jusqu'à 6 centimètres ! C'est un des plus grands coléoptères d'Europe !
- **Six papillons** : le nacré tyrrhénien (*fabriciana elisa*), l'azuré du serpolet (*ligurica, maculinea arion ligurica*), l'azuré de la croisette (*maculinea alcon rebeli*), le sphinx de l'épilobe (*proserpinus proserpina*), le sphinx de l'argousier (*hyles hippophaes*), le porte-queue de Corse (*papilio hospiton*).

Le bombyx met la bombe

Le bombyx est le contraire de l'insecte menacé : il pullule, il est nuisible ! Et il n'est pas d'origine corse ! C'est un papillon qui a envahi l'hémisphère Nord et la Corse n'est pas épargnée. Lors des vagues périodiques d'invasion, ses larves grignotent des territoires importants de la végétation insulaire. Bref, on ne l'aime pas !

PARLER CORSE

Escargot nu comme un ver

« *O lumacò !* » C'est l'expression qu'on utilise en Corse pour dire que quelqu'un est lent comme une limace. Mais *a lumaca*, c'est l'escargot en langue corse. Quant à la limace, on l'appelle lumacone… pour signifier qu'elle est plus longue. Mais ça n'a rien à voir avec un escargot puisqu'elle n'a pas de coquille ! On la nomme alors aussi joliment *lumaca spugliata*, ce qui signifie « escargot détroussé » ou « déshabillé »… comme pour dire qu'il s'est retrouvé nu comme un ver…

Les araignées qui font leur toile en Corse

Il existe près de 38 familles d'araignées en Corse. Nous n'allons pas toutes vous les décrire ici, ça serait un peu long. Intéressons-nous à quelques cas d'araignées corses. Certaines sont totalement inoffensives, d'autres, au contraire, sont dangereuses. Méfiez-vous de l'araignée noire à taches rouges… c'est la veuve noire !

La malmignatte, ça fait très mal !

La veuve noire est une espèce d'araignée dangereuse et elle existe en Corse ! Elle est connue dans l'île sous le nom de malmignattu ou zinefra. Elle est de petite taille, mais elle fait très mal. On ne peut pas se tromper en la voyant, elle est noire avec des taches rouges sur le derrière. Le danger vous est donc ainsi signalé. Mais est-elle si dangereuse que cela ? Tout d'abord, il faut préciser que les araignées injectent leur venin par morsure. Il faut donc qu'elle arrive à saisir la peau avec ses petites mâchoires… ce qui n'est pas toujours évident pour l'araignée. Ensuite, 1 % à 2 % des cas sont mortels… mais le venin de la veuve noire a quand même quelques effets qui supposent une hospitalisation d'urgence : dans un premier temps, ça fait très mal (1 à 30 minutes après la morsure), puis la douleur s'accompagne de contractions musculaires qui peuvent aller jusqu'aux muscles faciaux ! Deux à trois jours plus tard, la personne mordue voit apparaître des éruptions cutanées et sa peau devient très sensible. Sans traitement, ces symptômes disparaissent au bout de une à trois semaines… après une perte de plusieurs kilos. Il faut donc se faire soigner en urgence dès que l'on pense avoir été mordu par une araignée… surtout s'il s'agit d'un enfant ou d'une personne âgée ou cardiaque.

La veuve noble comme la veuve noire !

La veuve noire n'est pas si fréquente en Corse. D'autres araignées n'ont pas sa notoriété et peuvent être pourtant tout aussi dangereuses. Ainsi la veuve noble (Steatoda nobilis), une araignée de la taille et de la couleur d'un grain de café, avec des pattes de coloris écaille. Elle tisse sa toile dans des endroits chauds et secs, parfois au niveau du sol. Elle peut se loger dans les chaises et tables de jardin, les panneaux routiers, les murs des maisons… Très agressive, la veuve noble est à l'origine de bien plus de morsures que la veuve noire…

Nemesia corsica

La Nemesia corsica c'est une mygale corse ! Mais elle n'est pas la seule espèce endémique ; au total, elles sont sept variétés de mygales fouisseuses brunes à faire leur toile en Corse. Toutes appartiennent au genre universel qu'est la Nemesia, une espèce massive avec de longs poils.

L'araignée sauteuse !

Elle a le derrière rouge, mais ne doit pas être confondue avec la dangereuse veuve noire. C'est la Philaeus chrysops, une araignée sauteuse ! Totalement inoffensive, cette petite bestiole de 5 mm de long peut faire des bonds équivalent à quarante fois sa longueur et repérer sa proie à 2 mètres ! C'est une variété assez commune que vous trouvez en Corse comme sur le continent.

Une araignée douce comme une peluche…

C'est une des rares espèces endémiques : l'érèse corse ressemble un peu à une peluche avec des poils longs et doux (c'est de la soie !)… et deux yeux comme deux petites billes noires ! Comme souvent chez les araignées, la femelle est plus grosse que le mâle. Mais ici, la différence de sexe est très prononcée : le mâle est minuscule face à la femelle qui le domine complètement. Cette grosse matrone est noire avec la tête orangée, tandis que le petit mâle a le corps orange. Cette araignée assez volumineuse est totalement inoffensive. Ouf !

Plantes du maquis et des forêts de Corse

On compte 3 000 espèces végétales en Corse, dont 5 % sont des espèces endémiques.

Promenons-nous dans le maquis...

La Corse a un parfum particulier, c'est celui de son maquis (machja). Une composition d'herbes et d'arbustes qui lui donne un bouquet unique. Il y a du ciste, du myrte, de la bruyère et bien d'autres essences...

Les arbustes du maquis

Le maquis est une forêt en voie de dégradation. Il n'y a pas de grands arbres mais des arbustes. En voici les principaux :

- Le ciste (muchju) : c'est un arbrisseau qui secrète une résine collante. Le muchju neru (ciste de Montpellier, le plus fréquent) a des fleurs blanches tandis que muchju rossu (ou ciste de Crète) a des fleurs roses ou mauves au printemps. Cette dernière variété est la plus parfumée... une odeur qui embaume tout le maquis !
- Le myrte (morta) : il donne des baies bleu foncé. On fait de la liqueur (le myrtéi) et du sirop à partir de ses fruits. C'est aussi un vrai parfum (le nom de l'arbuste vient du grec *murtos*, parfum) et une plante médicinale (la plante contient du myrtol, un antiseptique) ;
- La bruyère arborescente (scopa) : haute de 2 mètres, elle fleurit en début d'année et a des fleurs blanches, mais pas de fruits... ;
- L'arbousier (albitru) : c'est un arbuste qui fait de très bons fruits rouges et ronds... qui ressemblent à des fraises, mais n'en ont pas le goût ;
- Le pistachier-lentisque : rien à voir avec la pistache d'alimentation. Cet arbuste produit de petits fruits rouges incomestibles. On fabriquait autrefois de l'huile (pour les lampes) avec ses fruits et du mastic avec sa résine !
- L'asphodèle (talavellu) : cette plante a de longues tiges hautes d'1,5 mètre avec de petites fleurs blanches.

Menteur comme la bruyère

Lorsque la Sainte Vierge cachait l'enfant Jésus recherché par les soldats d'Hérode, elle s'était camouflée dans les arbustes. Toutes les plantes avaient juré de ne pas dévoiler la présence de la Vierge et de son enfant. Mais la bruyère bougea ses branches au risque d'attirer l'attention des soldats. Pour la punir de sa traîtrise, Dieu condamna la bruyère à ne plus jamais faire de fruits. Cette légende corse a donné naissance à une expression : « *Buciardu com'è a scopa* »... ce qui veut dire « menteur comme la bruyère » !

Les herbes du maquis

Tout d'abord, les herbes aromatiques : la lavande (piumbone), le romarin (rosumarinu), le thym (erba barona)... La lavande corse est une variété particulière qui peut atteindre jusqu'à 1 mètre de hauteur. Quant au romarin corse, il est réputé pour être un tonifiant et un antirhumatisant. Mais il existe d'autres herbes sauvages que l'on utilise dans la cuisine : la menthe aquatique qui pousse près des rivières (pedirossu), l'ortie blanche (uscicula), le bouton d'or (zampe di boie), le calament (nepita), le pissenlit (radichju), etc.

La fougère (a filetta) pousse abondamment en Corse et elle peut recouvrir des terrains entiers. Plus de la moitié des variétés de fougères existant dans le monde sont représentées dans l'île de Beauté ! Une expression corse dit : « Un'cunosci più a filetta » (« Tu ne connais plus la fougère ») pour se moquer des Corses émigrés qui ont oublié la culture insulaire. Elle est ainsi la plante emblématique de l'île. Un groupe de musique corse s'appelle d'ailleurs A Filetta.

La férule... un poison

La férule (a ferla) est une plante très haute, sa longue tige peut atteindre 2 mètres. Elle est facilement reconnaissable à ses fleurs jaunes. Son nom vient du latin *fero* (je porte)... car on l'utilisait autrefois comme une torche et elle « porte » très longtemps le feu. Pour faire une torche, il faut que la plante soit sèche. Mais attention, les feuilles sèches de cette plante sont un poison. Les bergers ont tendance à couper les pousses qui peuvent, une fois mortes, empoisonner les chèvres ou brebis qui les mangeraient.

ANECDOTE

Mal'concilio, le châtaignier qui rend fou !

Mal'concilio, c'est le nom d'un châtaignier géant et très ancien de Carchetu, un village de la Castagniccia. Les croyances lui attribuent une influence maléfique ! Sur son écorce… la nature a sculpté d'étranges reliefs, dont quelques visages de monstres ! Un châtaignier maudit ? Peut-être, si l'on en croit l'histoire récente… Une affaire de voisinage très médiatisée a pour nouvel épisode l'affaire du châtaignier *mal'concilio*. À Carchetu, un habitant a adressé des menaces de mort sur un morceau de papier hygiénique à son voisin, l'écrivain Jean-Claude Rogliano, après lui avoir cambriolé déjà une première fois sa maison. Mais la querelle de voisinage a pris une tout autre dimension : en 2008, l'individu récidive en menaçant de couper le mal'concilio (cet arbre qui fait partie aujourd'hui du patrimoine corse et sur lequel Jean-Claude Rogliano avait déjà écrit un livre) sous prétexte qu'il serait sur sa propriété… Cette histoire a ému la communauté insulaire… mais, aux dernières nouvelles, l'arbre serait encore debout.

CURIOSITÉ

Des fleurs uniques au monde

Voici quelques fleurs que l'on trouve en Corse et qui sont uniques au monde :

- **L'orchidée sauvage** : très rare, elle fleurit au printemps. Elle est une des plus belles fleurs de Corse ;
- **L'immortelle des frimas** : elle pousse à partir de 2 200 mètres au milieu des roches. Cette plante alpine a des fleurs blanches qui ressemblent à des marguerites avec une tige épaisse ;
- **Le poiret de Corse** : il fleurit au bord des torrents et donne de gros boutons jaunes avec de fins pétales de la même couleur ;
- **Le calament de Corse** : cette plante à fleurs mauves pousse sur les pelouses rocailleuses ;
- **Le dianthus des calanche** : comme son nom l'indique, il pousse dans les Calanche de Piana. Il fait des fleurs au mois de juin ;
- **Le crocus corse** : on le trouve à tous les étages de végétation de la Corse ;
- **La morisia enfouissante** : cette plante à fleurs jaunes est très protégée. Elle perce sur le plateau calcaire de San Antoniu, au-dessus de la falaise de Bonifacio ;
- **La violette corse** : elle croît dans les hautes roches. Elle se distingue des autres pensées par la forme de ses pétales ;
- **Le myosotis corsicana** : c'est une variété de myosotis bleu…

L'hellébore (a nocca) est une plante qui fait des fleurs vertes, de la même couleur que ses feuilles. Autrefois, les bergers mettaient de l'hellébore dans les bergeries où ils gardaient le fromage afin de faire fuir les mouches. En effet, les insectes ont horreur de cette plante fétide et fuient sa présence… Très efficace ! Elle a en plus des vertus médicinales…

Des arbres aux racines insulaires

En Corse, il y a le maquis et sa végétation de taille basse, mais aussi des forêts (de conifères et de feuillus) et des plantations d'arbres fruitiers.

En 1548, les Génois avaient ordonné à tous les Corses de plus de 20 ans de planter, tous les ans, un olivier, un châtaignier, un mûrier et un figuier !

Les grandes forêts domaniales recouvrent 500 km^2, soit 1/17e de la superficie corse ! Ce n'est pas énorme, cependant l'île de Beauté fait quand même figure d'exception par rapport aux autres îles méditerranéennes, beaucoup moins boisées. Les forêts corses ont plusieurs variétés de conifères, mais un seul est typique de l'île : le pin laricio ! Il est l'essence essentielle des grandes forêts que sont Vizzavona, Aïtone, Bavella, l'Ospedale… Mais la Corse est aussi feuillue. Et il y a plusieurs variétés de feuillus. Partons à la découverte de ces arbres aux racines insulaires…

Des oliviers millénaires

L'olivier (*alivu*) est l'arbre méditerranéen par excellence. Vous le voyez en culture en Balagne, où l'on fait une très bonne huile couleur d'or. Les variétés principales des oliviers de cette région de Corse sont aujourd'hui la sabina, la ghjermana et la romana… ce qui veut dire Sabins, Germains et Romains… mais, au XIXe siècle, on parlait encore de *Sabinacci*, *Genovesi* et *Saraceni*, soit Sabins, Génois et Sarrasins ! On dit que la variété *genovesi* (actuellement appelée ghjermana) a été imposée par la force par le général génois Augustin Doria (v. 1540-1607) !

D'autres vergers se trouvent aussi dans le cap Corse (la variété d'olivier y est dite *capanacce*), dans le Nebbio, le Cortenais (qui donne la variété *curtinese*) et dans toute la Corse-du-Sud (Fiumorbo, Cinarca, Taravu, Sartenais, Alta Rocca, Bonifacio). Il existe également un parent sauvage de l'olivier que l'on trouve dans le maquis : l'oléastre (*ogliastru*), beaucoup plus petit, mais qui peut quand même monter jusqu'à 6 mètres ! Quant à l'olivier cultivé, il lui arrive de grimper très haut… jusqu'à 15 mètres ! C'est aussi un arbre qui vit très vieux : certains ont plus de 2 000 ans ! Un des plus anciens oliviers de Corse se situe en Balagne, sur la commune de Monticello. Mais un autre, dans le village de Cateri – toujours en Balagne –, aurait plus de 3 000 ans !

Le châtaignier, l'arbre à pain

Le châtaignier (castagnu) est l'arbre emblématique de la Corse. Il pousse partout ! On appelle les pousses sauvages « pullone ». Cet arbre a nourri les Corses pendant des siècles. Lorsque les bogues s'ouvrent en octobre, on peut voir leurs fruits bruns : les châtaignes. On fabrique notamment à partir de celles-ci de la farine, à la base de la recette de la pulenta. Pour compléter le manque de céréales, on faisait du pain avec la farine de châtaignes (c'est la pisticcina, le pain de châtaigne) de novembre à juin. C'est pourquoi on appelle le châtaignier « l'arbre à pain ». C'est dans la Castagniccia – terme qui signifie en corse « étendue de châtaigniers » ou « châtaigneraie » – que l'on retrouve cet arbre en quantité. Mais beaucoup de ces anciennes châtaigneraies sont aujourd'hui à l'abandon… La Castagniccia est le pays de Pascal Paoli : c'est là que « le père de la patrie » s'est un moment réfugié avec ses troupes lors de l'occupation génoise… au milieu des châtaigniers. L'arbre permettait de nourrir ses rebelles. C'est pourquoi on l'appelle aussi « arbre rebelle ». Ces arbres chargés d'histoire existent toujours ! Les plus gros ont des centaines d'années, voire plus : dans le Bozio (Haute-Corse), certains ont entre 7 et 10 mètres de circonférence… Mais le plus vieux châtaignier de Corse se trouve à Zonza (Corse-du-Sud) : il est millénaire ! Et la largeur de son tronc est exceptionnelle : 14 mètres de circonférence !

Le pin laricio... 100 % corse !

Il est grand, majestueux, c'est le pin corse. Son nom corse : *u large*. Son nom savant : *Pinus nigra ssp. Corsicana*. Mais on l'appelle aussi pin laricio en référence au genre des larix qui ne sont pas des pins, mais des mélèzes ! Le pin laricio appartient à une des trois sous-espèces de pin noir. On parle aussi d'un pin laricio de Calabre... mais ne vous laissez pas avoir, le vrai pin laricio est corse et à 100 % ! Et il fait très bon ménage avec la sitelle, un oiseau corse (lui aussi à 100 % !) qui y niche et y cache sa nourriture ! Retenez enfin que le pin laricio est haut, très haut puisqu'il peut monter jusqu'à 50 mètres ! Autre avantage : il pousse très droit. C'est pourquoi les Romains, les Vandales puis Napoléon firent couper le tronc de ces pins pour en faire des mâts de navire. C'est un arbre à multi-usages : meubles, poutres, traverses de chemin de fer...

Des pins corses à Paris !

En 1742, la Corse n'est pas encore française, mais les Français s'intéressent à la Corse, et notamment à son bois. Les vertus du pin laricio étaient connues depuis Théophraste, qui vantait la grosseur et la hauteur de cette variété de pin noir. Et lorsqu'il a été question de reboiser les forêts d'Île-de-France, le botaniste de Louis XV, Philippe-Victoire de Vilmorin, a tout de suite pensé à ce pin qui n'existait qu'en Corse. C'est ainsi que vous retrouvez aujourd'hui des pins laricio sur le continent. L'arbre peut vivre 500 ans ! Certains pins laricio sont donc très vieux, comme celui planté en 1774 par A.L. Jussieu au Jardin des Plantes à Paris... Vieux, mais en bonne santé comme vous pouvez le constater si vous allez lui rendre visite (il se situe près de l'entrée nord-ouest du Jardin des Plantes).

Le chêne-liège : écorce de Corse !

Les Corses en utilisent l'écorce ! Dans l'île, on appelle le chêne-liège suvara et son écorce suvaru. L'arbre a donc un nom féminin et son écorce, une déclinaison de ce nom au masculin. On trouve cette variété d'arbre jusqu'à 700 mètres d'altitude. Les Romains utilisaient déjà le liège à Aléria pour mettre des bouchons à leurs amphores ! Bien avant donc que la pratique ne se développe au XVIIe siècle avec l'invention du bouchon de liège par le bénédictin dom Pérignon… pour boucher les bouteilles de vin. Il existait de très grosses exploitations du liège en Corse, comme à Casabianca (près d'Aléria). Au cap Corse, à la fin du XIXe siècle, les habitants plantèrent massivement des chênes-lièges pour avoir un complément de revenus (le phylloxéra ayant à l'époque ravagé les vignobles). Et aujourd'hui ? On exploite encore le liège à Porto-Vecchio. Précisons qu'il faut dix ans pour que l'écorce atteigne les 4 à 5 centimètres d'épaisseur. Il faut donc beaucoup de patience !

L'aulne corse

CURIOSITÉ

L'aulne de Corse (piralzu) est un feuillu qui vit entre 600 et 1 000 mètres. Comme son nom l'indique, c'est une variété d'aulne qui n'existe qu'en Corse. Il sent très bon et cohabite souvent avec les châtaigniers qu'il tend à remplacer dans les forêts. À quoi le différencie-t-on des autres aulnes ? Ses feuilles sont pointues et dessinent à partir de leur base une forme de cœur.

LE SAVIEZ-VOUS ?

Des villes, villages, et lieux-dits aux noms d'arbres

Castagniccia… c'est la région des châtaigniers (*castagni*). Mais beaucoup d'autres endroits de Corse portent des noms d'arbres. Noceta, commune de Haute-Corse, tire son nom du mot *noce* qui signifie « noyer ». Même chose pour la commune Querciolu, au sud de Bastia : *querciu*, c'est le chêne blanc en corse et *querciolu*, le jeune chêne. Ponte à a Leccia qui est devenu Ponte-Leccia tire son nom du « pont du chêne vert » (*leccia* étant le chêne vert). Dans la montagne de Haute-Corse, un petit village s'appelle Olmu comme l'olme en corse. En Corse-du-Sud, la très boisée commune de Frassetu (presque autant de bois qu'il y a d'hectares) est un lieu de frênes (*frassu*). Dans la Castagniccia se trouve aussi le village Peru Casevechje, qui signifie littéralement « poirier vieilles maisons » (*peru* étant le poirier), etc. Et puis, il y a également les très nombreux lieux-dits : *u caracutu* (le houx), *u sambucu* (le sureau noir), *u castagnonu* (le grand châtaignier)… À Bastia, un lieu du quartier Saint-Joseph se nomme Ficaghjola… On vous en a déjà parlé, c'est là où, un jour d'élection, l'urne qui avait été jetée dans la mer a atterri… dans un figuier (*fica*) en contrebas (voir chapitre 8).

Hêtre ou ne pas hêtre ?

L'hêtre (faiu) est rare en Méditerranée, mais ce feuillu à tronc gris se développe très bien dans la montagne corse. Les forêts de hêtres sont fréquentes sur les versants nord où l'espèce devient très vite majoritaire… au détriment des autres feuillus. Des loirs nichent parfois dans le tronc de ces arbres.

Le sureau, label d'un bon terreau

Le sureau noir est le label d'un bon terreau. Certains lieux s'appellent en Corse U Sambucu, le sureau noir. La présence de cet arbre signifiait que la terre était excellente pour les jardins. On faisait de son fruit des confitures et des eaux-de-vie et de sa fleur des tisanes aux vertus médicinales (contre les inflammations des yeux et des paupières).

Petite cueillette des champignons

Qui dit arbres dit champignons ! Il existe quelques variétés typiques de l'île, comme le bolet de Corse. Son nom corse (*muchjiaghjolu* au nord et muchjinu au sud) vient du nom de l'arbre au pied duquel il se développe : le *muchju* (ciste), typique de l'île de Beauté, mais on le trouve aussi en Sardaigne. Une autre variété de bolets pousse au milieu de pins, on les appelle les *pinnini* comme les pins (*pini*). Les préférés des cueilleurs, sont ceux que l'on nomme dans l'île *i sprignoli* ; ils grandissent près des chênes verts (*licci*), c'est pourquoi on les appelle aussi *liccini*. Ils sont connus sur le continent sous le nom de cèpes de Bordeaux et – seconde variété – bolets bronzés. Ils croissent également sous les châtaigniers et, en altitude, près des hêtres.

Attention, toutes ces variétés de bolets ne sont pas comestibles. Les bolets à pied rouge sont dangereux, comme le bolet de Satan que l'on trouve uniquement à Ponte-Leccia… Mais continuons la cueillette : parmi les espèces comestibles, vous avez aussi les trompettes de la mort – la particularité corse est qu'ils sont deux fois plus gros que sur le continent (jusqu'à 20 centimètres de haut !) –, l'hydne doux, commun en Corse… Mais il est impossible de tous les lister, car ils sont en fait très nombreux. N'oublions pas toutefois l'amadou (*l'esca*), ce gros champignon qui pousse sur les vieux hêtres. On appelle alors ces arbres *pane d'esca* (littéralement « pain d'amadou »). L'amadou, comme vous le savez, servait aux anciens à allumer leur pipe…

Genévrier : maritime et montagnard

Le genévrier (*ghjineparu*) est un arbre du maquis, mais aussi du littoral. Vous le voyez dans les dunes du cap Corse, sur la plaine orientale ou encore dans le Centre de la Corse. Il y a plusieurs variétés : genévrier nain en haute altitude, oxycèdre à plus basse altitude, à gros fruits sur le littoral (espèce sous la protection du Conservatoire du littoral).

Au bord des plages...

Nous sommes au bord de l'eau, sur la côte sableuse. Quelques arbres et plantes se sont très bien acclimatés. Certaines plantes importées, comme les griffes de sorcière ou les figues de Barbarie, sont mêmes dites envahissantes...

Les pins dans l'eau

Il pousse jusqu'au bord du sable, ressemble au pin laricio... mais c'est une autre variété : le pin maritime (ses cônes sont plus gros et son écorce plus sombre que ceux du laricio). En corse, on l'appelle *pinu maschiu* (pin mâle)... Alors que le pin laricio, *u large*, est également appelé *pinu femina* (pin femelle) ! Le pin maritime est donc la deuxième grande variété de pin corse... mais des études récentes ont démontré qu'il n'était pas 100 % corse ! Il s'agit en fait d'un pin hybride – entre le pin maritime d'Espagne et celui d'Italie – qui aurait été importé dans le passé, une sorte de pin d'adoption donc...

Une plante avec des piquants

Il faut faire attention à ne pas marcher dessus pieds nus. Le panicaut est une plante qui pousse dans le sable au bord des plages de Rondinara (près de Porto-Vecchio), de l'Ostriconi ou de Saleccia près de Saint-Florent. Elle ressemble à des chardons... mais ça n'a rien à voir. De plus, ses racines se mangent. Les anciens, qui connaissaient les vertus diurétiques du panicaut, épluchaient la racine et la mangeaient crue ou en soupe !

Des figuiers d'ailleurs

Les figues de Barbarie (figi indiani) n'ont pas grand-chose à voir avec les figues traditionnelles corses ! Ce cactus que l'on voit partout sur le littoral corse vient d'Amérique. Il s'est très bien acclimaté au climat de la côte insulaire, un peu trop même… Mais vous pouvez goûter ses figues qui poussent d'août à octobre, après les avoir soigneusement épluchées.

Les griffes de sorcière

Les griffes de sorcière sont des plantes rampantes qui prolifèrent dans le sable du littoral corse. Cette variété implantée pour ses jolies fleurs mauves devient aujourd'hui envahissante et empêche certaines variétés autochtones, prises dans leurs griffes, de pousser…

Venu d'Australie pour assécher les marais

Vous les sentez de loin : les eucalyptus ! On les trouve dans les quelques forêts à proximité des plages dans la région d'Aléria, de Porto, du Fango ou de l'Ostriconi. Cet arbre venu d'Australie a été importé en Corse au XIXe siècle pour assécher les marais qui étaient infestés de moustiques. Il a une très forte et agréable odeur et est un véritable désodorisant naturel. Prenez-en quelques feuilles et elles parfumeront vos voitures ou vos maisons…

LE SAVIEZ-VOUS ?

Et sous l'eau : une plante à fleurs protégée

Au bord des plages, vous pouvez ramasser de petites pelotes très compactées. Elles ont la taille d'un galet rond, mais c'est de l'herbe. Leur présence sur les plages corses a longtemps été un mystère ! Les Sardes pensaient qu'elles venaient d'Afrique par la mer… mais quand vous les mettez dans l'eau, elles ne flottent pas ! Au XVIIe siècle, on pensait qu'elles avaient été produites par des animaux ! D'autres ont cru que c'était des fruits. Puis Linné les a appelées racines de posidonies. Ces pelotes sont en fait fabriquées par un des rares exemples de plante à fleurs qui pousse sous la mer. Ce sont les herbes de posidonies. Elles sont protégées depuis l'arrêté du 19 juillet 1988. Interdiction donc d'y toucher ! Cette plante reste au fond de l'eau, plantée dans le sable. En automne, elle perd ses feuilles. Ce sont ces feuilles mortes qui recouvrent parfois entièrement les rochers. Au fait, comment se forment ces pelotes que nous trouvons sur le sable ? Des scientifiques se sont penchés sur la question : ils ont mis des herbes de posidonies dans une machine à laver… Après un petit lavage dans le tambour, ils ont obtenu ces fameuses pelotes !

Quatrième partie

Le tour de Corse

Dans cette partie...

Vous voici convié(e) à un tour de l'île de Beauté. Une manière de visiter, région par région, ses merveilles, dans les moindres détails, en découvrant les paysages et les hommes qui en font la richesse, de Bastia à Bonifacio, sans oublier le cap Corse !

Après la découverte des régions, partez librement en balade le long des sentiers, en suivant des itinéraires balisés.

Chapitre 11

Bastia, le cap Corse et le Nebbio

Dans ce chapitre :

- Plongez au cœur de la Haute-Corse
- Bastia et ses environs : suivez le guide !
- À la découverte du cap Corse
- Saint-Florent et le Nebbio

Nous commençons ce tour de Corse par trois régions de Haute-Corse : le cap Corse, le Nebbio (région près de Saint-Florent) et Bastia, capitale du département, située au pied du cap Corse, sur la côte orientale. En route !

Bastia et ses environs...

Bastia, c'est la capitale de la Haute-Corse ! Avec un B, comme 2B (département de Haute-Corse), comme Baroque, comme Bastille...

Bastia, ville de la « Bastiglia »

Entre le cap Corse et l'étang de Biguglia se trouvent Bastia et les Bastiais... qui sont les habitants de cette ville, centre économique de la Haute-Corse. Bastia se prononce [bastilla] en corse, comme une bastille. C'est que la ville a pris le nom justement de la citadelle (*bastiglia*) édifiée par les Génois au XIVe siècle. Auparavant, le centre historique se trouvait à Biguglia, puis les Génois ont commencé à construire plus au nord de l'étang, dans le quartier de Terra Nova. Cela a donné Bastia, ville que nous vous invitons à découvrir...

Terra Nova, plus vieille que Terra Vecchia

En 1380, les Génois ont bâti la citadelle sur ces hauteurs qui surplombent la mer. Ce quartier qui nous apparaît aujourd'hui bien ancien était appelé Terra Nova, ce qui veut dire « terre neuve », par opposition à des constructions plus anciennes qui se trouvaient en contrebas, dans ce qui était la marine de Cardo (Cardu), un village qui existe encore aujourd'hui dans la montagne au-dessus de Bastia. Cette partie basse du village de Cardo a ainsi été nommée Terra Vecchia, la « terre ancienne »… C'est donc par erreur que l'on dit que la Terra Vecchia correspond au vieux Bastia. Les bâtiments de l'ancien Terra Vecchia ont été démolis. Et, à bien des égards, Terra Vecchia est plus jeune que Terra Nova…

Visitons ce vieux quartier de la citadelle que l'on appelle Terra Nova. Sur une maison, une petite plaque vous apprendra que Victor Hugo y a vécu enfant entre 1803 et 1805… Terra Nova est une forteresse imprenable, entourée de hauts remparts édifiés au XVIIe siècle qui dominent la mer. Dans ce quartier, les rues sont étroites, silencieuses. Ici, pas de voitures, mais quelques vieilles maisons habitées, aux façades ocre, jaunes et parfois rouges. Des notables proches du gouvernement de Gênes y logeaient autrefois (voir première partie). L'endroit, un temps abandonné des Bastiais, a aujourd'hui été entièrement réaménagé.

La « bastille » de Bastia

Au nord de Terra Nova, c'est le palais des Gouverneurs ou Donjon. Il date du XVe siècle. Comme son nom l'indique, c'est là que vivaient les gouverneurs génois – puis français – qui administraient autrefois la Corse. Cet immense bâtiment, plusieurs fois agrandi, servait de siège administratif, de prison et même de tombe à certains qui n'en sont plus jamais ressortis, comme le prouvent les dizaines de squelettes qui ont été retrouvés par des ouvriers lors de travaux effectués au XIXe siècle dans les prisons du Donjon… Le palais a ensuite été transformé en caserne entre la fin du XVIIIe siècle jusqu'à la Seconde Guerre mondiale puis, plus récemment, est devenu un musée. Lorsque les Français ont pris possession de l'île, ils ont fait construire en 1775 une porte qui donne sur la place du Donjon. Et, pour marquer leur empreinte, ils ont fait apposer sur le fronton : « Du règne de Louis XVI »…

B comme Baroque...

Le Christ noir qui aurait été miraculeusement trouvé par des pêcheurs au large de Bastia (voir chapitre 5) a été placé dans l'oratoire Sainte-Croix (Santa Croce), sur les hauteurs de la citadelle. Cette chapelle baroque porte le nom de la plus ancienne confrérie de Bastia, fondée au xve siècle. Son extérieur est sobre, mais l'intérieur est richement décoré de dorures. Remarquez l'*Annonciation*, une peinture de l'artiste florentin Giovanni Bilivert réalisée en 1633. À côté de l'oratoire se tient la cathédrale Sainte-Marie-de-l'Assomption, de style baroque... À l'intérieur, il faut admirer la magnifique statue en argent massif de la Vierge (lourde d'une tonne !) ou encore ces deux tableaux du xvie siècle : l'*Assomption de la Vierge* (1512) de Leonardo Aquilani et la *Crucifixion* de Luca Cambiaso. Des peintures bien plus anciennes que l'église (1604-1619). La décoration a été plusieurs fois restaurée, comme ces colonnes en faux marbre, peintes en 1890, ou ce pavement en marbre réalisé en 1869... juste avant la visite d'Eugénie, l'épouse de Napoléon III.

Un petit passage souterrain...

Suivez le guide ! On va vous faire découvrir un petit passage qui vous permettra d'accéder directement sur le vieux port (ça vous évite de descendre le long boulevard Auguste-Gaudin, à l'ouest du quartier de la citadelle). Vous le trouverez en dessous du palais des Gouverneurs. Cet escalier qui s'engouffre dans un tunnel vous mènera tout droit au jardin Romieu...

Étrangement, il n'y a pas grand monde qui se promène dans le jardin Romieu... Tout en escaliers, il relie depuis 1870 Terra Nova et le vieux port. Tant pis pour ceux qui ne savent pas apprécier la beauté de ce lieu avec ses pins parasols, ses arbres de Judée, ses grenadiers, ses myrtes... Et ses vases Médicis qui rappellent ceux du jardin du Luxembourg à Paris. Particularité du jardin Romieu : il a été conçu sur plusieurs étages en raison de la très forte pente du site.

Le vieux port, avec en toile de fond l'église Saint-Jean-Baptiste

Il y a comme une odeur de brise marine ici. Vous longez les quais de ce port en forme de « u ». Vous passez devant les nombreux cafés et restaurants. Des barques et des bateaux de plaisance mouillent à l'intérieur du port. De vieilles maisons donnent sur ce lieu que vous avez déjà vu sur de nombreuses cartes postales avec, toujours en toile de fond, une église reconnaissable à ses volutes en spirale et ses deux campaniles, situés de chaque côté : c'est l'église de Saint-Jean-Baptiste. Elle a été construite au XVIIe siècle par les marchands de Terra Vecchia qui voulaient un lieu de culte qui leur soit propre pour concurrencer la cathédrale Sainte-Marie-de-l'Assomption, où allaient prier le gouverneur génois et les notables de la citadelle. Mais l'église Saint-Jean-Baptiste a été conçue avec peu de moyens. On s'est ainsi passé de la traditionnelle coupole. Quant aux campaniles, ils ont été réalisés seulement au XIXe siècle. Bizarrement, sa façade est tournée du côté de la mer, alors qu'elle aurait très bien pu être orientée dans l'autre sens, vers la place du Marché, à l'intérieur de la ville. On raconte que l'église a été construite ainsi pour narguer les notables du quartier de la citadelle situé juste en face !

Petite promenade le long du quai des Martyrs-de-la-Libération où vous voyez la mer et, au nord, le nouveau port. Vous êtes sur un large trottoir. Il a été construit sur le tunnel reliant le centre de la ville à la N193, plus au sud, après la citadelle. Ce tunnel a été réalisé dans les années 1980 afin de désengorger le trafic automobile du cœur de Bastia. D'ici, vous voyez la jetée, les bateaux… Décidément, c'est beau Bastia !

Saint-Nicolas : une des plus grandes places piétonnes de France

Allons un peu place Saint-Nicolas. C'est une des plus grandes places piétonnes de France : elle mesure 300 mètres de long et 90 mètres de large. C'est le rendez-vous des Bastiais ! Elle porte le nom de la chapelle Saint-Nicolas qui a été détruite lors de son agrandissement sous Napoléon III, lorsque débutaient les travaux du nouveau port, situé juste en face. On a alors donné le nom de la chapelle à cette grande place… par superstition, dit-on ! C'est un des meilleurs endroits pour se détendre, regarder les bateaux et les promeneurs passer, en sirotant une boisson à l'ombre des platanes. On oublie qu'autrefois étaient exécutés ici de nombreux condamnés, y compris de célèbres bandits. Au XVIIIe siècle, il y avait même un monticule avec une potence… En dessous de la balustrade, vous voyez aujourd'hui un parking et le prolongement de la N193 en sortant du tunnel, plus en contrebas. Mais, jusqu'au milieu du XXe siècle, la mer arrivait au pied de la place Saint-Nicolas et, lors de certaines tempêtes, la place était inondée ! Vers le nord-est, en direction du port de commerce, se tient le kiosque du *Casabianca*, célèbre sous-marin de la Seconde Guerre mondiale.

La veuve Renno

Au bout de la place, la statue d'une femme et de son enfant est tournée vers la mer. Ils semblent attendre éternellement le retour de quelqu'un… Il s'agit d'un monument à la mémoire des morts des guerres de 1870-71 et de 1914-18. Cette œuvre de Louis Patriarche, réalisée en 1925, représenterait en fait la veuve Renno, dont les deux fils ont été tués durant la guerre d'Indépendance au XVIIIe siècle. Elle offrit alors le troisième à Pascal Paoli en disant : « Tenez, il est à vous et à la patrie » !

Napoléon en toge

À l'autre bout de la place (vers le sud) s'élève une statue de Napoléon, en toge, et étrangement musclé. Il a un aigle à ses pieds, dans le dos duquel on peut voir l'impact d'une balle tirée durant la Seconde Guerre mondiale. Le sculpteur florentin Lorenzo avait commencé à sculpter cette œuvre au moment de la victoire d'Austerlitz… pour l'abandonner aussitôt à la défaite de Waterloo ! Ce n'est que tardivement qu'elle a été érigée sur la place Saint-Nicolas… en 1852.

Confrérie de la chapelle Saint-Roch

CURIOSITÉ

Dans le prolongement de la place Saint-Nicolas (vers le sud) se trouvent la rue Napoléon et l'oratoire Saint-Roch, du nom de la confrérie qui s'y réunissait et dont la vocation était d'enterrer les morts, ainsi que de venir en aide aux malades et aux mourants. Saint Roch était invoqué contre la peste : c'est pourquoi on peut supposer que l'église a été construite en 1604 afin de protéger la ville d'une épidémie. À l'intérieur, les peintures d'origine ont été restaurées au début du XIXe siècle. Les murs sont garnis d'étoffes rouges (damas) selon la tradition ligure introduite à Bastia par le gouverneur génois Filippo de Passano (XVIe siècle). Notez aussi le retable derrière l'autel : il est décoré des peintures de Giovanni Bilivert,dont vous avez pu voir une autre œuvre dans l'oratoire Sainte-Croix, à la citadelle (voir *supra*).

« God Save the King » à l'Immaculée-Conception

Toujours rue Napoléon se trouve une église, construite en 1589, dont le parvis fait de galets représente un soleil, une lune et une étoile. C'est là que se réunissait, entre 1794 et 1796, le parlement de la Corse anglaise. On y chantait le « God Save the King » sous les velours de Gênes, les dorures et les boiseries réalisées par des artisans corses du milieu du XVIIIe.

PORTRAIT

Rousseau écrit pour les vagabonds

Dans l'église Sainte-Marie, rue Notre-Dame : une tombe. C'est celle de Jérôme Biguglia, poète, historien et fondateur de l'Académie i vagabondi (les vagabonds), appelée ainsi car elle recrutait parmi ses membres des Corses qui avaient fait le tour du monde. Cette académie (relancée en 1750 par le marquis de Cursay) propose en 1751 le sujet suivant : « Quelle est la Vertu la plus nécessaire aux Héros et quels sont les Héros à qui cette Vertu a manqué ? »... Un philosophe notoire s'empresse de prendre sa plume pour répondre à la question : c'est Jean-Jacques Rousseau ! Mais, pas très inspiré, il prévient dans son discours adressé à l'académie de Corse : « Cette pièce est très mauvaise, et je le sentis si bien après l'avoir écrite, que je ne daignai pas même l'envoyer » ! On sait ainsi à quoi s'en tenir...

Saint-Charles-Borromée, ancienne chapelle jésuite

Suivons le boulevard Pascal-Paoli et remontons vers le sud, en direction du palais de justice (construit entre 1852 et 1856 avec des colonnades en marbre bleu de Corte). Un peu avant, rue Vattalapesca, se trouve l'église Saint-Charles-Borromée.

Sur sa façade, vous voyez les statues de saint François-Xavier et de saint Ignace de Loyola, fondateur de la Compagnie de Jésus… signe qu'il s'agit d'une ancienne église jésuite. Depuis un décret génois, il se trouve que c'est la seule église chrétienne à ne pas accorder le droit d'asile ! Cela n'était pas très sympa, mais c'est à cette seule condition que Gênes a autorisé les jésuites à construire en 1635 cette chapelle qui devait servir à célébrer les offices du collège de la Compagnie de Jésus. Une fois les jésuites expulsés en 1764, l'église a été dédiée à saint Charles Borromée. C'est ici que les états généraux corses se sont réunis en 1789 !

Pas très loin de l'église Saint-Charles-Borromée, une petite plaque au 23, rue du général Carbuccia rappelle que Balzac y a séjourné en 1838. Que faisait ici le célèbre écrivain ? Il se rendait en Sardaigne pour chercher une mine d'argent… Mais après avoir un peu prospecté, il ne trouva aucun filon et n'avait plus qu'à filer pour revenir à Paris.

Montez l'escalier à genoux, et vous serez absous de vos péchés

On prend maintenant un escalier au-dessus du palais de justice de Bastia. Vous passez devant la fontaine d'Alzeto, une des plus vieilles de Bastia. On suit le chemin indiquant « *Scala santa* », ce qui veut dire « escalier saint ». Pour le voir, il faut que vous arriviez à la chapelle de Monserato, sur les hauteurs de la ville. Elle abrite cette fameuse *Scala santa*, réplique de l'escalier saint de la basilique Saint-Jean-de-Latran à Rome. Pourquoi un tel escalier dans le chœur de l'église ? Au temps du Concordat, des évêques récalcitrants refusent de se soumettre à Napoléon. De rage, l'Empereur les fait enfermer à Bastia. C'est là que des Bastiais prennent leur défense et demandent que les 424 évêques condamnés soient hébergés chez eux plutôt que dans les geôles sordides de la citadelle ! En 1816, pour remercier les Bastiais de cette hospitalité, le pape Pie VII leur accorde une faveur exceptionnelle : la construction d'une *Scala santa* comme il y a une à Rome, à Lourdes ou à Fatima. Selon la tradition, toute personne qui montera à genoux l'escalier sera absoute de ses péchés !

ANECDOTE

La jeune Corse qui est passée à côté d'un incroyable destin

Nous sommes au XVIIIe siècle. Un jeune sous-officier de l'armée du Directoire est chargé de surveiller ses amis en train de construire la route qui va de Bastia à Saint-Florent. Marie Benedetti, une jeune fille de Cardo, un village au-dessus de Bastia, passe souvent devant le groupe de jeunes soldats pour chercher de l'eau à la fontaine. Le sous-officier n'est pas indifférent à ses charmes et tombe amoureux. Un jour, il va demander au père Benedetti la main de Marie. Mais pour la famille Benedetti, plutôt de condition aisée, le jeune sous-officier n'est pas suffisamment fortuné… une grave erreur. Le jeune soldat, Jean-Baptiste-Jules Bernadotte, gravit rapidement les échelons pour devenir maréchal d'empire… puis roi de Suède et de Norvège en 1818 ! Marie Benedetti resta quant à elle célibataire jusqu'à la fin de ses jours… Sans doute amère d'être passée à côté d'un incroyable destin.

Bastia : la plage !

Pour aller à la plage dans les alentours de Bastia, ce n'est pas très compliqué : vous prenez la RN193 au sud de la ville. La côte orientale ne forme qu'une seule et même plage de sable fin ! Suivez la flèche « *Lido de la Marana* ». Non, ce n'est pas une boîte de nuit : ça veut dire « littoral »… en italien. C'est là où vont les Bastiais. C'est un long cordon lagunaire de 10 kilomètres de long entre la mer et l'étang de Biguglia. Vous n'aurez donc pas trop de problèmes pour trouver un endroit où mettre votre serviette…

Bastia, c'est aussi…

Vous pouvez voir plein d'autres curiosités au sud de Bastia :

- L'étang de Biguglia et son incroyable réserve naturelle : des dizaines de milliers d'oiseaux viennent y hiverner tous les ans !
- L'église romane Santa Maria Assunta (entre Bastia et Poretta, sur la D507), dite aussi La Canonica, elle a été édifiée au XIIe siècle et a été le siège de l'évêché au Moyen Âge. Pas très loin (à 500 mètres) se tient un édifice

pisan remarquable : l'église de San Parteo, construite au XIIe siècle dans du calschiste issu de la carrière de Brando ;

- Les vestiges de la cité romaine de Mariana (murs de l'enceinte, bains et mosaïques) et d'un baptistère paléochrétien du IVe siècle, sur le site de Lucciana ;
- Le col de Teghime (entre Bastia et Saint-Florent, sur la D81) et sa magnifique vue sur la mer Tyrrhénienne (à l'est) et le golfe de Saint-Florent et la Méditerranée (à l'ouest). Il a été un haut lieu de la libération de Bastia en 1943. Vous y verrez encore un canon de l'époque et un monument en hommage aux combattants marocains… ;
- Le défilé de Lancone : après le col de Teghime, c'est le second point de passage routier (D82) qui relie la région de Bastia et celle du Nebbio (Saint-Florent), en passant au sud de la chaîne de montagnes du cap Corse.

LE SAVIEZ-VOUS ?

Le dernier vol de Saint-Exupéry

À l'aéroport de Bastia-Poretta, une modeste stèle rappelle que c'est d'ici que l'écrivain aviateur Saint-Exupéry s'est envolé pour sa dernière mission, avant que son avion soit abattu par un pilote allemand le 31 juillet 1944.

Curieusement, le nom de l'auteur du *Petit Prince* n'a été donné à aucun lieu emblématique de la région. Seul l'aéro-club de Poretta a choisi de s'appeler Saint-Exupéry…

Cap vers le cap Corse !

Le cap Corse est une sorte de mini Corse à lui tout seul. Montagne dans la mer avec ses villages haut perchés et leurs marines, ses moulins à vent (et aujourd'hui ses immenses éoliennes !), ses cultures en terrasses, ses vins (et apéritifs) réputés, ses oliviers, etc. Cap vers le cap Corse !

Des villages de pêcheurs aux villages de montagne

Commençons par la côte est…

Erbalunga, ancien fief des gentils seigneurs

Le village d'Erbalunga (commune de Brando), situé à 9 kilomètres au nord de Bastia, est tout ce qu'il y a de plus typique ! Il a gardé les traces des vieilles demeures de notables construites au milieu de maisons de pêcheurs. La marine était autrefois rattachée à un des fiefs des Gentile, puissante famille de seigneurs du cap Corse. Non loin se trouve leur château du XIIIe siècle, à 3 kilomètres, dans le hameau de Castello, sur les hauteurs d'Erbalunga. Au XVe siècle, Guelfuccio Gentile y fait construire un autre château à Erbalunga, dans le but de vivre une relation illégitime avec l'épouse de son cousin Vinciguerra Gentile ! Humilié, ce dernier poignarde sa femme…

La famille du célèbre écrivain Paul Valéry était originaire d'Erbalunga, où vous pouvez encore voir la chapelle familiale.

Le long de la côte est…

Vous longez la côte est du cap Corse, en suivant la D80… Il y a peu de kilomètres à parcourir, mais ça vous semble long : c'est qu'il s'agit de kilomètres corses ! Les routes sinueuses vous obligent à ralentir, c'est évidemment plus long que si vous alliez en ligne droite. Mais vous en profitez pour admirer le paysage et les nombreuses tours génoises plantées dans le cap Corse. Tout le long, vous voyez des criques, des plages et de somptueuses maisons d'inspiration coloniale, avec des toits à quatre pentes. Elles ont été construites entre la fin du XIXe et le début du XXe siècle. Ce sont les maisons des Américains… C'est comme cela que l'on appelait les Corses du cap partis faire fortune aux Amériques et revenus finir leurs vieux jours en Corse. Après quelques « marines » (Sisco, Pietracorbara, Porticciolo, Santa Severa, Meria), on arrive à Macinaggio (Macinaggiu), ancien port romain. Aujourd'hui, les Romains y reviennent… mais en touristes ! Macinaggio est en effet un port de plaisance.

Macinaggio, marine de Rogliano

Vous êtes à Macinaggio. C'est ici que Pascal Paoli a débarqué lors de son grand retour en 1790. C'est également dans ce port qu'Eugénie, l'épouse de Napoléon III, est partie suivre en 1869 un jeune marin de Rogliano (Ruglianu), petit village dans la montagne.

Vous pouvez rejoindre Rogliano par la D80, mais aussi à pied, par un chemin appelé chemin de l'Impératrice en hommage à Eugénie. On dit que l'impératrice s'est dévotement arrêtée à l'église Sant'Agnellu (XVIe siècle), au hameau de Bettolacce. La balustrade qui orne le chœur est d'ailleurs un cadeau d'Eugénie. Arrivé à Rogliano, vous apprécierez ce village aux hautes maisons, avec une tour gênoise en son cœur.

La commune de Rogliano regroupe sept hameaux. Vous y voyez encore les ruines du château de San Colombano. Il appartenait au XIIe siècle aux da Mare, une autre grande famille de seigneurs du cap Corse. Au nord de Macinaggio, vous pouvez continuer la visite sur le littoral en allant faire un tour à l'église romane du XIe siècle, Santa-Maria-della-Chjapella, un peu en retrait de la plage Santa Maria, sur le sentier des douaniers.

Le sentier des Douaniers

À partir de Macinaggio, au bout de la plage, vous avez la possibilité de prendre un chemin à pied qui vous conduira à Centuri, sur la côte ouest du cap Corse. Ce chemin est relativement long : comptez 8 heures de marche. Mais vous y découvrirez plusieurs merveilles du cap Corse. Sur les rochers, observez ces tas de feuilles… Ce sont des banquettes d'herbes de posidonies. Le sentier commence au niveau de la punta di a Coscia, au nord de Macinaggio. Vous passez à côté d'un vieux four à chaux, incroyablement préservé (avec un figuier en son cœur), puis vous marchez dans le maquis, au milieu des arbousiers, cistes, genévriers de Phénicie, bruyère multiflore, narcisses… Pas très loin, quelques grottes : on y a trouvé, il y a quelques années, des restes d'animaux préhistoriques, dont le cerf nain de Caziot. Au niveau de la rade de Santa Maria, vous voyez au loin les îles Finocchiarola. La tour, du XVIIe siècle, est à moitié effondrée, mais l'autre demi-moitié est encore debout… ce qui permet d'avoir une très belle coupe de cette tour à deux étages. Santa Maria, c'est aussi le sanctuaire de nombreuses espèces protégées : goélands d'Audouin, cormorans huppés, goélands leucophées… À la pointe nord du cap Corse, vous contemplez au loin l'île de Giraglia et son phare. À Barcaggio (Barcaggiu), vous marchez dans sa dune spectaculaire : c'est une des plus hautes de Corse ! Elle est peuplée de genévriers. Sur les lagunes, vous trouvez de petites plantes rares et menacées : la *Cressa cretica* et la *Lippia nodiflora*… Elles ne peuvent vivre que dans un climat tropical… et étrangement à Barcaggio. Après le capo Grosso (vue magnifique sur le cap !) et le capo Bianco, vous êtes à Centuri, un petit port sur la côte ouest du cap Corse.

Centuri, premier port français de la langouste !

Centuri est un petit village de pêcheurs avec des maisons pittoresques et des toits en schiste (en serpentinite, plus exactement) connu comme le premier port de pêche français de la langouste. On dit que les langoustes du coin sont les meilleures d'Europe…

Centuri tire son nom des remparts (*centurium*) de la cité romaine construite sur les hauteurs. Le site a donc été colonisé depuis l'Antiquité. Tout comme le hameau de Cannelle (à 2 kilomètres de Centuri) qui correspondrait à Kanelate, visible sur la carte de Corse de Ptolémée. Un peu au-dessus, le château de Bellavista a été bâti au XIXe siècle par un aventurier et politicien originaire de Centuri : Leonettu Ciprianu. Après de multiples voyages, celui-ci fera fortune en Californie et racontera les exploits de sa vie dans *Avventure della mia vita* (*Les Aventures de ma vie*). Un grand personnage… y compris par sa taille, puisqu'il mesurait plus de 2 mètres !

Un moulin transformé en publicité géante

Vous connaissez le cap Corse ? Non, pas la région, mais la boisson, celle qui a été inventée par Louis-Napoléon Mattei. Le 4 octobre 1834, un des nombreux moulins du cap Corse est frappé par la foudre et son propriétaire, devant l'ampleur des dégâts, renonce à le réparer. C'est Louis-Napoléon Mattei qui décide alors de le restaurer… Mais en le transformant en support publicitaire pour son apéritif nommé cap Corse. Vous voyez encore aujourd'hui cette publicité géante juste au bord de la D80, au niveau du col de la Serra, un peu avant Centuri.

Nonza

Vous avez descendu une bonne partie de la côte ouest du cap Corse – après être passé par quelques marines et très beaux villages comme Pinu, Morsiglia ou Canari… – et vous arrivez à Nonza, village connu notamment pour sa fontaine aux Mamelles. Elle est liée au martyre de sainte Julie : on rappelle que les seins de la jeune chrétienne ont été jetés contre un rocher par ses bourreaux… ce qui a donné naissance à la fontaine.

Mais Nonza est aussi célèbre pour sa Tour paoline, construite à la demande de Pascal Paoli en 1757…

La tour de Nonza a été vaillamment défendue en 1768 par un homme, un certain Ghjacumu Casela, qui s'est battu seul contre tout un régiment français, lequel était dirigé par le général Grandmaison. Casela était un soldat de Paoli. Blessé à la tête, il se réfugie dans une tour. Il arrive alors à leurrer les troupes du roi en mettant en place un système ingénieux qui lui permettait, grâce à des ficelles, de tirer plusieurs coups de fusil en même temps… Le valeureux faisait croire ainsi à l'armée française que plusieurs hommes de l'armée de Paoli étaient dans la tour. Lorsque les soldats français entrèrent dans le bâtiment, ils ne trouvèrent que Casela. Impressionné par l'héroïsme du Corse, Grandmaison décide de le laisser libre et sauf…

Le cap Corse : les plages !

Il y a plein de plages, de galets ou de sable, dans le cap Corse. Il s'agit souvent de petites criques.

- Au village de Miomo (Miomu), au nord de Bastia, se trouve une petite crique de galets où vous vous baignez au pied d'une magnifique tour génoise ;
- Lavasina, Erbalunga, marines de Sisco (Siscu), de Pietracorbara (Petra Curbara), Porticciolo, Macinaggio (et la plage de sable fin de Tamarone, au nord)… Tous ces villages de la côte est ont leur petite plage. Même chose pour Barcaggio (pointe du cap Corse), connu pour sa dune géante, et Centuri, Pino (Pinu), la marine de Giottani, Cannelle…

- La rade de Santa Maria : elle est accessible à partir de la plage de Tamarone, au nord de Macinaggio (comptez 30 minutes de marche sur le sentier des douaniers). Vous y verrez la tour de Santa Maria et quelques vaches broutant le maquis !
- La plage de Nonza : c'est une plage de galets noirs (peu fréquent). Attention, lorsqu'il y a du soleil, c'est chaud sous les pieds !
- La marine de Farinole (Ferringule) : c'est une longue plage de sable… où on a pied loin (ce qui est plutôt rare dans le cap Corse !).

LE SAVIEZ-VOUS ?

Patrimonio, la patrie du vin et des guitares

Le patrimonio (patrimoniu) est un vin d'appellation d'origine contrôlée (500 hectares répartis sur neuf communes, entre le cap Corse et la région du Nebbio), mais c'est aussi un village au pied du cap Corse. Les Nuits de la guitare s'y déroulent tous les ans au mois de juillet, depuis la création dans les années 1990 de ce festival aujourd'hui mondialement connu. Les plus grands guitaristes de tous horizons viennent y jouer. Entre le vin et les guitares, il y en a pour tous les goûts à Patrimonio !

Le cap Corse, c'est aussi…

Le cap Corse est riche de son passé historique un peu à part (il a toujours été considéré comme une presqu'île isolée du reste de l'île), avec ses seigneuries et ses guerres fratricides. Passons par quelques endroits de ce passé…

- La commune de Brando : elle regroupe les hameaux suivants : Erbalunga, Lavasina (où a lieu le célèbre pèlerinage tous les 8 septembre – voir chapitre 5), Castello (où se trouve l'ancien château des Gentile et l'église Sainte-Marie-des-Neiges qui abrite des fresques datées de 1386, les plus anciennes de l'île), Poretto (chapelle Sainte-Croix du XVe siècle), Mausoleo (chapelle Sainte-Catherine et couvent en ruine du XVIIe siècle), Pozzo et Silgaggia (église Sainte Marie de l'Assomption et sa chapelle pisane du XIVe siècle). C'est aussi la région des célèbres carrières de schiste, desquelles ont été extraites la plupart des lauzes des vieux toits corses, ainsi que le cipolin, une variété de schiste qui a servi à construire autrefois plusieurs églises… et les trottoirs de Bastia ;

- Sisco (Siscu) : à 7,5 kilomètres au nord-ouest d'Erbalunga, cet ensemble de hameaux installés sur toute une région (qui correspond à une ancienne pieve) relie la vallée à sa marine. Ne loupez pas la petite chapelle San Michele (à 7 kilomètres à l'est de la marine), c'est un très bel ouvrage du XIe siècle (on y accède après 15 minutes de marche) ;
- La tour de Sénèque : la tradition orale dit que le philosophe exilé huit ans en Corse y a vécu… Mais il s'agit des restes d'un donjon médiéval ayant appartenu aux da Mare ! Elle pourrait cependant avoir été construite sur un édifice plus ancien… Vous la trouvez sur la commune de Luri, en prenant un sentier à partir du col de Sainte-Lucie, sur la D180 (chemin balisé en rouge : comptez 15 minutes de marche) ;
- Morsiglia (Mursiglia) : ses maisons des Américains et son église : San Ciprianu (commencée au XIVe siècle et achevée au XVIIIe siècle) ;
- Canari : un petit village sur la côte ouest du cap Corse qui abrite un musée du Costume corse et une très belle église romane de la fin du XIIe siècle, voire du début du XIIIe siècle (église Santa Maria Assunta). Lorsque vous visiterez cette église, levez la tête et regardez les petites têtes sculptées qui vous regardent le long de la corniche extérieure !

Saint-Florent et le Nebbio

Le Nebbio (Nebbiu) est le nom d'un ancien évêché de Corse.

Saint-Florent, au nord du Nebbio

Il était une fois un évêché avec, à sa tête, un évêque du nom de Saint-Florent…

Saint-Florent, évêque du Nebbio

La ville de Saint-Florent (San Fiurenzu) porte le nom d'un évêque du Nebbio qui aurait vécu au Ve siècle… Il a été martyr des Vandales qui ont envahi l'île à l'époque. Un peu en dehors de la ville (à 10 minutes de marche), une église est indiquée : la cathédrale Santa Maria Assunta, bâtie au XIIe siècle à l'emplacement de l'ancienne ville médiévale, elle-même située à l'endroit où les Romains construisirent plusieurs siècles auparavant une cité du nom de Cersunum. Santa Maria Assunta était l'ancienne cathédrale du Nebbio. À l'intérieur de l'église, vous apercevez les reliques de saint Florus… Non, ce n'est pas saint Florent ! C'est un martyr du IIIe siècle que le pape Clément XIV (XVIIIe siècle) a décidé d'envoyer à l'évêché du Nebbio. Quant au corps de saint Florent, il a quitté la Corse lors des invasions maures au IXe siècle : des évêques italiens l'ont transporté en Italie pour le protéger…

Saint-Florent, ville du Nebbio

Faisons un petit tour à Saint-Florent. Cette ville est très prisée des touristes et… des Bastiais qui vont de temps en temps y faire un *giru* (tour). Vous y verrez des bars, des cafés, des restaurants, tout autour de la place principale ou du port. Au pied de la citadelle – construite par les Génois en 1440 – c'est la vieille ville : elle a les pieds dans l'eau. De petites promenades en bateau sont possibles à partir de Saint-Florent. Elles vous permettront de découvrir les nombreuses criques de sable et les plages paradisiaques du désert des Agriate.

La traversée du désert des Agriate

Saint-Florent est séparé de la Balagne par le désert des Agriate… un désert bien agréable.

CURIOSITÉ

Le désert des Agriate, ce sont 16 000 hectares sans (presque) aucune habitation, hormis le petit hameau de Casta au bord de la D81. Les Agriate s'étendent de Saint-Florent à la vallée de l'Ostriconi. Que des pierres, des *pagliaghji* (anciennes maisons d'agriculteurs toutes en pierre) et une végétation brûlée par le soleil… et les incendies ! Vous pouvez le traverser par la route (D81) ou à pied en prenant le chemin des Douaniers à partir de la plage de Saint-Florent. Ce chemin mène jusqu'à la tour génoise de la Mortella. Comptez au moins 5 bonnes heures de promenade dans une zone naturelle protégée. Avis aux amateurs de randonnées !

LE SAVIEZ-VOUS ?

La tour de la Mortella a été construite par les Génois en 1553 pour se protéger des Français. Elle servit ensuite de modèle aux Anglais, qui construisirent entre 1804 et 1812 plus d'une centaine de tours au sud de la Grande-Bretagne pour se prémunir d'une possible invasion napoléonienne. Ils les appelèrent les tours Martello (*Martello towers*)… transformant ainsi l'orthographe du nom corse.

Pietralba : la « pierre blanche »

Une fois que vous avez traversé le désert, vous arrivez sur la N1197. À 15,5 kilomètres au sud de l'intersection avec la D81, vous avez Pietralba (Petralba), un village qui s'est développé depuis le nouveau tracé de la nationale. Vous êtes encore dans le Haut-Nebbio. Petralba ?… ça veut dire « pierre blanche ». Ce village doit son nom aux falaises de calcaire situées à proximité.

CURIOSITÉ

À 5 kilomètres au nord de Pietralba se situe Lama (D108), un village construit comme un nid d'aigle sur un rocher. Certaines habitations ont d'ailleurs conservé dans leur intérieur des pans entiers de la roche. Un Festival du cinéma qui attire des personnalités de la profession s'y déroule tous les étés.

Le Nebbio : les plages !

Ce sont de très belles plages paradisiaques situées à l'ouest de Saint-Florent. En voici quelques-unes :

- La plage de l'anse de Finnestento : elle fait quelques dizaines de mètres ;
- Vous pouvez gagner le Loto : cette plage qui borde le désert des Agriate est accessible uniquement à pied ou en bateau (des navettes partent de Saint-Florent). Eau turquoise et sable fin… ;
- La plage de Saleccia (près de la plage du Loto) : elle est célèbre… c'est celle que vous voyez dans le film *Le Jour le plus long* en guise de plage de Normandie !

Le Nebbio, c'est aussi...

- Elle ressemble à un damier avec des cases vertes et blanches : c'est la très étonnante église de Murato (Muratu), construite au XIIe siècle. Elle est située à 26 kilomètres au sud-ouest de Bastia, par la D82. Au XVIIIe siècle, le village de Murato a pendant un temps accueilli Pascal Paoli. C'est ici qu'on frappa à la même époque la monnaie corse ;
- ANECDOTE Murato, c'est aussi le village de naissance de Joseph Fieschi qui, le 28 juillet 1835, tenta de tuer le roi Louis-Philippe avec sa « machine infernale » : composée de 24 fusils tirant dans tous les sens, cet engin tua 19 personnes et en blessa 23 autres lors du passage du cortège royal le long du boulevard du Temple, à Paris. Le roi s'en sortit avec une légère éraflure au front.
- Trois statues menhirs, dont une de 3 mètres de haut sont plantées au milieu de la place du village de Pieve (7,5 kilomètres de Murato par la D62). On distingue très bien les traits de leur visage malgré l'érosion ;
- Souvent oublié des guides, Sorio (Soriu – 2,5 kilomètres à l'ouest de Pieve) est à voir pour sa petite chapelle Santa Margarita du XIIIe siècle ;
- Santo-Pietro-di-Tenda (Santu Petru di Tenda – 5,5 kilomètres au nord-est de Pieve par la D62) : ce village possède une église qui ressemble à celle de Santa-Maria-de-Canari dans le cap Corse et qui est probablement de la même époque (XIIe-XIIIe siècles). Cette fois encore, regardez la corniche à l'extérieur : remarquez ses étranges sculptures dont une représente une tête de mouflon ! Sur le plateau du capo Castinco et le col de Mamucci, signalons un site préhistorique remarquable avec un bon nombre de statues menhirs sculptées entre l'âge du bronze et l'âge du fer ;
- Le village d'Oletta, dans les hauteurs du Nebbio, est à visiter pour sa très colorée église Saint-André (XVIIe siècle), l'ancien couvent Saint-François (XIIe siècle) et sa vue magnifique sur la Conca d'Oro...

Chapitre 12

Entre la Balagne et la côte ouest

Dans ce chapitre :

- Le tour de la Balagne, de la vallée de l'Ostriconi à Calvi
- Parcourez la côte ouest, entre Calvi et Ajaccio
- Des plages, et encore des plages…

Après le Nebbio, on descend la côte ouest du nord au sud : vous ferez une balade en Balagne puis vous rejoindrez Porto, Ajaccio, Propriano ou encore Sartène, jusqu'à la pointe sud de l'île… Là encore, on va vous montrer tout ce qu'il y a à voir et à retenir comme anecdotes, histoires et curiosités locales…

Balade en Balagne

La Balagne (Balagna) est une grande région de Haute-Corse qui s'étend sur une zone qui va de la vallée de l'Ostriconi (à l'ouest du désert des Agriate) au village de Galeria. Elle est délimitée à l'intérieur par le massif du Monte-Cinto. On commence par la côte où se trouvent deux grandes villes : Calvi et Île-Rousse, puis on fera un petit tour dans les villages des hauteurs de la Balagne. Ces villages balanins offrent généralement une très belle vue dégagée sur la mer.

Calvi et Île-Rousse…

Au XVIIIe siècle, Pascal Paoli fonde l'actuelle ville portuaire d'Île-Rousse pour contrer l'influence de Calvi et de son port resté fidèle à l'occupant génois…

Civitas Calvi avec deux « c » comme Christophe Colomb

Calvi serait la ville du découvreur de l'Amérique. Vous y verrez sa statue place… Christophe-Colomb et sa maison – ou ce qu'il en reste – rue du Fil, sur les hauteurs de la citadelle. Christophe Colomb corse ? Vous n'y croyez pas ? Lisez notre chapitre sur les mythes et réalités corses, on vous explique tout !

Une anecdote raconte que Calvi est née au XIIIe siècle de la dispute entre deux soldats. L'un travaillait pour le seigneur Giovanninello (dit Pietra All'arretta) et l'autre était aux services de Sinucello della Rocca (alors du côté des Pisans qui l'avaient nommé *Giudice*). Au cours de la dispute, le soldat de ce dernier saisit une petite chienne qui se trouvait à son côté et la jette à la tête de son homme… mais le loupe. C'est le seigneur Giovanninello qui la reçoit en plein poitrail. Il demande alors aussitôt au *Giudice* Sinucello della Rocca de s'excuser. Mais ce dernier refuse. Cet incident sera à l'origine de la fondation séparatiste de Calvi par Giovanninello qui soutiendra ensuite les Génois contre les Pisans… La guerre entre les deux clans durera près de deux siècles !

Calvi toujours fidèle à Gênes

La citadelle de Calvi a ainsi été construite au XIIIe siècle par les Génois. « *Civitas Calvi semper fidelis* » (« La cité de Calvi toujours fidèle ») peut-on lire au-dessus du porche de la citadelle… comme un rappel à l'incroyable fidélité de la ville à la République de Gênes. Mais Calvi, c'est aussi la cathédrale Saint-Jean-Baptiste (au niveau de la citadelle), reconstruite au XVIe siècle après l'explosion d'une poudrière… À l'intérieur, vous y verrez notamment de magnifiques fonts baptismaux en marbre, un splendide tryptique de Barbagelata – peintre ligure du XVe siècle – et un Christ noir (à ne pas confondre avec celui de Bastia ou celui d'Ajaccio, tout aussi miraculeux). Calvi, c'est également l'oratoire Saint-Antoine (XVIe siècle) et une vieille ville construite en dehors de la citadelle après le départ des Génois au XVIIIe siècle. Vous pourrez visiter son église baroque, Sainte-Marie-Majeure, qui date de la même époque.

« Ballade de Chez Tao »

« Ballade de Chez Tao », c'est le titre d'une chanson de Jacques Higelin, habitué d'un bar branché de la citadelle dont l'enseigne est Chez Tao. Ce bar porte le prénom de son propriétaire arrivé par hasard à Calvi en 1928. Tao Kerefoff était un officier russe qui avait fui la révolution de 1917. Après Constantinople, Paris, il va à New York où il rencontre Félix Youssoupoff, l'assassin de Raspoutine ! Ce bienfaiteur l'emmène dans une de ses propriétés à Calvi. Tao finit par acheter le palais des Évêques de Sagone et il y ouvre un bar à musique qui devient le lieu de rendez-vous nocturne de tous les Calvais... Aujourd'hui encore, Chez Tao est un restaurant très branché !

Plusieurs festivals ont lieu tous les ans à Calvi : le Festival de jazz international (tous les mois de juin depuis 1987), Calvi on the Rocks (DJ et musique électronique sur la plage), chants polyphoniques (septembre), Festiventu (le Festival du vent – octobre), etc.

Sable chaud pour légionnaires

Lorsque vous êtes au bord des côtes de Calvi, vous pouvez les voir sauter en parachute et parfois se baigner à la plage : ce sont les légionnaires du 2e régiment étranger de parachutistes, le seul régiment étranger de paras ! Leur camp se situe sur la route entre Calvi et le village de Lumio. L'ancien palais qui, entre le XVIe et le XVIIIe siècle, hébergeait les gouverneurs génois sur les hauteurs de la citadelle est devenue la caserne Sampiero de la Légion, avec son musée ouvert au public.

Île-Rousse, la rivale de Calvi

À quelques kilomètres à l'est de Calvi se trouve Île-Rousse. La ville se dénomme ainsi depuis les Romains : *Rubico Rocega* en latin ! Mais lorsque Pascal Paoli fonde son nouveau port en 1758, sur les rochers rouges de l'île de Pietra, les maisons romaines ne sont plus légion. C'est donc une ville nouvelle qui est entièrement bâtie par Pascal Paoli : Paolina... qui sera rebaptisée ensuite Île-Rousse. La ville a un certain charme. Sur la place Pascal-Paoli, à l'ombre des platanes, vous pouvez prendre un café, pas très loin de la plage qui borde le centre-ville et le marché avec ses colonnes de style antique… qui datent du XIXe siècle. Vu de la place, un hôtel avec une tour ne passe pas inaperçu : c'est l'hôtel Napoléon-Bonaparte. C'est ici que Mohammed V et son fils, le futur Hassan II, furent hébergés durant leur exil en 1953, à l'époque où le sultan voulait l'indépendance du Maroc.

La Balagne : les plages…

Pour les plages, c'est roches et sable : au choix ! D'est en ouest, vous avez :

- La plage de l'Ostriconi : (à partir de la N1197) elle est connue pour ses courants et sa mer agitée, alors attention ! Vous êtes dans un site naturel protégé : milan royal, cormoran huppé, engoulevent, goéland leucophée, puffin cendré, hirondelle de rochers… peuplent le site de l'Ostriconi. À partir de la plage, une petite promenade le long du sentier du littoral est possible jusqu'à l'anse de Vana (à l'est) ;
- La plage de Lozari : elle est à côté d'une petite rivière et de la chapelle de Lozari (en allant vers Île-Rousse depuis l'Ostriconi). C'est un long rivage de sable fin. Avec un masque et un tuba, vous pouvez voir dans les rochers situés à l'extrémité de la plage plusieurs variétés de poissons. L'eau est parfois refroidie par la rivière de Regino qui se déverse au milieu, sous un pont ;
- La plage de Renalta : elle se trouve au bord de la ligne de chemin de fer. L'eau est plutôt agitée ici ;
- La plage d'Algajola (Algaiola) : une longue étendue de sable fin près de la citadelle du même nom ;
- La marine de Sant'Ambroggio (sur la commune de Lumio) : c'est un port de plaisance avec quelques habitations. Vous y arrivez en bifurquant à la sortie d'Algajola, un peu avant d'arriver à Lumio. Si vous aimez le sable : c'est la crique de l'Arinella. Si vous aimez les galets, c'est celle de Sainte Restitude. Si vous aimez les rochers plats et lisses, c'est la très belle pointe de Spano. À voir !
- La plage de Calvi : une des plus connues de Corse, avec ses pins, son eau dont la température est toujours plus élevée qu'ailleurs. Ici, il y a peu de courants et vous avez pied loin !

La Balagne, c'est aussi…

La Balagne, c'est aussi les oliviers, sainte Restitute, Davia Franceschini (la petite fille originaire de Corbara, enlevée puis devenue, au XIXe siècle, princesse du Maroc), Montegrosso et ses eaux de Zilia, le village perché de Montemaggiore qui serait le berceau de dom Juan de Manara, avec son église pisane du XIIe siècle (église Saint-Rainier), la forêt de pins de Tartagine (chemin de randonnée à partir du village d'Olmi-Cappella) et encore, et encore…

Lumières sur Lumio !

Depuis qu'elle a été remarquée sur une plage de la Balagne par un photographe de l'agence de mannequins Madison, un jour de l'été 1993, tous les projecteurs se sont braqués sur Lumio (Lumiu)… un village qui veut dire lumière ! Lumio est en effet le village d'où est originaire Laetitia Casta ! Mais d'autres people habitent ce lieu tourné vers la mer et situé à 10 kilomètres à l'est de Calvi (sur la N197). Vaut-il un petit détour ? Oui ! Outre son église baroque de 1800, Lumio est à voir pour sa chapelle San Pietro e Paolo (à 1 kilomètre au sud-est du village) – admirez ses magnifiques têtes de lion sculptées sur la façade –, l'oratoire Saint-Antoine (fin XVIe), *U Carrubo* (un bâtiment à arcades du XVIIIe siècle)… et même un village abandonné : Occi, dans les hauteurs de Lumio !

Monticello, petit mont au-dessus d'Île-Rousse

Un peu au-dessus d'Île-Rousse se trouve Monticello (Munticellu), accessible par la D63. Comme son nom l'indique, le village est accroché à un « petit mont ». Sa place forte permettait aux habitants de se protéger des nombreuses razzias des pirates qui avaient lieu au XVIe siècle. Son église baroque Saint-François-Xavier date du XVIIe. Avec un peu de chance, vous croiserez Jacques Dutronc qui vit dans ce village…

Agillone devenu Occiglioni

Pas loin de Monticello se trouve Occiglioni (D263) dont on dit qu'il serait à l'endroit de l'ancienne cité phénicienne d'Agilla (Agillone), citée par Hérodote. Il s'y déroulait autrefois de magnifiques jeux en l'honneur d'Apollon… il y a plus de 2 500 ans ! Mais il sera difficile de trouver aujourd'hui dans ce joli petit hameau de Balagne la moindre trace de tout cela.

Santa Reparata de Santa-Reparata-di-Balagna

LE SAVIEZ-VOUS ?

Occiglione est un hameau de Santa-Reparata-di-Balagna, sur les hauteurs d'Île-Rousse. Le site foisonne de petites chapelles et églises. La plus connue est Santa Reparata : une église romane du XIe siècle, aux pierres de granite jaunes et grises. Elle porte le nom d'une sainte très en vogue au XIe siècle à Pise. Selon les chroniqueurs, les Pisans auraient ainsi mené à cette époque une expédition en Corse et en Sardaigne pour ramener, en 1052, le corps de sainte Reparata dans la cathédrale de Pise.

Belgudè… « beau plaisir » !

Belgodère (sur la D71), Belgudè en corse signifie « beau plaisir » ! À commencer par le plaisir de contempler la vue qui donne sur la mer et la vallée du Regino. Un plaisir partagé par le peintre Maurice Utrillo et sa mère, Suzanne Valadon, qui y séjournent entre 1912 et 1913. Le peintre en profitera pour faire le portrait de sa maman sur la place du village. L'église Saint-Thomas a été réalisée entre le XVIe et le XVIIIe siècle. Rappelons que le village a été fondé par Andrea Malaspina en 1269. La famille de seigneurs régna en maître sur le coin au point d'excéder les villageois qui, en 1630, massacrèrent le descendant et se débarrassèrent ainsi d'une mauvaise épine (*malaspina*).

Sant'Antonino, tout un roman !

CURIOSITÉ

Sant'Antonino est un des plus vieux villages de Corse : d'après la légende il aurait été fondé par Ugo Colonna au IXe siècle ! Tout en hauteur, vous traversez des ruelles étroites avec ses maisons en pierre. C'est l'ancien fief de la famille des Savelli dont un bon nombre d'ancêtres sont enterrés au couvent de Corbara (ce couvent date du XVe siècle, il se situe au village de Corbara, à quelques kilomètres de Sant'Antonino). À partir de Sant'Antonino, vous pouvez suivre un petit chemin à pied vers le capu Corbinu : vue magnifique sur la mer et le barrage de Codole (à l'est).

Aregno, une église avec un homme qui prend son pied

En allant vers Sant'Antonino, un petit arrêt au village d'Aregno (Aregnu) s'impose. À ne pas manquer au bord de la D151 : l'église polychrome de la Trinité (elle rappelle un peu l'église polychrome de Murato dans le Nebbio) et de San Giovanni (XIe siècle), toute entourée de tombes ! Des sculptures d'animaux de la forêt et des têtes grossières ornent sa façade. Il est étrange de voir des ours, des paons, des béliers, des lièvres, etc. à des endroits où l'on faisait figurer autrefois plutôt des saints… Et tout en haut un homme qui se tient le pied… Qu'est-ce que ça signifie ? Qu'il prend son pied ? Cette église est une des plus mystérieuses de Corse…

Calenzana, point de départ du GR20

Dans ce village auquel on accède par la D151 se trouvent les reliques de sainte Restitute, le cimetière des Allemands, la statue du prince Pierre… et le point de départ du GR20 ! Pour suivre ce grand sentier de randonnée et en savoir plus sur Calenzana, rendez-vous au chapitre 15.

Speloncato… les « grottes »

Speloncato (Spiluncatu), sur la D663, est un village construit en colimaçon sur son rocher. Il est appelé ainsi car il est bâti sur des grottes (*spilunca*).

À partir de Speloncato, un petit sentier mène vers le lieu-dit I Bagni (Les Bains)… Ce sont d'anciens thermes romains. Le site était habité jusqu'au XVIe siècle. Vous croiserez sur le chemin deux chapelles : une première dédiée à saint Roch (XVIe siècle) et une seconde à saint Philippe (XVIIIe siècle).

CURIOSITÉ

Spectacle naturel à Speloncato

À Speloncato, la nature vous offre un petit spectacle deux fois par an : le 8 avril et le 8 septembre, le village est exceptionnellement éclairé par les rayons du soleil qui traversent au moment de son coucher la Pietra tafonata (pierre percée), un trou dans une montagne située à 2 kilomètres du village. À voir aux alentours de 18 heures !

Côte ouest...

Au sud de Calvi, c'est encore la Balagne jusqu'à Galeria. Mais en continuant, toujours vers le sud, on arrive dans la région des Deux-Sevi (à partir de la réserve de Scandola). Puis, en suivant toujours la côte ouest, en direction du sud, vous traversez une série de microrégions qui s'étendent dans le creux de plusieurs vallées et sur les versants : Deux-Sorru (autour de Sagone), la Cinarca (Tiuccia et son arrière-pays), la région d'Ajaccio, le Taravo, puis le Sartenais (région de Sartène)... avant d'arriver dans l'extrême sud de la Corse... Mais pour l'instant, nous restons sur la côte et rien que la côte ouest !

Entre Calvi et Ajaccio

Entre Calvi et Ajaccio (Aiacciu), vous longez la très sinueuse D81 qui suit la côte ouest jusqu'à Galeria, dans le golfe du même nom. Vous arrivez sur la vallée du Fango, située au nord de la grande réserve naturelle de Scandola : réserve 100 % naturelle, le chemin de randonnée *Tra mare e monti* passe par là. Nous ne nous y arrêterons pas, on continue et on va directement à Porto, qui était, il y a encore quelques années, un tout petit village de pêcheurs dans le golfe du même nom. Magie des départements : au niveau du col a Palmarella (sur la D81, au nord du village d'Osani), c'est la limite entre la Haute-Corse et la Corse-du-Sud !

Porto… le port

C'est dans un paysage de carte postale que nous nous arrêtons. Porto (ne confondez pas avec Porto-Vecchio qui est une ville de Corse-du-Sud sur la côte est), comme son nom l'indique, est un port, isolé au milieu de roches rouges qui annoncent déjà les calanche de Piana. Ce petit village de pêcheurs s'est développé ces dernières années pour accueillir des infrastructures touristiques. Malgré les quelques constructions modernes, Porto a conservé son charme. Symbole du lieu : la tour carrée construite au XVIe siècle par les Génois, sur le gros rocher rouge, entouré des deux côtés par la plage. Elle surplombe le port de Porto. Si vous continuez sur la D81, plus au sud, vous pouvez, une fois sur les hauteurs en direction de Piana, vous arrêter une dernière fois au bord de la route pour prendre une belle photo de Porto.

Les calanche de Piana

Les fameuses calanche (prononcez [calanques]) sont, sans aucun doute, un des plus beaux endroits de l'île, entre Porto et le village de Piana. Des roches rouges hautes de 300 mètres qui tombent directement dans la mer. Un décor sublime qu'il est toujours agréable de voir ou de revoir. C'est un site naturel protégé. Vous pouvez le visiter en voiture (sur la D81) ou à pied. Dans cette dernière hypothèse, vous prendrez un petit sentier au bord de la route entre Piana et Porto, à partir de la « tête de chien »… un rocher qui a la forme d'une tête de chien (itinéraire balisé). Ce sentier est l'entrée d'une visite que l'on appelle le « château fort » des calanche. Le « château fort » ? On nomme ainsi cet endroit car la nature a sculpté dans la roche des tours colossales qui font ressembler le paysage à une véritable forteresse !

« Une fantastique forêt de granit rose »

Les calanche sont visitées par les touristes dès le XIXe siècle. Maupassant publie en 1881 une très belle description dans son *Histoire corse* : « Après avoir traversé Piana, je pénétrais soudain dans une fantastique forêt de granit rose, une forêt de pics, de colonnes, de figures surprenantes, rongées par le temps, par la pluie, par les vents, par l'écume salée de la mer.

Ces étranges rochers, hauts parfois de cent mètres, comme des obélisques, coiffés comme des champignons, ou découpés comme des plantes, ou tordus comme des troncs d'arbres, avec des aspects d'êtres, d'hommes prodigieux, d'animaux, de monuments, de fontaines, des attitudes d'humanité pétrifiée, de peuple surnaturel emprisonné dans la pierre par le vouloir séculaire de quelque génie, formaient un immense labyrinthe de formes invraisemblables, rougeâtres ou grises avec des tons bleus. On y distinguait des lions accroupis, des moines debout dans leur robe tombante, des évêques, des diables effrayants, des oiseaux démesurés, des bêtes apocalyptiques, toute la ménagerie fantastique du rêve humain qui nous hante en nos cauchemars. – Peut-être n'est-il par le monde rien de plus étrange que ces "calanche" de Piana, rien de plus curieusement ouvragé par le hasard. – Et soudain, sortant de là, je découvris le golfe de Porto, ceint tout entier d'une muraille sanglante de granit rouge reflétée dans la mer d'azur. »

Le capu Rossu

U capu rossu, ça veut dire « le cap rouge ». Au bout du cap : une tour génoise accrochée au bord de la falaise. Une curiosité à voir à pied, en prenant un ancien chemin de muletiers un peu avant la plage d'Arone (sur la D824).

Cargèse, un village grec...

On vous a déjà raconté dans la partie histoire de ce livre la naissance de Paomia, village qui, à la demande de Gênes, avait accueilli en 1676 les Grecs de la région du Magne (Sud du Péloponnèse). Ces derniers fuyaient l'oppression turque. Ils s'installèrent au-dessus de Cargèse (Carghjese), non sans difficulté car les habitants de la région acceptaient mal cette colonie. Il a fallu plusieurs siècles pour que les immigrés grecs soient totalement assimilés… comme c'est le cas aujourd'hui.

La colonie s'est étendue et les familles grecques se sont mélangées aux familles corses. Puis les descendants des Grecs du Péloponnèse ont fini par habiter ce village au bord de la mer. Cargèse a aujourd'hui intégré ce passé grec à son histoire et la ville est jumelée avec Itylo, la cité d'où venaient les premiers colons…

C'est pourquoi vous avez aujourd'hui deux églises à Cargèse. Une église latine et une église grecque qui datent toutes deux du XIXe siècle. Elles ont été construites au moment où les conflits entre les deux communautés se sont apaisés… et se trouvent l'une en face de l'autre ! Ici, pas de rivalité : c'est le même prêtre qui célèbre l'office dans les deux églises en respectant les deux rites, latin et byzantin. Le curé dépend de Rome, car s'il s'agit d'un rite byzantin, il reste catholique ! Les messes orientales étaient autrefois célébrées à Rondolino (D181), au-dessus du hameau de Paomia. Une ancienne église grecque y a été restaurée au XIXe siècle, bien après sa destruction lors de la révolte de 1730. Une autre église en ruine, détruite à la même époque, est encore visible au même endroit.

Sagone, de la préhistoire à aujourd'hui

Dans le golfe de Sagone, il y a Sagone : un village sur la D81. C'est une des plus anciennes cités de Corse ! Vous trouverez ici des menhirs, des ruines romaines et une cathédrale romane qui est aussi une des plus vieilles de l'île. Sagone était autrefois une grande cité, au point que les Génois qui construisirent Ajaccio au XVe siècle avaient l'ambition de fonder une Sagone *bis*. Mais la splendeur de cette ville va s'arrêter au XVIe siècle quand, pour échapper aux razzias des pirates, les habitants doivent quitter la ville et se réfugier sur les hauteurs, à Vico (13 kilomètres au nord-est).

Voyage en Cinarca… sur les traces des seigneurs

La Cinarca, c'est l'ancienne terre des seigneurs du Sud qui tinrent tête aux Génois, notamment au XIIIe siècle, avec le célèbre Sinucello della Rocca. Capraja était le nom du somptueux château de cette famille de seigneurs. Mais il ne reste aujourd'hui de Capraja que quelques pierres… que vous pourrez voir si vous allez à Tiuccia, qui est devenu une jolie station balnéaire dans le golfe di a Liscia. Bien des touristes ignorent qu'ils sont ici sur les terres de ces grands personnages de l'histoire de Corse...

Mais continuons la visite sur les traces des seigneurs. En prenant la D25, vous arrivez à Sari-d'Orcino, un village situé à 300 mètres d'altitude, avec ses vieilles maisons en granite et son église d'art roman, San Martino. Celle-ci date du XVIIIe siècle. Au XIXe siècle, on a totalement inversé l'édifice. L'ancien chœur a été transformé en façade, flanquée de deux tours (l'une servant de clocher et l'autre de beffroi communal). Si vous avez le temps, la petite chapelle San Giovanni Battista (XIIe siècle) est accessible à partir d'un sentier qu'il faut prendre sur la D601, à l'ouest de Sari-d'Orcino. C'est là qu'un autre grand personnage de l'histoire de Corse tint en 1564 une assemblée contre les Génois : il s'agit de Sampiero Corso. Mais vous pouvez remonter le voyage plus loin dans le temps... jusqu'à la préhistoire : la Cinarca possède en effet quelques sites préhistoriques au monte Lazzo (au-dessus de Tuccia). Signalons aussi le dolmen de Tremaca, à quelques centaines de mètres de l'embranchement entre la D1 et la D25.

Ajaccio, capitale de Corse-du-Sud

Ajaccio se dit Aiacciu en corse. Prononcez avec l'accent : [a ya tchou], comme dans la chanson « Aiacciu, Aiacciu, aux sons des guitares / Viennent filles et garçons / Aiacciu, Aiacciu... ». Question : qui chante ces paroles ? On vous aide : il est né à Ajaccio... C'est ? C'est Tino Rossi bien sûr ! Question, encore plus simple : « Enfant prodigue de la gloire », chantait l'Ajaccienne, une autre chanson créée en 1848, qui sera reprise par Tino Rossi. Qui est cet enfant d'Ajaccio ? Un indice : « Ajaccio, ville impériale ». Il y est né le 15 août 1769 : c'est Napoléon évidemment !

Ajaccio, Ajax, agghiacciu, Adjectio, Agiation...

La légende raconte qu'Ajaccio aurait été fondée par Ajax ! Mais certains disent que le nom de la ville pourrait venir tout simplement du mot toscan *agghiacciu*, qui signifie... « parc à brebis », ce qui est un peu moins glorieux. D'autres enfin racontent qu'Ajaccio viendrait d'*Adjectio Aggeri*, une voie romaine dont on n'a cependant trouvé aucune trace ! Enfin, le géographe de Ravenne parle d'*Agiation* (mot grec) vers l'an 600 au moment de l'occupation byzantine. Mais de tout cela, il ne reste plus aucun souvenir physique !

1492, les Génois découvrent Ajaccio

1492 ! Christophe Colomb découvre l'Amérique... Mais en Corse, c'est un architecte, Cristofaro de Gandino, qui découvre l'anse d'Ajaccio ! Avec quelques sbires, il hésitait encore un an auparavant lorsqu'il était chargé de trouver le lieu où les Génois pourraient construire leur nouvelle cité. En 1492, le choix est fait ! Les Génois décident de l'actuel emplacement d'Ajaccio. C'est parti pour un grand démaquisage du site.

Les Français construisent la citadelle

Ce ne sont pas les Génois, mais les Français, sous les ordres du maréchal de Thermes, qui construiront la citadelle d'Ajaccio. L'édification se fait lors de l'occupation française entre 1553 et 1556. Que faisaient les Français en Corse à cette époque ? Eh bien, ils soutenaient les Corses contre les Génois ! Rappelez-vous, c'était le temps de Sampiero Corso ! La plupart des affrontements entre les Français et les Génois ont alors eu lieu au nord d'Ajaccio. En souvenir de l'épopée, un boulevard de la ville porte aujourd'hui le nom de Sampiero Corso.

Petite promenade chez les Bonaparte

Lorsque vous arrivez à Ajaccio, vous entrez par le cours Napoléon. Il n'y a pas de doute : Ajaccio est bien la ville impériale. Le nom des rues rend hommage à plusieurs membres de la famille Bonaparte : boulevard du Roi-Jérôme, rue du Roi-de-Rome, rue du Cardinal-Fesch, rue Letizia... Sans oublier Napoléon III qui a une avenue sur les hauteurs d'Ajaccio, un peu au-dessus de l'avenue de l'Impératrice-Eugénie. Si vous voulez faire une petite promenade sur les traces de Napoléon, il est conseillé d'aller voir l'ancienne maison familiale (rue Saint-Charles) où se trouve aujourd'hui le Musée national de la maison Bonaparte. Pas très loin de là, au 17, rue Bonaparte, se trouve la belle demeure des Pozzo di Borgo (remaniée en 1820 et 1825)… famille de Charles-André, redoutable ennemi de l'Empereur.

À Ajaccio, les nombreux aménagements réalisés par Napoléon III ont rajouté une couche supplémentaire au culte napoléonien. Voyez la statue du Premier Consul, entouré de quatre lions, sur la place des Palmiers ou encore la représentation de Napoléon en empereur romain avec ses quatre frères place du Diamant (bronze d'après Viollet-le-Duc)… En 1938, un Napoléon en redingote avec bicorne (une réplique de la statue des Invalides à Paris) se dresse victorieux place d'Austerlitz, sur une structure pyramidale qui rappelle aussi la campagne d'Égypte !

ANECDOTE

Napoléon descend le cours Napoléon

Nous sommes en avril 1925, un petit monsieur descend le cours Napoléon habillé en Napoléon. L'homme porte le célèbre chapeau de l'Empereur, la main glissée sur son ventre. Des Ajacciennes se précipitent sur lui en lui baisant les mains. Elles crient « *Nabuliò ! Nabuliò !* » Cet individu n'est autre qu'Albert Dieudonné, l'acteur qui incarne Napoléon dans le film d'Abel Gance. Toute la ville est en émoi, c'est le retour de Napoléon ! Problème : comme chaque année d'élection, la ville est déchirée entre le camp bonapartiste et le camp républicain. Le maire, Jérôme Peri, qui avait, pour la première fois depuis plus de 40 ans, ravi la mairie aux bonapartistes n'est pas très heureux de voir le petit caporal redevenir une nouvelle fois la vedette d'Ajaccio : « Vous voulez faire défiler Bonaparte dans les rues d'Ajaccio ? Mais vous voulez me tuer ! La campagne est assez passionnée comme cela, on risque l'émeute. Revenez après les élections… », aurait-il dit à Abel Gance. Mais Jérôme Peri cède finalement aux demandes du cinéaste. La même année, la mairie d'Ajaccio sera remportée par les bonapartistes…

Napoléon chef de bande

Autrefois, des remparts séparaient la ville d'Ajaccio de son faubourg. Les enfants du faubourg (*borghigiani*) et ceux de la ville (*citadini*) se livraient alors une guerre impitoyable. Les bandes rivales se lançaient des pierres dans les rues ajacciennes. Dans la bande des *citadini*, un gamin allait très vite se distinguer : c'est le jeune Napoléon Bonaparte qui n'avait pas encore 9 ans. Un vrai petit chef de guerre : il commandait les enfants de la ville contre les *borghigiani* d'Ajaccio. Révélation de Nasica, auteur de *Mémoires sur l'enfance et la jeunesse de Napoléon* publié au début du XIXe siècle : « Le moral des Ajacciens s'était relevé depuis que le jeune Napoléon était à leur tête » !

La grotte de Napoléon

Au bout du cours Grandval se trouve le Mémorial de Napoléon, pas loin de la fameuse grotte où l'on raconte que le jeune Bonaparte aimait se réfugier. Une œuvre de Jean-Paul Laurens qui date de 1866 représente le jeune Bonaparte en train de méditer à la « grotte des Milelli », une propriété à 7 kilomètres au nord-ouest d'Ajaccio (D11) où l'on voit encore aujourd'hui l'ancienne résidence d'été des Bonaparte. Une maison en pierre de quatre étages au milieu des oliviers... Vous pouvez chercher, mais il n'y a apparemment pas de grotte ici ! Quant à ce que l'on présente comme la grotte de Napoléon à Ajaccio, elle faisait à l'époque partie d'une propriété appartenant aux Jésuites... Mais rien ne dit que le futur empereur y ait jamais mis les pieds !

CURIOSITÉ

Napoléon Bonaparte refuse de capituler à la tour de Capitello

Autre lieu culte d'Ajaccio : la tour de Capitello, près de la plage au nord de Porticcio (cité balnéaire située à 18 kilomètres au sud d'Ajaccio). C'est dans cette tour génoise du XVIe siècle que Napoléon Bonaparte tente en 1793 de reprendre la ville aux troupes de Pascal Paoli. Il l'occupe avec quelques hommes et un canon, tandis que sa flotte était censée bombarder Ajaccio. Mais les tirs ennemis partent de la place d'Ajaccio, et Bonaparte se retrouve séparé de ses hommes. Il reste alors trois jours dans la tour en se nourrissant de la viande d'un de ses chevaux. On raconte que c'est uniquement par son éloquence qu'il arrive à convaincre ses assiégeants de le laisser partir, non sans avoir tenté de faire sauter la tour de Capitello (elle conserverait encore la trace de l'explosion). Mais pourquoi était-il en guerre contre Pascal Paoli ? Souvenez-vous : ce dernier avait accusé les Bonaparte d'avoir monté les gens de la Convention contre lui et son allié Charles-André Pozzo di Borgo. À la suite d'un discours à la *consulta* de Corte, Pascal Paoli et ses partisans chassent les Bonaparte. La maison de Napoléon à Ajaccio est pillée et, le 25 mai 1793, la maman de Napoléon, deux de ses filles – Elisa et Pauline – et l'abbé Fesch, doivent se réfugier dans leur résidence de la propriété des Milelli, puis à Calvi, chez Laurent Giubega, le parrain de Napoléon. La suite des événements est celle-ci : le 2 juin, Napoléon part seul d'Ajaccio à cheval. Il rejoint le lendemain Calvi, où sa famille est cachée. Le 11 juin, il quitte la Corse avec les siens, cap vers Toulon… Après cet épisode amer, Napoléon ne reviendra dans l'île de Beauté que six ans plus tard, lors du retour de sa campagne d'Égypte. Durant son séjour, il retourne à Milelli. C'est la dernière fois qu'il mettra les pieds dans son île natale…

Fesch, cardinal collectionneur

Rue Fesch, lycée Fesch, Musée Fesch (avec ses magnifiques peintures italiennes du XVIIe siècle)… Mais qui était Fesch ?

PORTRAIT

Demi-frère de Letizia, mère de Napoléon, Joseph Fesch se vouait à la prêtrise… Mais l'incroyable carrière de son neveu le propulsera cardinal… Rien que ça ! Devenu grand aumônier de l'Empire, il prendra cependant ses distances avec Napoléon au moment de la capture de Pie VII par l'Empereur en 1812. Après Dieu, l'art est l'autre passion du cardinal. Toute sa vie, il collectionnera les peintures des plus grands peintres, notamment celles des artistes italiens des XVIe et XVIIe siècles. Une véritable mine d'art, dont une partie peut être vue au Musée Fesch à Ajaccio. Une partie seulement… En effet, le cardinal avait souhaité offrir un millier de tableaux de différentes écoles pour que la Ville crée une Académie des beaux-arts. Mais, à la mort de Fesch en 1839, l'académie n'était pas encore ouverte. Joseph Bonaparte, qui était le légataire universel, en profita alors pour se servir. Il prit les tableaux des peintres italiens du XVIe siècle et laissa de côté des œuvres qui, à l'époque, étaient moins cotées. Ces peintures sont celles de primitifs italiens. Or, ces tableaux dont n'a pas voulu Joseph Bonaparte se révélèrent être des œuvres exceptionnelles en matière d'avant-gardisme. C'est donc Botticelli, Bellini, Rimini ou encore Titien que l'on peut admirer aujourd'hui au Musée Fesch…

Grandval, grand bienfaiteur

PORTRAIT

Mais il n'y a pas que Napoléon à Ajaccio ! Un cours perpendiculaire au cours Napoléon, à partir de la place du Diamant, s'appelle cours Grandval, du nom du bienfaiteur d'Ajaccio. Grandval a été baptisé par l'oncle de Napoléon, le cardinal Joseph Fesch dont il porte d'ailleurs le prénom, Joseph. L'homme fera fortune dans la raffinerie de sucre à Marseille. Mais son argent ira en grande partie aux pauvres d'Ajaccio… des dons qu'il fera dans l'ignorance de ses proches. Un secret que seul son filleul, François-Xavier Braccini (maire d'Ajaccio de 1860 à 1867) connaissait et qui sera gardé jusqu'à la mort de Grandval en 1872.

Avec Tino Rossi, Ajaccio devient un port d'opérette

En 1955, dans son opérette *Méditerranée*, Tino Rossi rendait hommage à sa ville natale et chantait (sur les paroles de Raymond Vinci) : « *Dans une vieille ruelle, / Tout près de la citadelle / D'Ajaccio. / Dans la nuit toujours si belle, / On entend des ritournelles / Des bravos. / Les touristes en balade, / Écoutent les sérénades / Du pays. / Et plus rien n'a d'importance, / Quand une ancienne romance / Vous séduit…* » Le décor en carton pâte de l'opérette représentait le port de pêche d'Ajaccio… port qui aujourd'hui porte le nom de

Tino-Rossi. Le chanteur possédait sa maison sur la route des Sanguinaires, où on peut encore la voir. Elle est cachée derrière de hauts murs et de hauts arbres, près de la plage de Marinella... Marinella ? Oui, c'est une autre chanson de Tino. Refrain : « *Marinella Ah ! / reste encore dans mes bras / Avec toi je veux jusqu'au jour / Danser cette rumba d'amour.* »

LE SAVIEZ-VOUS ?

Le château des Tuileries à Ajaccio !

L'histoire du château de la Punta (situé sur la pointe Pozzo di Borgo) remonte à l'histoire des Tuileries ou plutôt à la fin... lorsque, en 1882, on commence à démonter le fameux palais que Catherine de Médicis avait fait construire trois siècles auparavant. La raison de ce démantèlement ? Il ne restait des Tuileries plus que quelques pierres, depuis que le palais avait été incendié durant la révolution de 1871. Le duc Jérôme Pozzo di Borgo décide alors avec son fils, le comte Charles, d'en racheter les pierres et de construire avec un château sur les hauteurs d'Ajaccio, à Alata, le village d'où sont originaires les Pozzo. Ils réalisent ainsi, entre 1886 et 1894, un des plus beaux châteaux de Corse. Ils conservent certaines façades des Tuileries et ajoutent ici et là leurs propres emblèmes. « Un bâtiment digne de l'importance de sa famille ! » réclamait leur ancêtre, le comte Charles-André Pozzo di Borgo. Eh bien, ce fut chose faite, 40 ans après la mort de ce dernier : les héritiers venaient de se payer les Tuileries ! Ce fameux palais où avaient habité les rois de France, mais surtout Napoléon Ier et Napoléon III ! C'était, pour les Pozzo di Borgo, une sorte de revanche posthume.

Ajaccio, c'est aussi...

- La chapelle Saint-Érasme (rue Forcioli-Conti) : c'est sur les bancs de cet ancien collège jésuite construit en 1617 – puis devenu collège royal – que le jeune Napoléon a étudié lorsqu'il était enfant ;
- La cathédrale Notre-Dame (rue Saint-Charles) : elle a été construite à la va-vite au XVIe siècle pour accueillir un évêque que le pape Grégoire XIII avait dépêché en Corse... C'est ici que Napoléon a été baptisé le 21 juillet 1771, dans une cuve de marbre blanc de Luri, deux ans après sa naissance... « Si on proscrit de Paris

mon cadavre, comme on a proscrit ma personne, je souhaite qu'on m'inhume auprès de mes ancêtres dans la cathédrale d'Ajaccio, en Corse », avait dit Napoléon, le 21 avril 1821 à Sainte-Hélène ;

- La chapelle impériale (rue Cardinal-Fesch) : elle fut inaugurée en grande pompe en 1860 par Napoléon III. Elle abrite les tombes du papa, de la maman et de l'oncle de Napoléon, le cardinal Fesch ;
- Les îles Sanguinaires (accès par la D111 à partir d'Ajaccio) : elles séparent le golfe d'Ajaccio et celui de Sagone. Elles font partie des paysages les plus photographiés sur les cartes postales. Il faut dire que le site est magnifique, avec sa tour génoise (XVe siècle) au bout de la pointe de la Parata, et, sur la grande île, le premier grand phare qu'il a été décidé, en 1838, de construire en Corse (les quatre autres réalisés à cette époque sont ceux de Pertusato et de la Chiappa, au sud, de la Revellata, à l'ouest, et de la Giraglia, au nord). Les couchers de soleil sur les Sanguinaires sont très beaux. À ne pas louper !

Au sud d'Ajaccio... en direction de Sartène

Continuons le tour de Corse sur la côte ouest. Après Ajaccio, on descend vers le sud en prenant la D55 (puis la D155) : vous allez de Porticcio (région d'Ajaccio) à Porto-Pollo (région du Taravo). On continue par la D157 pour s'arrêter à Propriano (Prupià), première ville de la région de Sartène que nous visiterons après (en prenant la N196).

Filitosa : d'incroyables menhirs représentant des guerriers armés

Mais un peu avant d'arriver à Propriano, un petit détour par le hameau de Filitosa (sur la D57, en direction du village de Sollacaro – voir chapitre 17) s'impose ! Il s'agit d'un des plus incroyables sites préhistoriques de la Corse : plusieurs statues menhirs avec des visages ovales ont été sculptées par les premiers Corses... il y a près de 6 000 ans ! Certaines de ces statues font voir de manière détaillée les armes de ces guerriers de l'époque. Ce genre de représentation extrêmement rare à l'époque en Europe n'a été découvert qu'en 1956 par le préhistorien Roger Grosjean. Mérimée, qui avait visité la Corse en long et en large, n'avait absolument pas vu ces menhirs préhistoriques… Sans doute était-il plus intrigué par les histoires de *vendette* du coin, notamment celle de Rocca Serra à Sartène et celle de Fozzano (Fuzzà), un village à l'est de Propriano, où une certaine Colomba fera parler d'elle en 1833.

Propriano, une station chargée d'histoires

Propriano (*Prupià*) est aujourd'hui une station balnéaire avec beaucoup de constructions modernes ! Mais la région est chargée d'histoires. Vous voyez la plage de gros sable ? C'est ici qu'au XVIe siècle, le Giudice Sinucello Della Rocca a été capturé par les Génois. Les ruines de son château sont encore visibles près d'Olmeto, un autre très beau village que vous pouvez visiter à 9 km au nord de Propriano, sur la N196. Qui était ce personnage ? Voyez notre partie historique. On en parle ! En 2009, on a découvert à Propriano une nécropole datant du IVe siècle et une boucle de ceinture byzantine du VIe siècle… Ça serait les plus anciennes traces du Christianisme corse ! Propriano aurait été une grande agglomération chrétienne qui aurait décliné, au Ve siècle, avec l'arrivée des Vandales.

Remontons encore le temps… et allons un peu plus au nord, à 2 km de la ville, pour y visiter un « château » préhistorique ! C'est le Castello de Cuntorba. Ce sont en fait de grosses pierres dressées… il y a plus de 3 200 ans ! Pour y arriver, empruntez la D157A (à partir de la D157) et suivez sur 1,5 km, puis prenez une piste à gauche sur 1 km…

Fozzano, village de Colomba

Propriano est l'ancienne marine de Fozzano (*Fuzzà*). Ce dernier village est à 13 km, à l'est du premier. Vous apercevez deux grosses maisons du XVIe siècle (appelées maisons fortes ou « tours »). Elles ont appartenu aux deux familles qui se sont livrées, au XIXe siècle, à la redoutable vendetta à laquelle a participé activement Colomba – la vraie ! Celle qui a inspiré le roman de Mérimée. A Fozzano, en contrebas du village, une petite chapelle ne paye pas de mine… Vous aurez la surprise de voir que c'est là que Colomba, morte à l'âge de 86 ans, a été enterrée !

La gaffe de Mérimée en pleine vendetta entre blancs et rouges

Il y avait au XIXe siècle une vendetta qui opposait deux clans à Sartène : les Rocca Serra et les Pietri. Les premiers habitaient dans le quartier Santa Anna. On les appelait les « blancs » car ils étaient partisans du roi Bourbon. Les seconds vivaient dans le quartier de Borgo. C'étaient les « rouges »… des libéraux ! La révolution de 1830, généra de sérieux troubles à Sartène entre les blancs et les rouges. Un jour, les Ortoli, famille proche des Pietri, organisent un défilé dans les rues de Sartène, contre l'avis du maire Rocca Serra. Des coups de feu sont tirés des maisons de Santa Anna… le commandant Sébastien Pietri et un de ses hommes sont tués sur le coup ! Cinq autres membres du clan sont blessés… S'ensuit une série de règlements de comptes qui finiront par un traité de paix signé à l'église paroissiale de Sartène en 1834. Malgré les morts, les autorités françaises amnistieront tout le monde… jusqu'à ce que Mérimée face une belle gaffe que vous pouvez encore lire dans *Colomba*. L'auteur y a écrit : « Si quelque chasseur incrédule me contestait le coup double de M. della Rebbia, je l'engagerais à aller à Sartène, et à se faire raconter comment un des habitants les plus distingués et les plus aimables de cette ville se tira seul, et le bras gauche cassé, d'une position au moins aussi dangereuse. » Cette note en bas de page publiée dans l'édition de 1841 suffit à désigner l'assassin de deux fils Pietri. Il ne pouvait être que Jérôme de Rocca Serra, le frère du maire de Sartène de l'époque ! Ce dernier s'était en effet confié à Mérimée lors de son voyage en Corse. L'abbé Pietri, qui lit le livre au moment de sa parution, comprend tout et réclame alors aussitôt vengeance. Et c'est reparti pour la vendetta ! En 1843, Jérôme de Rocca Serra est assassiné par deux hommes, à la demande de l'abbé Pietri, dit-on… Bref, la vendetta recommence à Sartène et tout cela à cause d'une note de quelques lignes en bas de page du roman de Mérimée.

Sartène, tout en pierre

Sartène (Sartè) est une ville construite entièrement avec des pierres de taille… Même les stations-service sont en granite ! Il faut dire que le site est aujourd'hui classé, et les nouvelles habitations ne doivent pas dépareiller avec les anciennes. La ville est belle et austère… aussi austère que son célèbre Catenacciu qui a lieu tous les ans, le soir du Vendredi saint.

Par où commencer la visite ? Au cœur de Sartène, vous ne manquerez pas la place Porta avec ses cafés, son église du XVIIIe siècle et sa mairie, une *casone* (grosse maison) bâtie au XVIe siècle. On prendra plaisir à errer à travers les ruelles étroites de la vieille ville, à passer sous les voûtes en pierre, et à se promener jusqu'au quartier de Borgo, construit à partir du XVIIe siècle, comme une extension au sud de la ville.

Vous remarquerez la hauteur des maisons et les hauts murs de la ville. La cité semble sur la défensive. Il y a une raison à cela : les Génois ont commencé les constructions au XVIe siècle… Lorsque le littoral corse était encore l'objet de nombreuses razzias organisées par les pirates barbaresques. Il fallait donc se protéger. Mais les hautes murailles n'ont pas empêché les Barbaresques de kidnapper, en 1583, près des deux tiers de la population (environ 400 personnes enlevées) !

Le Sartenais, c'est aussi…

À voir aussi aux alentours de Sartène :

- Campomoro (Campumoru) : cela veut dire le « camp des Maures » (N196, au sud de Propriano). Ce petit port de pêche est connu pour sa tour génoise construite en 1586 au-dessus de la plage. Vous pouvez prendre, à partir du port, un petit sentier de promenade. Il suit une piste témoignant du passé agricole du coin. Très beau paysage avec des roches sculptées par les vents (taffoni), dont l'orsu e u polpu (l'ours et le poulpe) ;
- Grossa (à l'est de Campomoro, sur la D21) : ce petit village est à voir notamment pour sa chapelle romane San Giovanni, édifiée au début du XIIe siècle. Chef-d'œuvre de l'art roman, elle se trouve au milieu d'une prairie ;
- Le plateau de Cauria (sur la D48A, près de la côte au sud de Sartène) : il conserve quelques merveilles préhistoriques. Citons tout d'abord l'alignement des stantari (menhirs) découverts en 1964 : certaines de ces pierres auraient été dressées il y a plus de 4 000 ans ! Un peu plus au sud se trouve l'alignement de Renaghju, des pierres alignées à la fin du néolithique ! Enfin, le dolmen de Fontanaccia, appelé aussi stazzona del diavolo (la forge du diable). Autre lieu, autre site : l'alignement de

Pagliajo, à l'est du hameau de Tizzano. On y a compté 258 menhirs datant de l'âge du bronze !

- Spin'a Cavallu : ce magnifique pont génois du XIIIe siècle, au nord de Sartène (à 7 kilomètres par la D69)... est un des rares ponts pisans. Son nom veut dire « dos de cheval » en raison de sa très forte pente... ;
- L'uomo di Cagna (omu di Cagna) : c'est un rocher très célèbre qui donne l'impression de voir une tête géante, en équilibre sur son corps. On visite cette curiosité naturelle à partir du village de Gianuccio (D50) en prenant un sentier qui va dans la montagne de Cagna.

La côte ouest : les plages !

Tout le long de la côte ouest, entre Calvi et Bonifacio, vous pourrez vous faire bronzer sur de nombreuses plages. On vous en indique quelques-unes :

Entre Calvi et Galeria...

Vous êtes toujours en Balagne. Attention, les dénivelés pour aller à certaines de ces plages sont parfois assez importants.

- La Revelatta : c'est le nom d'une pointe à l'ouest de Calvi. L'endroit réserve quelques splendides criques. Par exemple, un peu avant Calvi, dans le golfe de la Revelatta, la très belle plage de l'Alga et son eau cristalline ;
- La plage de l'Oscelluccia : il faut y aller exprès ! Pour voir de près son eau claire... Attention, elle n'est pas facile à trouver !
- La plage de Crovani et ses galets bruns : elle se situe au niveau d'Argentella. Là aussi, il faut y aller exprès. L'intérêt est que vous êtes loin des plages bondées.

Entre Scandola et Ajaccio

Entre la réserve de Scandola et Ajaccio se trouvent plusieurs criques au milieu de montagnes rocheuses...

- La plage de Girolata : elle se situe dans la réserve naturelle de Scandola... Elle est accessible uniquement par bateau ou à pied, après plusieurs heures de marche !

- La plage de Bussaglia : à Porto, une belle plage au pied de la tour ;
- La punta di Ficaghiola : on y accède à partir du village de Piana. Enfin une plage dans cette côte décidément très rocheuse !
- La plage d'Arone : plage accessible par la D824 au capu Rossu ;
- La plage de Chiunu : dans le golfe de Chiunu, près de la tour d'Orchiunu ;
- La plage de Peru : dans le golfe de Peru ;
- La plage de Santana : un banc de sable dans le golfe de Sagone ;
- La plage San Giuseppe : elle se trouve après la pointe du même nom. Toujours dans le golfe de Sagone, un fleuve se déverse : le Liamone. Très belle plage au pied des tours de Capigliolo et de Sagone ;
- La plage de Stagnone : dans le golfe di a Liscia. Remarquez une belle plage au niveau du hameau de Tiuccia, au sud de la punta de Capigliolo ;
- La crique de Porto Provenzale : dans le golfe de Lava ;
- Bien au sud du cap di Feno, dans l'anse de Minaccia, une plage magnifique, au nord des îles Sanguinaires ;
- Tout le long de la route des Sanguinaires (entre Ajaccio et les îles Sanguinaires), vous verrez des plages au bord de la route qui valent le détour ;
- La plage Saint-François : à Ajaccio, en plein cœur de la ville, au pied de la citadelle.

Entre Ajaccio et Bonifacio...

On longe la côte ouest entre Ajaccio et Bonifacio...

- Dans le golfe d'Ajaccio se trouvent plusieurs plages de sable fin. Du nord au sud : la plage du Ricanto (près de la tour de Capitello), celles de Porticcio, d'Agosta, de Stagnola, de Ruppione (anse d'Ottioni), de Portigliolo (dans l'anse du même nom)... et toute l'anse allant de la tour de la Castagnana à la tour du capu di Muru comprenant plusieurs criques ;

- Au sud du capu di Muru : quelques plages paradisiaques : cala d'Orzu (tour du Capu Neru), baie de Cupabia – au pied de la tour de Capanella – puis, de la tour de Capriona à la punta di Porto Pollo, vous découvrirez encore d'autres endroits de baignade ;
- À Porto-Pollo : c'est une ville balnéaire avec une grande plage ! Elle est suivie par celle de Taravo, qui borde la plaine du même nom ;
- Dans le golfe de Valinco : après la plage de Taravo, vous avez celle de Tenutella, Campitellu, Baracci (au nord de Propriano), Capu Laurusu (au nord de l'aérodrome de Propriano), Falumbaja, Portigliolo ;
- À Campomoro : une jolie promenade est à faire dans ce coin magnifique situé à la pointe du même nom ;
- Entre la pointe de Campomoro et Tissano : il existe de nombreuses petites criques accessibles uniquement par bateau ou par des sentiers !
- Dans le golfe de Murtoli : la plage de Tralicetu. Et, accessible uniquement par bateau ou à pied, celle d'Argent.
- Dans le golfe de Roccapina : un incroyable rivage sablonneux, souvent désert : c'est la plage d'Erbaju, avec son sable blanc et ses genévriers.

La plage de Roccapina est une des plus belles plages de Corse. Elle n'est pas très large, mais l'endroit est idyllique. Elle est au pied de la tour du même nom et du lion ! Le lion de Roccapina, vous ne connaissez pas ? C'est une sculpture naturelle gigantesque dont la forme évoque le roi de la jungle !

- Entre la plage de Roccapina et Bonifacio : citons encore quelques plages : celle de Chevanu (dans l'anse du même nom et pas très loin d'une petite crique appelée « la plage de corail », en face des îles Bruzzi), celle de Pianottoli (au niveau du village du même nom), celle de la baie de Figari, celle du Stagnula (dans la baie du même nom), plage magnifique également dans la cala di Paraguano, une des plus belles avant Bonifacio… dont elle annonce déjà le décor blanc calcaire.

En route vers Bonifacio !

Voilà ! On a presque fini la côte ouest et on va maintenant vers le village de Pianotolli-Caldarello (sur la N196), puis on se dirige vers Bonifacio (Bunifaziu), tout au sud de la Corse. Le décor change, on passe de roches granitiques rougeâtres à des roches calcaires. Bonifacio est un des plus beaux endroits de l'île ! Notons sur le chemin – au niveau du col di a Testa (le col de la Tête) – une pancarte indiquant Figari (au nord) et son aéroport. Figari est une commune née durant la Révolution française. Elle s'appelait autrefois Tiravellu. Vous découvrirez cette pointe sud de la Corse… au prochain chapitre !

Chapitre 13

Du sud au nord, en passant par la côte est !

Dans ce chapitre :

- Point de départ : l'extrême sud de l'île et Bonifacio
- De Figari à Porto-Vecchio : visite à l'intérieur des terres du Sud
- La plaine orientale ou la côte tranquille
- La Castagniccia, pays de la châtaigne

On part cette fois-ci du sud pour aller au nord de l'île, et terminer enfin le tour du littoral corse en traversant la côte est ! On visitera la pointe sud de l'île et Bonifacio, Porto-Vecchio, la plaine orientale et, pour finir, la Castagniccia, région située au sud de Bastia…

L'extrême sud de la Corse

C'est la pointe à l'envers de l'île. La côte ouest et la côte est se rejoignent et forment une bouche avec la Sardaigne : celle de Bonifacio !

Un petit tour par la vieille ville du Beau… nifacio

Les vieilles maisons de Bonifacio (Bunifaziu) surplombent la haute falaise de calcaire. Bonifacio a été construit au bord de ce précipice. La falaise creusée par l'érosion donne l'impression que la ville est suspendue au-dessus du vide. C'est d'ailleurs le cas pour certaines maisons. Cette ville donne le vertige. Nous sommes presque tout au bout de la pointe sud de la Corse. Les maisons font face à une autre île : la Sardaigne, située à 15 kilomètres au sud (des bateaux font régulièrement la navette entre Bonifacio et l'île italienne). Les roches sont blanches. L'eau est bleu turquoise. C'est beau ! C'est Bonifacio !

Aragon renonce à passer par l'escalier de Bonifacio

Nous sommes en 1420. Le roi d'Aragon, Alphonse V, a décidé d'en finir avec les Génois. La légende raconte qu'il aurait voulu attaquer par la falaise, plutôt que de passer par le port. Mais aucun escalier ne permet de gravir l'escarpement rocheux haut tout de même de 65 mètres ! Pas de problème : il suffit d'en construire un ! Cette même histoire dit que le roi d'Aragon demande alors à ses hommes de tailler en une nuit l'escalier. Celui que l'on voit encore aujourd'hui : 187 marches creusées dans la falaise en calcaire de Bonifacio ! Mais ce fameux escalier que l'on appelle l'« escalier du roi d'Aragon » a été en fait construit par les Bonifaciens eux-mêmes. Il serait ainsi une sorte d'accès protégé conduisant à une source située en contrebas, laquelle permettait de s'approvisionner en eau durant les sièges ! On imagine mal que le roi d'Aragon ait pu faire ainsi un tel cadeau aux Bonifaciens en creusant une issue qui leur aurait permis de mieux résister aux attaques ennemies. Alors qu'a fait le roi d'Aragon en 1420 ? Afin d'éviter que la flotte de Bonifacio puisse quitter la ville, il fait fermer le goulet du port par une longue chaîne qui empêche les navires génois de sortir. Cinq gros vaisseaux aragonais veillent à ce qu'aucun bateau ne sorte du port. À l'intérieur des terres, Aragon est aidé par les troupes du seigneur corse : Vincentello d'Istria. Le roi avait donc toutes les chances de gagner… mais Bonifacio se révélera malgré tout imprenable ! Et surtout, il subit un sacré revers : une flotte génoise a le temps de venir au secours des Bonifaciens et attaque les navires du roi d'Aragon par-derrière et par surprise… C'est la défaite du roi d'Aragon, son armée, qui occupe toute l'île de Corse, doit renoncer à Bonifacio.

Bonifacio, une vieille dame de plus de 9 000 ans

L'histoire de Bonifacio remonte à celle de Boniface II, marquis de Toscane. Celui-ci aurait fondé la ville au IXe siècle, lors des expéditions contre Carthage puis les Maures. Selon une autre version, la cité porte le nom du pape Boniface. Quoi qu'il en soit, le site a été habité bien avant le IXe siècle. Le port de Bonifacio était un lieu de passage connu depuis l'âge du bronze. « Nous entrons dans ce port bien connu des marins », raconte l'*Odyssée*. Ulysse y aurait rencontré les effroyables géants du pays Lestrygon. Plusieurs vestiges – dont de nombreuses pièces de monnaie retrouvées dans les environs de Bonifacio – attestent la présence de Romains et surtout de marchands dans cette pointe sud de la Corse. Enfin, n'oublions pas que le personnage le plus ancien de Corse a été retrouvé dans une grotte de Bonifacio : il s'agit de la dame de Bonifacio… vieille de plus de 9 000 ans ! Ne la cherchez plus dans cette ville, elle a déménagé : son squelette original est au musée de Levie, dans l'Alta Rocca, au milieu des montagnes de la Corse-du-Sud.

On grimpe au col Saint-Roch

Entrons dès à présent dans la ville. On arrive par le port de plaisance, au fond du goulet de Bonifacio. Vous longez le quai Jérôme-Comparetti (ancien résistant originaire de Bonifacio exécuté avec Louis Pini par les SS et les Chemises noires le 17 septembre 1943). Direction l'escalier à côté de l'église Saint-Érasme. Attention, ça monte ! C'est la montée Rastello (u Rastellu). 30 mètres plus haut, vous vous trouvez au col Saint-Roch, où se situe la chapelle du même nom (construite au XVIe siècle, en mémoire des victimes de la peste de 1528). Le point de vue est magnifique. Vous voyez le grain de sable… Un rocher volumineux, haut d'une trentaine de mètres qui semble tout droit s'être détaché de la falaise. Il abrite une colonie de puffins cendrés ! Vous regardez en bas… L'eau est très claire et vous pouvez voir les immenses cailloux au fond de l'eau, dans la petite crique de Sutta Rocca. Difficile d'apprécier les dimensions de ce magnifique décor. Mais les bateaux et les minuscules nageurs qui passent entre les blocs de roche vous rappellent que le paysage est gigantesque, digne de l'*Odyssée* et des géants du pays de Lestrygon qui chasseront Ulysse en lançant d'immenses rochers dans la mer…

On entre dans la ville haute par un grand pont-levis

CURIOSITÉ

On continue à grimper. Vous passez par la montée Saint-Roch. Elle se trouve à votre droite, lorsque vous venez de l'escalier Rastello. Cette nouvelle rampe va vers la citadelle. C'est haut ! Encore une trentaine de mètres ! Vous franchissez la porte de la citadelle. Bienvenue dans la ville haute ! Vous empruntez le pont-levis (il date du XVIe siècle). La citadelle a été construite par les Génois, lorsqu'ils récupérèrent la ville aux Pisans en 1187. Vous arrivez sur la place d'Armes où l'on peut encore voir les anciens silos à grains, indispensables pour résister aux longues périodes de siège. Vous avancez ensuite dans les rues étroites du vieux Bonifacio. L'incroyable cité a conservé ses vieilles constructions tout en hauteur (voyez les escaliers raides que grimpent encore aujourd'hui les Bonifaciens pour accéder aux étages de leurs habitations).

La rue des Deux-Empereurs

La première grande rue est celle des Deux-Empereurs. C'est dans une maison un peu avant la rue Longue (rue qui prolonge la rue des Deux-Empereurs) que vous voyez la bâtisse de Philippe Cattaciolo, ancêtre de Bonaparte. Celui-ci hébergea Charles Quint lors de sa visite en 1541. Que faisait ici l'Empereur rival de François Ier ? Pourquoi a-t-il insisté pour que son navire fasse escale en Corse ? Est-ce en raison d'une mission stratégique ? Non, le véritable motif est, semble-t-il, plus terre à terre : Charles Quint avait besoin de mettre le pied à terre car il avait tout simplement le mal de mer... Mais pourquoi appeler cette rue la rue des Deux-Empereurs ? La raison est simple : ici ont dormi deux empereurs. Le premier, c'est Charles Quint et le second, c'est... Napoléon bien sûr. En fait, il n'était pas encore empereur lorsqu'il logea dans la maison de l'ancien maire de Bonifacio en 1793, lors de l'expédition des Corses en Sardaigne... La demeure est située juste en face de l'endroit où avait dormi Charles Quint quelques siècles auparavant...

Le bastion de l'Étendard

Un petit musée a été aménagé dans le sous-sol du bastion qui garde la porte de Gênes. Ce sont d'anciennes salles de garde construites entre le XVe et le XVIe siècle. Des mannequins évoquent quelques scènes du passé de Bonifacio. Ils racontent l'histoire du naufrage de la *Sémillante* – un bateau qui a heurté un des récifs des îles Lavezzi, au sud de Bonifacio – qui avait fait à l'époque de la guerre de Crimée (en 1855) près de 700 morts, la visite de Charles Quint à Bonifacio ou encore la découverte de la dame de Bonifacio dont vous voyez ici une réplique.

CURIOSITÉ

Bonifacio, c'est beau aussi par la mer !

Bonifacio, c'est aussi l'image d'une carte postale. Celle de ses maisons alignées qui surplombent la mer (dont la résidence de l'actrice d'origine corse, Marie-José Nat, avec son balcon à colonnades, de style mauresque). Mais cette vue n'est visible que par bateau… Une petite promenade en mer est donc nécessaire si on veut avoir une vue d'ensemble de Bonifacio. C'est donc à partir du port de plaisance que nous partirons pour découvrir quelques merveilles cachées de cette ville du Sud de la Corse. Le parcours des bateaux de croisière est le suivant : on dépasse le phare de la Madonetta, à l'ouest du goulet, puis direction la grotte marine de Sdragonato (où vous pouvez voir, dans le plafond, un puit de lumière qui offre une parfaite découpe des contours de l'île de Beauté… mais à l'envers). Toujours en suivant la côte ouest, la promenade se poursuit vers l'île de Fazzio, où une petite anse abritée se révèle être une incroyable piscine géante ! Ici, l'eau est calme, le bassin est bleu azur, entouré de petites falaises blanches… un « calme blanc » tel que le décrivait Homère (un sentier de randonnée à l'entrée de la ville conduit également vers ce lieu : il doit être pris au niveau du site préhistorique de l'Araguina, où a été découverte la dame de Bonifacio). Cap maintenant vers l'est ! Le bateau visite à présent la grotte Saint-Antoine, à la pointe du Timon. On appelle cette grotte le « chapeau de Napoléon » en raison de sa forme ! On passe maintenant devant les vieilles maisons de Bonifacio, l'occasion de voir la ville de l'extérieur. Sa haute falaise blanche et l'escalier du roi d'Aragon qui découpe une diagonale sous la vieille ville construite sur la roche calcaire. On continue en direction du grain de sable, l'énorme bloc de roche qui s'est détaché de la falaise. Et on contemple les falaises striées, hautes parfois de 90 mètres ! Au retour, vous franchissez la pointe de la presqu'île, et vous passez une nouvelle fois devant un gros rocher que l'on a baptisé « le gouvernail de la Corse » ! Les pêcheurs l'auraient ainsi nommé en raison de sa forme qui ressemble au gouvernail d'un bateau. En haut de cet immense rocher, regardez bien, vous verrez un étrange trou dans la roche : c'est une sorte de blockhaus relié à un tunnel qui aurait été creusé durant la Seconde Guerre mondiale. Un point stratégique, imprenable, qui permettait de défendre le port des attaques extérieures grâce à une artillerie lourde, placée ainsi à l'abri des bombardements. On repasse finalement devant la grotte en forme de chapeau de Napoléon. C'est dans ce décor extraordinaire qu'ont été tournées, en 1961, des scènes du film *Les Canons de Navarone*, avec Gregory Peck et David Niven.

Place Manichella

On descend plus au sud pour aller place Manichella, au bord de la falaise (de hauts murs vous séparent heureusement du vide). Ce belvédère offre un autre point de vue remarquable sur la mer et les falaises de la pointe sud de l'île. En face, vous contemplez la Sardaigne, très visible ! Dans le ciel, il n'est pas rare de voir voler quelques goélands.

Inventaire de monuments historiques...

Bonifacio est sans conteste une des villes de Corse les plus riches en monuments historiques. Petit inventaire :

- L'église Sainte-Marie-Majeure (rue du Palais-de-Garde) : elle est reconnaissable à sa très haute tour carrée de cinq étages. La tour date du XVe siècle, mais l'église est plus ancienne : c'est de l'art roman du XIIe. à l'intérieur une impressionnante citerne de 650 m³, pour résister en cas de siège. L'eau de pluie était recueillie par un système de gouttières. Sur le côté, les arc-boutants qui semblent tenir la façade sont en fait des canalisations d'eau !
- La Maison des podestats (en face de l'église Sainte-Marie-Majeure) : c'est le palais des représentants de Gênes. Il date du XIIIe siècle ;
- L'église Saint-Jean-Baptiste (rue Saint-Jean-Baptiste) : c'est du rococo (XVIIIe siècle) !
- L'église de la Sainte-Croix : cet oratoire du XIIIe siècle conserverait un fragment de la sainte Croix du Christ ! L'église est fermée au public, mais le morceau de la sainte Croix est sorti lors de processions annuelles qui ont lieu dans les rues de Bonifacio le 3 mai et le 14 septembre ;
- L'escalier du roi d'Aragon : 187 marches qui descendent les 65 mètres de falaise ! Vous le prenez par la rue des Pachas (à l'ouest, du côté de la falaise), au niveau du torrione du XIIe siècle (reconstruit en 1980 après sa destruction en 1901) ;
- L'église Saint-Dominique : elle se trouve plus à l'ouest, lorsque l'on quitte la ville haute. Elle aurait été reconstruite sur une ancienne église des Templiers, édifiée en 1270 ;

- Le couvent Saint-François : encore plus à l'ouest, au bout de la presqu'île sur laquelle est fondée la cité de Bonifacio. Il a été construit au XIIIe siècle. Son église date du XIVe siècle. Elle est la seule église gothique de Corse. Elle est juste à côté du cimetière marin, une série de tombes blanches sur ce plateau sec de la falaise. L'édifice religieux abrite la tombe de Rinuccio Spinola, évêque d'Ajaccio (mort en 1437). Il est enterré sous une dalle en marbre blanc. Vous y verrez aussi la tombe de Cattaciolo, celui qui hébergea Charles Quint dans sa maison, en 1541.

LÉGENDE

La bévue des moines du couvent de Saint-Julien

Pas loin de la D58, à l'est de Bonifacio, se trouve l'ancien couvent de Saint-Julien. Une légende raconte que saint François d'Assise aurait frappé à la porte de ce couvent, en 1214, lors de son retour d'Espagne. Mais les moines de Saint-Julien lui refusent l'hospitalité. Saint François d'Assise passe alors la nuit dans une grotte voisine. La présence du saint ne passe pas inaperçue, puisque la grotte est aussitôt éclairée par une lumière surnaturelle. Du couvent, les moines de Saint-Julien voient la lumière et comprennent alors leur bévue. Ils finiront par rejoindre saint François et son ordre mendiant, les Franciscains.

Petite promenade dans les Bouches de Bonifacio...

Bonifacio n'est pas tout à fait à l'extrême sud de l'île. La pointe sud de la Corse, c'est une côte qui va du capo Pertusato (à l'ouest) à la pointe de Sperone (à l'est). Cette zone géographique forme les Bouches de Bonifacio, un détroit large de 12 kilomètres, entre la Corse et la Sardaigne.

Du capo Pertusato...

CURIOSITÉ

Promenade le long des falaises des Bouches de Bonifacio : un sentier part à l'est de la ville (à partir du col Saint-Roch). Il va jusqu'au très beau phare de Pertusato (Pertusatu). Vous suivez le plateau calcaire, recouvert d'armoise

arborescente – une plante grise et aromatique –, de quelques orchidées, de romarins et de genévriers de Phénicie. En passant près du grain de sable (rocher que l'on appelle aussi en corse *u diu grossu*… ce qui veut dire « gros dieu » ou « gros doigt » en bonifacien !), vous pourrez voir, de plus près, un peuplement de puffins cendrés. Au niveau du lieu-dit Les Trois Pointes, une petite descente vers la mer est possible… Si vous l'empruntez, vous rencontrerez probablement des cormorans huppés.
Au capo Pertusato, les flots tourmentés ont perforé la roche calcaire en contrebas (*pertusatu* signifie « perforé » en corse). On appelle ces grottes de la pointe de l'île l'Orca (la jarre).

… à la pointe de Sperone

La pointe de Sperone est un endroit isolé et un lieu convoité par la jet-set. C'est là que se trouve le fameux golf de Sperone qui a fait la chronique des médias ces dernières années.
Entre l'étang de Piantarella et celui de Sperone demeurent les vestiges de thermes romains, en face de l'île de Piana. Ils datent du Ier siècle av. J.-C. ! Le coin est très joli, c'est au sud de la route départementale D258 (prenez ensuite la direction de la plage de Piantarella).

L'extrême sud de Bonifacio, c'est aussi…

Il y a encore des choses à voir dans cette pointe sud de l'île…

- L'ancien ermitage de la Trinité (accessible par un chemin à prendre au niveau de la N196) : c'est une petite chapelle à l'ouest de Bonifacio, avec une vue magnifique sur les falaises. Le point culmine à 219 mètres d'altitude. Depuis le Moyen Âge, les Bonifaciens se rendaient dans cette chapelle pour remercier la Vierge d'avoir sauvé les marins des eaux tumultueuses des Bouches de Bonifacio (pèlerinage de la Vierge, le 8 septembre, et celui de la Trinité, le 16 août) ;
- Les îles Lavezzi : c'est un archipel d'îles que vous pouvez visiter en bateau. Paysages et plages de rêve au programme ! Sur l'île principale gisent les tombes blanches d'un cimetière marin… celui des marins morts, lors du naufrage de la Sémillante, le 14 février 1855.

À l'intérieur des terres du Sud...

En quittant la pointe sud de Bonifacio, vous pouvez longer la côte par la N198 afin de rejoindre directement Porto-Vecchio, sur la côte orientale. Mais, un peu avant, une petite visite de l'intérieur des terres de la pointe sud est conseillée. Souvenez-vous : en allant vers Bonifacio, par la côte ouest, nous avons évoqué Figari. Entre le village de Figari et Porto-Vecchio (route D859), l'extrême sud recèle quelques petites merveilles à découvrir (précisons aussi que plusieurs randonnées en montagne sont possibles à partir de certains hameaux)...

À voir...

- Chera, une chapelle et une étrange maison troglodyte : le village de Chera est accessible par la D59. Il abrite deux curiosités : une chapelle très ancienne du VIIe siècle (préromane) et l'Oriu di Canni (sur la route entre Chera et Sotta), une étrange maison construite à l'intérieur d'un imposant rocher au sommet pointu.
- San Quilico et la chapelle du seigneur maudit ; pas très loin de Chera, près du hameau de San Quilico (à partir de la D859), a été édifiée, au XIIe siècle, une très petite chapelle. La légende rapportée par le chroniqueur Giovanni della Grossa raconte qu'elle appartenait à un seigneur maudit : Orso Alamano. À la mort de ce dernier, une mouche géante s'échappa de son cadavre et menaça les habitants de la région de son souffle empoisonné !
- Tappa, un site vieux de 4 000 ans : à Tappa, village situé sur la D859, un site préhistorique peut être visité.

La région de Porto-Vecchio

On va cette fois-ci sans détour en direction de Porto-Vecchio (*porti vechju* : le vieux port). La ville est depuis quelques années un lieu branché et fréquenté par la jet-set ! En effet, de nombreuses personnalités people ont fait construire de somptueuses villas dans cette région.

Porto-Vecchio, un port très people !

La ville de Porto-Vecchio est perchée au bord de la mer. Au XVIe siècle, les Génois ont réalisé une enceinte pour murer une partie de la cité. Comme souvent à cette époque, la muraille servait à se protéger des razzias des pirates (c'est le bastion Saint-Georges, du nom de la banque génoise propriétaire de la Corse entre 1453 et 1562). La place de la République est le cœur de la vieille ville. On peut s'y détendre à la terrasse d'un café. Elle est située juste à côté de l'église Saint-Jean-Baptiste (XIXe siècle). Aujourd'hui, Porto-Vecchio est une des stations les plus touristiques de Corse. Ses rues marchandes et les boutiques de vêtements – dont les devantures affichent ostensiblement de grandes marques de haute couture – donnent à son centre urbain des allures de Saint-Tropez.

Si vous n'avez pas vu Syracuse…

LE SAVIEZ-VOUS ?

Porto-Vecchio aurait été fondé en 453 av. J.-C. par les Syracusains, du temps du tyran Gélon. Ils auraient battu les Étrusques et construit ainsi ce port appelé par les Romains *Syracusanus portus*. Les Syracusains sont restés à cet endroit pendant plus de 200 ans ! Le port leur servait de base avancée pour surveiller la mer Tyrrhénienne, notamment pour contrer les expéditions des Carthaginois dans la région… Mais, en 280 av. J.-C., les Carthaginois arrivent à prendre le port aux Syracusains et les chassent définitivement de l'île ! Cette menace carthaginoise face à Rome incitera les Romains à conquérir la Corse et à fonder, en 259 av. J.-C., leur cité à Aléria, sur le même littoral.

Porto-Vecchio, entre sel et mer

LE SAVIEZ-VOUS ?

Au sud de Porto-Vecchio, à l'embouchure du fiume Stabiacciu, s'étendent les marais salants de la ville. Leur présence a fait que l'on a appelé Porto-Vecchio la « cité du sel » ! Certains pensent que l'exploitation du sel remonte à l'Antiquité. Mais, par la suite, les Génois auraient préféré l'importer. Il a fallu attendre le royaume anglo-corse pour qu'une autorisation d'exploitation soit donnée aux salines de Porto-Vecchio. On y produit encore aujourd'hui près de 900 tonnes de sel par an !

L'Ospedale, lieu de cure de Porto-Vecchio

La région de Porto-Vecchio a été popularisée dès le XIXe siècle avec Mérimée : « Si vous avez tué un homme, allez dans le maquis de Porto-Vecchio, et vous y vivrez en sécurité, avec un bon fusil, de la poudre et des balles », avait écrit, en 1829, l'auteur dans son *Mateo Falcone*… À une époque où il n'avait jamais mis les pieds en Corse ! Ce n'est que dix ans plus tard, en effet, que Mérimée viendra dans l'île de Beauté pour la première fois, afin de voir de plus près Porto-Vecchio et la montagne de l'Ospedale dont il avait parlé.

Dans le maquis de Porto-Vecchio, « les bergers vous donnent du lait, du fromage et des châtaignes, et vous n'aurez rien à craindre de la justice ou des parents du mort… », poursuit Mérimée ! Il faut dire que l'Ospedale est traditionnellement connu pour son hospitalité. La preuve : le nom de ce lieu– Ospedale désigne à la fois un hameau situé sur la D368 et la forêt au nord de Porto-Vecchio – vient du corse *ospidale* (hôpital). Il est fort probable que cette région montagneuse, réputée pour son climat sain, était un lieu de cure, surtout à une époque où Porto-Vecchio était infesté de moustiques porteurs de la malaria ! Sur le fronton de l'église Santa Maria d'Ospedale, on peut lire en effet l'inscription « Hospitium 1762 ».

Torre et Castellu, vieux de plus de 4 500 ans

Au nord de Porto-Vecchio, deux sites mégalithiques auraient plus de 4 500 ans. Le premier se nomme Torre (tour) : un ensemble de blocs de granite qui devait servir de chambre funéraire. Vous le trouverez au nord de la N198, après le hameau de Sainte-Trinité. Le second, Castellu d'Araghju (château d'Araggio), sur le massif de l'Ospedale (suivre un sentier à partir du village d'Araggio, sur la D759, pour rejoindre ce site). Cela vous prendra 1 heure de marche. Cette ancienne place fortifiée a ses murs bien conservés, allant jusqu'à 2 mètres de large. Elle est positionnée en hauteur, d'où un superbe panorama sur le golfe de Porto-Vecchio… Par beau temps, vous voyez même la Sardaigne !

Christian Clavier refuse l'enquête corse

Le 30 août 2008, quelques nationalistes entrent dans le jardin de Christian Clavier, au sud de Porto-Vecchio. Il est de notoriété que l'acteur, qui a joué en 2003 dans *L'Enquête corse*, est un proche du président de la République, Nicolas Sarkozy. « Nous avons choisi d'occuper symboliquement et pacifiquement la villa de Christian Clavier pour dénoncer la spoliation foncière », déclare à l'AFP un responsable du mouvement indépendantiste. « Il ne s'agit pas d'une occupation », affirme le jour même une source policière à l'AFP, soulignant que « les nationalistes ont été conviés par le personnel de la villa à boire un verre » ! Une rumeur raconte que Christian Clavier aurait demandé que les nationalistes entrent dans la maison afin qu'ils ne piétinent pas les rosiers de son jardin auxquels il semble très attaché... Quoi qu'il en soit, l'affaire fera un gros bruit médiatique. Deux jours après, un haut gradé responsable de la sécurité en Corse est démis de ses fonctions et muté sur le continent ! Quelques mois après, le tribunal correctionnel est saisi... Mais l'enquête corse se fera sans Christian Clavier, qui n'a pas souhaité porter plainte dans cette affaire.

Grandes randonnées : top départ !

Vous souhaitez aller plus loin dans la randonnée ? La région de Porto-Vecchio peut être un point de départ de quelques excursions en montagne. À commencer par le fameux *Tra mare a mare sud* (qui traverse la Corse en allant de la côte est à la côte ouest, et *vice versa*) à découvrir. Et puis vous avez aussi le célèbre GR20, qui part de Conca, un petit village à mi-chemin entre Porto-Vecchio et Solenzara (prendre la N198, puis la D168 pour arriver à Conca). Quant à l'Ospedale, c'est une magnifique forêt avec des cascades, parmi lesquelles la remarquable piscia di Gallu (pisse de coq !) : vous trouverez cette chute d'eau après le barrage de l'Ospedale (sur la D368), en allant vers le nord.

La plaine orientale

La plaine orientale va du nord de Solenzara au sud de Bastia. C'est la région agricole de l'île, mais les guides touristiques la nomment *costa serena*, ce qui veut dire la « côte tranquille ». La visite est simple : si vous prenez la N198, c'est en ligne droite ! Cette route va en direction de Bastia : vous passerez par Solenzara, Ghisonaccia, Aléria, puis Prunete et Moriani-Plage, au sud de Bastia…

Ah, Solenzara !

En remontant la N198 vers le nord, vous arrivez sur Solenzara…

Solenzara, une chanson !

Ça a été un tube ! « Solenzara » est une chanson d'amour qui est encore fredonnée et jouée à la guitare sur les ports de l'île. Elle a été chantée en français par Enrico Macias et en corse et en français par Tino Rossi. Extrait : « Sur la plage de Solenzara / Chaque jour, on a dansé / Et le jour de ton départ / J'ai compris que je t'aimais / Et je ne t'ai plus quittée »… Cette petite ritournelle était autrefois chantée en langue corse par les chanteurs Regina et Bruno, sur des paroles écrites par Dominique Marfisi. Alors, qu'y a-t-il à Solenzara ? Les guides touristiques s'attardent peu aujourd'hui sur ce petit port de plaisance qui n'est pourtant pas dénué de charme. Solenzara, c'est un port, une chanson… mais aussi un bruit : celui des avions de la base militaire située à 5 kilomètres au nord de ce petit village !

Solenzara, un fleuve !

Solenzara, c'est aussi un fleuve qui descend depuis les gorges de la Vacca (à l'ouest), avec ses incroyables piscines naturelles. Le long de ce cours d'eau, plusieurs randonnées sont possibles. Mais, attention, pour accéder à ces très beaux bassins, il faut parfois un peu escalader ! Remontez ainsi la D268, à partir de Solenzara, en direction de l'ouest, puis arrêtez-vous à la bocca di Larone (608 m). Un chemin conduit à la punta di Malanda, avec ses très belles cascades. Autre chemin : après la bocca di Larone, continuez à l'ouest, sur la D268. À un moment, la route forme une boucle (avant le pont) : un sentier conduit ensuite en dessous des aiguilles d'Ornucciu… Il mène vers les ruisseaux des gorges de la Vacca !

Ghisonaccia et le Fiumorbo

On continue sur la N198 en direction du nord, après Solenzara… Vous arrivez enfin à Ghisonaccia, dans le Fiumorbo.

Ghisonaccia, petite capitale du Fiumorbo

Le Fiumorbo, c'est une microrégion au nord de Solenzara. Elle suit le fleuve du même nom. En corse, on écrit Fium'orbu, qui signifie littéralement « fleuve aveugle », mais l'étymologie est discutable. À l'embouchure du fleuve se trouve Ghisonaccia (Ghisunaccia), une station balnéaire à ne pas confondre avec le village de Ghisoni, lequel est situé dans la même région, en amont du fleuve (à 26,4 kilomètres par la D344, au nord-ouest de Ghisonaccia).

Entre Ghisonaccia et Ghisoni… le défilé de l'Inzecca

Entre Ghisonaccia et Ghisoni, c'est le défilé de l'Inzecca et celui des Strette, un peu plus à l'ouest. Long de 800 mètres, le défilé de l'Inzecca est un lieu dantesque, avec de hautes falaises rocheuses qui surplombent l'impétueux torrent du Fium'orbu. La couleur des roches est verte (serpentinite) et rouge (schiste).

Kyrie Eleïson, Christe Eleïson…

Au sud de Ghisoni s'élèvent deux monts aux noms qui sonnent étrangement : Kyrie Eleïson (1 535 m) et Christe Eleïson (1 260 m)… ce qui veut dire, en grec ancien, « Seigneur, ayez pitié. Christ, ayez pitié ». L'histoire raconte qu'au XIVe siècle, les hérétiques de la secte des Giovannali s'étaient réfugiés dans ces monts pour échapper aux armées du pape qui les poursuivaient. Au moment où ils furent capturés et exécutés, les habitants de la région entonnèrent un hymne des morts reprenant en boucle le *Kyrie eleison* et le *Christe eleison* du chant liturgique. Un écho sinistre répétait ces dernières paroles et les montagnes furent ainsi baptisées.

Eaux sulfureuses

Le Fiumorbo est un lieu qui était autrefois fréquenté par les Romains (le musée Mnémosina de Prunelli-di-Fiumorbo, sur la D345, rappelle ce passé). L'occupant latin aimait se baigner dans les eaux sulfureuses de Pietrapola (D45, à 12 kilomètres à l'ouest de Ghisonaccia). Un autre site thermal existe un peu plus au nord, à Aghione, sur la D442 (à 22 kilomètres de Ghisonaccia et à l'ouest d'Aléria) : ce sont les eaux de Puzzichello (ce qui veut dire « eaux qui puent » !)… Mais elles sont désormais laissées à l'abandon.

La plaine d'Aléria

Toujours tout droit vers le nord, sur la N198, vous arrivez à Aléria…

Aléria, cité grecque devenue romaine

Entre l'étang d'Urbino (au sud) et l'étang de Diana (au nord), la ville d'Aléria est une des plus anciennes cités de l'île. Elle aurait été fondée par les Grecs, vers le VIe siècle av. J.-C. Elle s'appelait alors Alalia… Mais les Romains la rebaptisèrent Aléria, au IIIe siècle av. J.-C. C'est aussi ici que l'aventurier Théodore de Neuhoff a mis pour la première fois les pieds en Corse, le 12 mars 1736. Quelques jours après, il était devenu roi des Corses ! La ville est également connue pour les événements du 21 août 1975 (voir première partie)…

Aujourd'hui, la cité est une station balnéaire : vous y verrez une tour génoise du XVIe siècle, beaucoup de constructions modernes et les fameuses ruines romaines bien sûr !

« Peut-on attribuer aux Romains des constructions aussi grossières ? Je ne pense pas… », s'était exclamé Mérimée à propos du site d'Aléria alors qu'il était chargé de faire un inventaire des monuments historiques de Corse. Grave erreur de Mérimée : les ruines d'Aléria sont bien des ruines romaines ! Il a fallu attendre la moitié du XXe siècle pour que des fouilles sérieuses soient réalisées et que l'on mette enfin au jour les restes de cette incroyable cité, détruite par les Vandales, en 455 apr. J.-C.

Petite visite des ruines romaines

CURIOSITÉ

Le site antique de la cité se situe à côté du musée Jérôme-Carcopino (historien à l'origine des fouilles d'Aléria en 1950). Vous accédez au musée à partir de la N198, au niveau du fort de Matra (une fortification du XIVe siècle), un peu au-dessus de la ville. Que reste-t-il de la cité latine ? Il demeure les fondations et les ruines de certains murs, assez pour se rendre compte de l'immense étendue de cette colonie romaine. Le forum était long de 94 mètres ! À une extrémité se trouvait le temple et, à l'autre, le capitole avec un second temple et un bassin. Vers le nord se trouvaient une chapelle, des thermes et des bains à étages, construits sur la colline. C'est ici, dans les bains, que le procurateur romain Decumus Pacarius est tué nu comme un ver, en 69 apr. J.-C., en pleine guerre de succession générée par la mort de Néron. Decumus Pacarius soutenait l'empereur dissident Aulus Vitellius contre l'empereur légitime Othon. Il avait fait assassiner quelques mois auparavant le triérarque Claudius Pyrrichus qui avait soutenu Othon…

Petit détour par la Casinca, entre Bastia et la Castagniccia

La Casinca est une microrégion située au sud-ouest de Bastia, entre le Golo et le Fiumalto, deux fleuves importants. La plus grande ville de ce lieu est Vescovato (D237), c'est là qu'habitait, jusqu'au XVIe siècle, l'évêque de Mariana. Vescovato (Viscuvatu) tire d'ailleurs son nom de *vesco*, qui veut dire « évêque ». Ce village, avec ses grosses maisons en pierre, a été pendant un moment un cœur culturel de l'île. C'est ici qu'ont vécu les grands chroniqueurs corses, dont Antoine Filippini, connu pour son *Historia di Corsica*, publiée à sa mort, en 1594. Il ne faut pas confondre Vescovato avec Venzolasca (Venzulasca), un autre village de la Casinca localisé à 2,5 kilomètres de Vescovato. Venzolasca abrite les ruines d'un ancien couvent franciscain dont la légende raconte qu'il aurait été fondé par saint François d'Assise en personne. La Casinca, c'est aussi plusieurs hameaux dont le nom se termine par *-casinca*, comme pour marquer leur appartenance à cette ancienne *pieve* (échelon administratif corse sous l'Ancien Régime) qui a conservé de vieilles chapelles romanes et plusieurs églises baroques.

La plaine de Bastia

Continuons vers le nord. Nous quittons la zone d'Aléria pour nous diriger vers Bastia. Le paysage est toujours plat ! On nomme cette seconde partie de la plaine orientale – après Moriani-Plage – la plaine de Bastia. À l'ouest s'étend la Casinca : une région montagneuse. Plus au sud, toujours à l'ouest : c'est la Castagniccia… Un sentier de randonnée part de Moriani-Plage : c'est le *Tra mare a mare nord* (il traverse la Corse d'est en ouest, reliant ainsi Moriani-Plage à Cargèse, sur la côte occidentale !). Mais pour l'instant, on privilégie la voiture !

La Castagniccia

Bienvenue en Castagniccia ! C'est le pays de la châtaigne (*castagniccia* = *castagnu* = châtaignier). Le lieu est peu peuplé mais, paradoxalement, le nombre de ses hameaux est très élevé. Nous allons à présent nous promener dans cette région montagneuse, avec ses villages en pierres sèches et aux toits en lauzes, ses vallées encaissées et, bien sûr, ses châtaigniers !

Cervione et la corniche de la Castagniccia

En prenant la D330, vous montez par une corniche (corniche du Campuloro) et traversez plusieurs villages avant d'arriver à Cervione…

Cervione, à l'entrée de la Castagniccia

Cervione (Cervioni) est situé à l'« entrée » de la Castagniccia. On appelle également ce coin qui surplombe la plaine orientale la corniche de la Castagniccia (ou corniche de Campuloro). On dit qu'il y poussait autrefois des lauriers… d'où son nom : Campuloro, qui signifierait *campi laurei* (le champ de lauriers).

Plusieurs édifices religieux de Cervione ont été réalisés ou restaurés à la fin du XVIe siècle, sous l'épiscopat d'Alessandro Sauli. Cet évêque avait été nommé par le pape à Aléria. Mais, puisqu'il y avait la malaria à Aléria, le prélat part, dans un premier temps, pour Corte (centre de la Corse), puis décide d'habiter finalement Cervione. Là, il fait bâtir l'église du village, restaure le couvent franciscain Saint-François (érigé entre 1506 et 1509) et fonde un séminaire qui abrite actuellement la mairie et un musée de l'Ethnographie.

Cervione possède de somptueuses demeures de notables, construites entre le XVIe et le début du XXe siècle. Signalons aussi un ancien poste d'observation du XVIe siècle – dit « tour génoise de Prunete » – transformé aujourd'hui en habitation privée ! Le village est également réputé pour ses noisettes, indication géographique protégée (IGP) depuis 2014.

La Vierge blanche di a Scupiccia

Nous avons déjà parlé de l'histoire de la Vierge blanche en marbre de Carrare que la Providence avait transportée sur les côtes corses au XVIe siècle. C'est ici que vous pourrez l'admirer, à la chapelle de pèlerinage Notre-Dame-du-Bon-Secours (chapelle di a Scupiccia), érigée en 1649 à la demande du capitaine Giacomo. Une large route balisée mène, au-dessus de Cervione, à cette très belle chapelle à la nef allongée.

Santa Cristina de Valle-di-Campuloro

CURIOSITÉ

Un peu plus au sud de Cervione, vous avez la chapelle Santa Cristina de Valle-di-Campuloro (prendre un sentier à 2 kilomètres au sud de Cervione, au niveau de la D330, en allant dans la direction de Santa-Maria-Poggio)… Elle est à visiter pour ses magnifiques fresques du XVe siècle et sa nef qui date du IXe siècle.

Pétillante Orezza

Après Cervione, prenez la D71… On va faire une visite de la Castagniccia ! On commence par la pétillante Orezza… Ce n'est pas proprement dit un village, mais une *pieve*, c'est-à-dire un échelon administratif qui regroupait, au Moyen Âge et sous l'Ancien Régime, un ensemble de villages sous une même paroisse. La *pieve* d'Orezza rassemble ainsi une quinzaine de hameaux.

Alesani… Un étrange couronnement

Entre Cervione et Orezza, c'est la vallée d'Alesani (valle d'Alisgiani), une micro-région peuplée de châtaigniers. La présence de ces arbres rappelle que vous entrez ici dans la Castagniccia. Cette ancienne *pieve* est aujourd'hui rattachée au canton d'Orezza. Son nom vient d'Alixiani (Alexis), comme l'atteste la présence de la chapelle Sant'Alessio (une écriture orientale d'Alexis), sur les hauteurs de Pie-d'Alesani. Ces petits hameaux, sur le bord de la D71, valent le détour. Sur la commune de Valle-d'Alesani, vous pouvez rejoindre, par la route D217, un couvent du XIIIe siècle. C'est ici qu'a été couronné, le 15 avril 1736, Théodore de Neuhoff… Roi des Corses ! C'est ici aussi que se trouve la *Vierge à la cerise*, un admirable tableau que l'on attribue à Sano di Pietro (1406-1481), un des plus grands peintres de l'école de Sienne.

Perelli-di-Alesani… village de Grossu Minutu

Un peu avant Orezza, vous tombez sur Perelli-di-Alesani (sur la D71). Dans ce village se trouve une petite maison en pierre de deux étages avec un escalier extérieur : c'est la maison de Grossu Minutu, un personnage contemporain de Pascal Paoli. Muletier, il vendait des marchandises à travers toute la Castagniccia, allant de hameau en hameau avec sa mule. Mais Grossu Minutu est surtout resté célèbre pour son humour.

On va à Piedicroce !

On continue le long de la D71, en direction de Piedicroce (Pedicroce), un village avec de grandes demeures patriciennes (*palazzi*) : on y remarquera son église Saint-Pierre-et-Saint-Paul (XVIIe siècle), avec sa *Vierge à l'enfant* du XVIe siècle. L'orgue de l'église, dont les volets sont magnifiquement peints, y a été installé en 1842… Mais il date du début du XVIIe siècle : c'est l'ancien instrument de la cathédrale Sainte-Marie, à Bastia.

Avis aux randonneurs : plusieurs balades à pied peuvent être faites à partir de Piedicroce !

Vers le couvent d'Orezza

Le couvent d'Orezza, au nord-est de Piedicroce, sur la D71, a été détruit par les Allemands en 1943 à coups d'explosifs ! C'est dans ce lieu qui tombe à présent en ruine que s'étaient réunis, en avril 1731, plusieurs théologiens pour juger si la révolte des Corses était juste et sainte ! Quelques années après, la *consulta* d'Orezza a lieu dans ce même couvent, le 8 janvier 1735. Enfin, c'est toujours ici qu'une assemblée démocratique désigne, en août 1745, Jean-Pierre Gaffori comme protecteur de la patrie. Le lieu a une histoire mythique (voir première partie). Aussi, il n'est pas étonnant que l'on dise que c'est également dans ce couvent que Pascal Paoli aurait rencontré en 1790... Napoléon Bonaparte. Enfin, c'est ce qu'une légende raconte...

Et les eaux d'Orezza ?

C'est sur la commune de Rapaggio (Rapaghju), à 7,6 kilomètres à l'est de Piedicroce, que se trouve l'usine de ces eaux pétillantes, déclarées d'utilité publique en 1856 et vendues, depuis, en Corse et à l'étranger. Sur ce site, vous pourrez voir l'ancienne fontaine d'Orezza : l'eau qui y coule est de couleur rouge comme de la rouille ! Il faut dire qu'il s'agit d'une eau ferrugineuse. Elle est naturellement gazeuse, mais sa mise en bouteille suppose sa déferrisation par l'entreprise d'exploitation des eaux minérales d'Orezza. Cette entreprise se charge également de dégazéifier, puis de regazéifier l'eau avec son propre gaz !

Morosaglia et La Porta

Après Piedicroce, vous pouvez visiter plusieurs villages. Nous nous arrêtons à Morosaglia (sur la D71) et à La Porta (D515).

Morosaglia, village du père de la patrie

Le père de la patrie, c'est Pascal Paoli ! C'est ici, à Morosaglia (Merusaglia), qu'il est né en 1725. Sa maison natale, dans le hameau de Stretta, a été transformée en musée. Pascal Paoli est mort à Londres en 1807, mais c'est en 1889 que sa dépouille est transférée à Morosaglia, dans un des caveaux de la chapelle où il souhaitait être enterré. Enfin, c'est toujours dans ce village que vous pouvez voir l'église Santa Reparata (sur les hauteurs). C'est là qu'a été baptisé le père de la patrie, auteur de la Constitution corse de 1755.

On prend La Porta

À La Porta, on ne peut pas manquer l'église Saint-Jean-Baptiste et son campanile haut de 45 mètres ! Commencée en 1648, elle a été construite en plusieurs étapes. Ainsi, sa façade, œuvre d'un architecte milanais, n'est réalisée qu'en 1707. C'est une référence en matière d'art baroque ! Quant au très haut clocher, il date de 1720. Pour l'anecdote, l'orgue qui se trouve à l'intérieur de l'église a été déménagé du couvent Saint-Antoine de Casabianca (dans la Castagniccia), qui fut détruit durant la Révolution. C'est le révolutionnaire de la Convention, Christophe Saliceti – originaire du village de Saliceto (Salgetu), dans la Castagniccia – qui demanda que cet orgue soit placé dans cette église de La Porta.

La Castagniccia, c'est aussi…

Pour visiter la Castagnicia, il faut prendre son temps. Voici quelques lieux à voir… Il ne s'agit nullement d'une liste exhaustive :

- La région d'Ampugnani, au nord de La Porta, est à visiter notamment pour son village de Giocatojo (D515) et son église baroque de San Quilico (XVIIIe, construite sur une ancienne église romane). À voir également : la commune d'Ortiporio, Campile ou encore Stoppia Nova et sa très belle église baroque, Notre-Dame-du-Mont-Carmel (XVIIe), élevée sur une crête avec vue sur la mer !
- Sur la commune de Valle-di-Rostino (Valle di Rustinu), l'église Santa Maria di Riscamone est accessible uniquement par un sentier qu'il faut prendre par la D615. Elle vaut le détour, même s'il faut 15 minutes de marche pour y arriver. Elle a été bâtie au Ve siècle sur le site d'une ancienne cité romaine. Puis elle a été agrandie entre le VIe et le IXe siècle. Son aspect définitif date du XIIe siècle ;

- Toujours au nord de Morosaglia, vous avez la chapelle Saint-Thomas de Pastoreccia, au niveau du cimetière de Pastoreccia (D15B). Arrêtez-vous pour contempler ses fresques médiévales ;
- À Cambia (D39), signalons plusieurs chapelles et églises romanes ;
- À Valle-d'Orezza (D46, 9 kilomètres à l'est de Piedicroce), notez la présence d'une petite chapelle du XIe siècle, perdue dans la Castagniccia : San Giorgio. Et, au sud de Piedicroce (5,3 kilomètres sur la D71), l'église Sainte-Marguerite, dans le hameau de Carcheto. Son campanile haut de cinq étages date du XVIe siècle ;
- De nombreuses randonnées sont à faire dans la Castagniccia : à partir du col d'U Pratu (D71), le long des sommets de la Corse alpine jusqu'au village de Campodonico (Campudunicu), ou encore la chapelle du mont Saint-Barthélemy, à partir du village de Parata (commune de Monaccia d'Orezza), etc.

La côte orientale : les plages !

Pour finir, voici un petit rappel des plages sur lesquelles vous pouvez aller bronzer pendant que vous visitez la côte est (du sud vers le nord) :

- En face des îles Lavezzi, dans ce décor paradisiaque, la côte offre de multiples points de baignade, comme à Piantarella (splendide !) ;
- Dans le golfe de Sant'Amanza (ou Santa Manza), il existe plusieurs beaux rivages, telles les plages de Maora ou de Canettu (près de l'étang du même nom) ;
- La plage de Balistra, à proximité de l'étang du même nom. C'est une longue lagune de sable !
- Au sud de Porto-Vecchio, le golfe de Rondinara est un magnifique lagon où vous aurez le plaisir de vous baigner dans une eau calme ;
- Les plages de Santa Giulia et de Palombaggia (et sa pinède), au sud de Porto-Vecchio, sont les plus connues. Elles figurent sur de nombreuses cartes postales vendues en Corse. C'est un paysage de rêve : sable fin,

eau cristalline… Attention : il y a beaucoup de monde en période estivale ! Voyez aussi la plage de Tamaricciu et ses rochers blancs et lisses, qui trempent dans l'eau turquoise, ou encore les étendues de sable du Paviddonu (moins fréquentée), de la Chiappa (à proximité d'un camp naturiste), ou encore la crique de Carataggio ;

- Au nord de Porto-Vecchio, dans la baie de Stagnolu, c'est la Trinité de Porto-Vecchio (très fréquentée) ou, à côté, la plage du Golfo di Sogno. Entre la punta di Benedettu et la punta San Ciprianu : indiquons la plage du Benedettu. Puis, dans la baie de San Ciprianu, vous avez la plage du même nom, et celle de Cala Rossa avec de magnifiques rochers rouges. Plus au nord, ce sont les côtes de sable du golfe de Pinarello. Sous la punta di Fautea et sa très belle tour : vous trouverez les plages de Fautea, de l'Ovu Santu, de Vardiola et de Caramontinu ;
- En ligne droite, au sud de Solenzara : notez la plage au pied du fleuve de Solenzara et celles de Conca, de Cannelle (très belle !), de Favone (dans une petite anse) et de Tarco ;
- La côte orientale n'est ensuite qu'une seule et même plage, entre Ghisonaccia et Bastia (la Marana). On distinguera quelques endroits : entre l'étang de Palu et la tour de Vignale, entre l'étang d'Urbinu et le domaine de Casabianda (prenez une route qui mène au sud du pénitencier de Casabianda… attention de ne pas vous tromper ! Vous passez par une forêt d'eucalyptus et vous arrivez sur un long banc de sable. Vous n'avez alors que l'embarras du choix pour poser votre serviette !). Vous avez ensuite les plages au nord d'Aléria : Padulone (plages d'Aléria et de Campoloro), Bravone, phare d'Alistro (sa tour octogonale date de 1864), Prunete. Puis, Moriani-Plage, Alba Serena ou la plage familiale d'Aghione.

Chapitre 14

Au cœur de la Corse !

Après la côte, nous allons visiter l'intérieur de l'Ile de Beauté. Il y a plusieurs façons de traverser la Corse. Le plus simple est de prendre la route (ou le train) Ajaccio-Bastia. La N193 relie les deux grandes villes insulaires et passe par Corte, au cœur de la Corse. Mais, pour visiter certaines merveilles de l'île, il faut bien souvent quitter sa voiture et faire une partie du chemin à pied... Quand vous aurez terminé la lecture de ce chapitre, nous vous conseillons de voir ou de revoir nos promenades sur le GR20 et sur les sentiers *Tra Mare a Mare* et *Tra Mare e Monti*... Nous avons beaucoup insisté sur les lacs, montagnes, forêts et autres beautés naturelles que vous pourrez voir en Corse. Vous aurez ainsi fait un tour (presque) complet de cette île que l'on n'appelle pas pour rien « Ile de Beauté » !

Ponte-Leccia, à la croisée des chemins

Ponte-Leccia est un hameau placé à 22,5 km au nord de Corte, sur la commune de Morosaglia, dans la Castagnicia. C'est aussi une micro-région de la vallée du Golo *(Golu)* : à son nord, la rivière de l'Asco *(Ascu)* rejoint le fleuve du Golo. Lorsque l'on traverse la Corse, il est difficile de ne pas passer par Ponte-Leccia. C'est un carrefour routier et ferroviaire. La route de la Balagne (RN 197) recoupe la route Ajaccio-Bastia (RN 193). La D71, qui traverse la Castagniccia, rejoint aussi cette région. Enfin, c'est à la gare de Ponte-Leccia que se trouve le seul changement de la voie ferrée corse. Les voyageurs de la ligne Ajaccio-Bastia qui veulent se rendre en Balagne doivent descendre dans cette gare pour prendre le train en direction d'Ile-Rousse et de Calvi.

L'intérieur de la Haute-Corse

Dans cette visite, nous allons partir à la découverte des trésors de l'intérieur, en commençant par la Haute-Corse.

Imaginez que vous partiez de la Castagnicia où nous étions à la fin du chapitre précédent, ou encore de la Balagne, du Nebbio ou de Bastia. Vous entrez désormais dans le centre de la Corse. Direction Corte !

Corte, centre corse !

« A » comme Ajaccio, « B » comme Bastia et « C » comme Corte (Corti)... A mi-chemin d'Ajaccio et de Bastia, Corte est au centre de la Corse !

Centre géographique: vous êtes à 67,5 km de Bastia (par la N193), à 79 km d'Ajaccio (N193), à 85,2 km de Calvi et 62 km d'Ile-Rousse (par la N197), 85 km de Porto (D84) et 47,7 km d'Aleria (N200)... qui est la ville côtière la plus proche !

Mais aussi centre historique : la citadelle de Corte a été fondée au début du XVe siècle par le seigneur corse Vincentello d'Istria, en guerre contre l'occupant Génois. Corte a été également la capitale de la démocratie corse du temps de Pascal Paoli ! Nous allons tout de suite vous en parler...

L'ABC de Corte

Avant d'arriver à Corte, la ville se dessine déjà sous vos yeux. La citadelle est construite sur le pic rocheux de la ville, haut d'une centaine de mètres. On l'appelle le « nid d'aigle » car la construction, perchée en hauteur, rappelle l'habitat de cet oiseau présent dans la région. Sur le pic, en dessous de la citadelle, des maisons semblent accrochées à la roche : c'est le vieux Corte. Ensuite, la ville s'étend dans la vallée du Tavignano. La visite historique est simple : les maisons les plus anciennes sont celles nichées à côté de la citadelle. Plus vous vous éloignez et plus les maisons sont récentes. Les habitations modernes, la zone industrielle et commerciale et même un aérodrome s'étalent ensuite dans la vallée du Tavignano. Il y a plus de 7 000 habitants, mais il faut rajouter les 4 500 étudiants de l'Université qui viennent peupler la ville entre septembre et juin. L'Université Pasquale Paoli est un grand bâtiment blanc que vous voyez en entrant à Corte par l'avenue Jean Nicoli (résistant, décapité à la hache par les fascistes, le 30 août 1943). Sur la façade, vous pouvez lire en langue corse : « Universita di Corsica Pasquale Paoli – Campus Mariani ».

Mystère sur l'origine de Corte

D'après le chroniqueur Giovanni della Grossa, la ville de Corte aurait été fondée par Corto, fils de Cor, lui-même petit-fils de Caro de Troie, roi des troyens ! Après la guerre de Troie, Cor accompagne, avec deux vaisseaux, Enée qui quitte la Grèce. Il arrive alors sur une île qui prendra ensuite son nom et deviendra ainsi la « Corse ». Dans l'île, Cor eut un fils qui s'appelait Ajazo qui lui-même a eu un fils du nom de Corto. C'est ce dernier qui aurait de la sorte fondé la ville de Corte ! Cette légende a été oubliée, un moment, au profit d'une autre histoire : « Corte » signifierait la cour, comme la Cour de justice qu'aurait créée Vincentello d'Istria au XVe siècle. Problème : le nom de Corte serait bien plus ancien… et, on suppose, aussi ancien que le mot « Corse ». On y trouverait le même radical préceltique *Kor*, désignant la roche : *Kor*té… comme le pic rocheux sur lequel a été construite la vieille ville.

Une première université de Corse, il y a plus de 200 ans

L'Université de Corse porte le nom de Pasquale Paoli, en référence à l'Université construite plus de 200 ans auparavant par le Père de la Patrie. C'est en effet entre 1765 et 1769, qu'est ouverte pour la première fois une Université en Corse. Près de 300 étudiants vont suivre les cours d'une dizaine de professeurs d'ordres religieux différents. En décembre 1765, un jeune homme de dix-neuf ans arrive sur les bancs de Corte… Il sera remarqué par Pascal Paoli qui en fait son secrétaire : c'est Charles Bonaparte, le futur papa de Napoléon.

Le « nid d'aigle »

On va commencer cette visite de Corte par son centre historique : c'est le « nid d'aigle » où se trouve la citadelle et l'actuel musée de la Corse. Sur une hauteur d'une centaine de mètres, la citadelle a été fondée à partir de 1411 par le seigneur corse Vincentello d'Istria, avec l'aide des armées du roi d'Aragon. Mais lorsque le seigneur sera capturé, la ville revient aux mains des Génois. Ce sont eux qui agrandiront la forteresse. Sa visite se fait par le musée de la Corse qui se trouve dans l'ancienne caserne de la légion (le bâtiment a été réaménagé en 1997 par l'architecte italien Andrea Bruno qui a réussi à intégrer le moderne à l'ancien. Chapeau !). A partir de là, une visite fléchée vous indique le chemin de la citadelle dont la construction date, pour l'essentiel, du XVIIIe siècle. Une fois tout en haut du donjon, n'oubliez pas de voir l'oubliette !

Point de vue de la citadelle...

En haut de la citadelle, vous avez une magnifique vue ! Vous surplombez la rivière du Tavignano. Celle-ci passe au-dessous du « nid d'aigle » (côté ouest). Vous voyez le début de la vallée du Tavignano (au nord-ouest) et de celle de la Restonica (au sud-ouest). Mais c'est du belvédère, en haut de la vieille ville (accès par la place d'armes), que vous aurez le plus beau panorama. Au nord : la citadelle en pied ! A l'ouest, le début de la vallée de la Restonica. Au sud et à l'est : l'étendue de la ville de Corte, ainsi que la vallée du Tavignano (jusqu'à son embouchure à Aleria… bien entendu, hors de votre champ de vision).

Palais Paoli

Sous la citadelle et le Belvédère, vous êtes toujours dans la vieille ville du haut Corte. Vous y verrez, en dessous de la rue Balthasar Arrighi (maire de Corte au XIXe siècle), le *Palazzo nationale* (le Palais national), ancien bâtiment où siégeait le représentant du gouvernement génois, puis du gouvernement corse de Pascal Paoli. C'est dans cette grande maison aux murs épais que le Père de la Patrie fait également aménager sa résidence, à partir de 1759. Le lieu est, à l'époque, somptueusement décoré avec des tapis, des canapés, des chaises en tissu, de belles menuiseries… De quoi rendre jaloux les voisins, à commencer par les Bonaparte qui habitent, entre 1766 et 1768, juste à côté…

Les Arrighi, Gaffori, Bonaparte... amis de Paoli

LE SAVIEZ-VOUS ?

À quelques pas du Palais national, l'entrée d'une petite maison est cachée par un arbre, dans la montée qui mène à la place d'arme (sous la citadelle). La bâtisse ne paye pas de mine. Une plaque y est apposée : c'est là qu'ont habité, entre 1766 et 1768, Charles et Letizia Bonaparte, dans la maison de leurs cousins Arrighi. Le 7 janvier 1768, la jeune Letizia y accouche de Joseph (frère aîné de Napoléon). Les Arrighi sont des proches de Pascal Paoli… comme les Bonaparte, à l'époque ! Il en va de même des Gaffori, dont la maison est juste à une trentaine de mètres en dessous. Les Bonaparte ne sont pas encore des ennemis de Pascal Paoli. Quant à la famille Gaffori, les Génois avaient fait assassiner le héros Jean-Pierre Gaffori quinze ans auparavant, mais il reste son épouse Faustine, âgée de 46 ans, dont le fils François n'a pas encore trahi Paoli. Tout ce petit monde fait donc partie de l'entourage du Père de la Patrie… Corte est un centre politique, il y a même une imprimerie qui publie une gazette corse. Mais, en 1769, la défaite de Ponte Novo face aux Français mettra fin à cette démocratie corse qui venait de naître…

Arrighi de Casanova, duc de Padoue

LE SAVIEZ-VOUS ?

C'est dans cette maison où est né Joseph Bonaparte, qu'est né également, dix ans auparavant, Jean-Thomas Arrighi di Casanova. Les Arrighi sont des cousins par alliance de Letizia Bonaparte. Ils descendent aussi du célèbre Léonard de Casanova, principal lieutenant de Sampiero Corso. Jean-Thomas Arrighi di Casanova fera la campagne d'Italie aux côtés de Joseph Bonaparte, puis la campagne d'Egypte avec Napoléon. Général d'empire, il participe aux plus grandes batailles napoléoniennes, ce qui lui vaut d'être nommé général, puis Duc de Padoue en 1809. Son nom est gravé sur l'Arc de Triomphe à Paris… et, à Corte, vous avez sa statue en bronze au bout du cours Paoli, place du Duc-de-Padoue. Elle a été créée par Auguste Bartholdi (1867)… le même qui réalisa la statue de la Liberté à New-York.

La maison des Gaffori, mitraillée par les Génois

Une trentaine de mètres en dessous de l'ancienne demeure des Arrighi, vous pouvez faire un tour devant la maison Gaffori (place du même nom). On vous avait déjà parlé de cette illustre famille de Corte. Si vous voulez connaître qui étaient Jean-Pierre, Faustine ou François… voyez notre partie histoire. Sur la place, une statue du héros Jean-Pierre Gaffori — qui avait libéré Corte des Génois en 1751 — est dressée devant sa maison natale. Remarquez les trous sur la façade… ce sont les impacts des coups de feu tirés en 1750, lors des combats qui ont opposé les patriotes corses et les Génois !

Napoléon conçu à Corte

Nous sommes en 1768. Après la naissance de Joseph, les Bonaparte vont habiter dans cette maison des Gaffori que nous venons de décrire ! C'est donc probablement dans cette bâtisse que Napoléon Bonaparte a été conçu à la fin de la même année. Le futur empereur portera le nom de son oncle : Nabulione Buonaparte, décédé le 17 août 1767 dans la petite demeure des Arrighi où toute la famille Bonaparte s'était installée quelques mois auparavant !

Corte, c'est aussi…

À ne pas manquer à Corte :

- Le cours Paoli et la place Paoli. La statue du « Babbu di a Patria » (Père de la Patrie) a été réalisée en 1864 par Victor Huguenin.
- L'église de l'annonciation (place Gaffori) a été édifiée en 1450 (agrandie au XVIIe siècle). Vous y voyez une statue en cire de Saint Théophile *(San Teofalu)*… C'est le Saint protecteur de Corte ! Derrière l'église, vous trouverez la place de San Teofalu, avec une chapelle construite en 1950… sur l'ancienne demeure du Saint. Pour connaître la légende de ce Saint… consultez le chapitre 6 de ce livre !
- La chapelle Sainte-Croix (XVIIe siècle)… de la confrérie de la Sainte-Croix.

- Les *madunnine* sont des petits autels avec un frontispice rectangulaire qui abritent généralement une statue de la Vierge Marie. Au début du XIXe siècle, les Cortenais en ont construit tout autour de la ville. Sur le côté de ces édifices, une petite ouverture (appelée *a scaffa)* sert à placer une bougie, une veilleuse ou des fleurs. Ces constructions rappellent les *altarini* (petits autels) : des renfoncements dans les vieux murs en pierre où l'on plaçait autrefois — et encore aujourd'hui — une statuette de la Vierge pour protéger les maisons du malin.
- A l'est de Corte, sur la N200, l'église San Giovanni Battista date du IXe siècle. Elle était l'église-mère de la *pieve* de Venaco. Son emplacement, près d'un site préhistorique de mégalithes, serait peut être à rapprocher de la légende d'Ugo Colonna, le Charles Martel corse qui aurait arrêté l'invasion des maures… et dont on cherche toujours le fameux château qu'il aurait — selon le chroniqueur Giovanni della Grossa — fait édifier à Venaco, sur un endroit appelé « Poggio » (la colline) !
- Restonica et Tavignano: ce sont les deux gorges à l'ouest de Corte. Des baignades et promenades sont possibles tout le long des deux rivières. La Restonica est accessible en voiture par la D623 qui monte jusqu'aux bergeries de Grotelle. A partir de là, un chemin mène aux deux célèbres lacs : Melo et Capitello. Ils sont sur le sentier du GR20 (voyez le chapitre 15 pour en savoir plus).
- Le lac de l'Oriente *(Uriente)* est moins connu que le Melo et le Capitello. C'est pourtant un très beau lac de la région, avec plusieurs espèces végétales endémiques (marguerite laineuse, myosotis corse…). Le chemin est à prendre à partir du Pont du Timozzu, sur la D623 (vallée de la Restonica). A partir de ce point, comptez quand même presque trois heures de marche pour y arriver. Il y a 1400 mètres de dénivelé à grimper !

LÉGENDE

L'histoire de Leonard de Corte

Entre Corte et Venaco, vous avez la punta di Tisani. C'est là que se serait trouvé autrefois le château de Leonard de Casanova (dit Leonardu di Corti), ancêtre de la famille Arrighi. Leonard de Casanova défendait les Français aux côtés de Sampiero Corso. En 1553, il est du côté des troupes d'Henri II contre les Génois. Alors que sa tête est mise à prix, il devient un des chefs de la garnison de Corte. Mais, après la défaite des Français et le traité du Cateau-Cambrésis en 1559, les Génois récupèrent toute la Corse, dont la ville de Corte. Leonard de Casanova continue son combat auprès de Sampiero Corso, jusqu'au jour où ce dernier est sauvagement assassiné par les cousins de son épouse, Vannina, que Sampiero avait tué de ses mains. Nous sommes en 1567, Léonard est arrêté et fait prisonnier par les Génois. Alors qu'il attend son supplice dans les geôles, son fils, qui n'a que seize ans, parvient à entrer dans la citadelle déguisé en servante. Il se dirige alors vers le cachot de son père. Les gardes le laissent passer, croyant qu'il s'agit d'une femme venue apporter un peu de nourriture. Le père s'échappe alors déguisé à son tour en servante tandis que le fils prend sa place dans la prison ! Lorsque le gouverneur de la Corse, Gio-Pietro Vivaldi s'aperçoit de la supercherie, il décide de tuer le fils à la place du père. Il demande qu'il soit transporté au château de Tisani où il avait vu le jour. Et, dans sa cruauté, prend l'initiative de le faire pendre à une des fenêtres de la demeure. Puis les Génois pillent le château et le livrent aux flammes. Condamné à l'exil, Leonard de Casanova sera, par la suite, nommé par Henri III gouverneur de Sisteron. Quelques années plus tard, Henri IV le naturalisera français, un peu avant qu'il ne meure, en 1598.

Au nord de Corte...

Au nord de Corte, vous prenez le tunnel de la RN193. Vous ne pouvez pas louper le village de Soveria construit à flanc de montagne : très visible en front de route, il s'offre à vous comme un tableau (si vous allez vers en direction de Bastia). A partir de Francardo (13,5 km au nord de Corte), on prend à l'ouest la D84 en direction de Castirla, puis de Castiglione (D81)... Castirla ? Castiglione ? Castifao (D47) ? La racine de ces mots veut dire chateau. La légende raconte que ces villages ont été fondés par une colonie espagnole pour dominer la plaine de la Ghjuvellina. Mais on ne sait plus trop quand...

Castiglione, un village construit sur une grotte

Ce qui frappe le plus lorsque l'on arrive à Castiglione (D81) ce sont, en arrière-plan, les aiguilles rocheuses qui montent jusqu'à 2000 mètres! Si le cœur vous en dit, une randonnée est à faire dans les aiguilles de Rundinaja (à ne pas confondre avec les aiguilles de Popolasca qui sont celles du village juste à côté) où se trouve l'arche d'Alsatu et des bergeries en ruine. Un sentier rejoint la rivière de Terrivola, près de Castiglione, et la rivière d'Asco… de l'autre côté des montagnes. Un autre mène vers la Cima a i Mori (2180 m). Bref, Castiglione est le point de départ de plusieurs randonnées. Mais restons un peu dans le village. Une de ses caractéristiques est d'être construit sur une grotte ! Et, à l'intérieur de celle-ci : un peuplement de chauves-souris, aujourd'hui protégées par une association ! Certaines maisons du village disposent d'une ouverture au niveau du plafond de la grotte. La température y étant constante (14°C), les villageois faisaient autrefois descendre par des fils la nourriture qu'ils souhaitaient conserver. La grotte servait ainsi de réfrégirateur naturel ! Son entrée se trouve au bord de la route qui relie Castiglione à la D84.

Les ruines du château des Seigneurs Amondaschi…

On continue sur la D81, un peu avant le village de Piedigriggio (Pedigrisgiu) vous avez les ruines du château de Serravalle (XIIIe siècle), avec ses remparts et les restes d'un donjon. Il aurait été bâti par les Seigneurs Amondaschi, dont le pouvoir s'étendait dans toute la vallée du Golo. Cette dynastie qui s'opposa au XIIIe siècle au Giudice Sinucello Della Rocca fut vaincue par ce dernier.

La vallée d'Asco…

Après le charmant village de Piedigriggio, on rejoint la N193 jusqu'à Ponte-Leccia, puis on prend la N197, jusqu'à la D47 à l'ouest : direction la vallée d'Asco *(Ascu)* ! Si vous avez suivi notre parcours du GR20, vous connaissez la station de ski qui se trouve tout en haut de la vallée. La région d'Asco est un coin de randonnées, notamment du côté du massif du Cinto. Vous devez emprunter la D147 pour visiter les gorges d'Asco par la route. Signalons, plus au nord, la commune de Moltifao (sur la D47), où se trouve le village des tortues d'Hermann (variété corse protégée). Puis, sur la même route, le village de Castifao, avec son église du XIIe siècle, la tour génoise de Paganosa (début XVIIe) et les ruines du couvent San Francescu di Caccia (début XVIe), détruit durant la Révolution française.

Entre Ponte-Leccia et Ponte-Nuovo

De retour à Ponte-Leccia, vous pouvez prendre la N193 en direction de Bastia. La route suit la rivière du Golo… Sur le chemin, à 8 km de Ponte-Leccia, vous arrivez sur la commune de Ponte-Novo ou Ponte-Nuovo (Ponte Novu). Le terme « Ponte » suppose qu'il y a un pont, en l'occurrence il s'agit d'un ouvrage génois… Vous en verrez un à Ponte-Novo et, un autre, à Ponte-Leccia. Le premier date de 1650 et, le second, de 1679.

Vous connaissez Ponte-Novo (littéralement ça veut dire « nouveau pont »): c'est là que s'est déroulée, le 8 mai 1769, la bataille entre les troupes de Pascal Paoli et les Français. Les armées se sont battues au-dessus de la rivière du Golo. Le pont a été coupé en deux suite aux bombardements de la Seconde Guerre mondiale, mais une bonne partie est restée intacte… au-dessus flotte un drapeau corse avec la tête de maure !

Francardo, ancien bassin industriel

En redescendant vers Francardo (Francardu) – 13 km au nord de Corte – vous verrez les vestiges de fours à chaux et d'une ancienne briquetterie. Les sites tiraient respectivement profit du calcaire et de l'argile de la région. À l'ouest de Francardo, au lieu dit Campita, vous avez une ancienne fonderie de cuivre… Elle a été construite en 1908. La proximité du Golo et de la voie de chemin de fer pouvaient sembler propice à un début d'industrialisation. Mais cela n'a pas perduré : en 1910, l'activité est stoppée et le matériel de l'usine est démonté…

Omessa, la seconde cité du monde !

Un peu plus au sud de Francardo (prendre la D818 à partir de la N193), nous vous invitons à faire un tour au village d'Omessa, injustement omis des guides touristiques ! Pourtant un adage local disait que « Rome est la première cité du monde, Omessa la seconde » ! En son cœur, voyez l'église du xve siècle dont le clocher est classé monument historique. On l'appelle « U Rione ». Pourquoi ? « Rione », ça veut dire « le quartier ». On dit que cela a une relation avec le légendaire Ugo Colonna qui avait été envoyé par le Pape pour battre les Maures installés en Corse. Ugo Colonna serait en effet originaire du « Rione Colonna » de Rome, un des quartiers historiques de la capitale italienne. C'est en sa mémoire que l'on aurait ainsi baptisé l'église d'Omessa. Ce nom aurait été donné par les descendants d'Ugo Colonna qui ont vécu ici. Parmi eux, trois célèbres évêques natifs du village et dont vous verrez les tombeaux dans l'église : Ambrogio Colonna d'Omessa, évêque d'Aléria (1440), Antonio Colonna d'Omessa, évêque d'Accia (1452), Giovanni Padovano Colonna d'Omessa, évêque de Mariana (1388-1428)… et d'Athènes ! Ces trois prélats auraient notamment agi aux côtés de Vincentello d'Istria et soutenu le roi d'Aragon contre les Génois. Ils faisaient aussi partie des rares évêques à célébrer leur office avec l'arme sur l'autel au cas où ils auraient eu à se défendre ! La plaque apposée sur l'église rappelle qu'ils auraient bénéficié du puissant appui du Pape Martin V… de la famille Colonna de Rome. On comprend mieux maintenant l'adage local !

Pour les amateurs de randonnée, notez qu'un sentier mène, à l'est, à la chapelle de Sant'Anghjelu (comptez 4 à 5 heures de marche).

Le Boziu et la vallée du Tavignanu, à l'est…

Le Bozio *(Boziu)*, c'est la région à l'est de Corte : elle surplombe la vallée du Tavignano…

Sermano…

Vous pouvez rejoindre le Bozio par la N193 (prendre ensuite la direction Tralonca, sur la D41) ou par la D14. Nous traitons de cette région au chapitre 15, le Bozio étant sur le chemin *Tra Mare a Mare nord*… Le village de Sermano (Sermanu) est la capitale de ce lieu, ancienne pieve de Corse. Un petit tour vers la chapelle San Nicolau (xe siècle) pour y voir ses célèbres fresques du xve siècle s'impose! On y remarque le Christ au milieu d'une mandorle (figure géométrique en forme d'amande dans laquelle on inscrivait les représentations du Christ ou la Vierge). La Vierge Marie est à ses côtés, ainsi que les apôtres.

… et le Bozio

Mais le Bozio c'est aussi toute une série de villages, à commencer par celui d'Alando (Alandu) – sur la D215 – qui serait le village de Sambucuccio. Vous connaissez ce personnage historique ? Il est à l'origine de la révolte de la « Terra di u Cumunu » (Terre de la commune) en 1358 … Bustanico, un autre village sur la même route – plus au nord – est aussi à l'origine d'une autre révolte : celle de 1730. Le Bozio était par tradition un pays sans féodalité… et a été très enclin à se révolter contre l'occupant ! N'oublions pas Favalello (au sud d'Alando) et sa chapelle Santa Maria Assunta (xe siècle) : une fresque réputée du xve siècle y est visible ! En continuant plus au sud, sur la D14, en direction des villages d'Erbajolo (un chemin vers un village abandonné et une chapelle du xie siècle sont à voir !), Focicchia, Altiani… On surplombe la vallée du Tavignano. Admirez la vue sur les villages d'en face. En face ? C'est la région de Venaco, de l'autre côté de la vallée…

La vallée du Tavignano… et le pont d'Altiani, sur la N200

Mais avant de rejoindre le Venacais, suivons la vallée du Tavignano vers l'est. Comme vous savez, cette vallée qui part de Corte (à ne pas confondre avec les gorges du Tavignano qui sont en amont du fleuve), file tout droit en direction d'Aléria. Au fond de la vallée, c'est la N200, une route longue de 47,7 km, qui relie Corte à Aléria. Elle passe sur un splendide pont génois, à 17,7 km de Corte : c'est le pont d'Altiani. Juste à côté se trouve la chapelle San Ghjuvanni, construite en 1600.

Entre Altiani et Pancheraccia : la terre des Seigneurs de Gaggio

À partir d'Altiani, sur la D14, on peut suivre, sur la corniche, un chapelet de petits villages: Piedicorte-di-Gaggio (Pedicorti di Caghju), Pietraserena (Petra Serena) et Pancheraccia.

L'histoire raconte que la région appartenait au Moyen-Age à la famille des Cortinchi, issue du Seigneur Cortone de Guglielmo qui fonda la dynastie au xe siècle. Les Cortinchi étaient aussi les Seigneurs du château de Pietr'ellerata, près de Murato, dans le Nebbio. Mais à la suite d'un conflit entre les fils d'Ugo Cortinchi et ceux de Guglielmo Cortinchi (le frère d'Ugo), les enfants du premier se résignèrent à accepter les terres de Gaggio. Au XIIIe siècle, un château est alors construit sur la Punta Calacaggio, au-dessus de Piedicorte-di-Gaggio.

La légende de Pietraserena

LÉGENDE

La légende raconte qu'autrefois un seigneur de Gaggio était amoureux d'une jeune fille appelée Serena. Mais une vendetta entre des familles de Gaggio et de Giuncaggio contraria cette aventure amoureuse. Des combats ravagent la région, mais Serena, qui s'était cachée à l'abri d'un rocher, demeure saine et sauve. Le seigneur de Gaggio, pour remercier la Providence, décide d'accorder un droit de liberté aux habitants qui vivaient autour du monticule de pierre (petra). C'est ainsi que serait né le village de Pietraserena (Petra Serena) !

Au sud de Corte : Venaco, Vivario et Vizzavona

Au sud de Corte, sur la N193, vous avez le Venacais : un ensemble de communes autour de Venaco. Plus au sud, c'est Vivario. Puis, encore plus au sud, c'est la forêt de Vizzavona, à la limite entre la Haute-Corse et la Corse-du-Sud (au niveau du col de Vizzavona).

Venaco et...

Le Venacais, c'est une région au sud de Corte (à 8 km sur la N193) qui vaut le détour. On commence la visite par la commune de Venaco (Venacu). On y accède par la N193 ou par la D43 (à l'ouest du pont de Noceta, avec son point de baignade dans la rivière du Vecchiu). Vous surplombez le Tavignanu et vous voyez, sur le versant en face, le Bozio (dont nous avons parlé un peu plus haut). Venaco regroupe trois hameaux: Lugo, Serraggio et Campo Vecchio. La N193 traverse Serraggio. Vous y remarquerez de veilles maisons de style colonial qui rappellent celles du Cap Corse. Le vieux Campo Vecchio est très pittoresque et donc à visiter. Au nord de Venaco, vous avez une vue magnifique sur la vallée du Tavignano, au niveau du col de Belle Granaje (1 km au nord de Venaco sur la N193). Vous pouvez repérer où vous êtes grâce à une une table d'orientation installée près du col. Plus au nord, un très beau village est construit sur le sommet d'une colline, c'est Riventosa… nous y allons.

… les quatre villages

Venaco c'est une commune mais aussi une microrégion (le Venacais) qui regroupe quatre autres villages (à 2 km au nord de Venaco) : Casanova, Riventosa, Poggio et Santo-Pietro-di-Venaco. Les quatre villages forment comme une citadelle naturelle au pied du Monte Cardo. C'est ici que passe une variante du chemin *Tra Mare a Mare nord*. Donc, nous vous renvoyons au chapitre 15 pour la description des nombreux sentiers de randonnée que vous pouvez faire dans le coin. Santo-Pietro-di-Venaco *(Santu Petru di Venacu)* est au bord de la N193. La commune a aménagé un sentier de découverte et a restauré son église (décrite en 1589 par Mgr Mascardi comme une église romane), l'ancien lavoir traditionnel et la chapelle de Saint-Elisée. Par la D40, vous accédez à Riventosa, très beau village classé. La route continue ensuite pour descendre à Poggio-di-Venaco (Poghju di Venacu). Au niveau de Riventosa, admirez la belle vue sur la vallée du Tavignano. Au loin, entre deux montagnes… vous voyez la mer ! Le village de Poggio est à visiter pour son église construite au sommet de la colline (Poggio, ça veut dire colline en italien)…

Le chalet et le château du Comte Pozzo-di-Borgo

CURIOSITÉ

On connait le château de la Punta qui se situe au-dessus d'Ajaccio, mais moins celui de Santo-Pietro-di-Venaco, construit quelques années avant – dans la seconde moitié du XIXe siècle – par le Comte François Pozzo-di-Borgo (descendant du célèbre Charles-André, ennemi juré de Napoléon). Ce dernier était asthmatique et avait demandé à plusieurs médecins de lui conseiller le lieu de Corse où le climat était le plus sain. Les médecins lui conseillent Santo-Pietro-di-Venaco.

Le Comte y fait bâtir, dans un premier temps, un chalet (où se situe, depuis 1898, l'hôtel-restaurant « Le Torrent »). Puis, après y avoir habité plusieurs années, il décide de faire construire, un peu plus haut sur la colline, une demeure que l'on appelle encore aujourd'hui le « château ».

Le fromage du venacais

En visite dans la région de Venaco, Mgr Giustiani, évêque du Nebbio, écrivait en 1531 : « La pieve de Venaco est surtout réputée pour les bons et excellents fromages que l'on y fait ». Trois cents ans plus tard, Antoine Claude Pasquin Valery écrit dans son très intéressant *Voyage en Corse et en Sardaigne*, que Venaco « est aujourd'hui réputé pour ses fromages, les plus excellents de l'île ». Le coin a su conserver sa tradition pastorale : tous les ans, au mois de mai, se tient à Venaco une foire du fromage.

Un sentier balisé entre Santo-Pietro-di-Venaco et le pont de Vaccheraccia suit le chemin des bergeries : Tatarella, Usciolu, Uboli, Quercetu, Paratella et Campu a u Prete (comptez 6 heures de marche)… dans la vallée de Verghellu.

Petit détour par la vallée de Verghellu et le Monte Rotondo…

CURIOSITÉ

À 6 km au sud de Venaco, vous arrivez sur la vallée du Verghellu, un ruisseau qui se déverse dans le Vecchio (Vechju). L'endroit est moins connu que la Restonica, pourtant le paysage est tout autant magnifique. Un conseil : faites un petit tour en prenant la route qui traverse la forêt de Cervello (Cervellu) pour aller vers les bergeries de Puzzatellu. Si vous avez une âme de randonneur (et de grimpeur !), marchez vers le refuge de Petra Piana (attention, ce n'est pas tout près !). Un sentier conduit ensuite vers le Monte Rotondo et son lac : u lavu di Bellebone, c'est sur le sentier du GR20 !). Pour trouver cette route qui mène à ce site ignoré des touristes, vous devez prendre un embranchement à l'ouest du pont du Vecchio… où plutôt *des* ponts du Vecchio ! Il y en a en effet trois au même endroit !

Le Vecchio et ses trois ponts !

Bon ! on reprend: à 6 km au sud de Venaco, en prenant la N193, vous franchissez un pont moderne achevé en 1999. Il remplace l'ancien pont routier, construit entre 1825 et 1827, que vous voyez à votre droite, si vous venez de Corte ou de Venaco. Mais ce n'est pas ce pont routier de 30 mètres de haut, tout en pierres, qui vous frappera le plus… juste à côté, un autre pont, trois fois plus haut, le dépasse: il a été construit par Gustave Eiffel !

Venaco : trois formations géologiques différentes !

À Venaco, vous avez trois formations géologiques différentes que même les moins experts en géologie peuvent facilement reconnaître! De Santo-Pietro-di-Venaco ou de Riventosa, vous voyez au-dessus de la montagne de Venaco une dorsale avec une pointe qui ressemble à une corne! C'est du granite… une roche aussi vieille que la Corse. Mais la montagne est aussi traversée par une veine calcaire – appelée ici le « Razzu Biancu » – avec des grottes bien connues des spéléologues. Ce calcaire s'est formé il y a 150 millions d'années… lorsque cette zone était sous la mer (petit rappel: le Razzu Biancu monte quand même entre 400 et 1 000 mètres d'altitude!). Au lieu-dit l'« usina », au niveau du Vecchio (près de la N193), se trouvent encore les traces d'une petite carrière où l'on sciait cette roche calcaire.Vous avez ensuite une formation de galets et de sables cimentés (poudingue) qui correspondent à la succession de falaises et de dalles inclinées entre le Monte Cardo et Venaco… Ce sont des morceaux de roches essentiellement granitiques qui sont tombés il y a 60 millions d'années dans les fonds marins et, là, se sont cimentés ! On les retrouve jusqu'au sommet du Cardo (2 453 m)! Que font-ils à cet endroit? Ce sont les mouvements entre la plaque européenne et la plaque africaine qui ont fait monter ces roches à ce niveau ! Ces trois formations géologiques montrent une seule chose : Venaco est à la limite de la « vieille » Corse granitique et de la « jeune » Corse (ou Corse alpine). C'est un cas d'école !

Eiffel dépasse les autres ponts

C'est aussi beau que la tour Eiffel… c'est le pont du Vecchio (à 6 km au sud de Venaco). Il a été construit par Gustave Eiffel ! 96 mètres de haut et 140 mètres de long ! Comme toutes les constructions de l'ingénieur, la prouesse technologique est due à la structure métallique. L'ouvrage est terminé en 1893... trois ans après le mariage de Valentine Eiffel avec Camille Piccioni, un Corse dont la famille avait fait fortune en Amérique. Etait-ce parce qu'il venait de célébrer en 1890 à l'église de Pino (Cap Corse) le mariage de sa fille avec un Corse, en même temps qu'il commençait la construction du pont ? Quoiqu'il en soit, Gustave Eiffel en soigna l'esthétique en dissimulant en partie la structure métallique par une construction avec des piliers et des arcs en pierres. Alors que l'ancien pont routier menaçait de s'effondrer, le pont Eiffel montre sa solidité et, aujourd'hui encore, la ligne de chemin de fer Ajaccio-Bastia continue de passer par cette impressionnante construction...

Voir Vivario...

Après Venaco, Vivario (Vivariu) ! Ce village, traversé par la N193, est situé à flanc de montagne, au sud du Vecchio. Il est la dernière grande étape avant la forêt de Vizzavona. Ici serait né un Pape ! C'est Formose (816-896), c'est lui qui persuada le roi de France, Charles II le Chauve, de se faire couronner par l'Église.

Antoine... de Muracciole

Antoine Muraccioli vous connaissez ? Et si on vous dit « Ma mère m'a dit “Antoine fais-toi couper les cheveux” » ?... Ça vient, oui c'est Antoine le chanteur, de son vrai nom Pierre Antoine Muraccioli... Sa famille est originaire de Muracciole ! C'est le petit village que vous pourrez visiter par la D343 (à 2 km de Vivario).

Un détour par les bergeries de Tolla...

Puisque vous êtes à Vivario, vous pouvez en profiter pour faire une petite promenade dans les gorges du Manganellu. Pour cela, vous devez aller en direction des bergeries de Tolla, situées sur le chemin du GR20, en suivant la variante du sentier *Mare a Mare nord*, à partir du village de Canaglia (voyez le chapitre 15 pour plus d'infos).

Un fortin sur la colline…

CURIOSITÉ

Le long de la N193, vous voyez le fort de Parciola. Il est surtout très visible de la route, lorsque vous allez dans la direction de Bastia, un peu avant d'arriver à Vivario (sur une carte, c'est au niveau de la grande boucle que forme la nationale à l'ouest de Vivario). Ce fortin en pierres a été réalisé par les Français en 1770. Il offre une vue dégagée sur le Vecchio. Le but était à l'époque de mieux contrôler la région. Plusieurs fortins de ce genre avaient déjà été construits du temps des Génois: ils permettaient de communiquer de tour en tour, à travers toute l'île, grâce à un système de signalement par allumage de feux !

En direction de Vizzavona et du Monte d'Oro

CURIOSITÉ

On termine cette visite du sud de Corte, par Vizzavona. C'est un hameau, mais aussi une grande forêt domaniale faite de pins. Et qui dit forêt, dit randonnées! On vous a déjà parlé du GR20 qui traverse ce poumon de la Corse, réputé pour sa qualité de l'air, au point qu'un sanatorium a été construit au nord du hameau de Vizzavona, sur la commune de Tattone.

Signalons quelques randonnées à faire dans le coin : la plus connue est celle qui mène à la cascade des Anglais (sur le chemin du GR20). Vous avez aussi, à partir de la fontaine du Caracuto (N193), un sentier qui rejoint le Monte d'Oro (2389 m), magnifique montagne qui domine la région. Son ascension est possible également par le chemin du GR20… Le Monte d'Oro a deux lacs à l'ouest : le lac d'Oro et, du côté de la vallée de Verghellu, le *petit* lac d'Oro qui, comme son nom l'indique… est plus petit.

Le Niolu, à l'ouest…

Cette fois-ci on reprend notre route à partir de Corte… Au niveau du hameau de Castirla (sur la D18, à 15 km au nord de Corte), c'est l'entrée du Niolo. Une région centrale dont les montagnes abritaient encore de nombreux bandits jusqu'au début du xxe siècle. Le Niolo est traversé par une route (la D84) qui relie le centre de l'île à Porto (côte ouest). Le lieu était autrefois tellement inaccessible que les Génois ont préféré y détruire les habitations plutôt que de les administrer. Entrez dans une des régions les plus au centre du centre corse!

La Scala di Santa Régina...

CURIOSITÉ

La Scala di Santa Regina est un passage très étroit et encaissé dans la roche (défilé), une forteresse naturelle qui a souvent découragé les envahisseurs d'aller plus loin. Aujourd'hui, cette route sinueuse (la D84), qui traverse la montagne de granite, est tout juste assez large pour faire passer deux véhicules. À certains endroit, la route tient uniquement grâce à des murs et des ponts construits avec les pierres du coin. À d'autres endroits, il a fallu tailler la roche. Un travail qui a été fait à coups de pioches aux alentours de 1889. Mais, avant cette route, il existait un chemin, en lacets, que l'on a appelé « Scala » (ce qui veut dire « l'escalier »). En dessous, le fleuve qui passe, c'est le Golo. Ce paysage magnifique et entièrement minéral a quelque chose de fantastique...

... œuvre de la Vierge et du Diable!

LÉGENDE

Un paysage fantastique dont l'origine trouve une explication dans une légende qui fait appel à la Vierge Marie. L'histoire commence par une dispute entre Saint-Martin et le Diable: le premier aurait aidé un pauvre laboureur de la région à labourer un champ qui aurait été la propriété de Satan. Pour se venger, le Diable jette sa foudre sur la montagne, ce qui provoque l'effondrement d'énormes blocs de roche. Leur chute finit par boucher le passage du Golo, qui était le seul accès au Niolo. Saint-Martin prie alors la Vierge pour qu'elle retire les roches. Elle intervient et créée ainsi le défilé que l'on a nommé la Scala di Santa Regina (l'escalier de la Sainte Vierge).

Pélerinages de la Vierge

CURIOSITÉ

La Vierge est vénérée dans le Niolu. Le 8 septembre, c'est la Santa di u Niolu avec sa célèbre *granitola* (une procession en forme de colimaçon). Elle a lieu au village de Casamaccioli (sur la D218), à 20 km à l'ouest de Castirla (on y accède par la D84). Autre village a être associé à la Vierge Marie, c'est Corscia (15,5 km à l'ouest de Castirla, sur la D718). La légende raconte que le *Dio vi Salvi Regina* – l'hymne de la Corse – a été composé par un berger de Corscia... mais les historiens ont démythifié cette histoire comme on vous l'a déjà raconté au chapitre 6 (voyez les passages sur le *Dio vi Salvi Regina* et sur la *Santa di u Niolu*).

Le sentier de la transhumance

Le Niolo c'est aussi la région des bergeries, de la montagne, de la transhumance des bergers qui amenaient, l'hiver, leur troupeau paître sur la côte occidentale. Un chemin de randonnée appelé le « sentier de transhumance » relie la Scala di Santa Regina à Tuvarelli (Tuarelli), en haut de la vallée du Fango. Le sentier part de la Funtana a i Vignenti, une fontaine au bord de la D84, à l'est du village de Corscia. Vous empruntez le célèbre chemin en escalier de la Scala (comptez deux heures avant d'arriver au gîte de Corscia). La seconde étape va de Corscia à Albertacce: comptez trois heures de marche à pied. Après, c'est le chemin *Tra Mare a Mare nord* (jusqu'à Tuarelli)... voyez donc notre chapitre 15 pour la suite !

Le Niolu, c'est aussi...

Une bonne partie du Niolo n'est accessible qu'à pied, par les itinéraires de randonnées. C'est pourquoi nous vous conseillons de suivre les sentiers du GR20 et *Tra Mare a Mare nord* pour compléter la visite. Mais, si vous êtes en voiture, signalons quelques étapes:

- Castirla : c'est le premier village à l'entrée du Niolo (si vous venez de Corte). Faites un petit tour dans la chapelle romane San Michele (XIIe siècle) avec ses fresques du XVe siècle.
- Calacuccia (à 17,5 km à l'ouest de Castirla, sur la D84), c'est la grande cité du Niolo, à côté du célèbre barrage. À voir: l'église Saint-Pierre (XVIIIe siècle) et le couvent Saint-François (XVIIe siècle).
- Albertacce *(E Lubertacce)* : c'est une petite commune, située à 3,5 km à l'ouest de Calacuccia. À découvrir pour son musée Licninoi d'Albertacce, un musée de la préhistoire corse ! Le Niolo recèle en effet quelques sites préhistoriques (que l'on croise sur le chemin *Tra Mare a Mare nord*).
- Calasima (9,5 km au nord d'Albertacce, par la D318) : c'est le plus haut village de Corse, à 1100 mètres d'altitude.
- Le Monte Cinto, le Paglia Orba, le Capu Tafunatu... Bref, toute cette partie de la montagne corse que vous pouvez voir sur le sentier du GR20, à pied et rien qu'à pied !

- Col de Vergio : il est à 24 km à l'ouest de Calacuccia (point de rencontre entre le sentier du GR20 et *Tra Mare a Mare nord*). C'est le plus haut col routier de Corse : 1464 mètres d'altitude.

L'intérieur de la Corse-du-Sud

L'intérieur de la Corse-du-Sud peut être visité de plusieurs manières. Le plus simple est de partir de Corte (ou d'Ajaccio) et de continuer sur la N193 : au sud du col de Vizzavona, vous êtes en Corse-du-Sud. Mais ce dernier département est morcelé en microrégions, séparées par des reliefs montagneux. Voici le programme de la visite:

- Au nord d'Ajaccio : c'est Evisa et Vico, respectivement sur les hauteurs des Deux-Sevi et des Deux-Sorru.
- Trois vallées à parcourir : celle de la Gravona (par la N193), celle du Prunelli (par la D3 et D27) et celle du Taravo (D757, N196, D55...).
- Au sud-est d'Ajaccio, une région montagneuse est appelée Alta Rocca, au cœur de la Corse-du-Sud.

Evisa, en haut des Deux-Sevi

Evisa fait partie de la microrégion dite des Deux-Sevi, étrange nom qui n'est compréhensible que si on sait qu'il existait autrefois – lorsque la Corse était divisée en *pievi* (regroupements administratifs sous l'Ancien régime) – une pieve appelée Sevinfuoro (La Sevi du dehors) et, une autre, dénommée Sevidentro (La Sevi du dedans). La Sevinfuoro rassemblait les villages de Piana et d'Ota, au dessus du golfe de Porto. Nous les avons déjà visités lorsque nous suivions la côte ouest... Mais, maintenant, c'est l'intérieur de la Corse qui nous intéresse et donc cette partie que l'on surnommait Sevidentro. Nous partons tout de suite en route pour Evisa et sa région !

Comment aller à Evisa ?

Si vous étiez dans le Niolo (quelques lignes plus haut), l'arrivée à Evisa est plus simple: c'est après le col de Vergio (limite Haute-Corse/Corse-du-Sud), en direction de Porto, par la D84. Vous pouvez sinon venir par Porto (côte ouest) ou par Vico (D70)… un village que nous visiterons tout de suite après…

Evisa et ses alentours

Nous avons déjà parlé d'Evisa, un village au milieu des châtaigniers (une foire à la châtaigne a lieu tous les ans à la mi-novembre) avec des maisons en pierres. Il est situé sur le chemin *Tra Mare e Monti*. Vous êtes ici à 850 mètres d'altitude. A l'est, se trouve la magnifique forêt d'Aïtone et, à l'ouest, ce sont les gorges de Spelunca et les Calanche de Piana. Vous êtes dans un site granitique. Pas loin d'Evisa, c'est le village d'Ota (D124) avec son fameux rocher, gigantesque, qui semble toujours menacer de tomber. Une petite promenade est à faire entre Ota et Evisa : vous passez par le splendide Ponte-Vecchiu d'Ota. Au niveau d'Evisa, du canyoning est possible : dans le canyon du Spurtellu. Autre promenade, qui peut se faire en famille : la forêt d'Aïtone. Un sentier forestier commence à partir de la maison cantonnière au bord de la D84 (vous trouverez ce sentier qui part vers le nord, un peu à l'ouest de cette maison). Le chemin va jusqu'au col de Cuccavera (1475m). Enfin, en suivant en partie *le Tra Mare e Monti*, vous avez le village de Tassu, un village abandonné !

Vico, en haut des Deux-Sorru

L'histoire de Vico *(Vicu)* est liée à celle de Sagone, sur la côte ouest. Au XVIe siècle, pour des raisons que nous avons déjà évoquées lorsque nous visitions Sagone, la ville est abandonnée par ses habitants qui vont se réfugier à Vico, protégée par de solides fortifications (disparues au XVIIe siècle). Vous êtes ici dans la région des Deux-Sorru. Comme pour les Deux-Sevi (voir au-dessus dans le texte), elle réunit deux anciennes pievi : celle autrefois appelée Sorru in su (Sorru de dessus), par opposition a u Sorru in Gio (Sorru d'en bas). Dans cette dernière pieve se trouve le village de Vico.

Comment aller à Vico ?

Si vous étiez à Evisa, vous devez suivre, au sud, la D70 (Vico est à 20,5 km d'Evisa). Sinon, par la côte ouest, prenez la D70

(Vico est à 13 km de Sagone et 27 km de Cargèse). Enfin, notez que vous pouvez rejoindre, à partir de la D4, les hauteurs de la Cinarca, puis la vallée de la Gravona (vous débouchez sur la N193) où nous irons plus tard…

Vico…

Vico compte environ 900 habitants. C'est un gros village qui a conservé ses vieilles maisons hautes. A l'entrée, au col Saint-Antoine, c'est la fameuse statue-menhir d'Appricciani (village sur les hauteurs de Sagone) qui avait été découverte par Mérimée lors de son voyage en Corse. Elle date de l'âge du bronze. Il y a quelques dizaines d'années, elle était encore renversée sur le dos à Appricciani, au milieu des herbes… On a recensé près de 7 statues-menhirs dans la vallée de Sagone, toutes se ressemblant étrangement.

Lorsque vous arrivez sur la place de Vico, vous remarquez une statue : elle représente Mgr Casanelli d'Istria (1794-1869), évêque de la Corse et natif de Vico. Il rachètera, en 1836, le couvent Saint-François de Vico pour en faire don à la congrégation religieuse des Oblats de Marie Immaculée, dirigée par le père Albini (1790-1839). Ce dernier était surnommé l'« apôtre de la Corse » en raison de sa réputation de sainteté. Le couvent… on y vient : il est situé à 1 km de Vico. Fondé en 1481 par le Comte Paul de Leca, il est donné aux Franciscains qui le gardent jusqu'à la Révolution française, puis il passe aux mains des Oblats…

… et ses alentours

Vico est le centre de cette microrégion des Deux-Sorru qui va, à l'est (par la D23), jusqu'à Guagno-les-Bains, Guagno (Guagnu) et Soccia (D123). Nous avons déjà parlé de ces villages dans notre promenade le long de la variante du *Tra Mare a Mare nord.*

Un petit bain à Guagno-les-Bains

Guagno-les-Bains, c'est à 12 km à l'est de Vico, en prenant la D23. Ces bains sont déjà signalée au XVIe siècle dans la description de la Corse faite par Mgr Giustiani. Les eaux thermales viendraient des eaux de pluies infiltrées dans le Monte Cervello (Cerbellu). Elles se réchaufferaient dans la croute terrestre avant de rejaillir avec une température à la source de 60°C ! L'impératrice Eugénie y a même pris son bain et on peut, encore aujourd'hui, y voir sa baignoire en marbre !

Tretorre... Trois tours!

Un étrange sommet est à voir près de Guagno-les-Bains ou de Guagno : c'est le Monte Tretorre (1502 m). Il est composé de « trois tours » (Tre Torre). Une d'entre elles est particulièrement exceptionnelle : en forme de pain blanc avec d'étranges griffures. Un parcours va de Guagno-les-Bains à Guagno en passant par ces montagnes : suivez le balisage en orange ! Après Guagno-les-Bains vous passez par la maison forestière de Libbiu, puis la Punta Riccinosa, la bocca à e Forche (au pied du Tretorre), le col de Campu d'Ochju et enfin Guagno. Comptez 7 heures de marche.

Le Liamone et la Piscia a l'Onda

Le Liamone est un des principaux fleuves de Corse. Il prend son cours au nord, à la limite entre la Corse-du-Sud et la Haute-Corse, sur le versant occidental du Monte Cimatella. C'est un fleuve qui coule uniquement en Corse-du-Sud... ce qui explique que Napoléon ait baptisé autrefois ce département le Liamone. Il descend ensuite au sud de Vico pour se déverser sur la côte ouest, au sud de Sagone. De Guagno-les-Bains, vous pouvez remonter le Liamone à partir du confluent avec le Fiume Grossu (littéralement: le gros torrent !). Vous arrivez alors à la cascade de la Piscia a l'Onda (la pisse de l'Onde !). Comptez 3 heures de marche.

Soccia, point de départ du lac du Creno

Soccia, avec ses maisons en granit est accessible à partir de l'embranchement D123 (Soccia est à 5,4 km après Guagno-les-Bains). Quelques petites randonnées sont à faire à partir de ce village : à commencer par l'excursion en direction du célèbre lac du Creno (voir notre chapitre 14)... Soccia possède une belle église avec un triptique (Vierge à l'enfant) qui date du XVe siècle.

Monte Cervello...

Le Monte Cervello (Cerbellu) est une montagne située au sud de Guagno-les-Bains. Ce mont au drôle de nom – qui veut dire « cerveau » (« cervello » en italien et « cerbellu » en corse) – est accessible, au sud, par le hameau de Rozaria (sur la D4, 21 km de Guagno-les-Bains). Il culmine à 1624 mètres d'altitude avec une vue magnifique sur la mer Méditerranée et, au nord, sur le Mont Tretorre (dont nous vous avons parlé un peu plus haut). Comptez 6 heures de marche pour son ascension.

Détour par Letia...

Letia est un petit village sur la D156, au nord de Vico. Un chemin mène vers l'Arca di a Catena, une arche naturelle... La source de la Catena est un bel endroit pour faire du canyoning.

Vallée de la Gravona

La Gravona est un fleuve qui part du massif du Renoso pour descendre au sud d'Ajaccio. C'est aussi une vallée qui s'étend du sud du col de Vizzavona, en Haute-Corse, jusqu'au golfe ajaccien, en Corse-du-sud. Cette vallée a toujours été une voie de passage : la route principale Ajaccio-Bastia (N193) passe par là, de même que la ligne de chemin de fer.

Bocognano...

Au sud du col de Vizzavona (voyez un peu plus haut la zone au sud de Corte, en Haute-Corse), vous commencez à descendre par la N193 une longue série de tournants. Vous passez de 1 183 mètres (col de Vizzavona) à 700 mètres d'altitude... pour arriver à Bocognano (Bucugnà), un village à 41,5 km au nord-est d'Ajaccio, au milieu des châtaigniers, des hêtres et des chênes.

...et le voile de la mariée

Un peu au sud de Bocognano, vous pouvez faire une petite promenade en direction du « voile de la mariée », une cascade haute de 70 mètres. Elle est accessible en empruntant la D27 (il faut marcher une dizaine de minutes pour y arriver). Ce

« voile de la mariée » aurait été perdu, selon la légende, par une jeune fille effrayée par l'Ogre de Canapale, qui était le génie des eaux du coin…

LÉGENDE

« Bellecuisse »… Deux bandits d'honneur de Bocognano

Au XIXe siècle, le maire de Bocognano avait été descendu par un bandit du coin : Antoine Bonelli. Celui-ci portait le même surnom que son père : « Bellacoscia » (« Bellecuisse »). Un sobriquet du au fait que son papa avait fait ménage avec trois sœurs qui lui donnèrent dix-huit enfants. En 1848, Antoine Bonelli enlève une jeune fille de Bocognano. Il prend le maquis et ainsi commence sa vie de bandit d'honneur. Antoine avait un frère qui s'appelait Jacques. Accusés de plusieurs meurtres, les deux frères vont devenir des criminels notoires. Ils sont plusieurs fois condamnés par contumace, mais sans être arrêtés ! Antoine n'avait pas froid aux yeux : il ira même jusqu'à proposer, en 1870, la création d'un corps de bandits d'honneur pour défendre la France en guerre contre la Prusse ! Le préfet de Corse en accepte même l'idée ! Mais le gouvernement français finira par refuser la proposition… À la fin du XIXe siècle les frères Bonelli sont connus dans toute la France. Lorsqu'il se rendra aux gendarmes, Antoine fera la une du *Petit Journal* (voir la gravure de l'édition du 16 juillet 1892 : « le bandit corse Bellacoscia se rendant aux gendarmes ») !

Guy de Maupassant raconte dans une chronique de 1880 comment le célèbre baron Haussmann a rencontré, d'une assez singulière façon, Jacques Bellacoscia : le bâtisseur de Paris allait en voiture à Bocognano, quand une femme se présente à la portière et lui annonce que le bandit désire lui parler. « Je n'ai pas d'armes », aurait dit Haussmann, « par conséquent si l'on m'arrête je ne pourrai me défendre et je compte, à telle heure, passer par telle route. » A l'heure du rendez-vous, un homme saute à la tête des chevaux. C'est Jacques Bonelli ! La portière s'ouvre, le bandit entre chapeau bas dans la voiture du baron. Le but de la rencontre était de demander si Haussmann pouvait obtenir sa grâce… Mais sans succès : en 1894, Jacques Bonelli est arrêté. Il s'échappe en blessant un gendarme. Un an après, il meurt d'une congestion pulmonaire dans le maquis. Quelques mois passent…

En 1898, son frère rencontre le Ministre de la Marine à la gare de Vizzavona ! Retiré dans le village de Bocognano, Antoine Bonelli y meurt en 1907, à l'âge de 90 ans !

Tavera et...

Tavera est un village situé à 10 km au sud de Bocognano, sur la D227. Il tiendrait son nom d'un certain colonnel Tavera, issu d'une riche famille espagnole qui s'y serait installée en 1530. Mais Tavera est aussi le village de naissance d'Hassan Corso, ce célèbre corsaire corse devenu, au milieu du XVIe siècle... dey d'Alger (voyez notre chapitre « mythes et réalités corses »).

... l'Ogre de Canapale

Canapale est un hameau de Tavera. Selon la légende, il y habitait autrefois un ogre qui aurait été, par la suite, enseveli sous la cascade du « voile de la mariée », entre Bocognano et Tavera. L'histoire dit qu'un jour une jeune princesse se blessa grièvement en tombant. Aucun remède ne pouvait la soigner, sinon l'eau d'une fontaine miraculeuse dite a Funtana Santa, près du rocher de Scumunicato (ce qui veut dire en corse « excommunié », « maudit » !). La fontaine appartenait à l'Ogre de Canapale. Mais fi donc ! La jeune princesse part quand même avec son époux chercher l'eau de guérison... et porte avec elle son voile de mariée. L'Ogre, furieux de cette intrusion, chasse le jeune couple. Près de son antre, il déplace quelques rochers... Cela déchaîne alors un torrent qui, au passage, rase le Tavera Vecchio (vieux Tavera), aujourd'hui sur la commune de Bocognano. Dans sa fuite, la jeune princesse perd son voile... ce qui donnera naissance au « voile de la mariée », une cascade au sud de Bocognano. Le domaine de l'Ogre aurait également un lien avec la statue-menhir de Tavera, haute de 2,42 mètres et vieille de plus de 4 000 ans ! Elle a été découverte en 1961 près de Tavera, pas très loin du col de Tagliafarro. A cet endroit se trouve un « Castellu », c'est-à-dire un très ancien site fortifié utilisé jusqu'à l'époque médiévale.

Ucciani...

En passant par la D227 à partir de Tavera, vous arrivez à Ucciani *(Auccià)*, un petit village avec des maisons en granit...

… et son célèbre pont

À 10 km au sud de Bocognano (29,5 km au nord d'Ajaccio), c'est le pont d'Ucciani (près de la N193). Il a été réalisé en 1786 par les Français afin de traverser la Gravona… Un homme a participé aux travaux de ce pont alors qu'il n'était que soldat : c'est Jean-Baptiste Bernadotte… Il deviendra par la suite roi de Suède et de Norvège !

À Cupulatta

« A Cupulatta », c'est un des termes corse qui désigne la tortue ! Dans la vallée de la Gravona, un centre d'élevage des tortues s'appelle aussi « A Capulatta ». Ce parc est situé à 25 km au nord d'Ajaccio (N193). Vous pourrez y voir près de 170 espèces différentes de cet animal.

L'aqueduc de Napoléon III

De la plaine de Peri à Ajaccio, un long canal alimentait autrefois la ville impériale en eau. Il déviait les eaux de la Gravona, pas loin de Castellucciu. Cet aqueduc de 19 kilomètres de long a été réalisé sous Napoléon III et a été exploité pendant près de 120 ans. Certaines portions de ce canal sont de véritables ouvrages d'art. Si le cœur vous en dit, vous pouvez vous amuser à partir sur ses traces.

Vallée du Prunelli

La vallée du Prunelli a toujours été plus enclavée que la Gravona, sa voisine au nord. Nous y allons !

De Bastelicaccia à Bastelica

On remonte la vallée du Prunelli à partir d'Ajaccio, le long de la D3. On va ainsi de Bastelicaccia (Bastilicaccia) à Bastelica (Bastergà). Bastelica est tout en haut de la vallée du Prunelli (38 km au nord-est d'Ajaccio). C'est le village de naissance de Sampiero Corso : vous y verrez sa maison natale (reconstruite au XVIIIe siècle). En 1855, une plaque y a été apposée : « plus corse des Corses, héros fameux parmi les innombrables héros que l'amour de la patrie, mère superbe des mâles vertus, a nourris dans ces montagnes et ces torrents ». Ces mots sont signés de William Wyse (1826-1896), poète provençal de père Irlandais et dont la mère était la fille de… Lucien Bonaparte, le frère de Napoléon.

En remontant le fleuve du Prunelli, vous voyez le barrage de Tolla, le plus volumineux de Corse.

Une équipe de basket disparait au Monte Renoso

Nous sommes le 29 décembre 1962, une équipe de basket de Bastia doit disputer un match à Nice. Elle prend un avion : le Boeing 307 F-BELZ, de la compagnie Air-Nautic, qui doit faire escale à Ajaccio. Il est 12h09, l'appareil envoie un signal à la tour de contrôle qui répond « bien compris ». Deux minutes plus tard, il percute le Monte Renoso en pleine paroi rocheuse, 50 mètres en dessous de la ligne de crête. Les 22 passagers sont tués sur le coup. L'avion volait trop bas et a amorcé trop vite sa descente, dans une zone aux dénivellations rapides. La centaine de sauveteurs envoyés dans la montagne auront du mal à atteindre l'épave en flammes qui ne laissera aucun survivant. Bastia vient de perdre, en quelques secondes, son équipe de basket… Un match de bienfaisance sera organisé à Ajaccio entre l'équipe niçoise et une équipe bastiaise composée de nouveaux joueurs. Ces derniers gagneront 1 à 0 contre Nice.

Mais la vallée du Prunelli c'est aussi…

Quelques endroits à visiter dans les abords du Prunelli :

- Cauro : c'est un village sur la N196 (à 20 km à l'est d'Ajaccio). A flanc de montagne, restent encore les ruines du château médiéval des Seigneurs della Rocca et de Bianca.
- Zipitoli : c'est un hameau sur la D27 (31 km à l'est d'Ajaccio), à voir notamment pour son pont génois du XVe siècle, au-dessus de l'Ese (un des affluents du Prunelli).
- Le Monte Renoso (2 352 m)… nous le découvrons cette fois en suivant un chemin de Corse-du-Sud, à partir du village de Bastelica. Une des pistes conduit au lac de Vitalaca (1 777 m).

- Station de ski du Val d'Ese : elle est au pied du Monte Renoso. Plusieurs randonnées sont possibles dans le coin, en direction du Monte Niellu (2 157m) et de la Punta Scandasole… Des sentiers vous conduisent jusqu'aux Pozzi (voir notre randonnée au chapitre 15… sur le GR20).

Vallée du Taravo

C'est la dernière des trois grandes vallées que nous visiterons dans ce voyage en Corse-du-Sud: la vallée de Taravo. Elle va de Porto-Pollo, sur la côte ouest, jusqu'à Zicavo (environ 60 km au nord-est de Porto-Pollo ou de Propriano), un village situé à 735 mètres d'altitude. Plusieurs routes sont empruntables pour aller dans cette vallée…

Entre Zicavo…

Le village de Zicavo (Zicavu) – sur la D757a – aux vieilles maisons en pierre, est placé au pied du Mont Formicola (Furmicula)… On a déjà vu cette région montagneuse lors du parcours du GR20. Mais vous êtes maintenant un peu plus au sud, dans la vallée du Taravo. La rivière qui coule dans cette vallée prend sa source au Monte Grosso (1895m), au sud-ouest du col de Verde.

Zicavo est le village des Abbatucci, une famille d'hommes politiques puissante entre le XVIIIe et le XIXe siècle (mais, en fait, on retrouvera des Abbatucci jusqu'au XXe siècle, notamment à la Mairie de Zicavo). Un des plus célèbres est Gio-Pietro Abbatucci (1723-1813) : il sera un des principaux rivaux de Pascal Paoli… Puis deviendra finalement son allié… avant de faire allégeance au roi de France ! Son fils, Jacques-Pierre-Pascal-Nicolas, né à Zicavo, est le filleul de Pascal Paoli ! Proche de Joseph Bonaparte, il deviendra notamment Consul du royaume de Naples… Il aura lui-même un fils : Jacques-Pierre-Charles, lui aussi né à Zicavo. Ce dernier deviendra Ministre de la Justice sous Napoléon III et aura un fils député de la Corse, puis un autre, lui aussi député, et également un autre, conseiller général, etc.

La révolte des Zicavais

En 1739, l'ancien roi de Corse Théodore de Neuhoff que l'on appelle désormais le « roi fantôme » envoie le fils de son frère, le jeune Frédéric, dans l'île de Beauté. La Corse doit faire face à l'armée française qui occupe l'île. Toute l'île ? Non, un petit village résiste : c'est Zicavo. Le jeune Frédéric, baron de Neuhoff, y débarque en avril. Un prévôt nommé Bucchini entre lui aussi en résistance. Mais les troupes françaises pénètreront finalement le 22 septembre 1739 dans le village. Bucchini doit s'exiler à Livourne tandis que sa maison est rasée. Le couvent franciscain est détruit par les flammes et les moines sont pendus ! Le petit village de Zicavo devient alors célèbre dans toute l'Europe. Ainsi, le 8 octobre 1739, le journal anglais, le *Daily Post*, vante le courage des Zicavais qui ont refusé de se soumettre aux troupes françaises au prix de leur vie.

... et Zevaco

Zevaco (Zevacu) – sur la D83 – est à 14 km à l'ouest de Zicavo. La commune de Zevaco abrite l'*arca*, une tombe commune dont l'usage a été définitivement interdit en 1830 par le Préfet (on y ensevelira cependant les quarante victimes qu'avait fait la grippe espagnole, dans le village, en 1918). Dans l'arca, une personnalité : Jean-Côme Poggi, qui était le chambellan de Napoléon à l'île d'Elbe. Entre Zevaco et Zicavo, voyez aussi le hameau de Guitero-les-Bains. Les eaux sulfureuses de Guitera étaient exploitées depuis le XVIIIe siècle… Mais depuis quelques dizaines d'années, le site est à l'abandon.

Mais la vallée du Taravo, c'est aussi…

- Quasquara, à 11 km à l'est de Zevaco. C'est une toute petite commune. Des randonnées sont à faire en direction de la Punta d'Alguera et de la Punta d'Ursaghja (au nord). Sur la commune de Frasseto (Frassettu), une piste mène vers le col d'A Rusula. Au niveau d'un pont sur la rivière de la Chjova, vous avez un sentier de randonnée qui vous conduit vers la Punta du Gialletoghja, puis vers la Punta di l'Usciolu. Châtaigneraies, maisons en ruines et maquis au programme !

- Santa-Maria-Siché (D83) est un village situé à 12 km à l'est de Zevaco. Une vallée plus haut on vous parlait de Sampiero Corso, né à Bastelica. Ici, c'est le lieu de naissance de Vannina d'Ornano, l'épouse de Sampiero. Vous connaissez la triste fin de cette Vannina ? Sampiero l'a étranglée de ses propres mains… On y voit encore sa maison du XVe siècle, près de l'église. Une autre grosse maison en ruine aurait été, dit-on, habitée par Sampiero : elle se trouve dans le hameau de Vico (à ne pas confondre avec le village de Vico, situé dans les Deux-Sorru).
- Aullène *(Auddè)* est un village à 26 km au sud de Zicavo, sur la D69… au nord de l'Alta Rocca. On y visitera son église paroissiale du XVIIe siècle, les restes de deux places fortifiées datant du XIe et du XIIIe siècle , et de nombreuses maisons de notables construites entre le XVIIIe et le XIXe siècle.

L'Alta Rocca

L'Alta Rocca: c'est le cœur de la montagne de l'extrême sud de la Corse, avec ses villages accrochés sur les pentes abruptes et rocheuses, sous les sommets. Nous avons déjà déjà traversé cette région à pied dans ce livre avec le chemin randonnée *Mare a Mare sud*. Nous arrivons cette fois ci par la route… Par où justement ? Il y a plusieurs chemins… Par exemple, de la vallée du Taravo, en passant par le village d'Aullène (D69). À partir de Porto-Vecchio (côte est), il faut prendre la D368 en direction de l'Ospedale (où se trouve une magnifique forêt et un barrage). De Solenzara (côte est), vous suivez la D268. Cette route vous permettra de visiter la très belle région des aiguilles de Bavella, de fameuses tours rocheuses qui se dressent dans le ciel. Par la côte ouest, l'accès est possible à partir de Propriano, de Sartène, etc.

Zonza, au cœur de l'Alta Rocca

CURIOSITÉ

Zonza (à ne pas confondre avec Nonza, village du Cap Corse) est le cœur de l'Alta Rocca. Ce village de 1800 habitants, aux maisons en granit, est à la croisée de la D268, de la D368 et de la D420. Difficile de ne pas passer par Zonza lorsqu'on visite l'Alta Rocca. Le site peut être le point de départ de plusieurs balades, à commencer par une excursion vers les aiguilles de

Bavella, situées au nord-est (voyez la visite de ces aiguilles au chapitre 15). En 1953, Zonza avait accueilli Mohamed V en exil forcé… Le roi trouvait qu'il y faisait trop froid l'hiver et avait ensuite rejoint Ile-Rousse !

Sainte-Lucie-de-Tallano…

Sainte-Lucie-de-Tallano *(Santa Lucia di Taddà)* est au bord de la D268, à 17,5 km au sud de Zonza. C'est le village de l'huile d'olive (une foire de l'olive y a lieu tous les ans, au mois de mars)… et on peut même y visiter un vieux moulin à huile : « u fragnonu ». C'est aussi le village de la fameuse diorite orbiculaire, cette pierre, unique au monde, avec des yeux. Mais le gisement est désormais épuisé !

Sainte-Lucie-de-Tallano est construit autour de sa place centrale, la piazza di l'Ulmu (place de l'Orme). Quelques scènes du film l'*Enquête corse* ont été tournées ici ! On y admirera la très belle *torra* (maison forte) du XVe siècle, au cœur du village, ainsi que l'église romane Saint-Jean (XIIIe siècle).

… fief des seigneurs della Rocca

Sainte-Lucie-de-Tallano était autrefois le centre politique de l'Alta Rocca… et de la famille des Seigneurs della Rocca ! En 1492, Renuccio della Rocca y fait construire un magnifique couvent franciscain (le couvent Saint-François, situé à 1,5 km du village, par la D268). L'église de la place date du XVIIe siècle : à l'intérieur, des œuvres du « Maître de Castelsardo ». D'origine espagnole, celui-ci a peint une *Vierge à l'enfant entre les Saints* et une *Crucifixion*. Ces deux tableaux sont là, à la suite d'une commande de Renuccio della Rocca. Au fait qui était ce Renuccio della Rocca ? Fils bâtard du « Giudice » Sinucello della Rocca, il sera du côté des Génois contre son cousin, le Seigneur Gio-Paolo di Leca (fondateur en 1481 du couvent de Vico). Puis il luttera contre les Génois qui le feront assassiner en 1511. C'en sera fini pour un moment des dynasties della Rocca et di Leca…

Levie et son musée de l'Alta Rocca

Levie *(Livia)* est placé sur la D268, à égale distance (9 km) de Sainte-Lucie-de-Tallano et de Zonza. Le village est réputé pour son musée de l'Alta Rocca qui raconte 10 000 ans d'histoire corse : de la préhistoire au Moyen-Age. Nous vous avions dit que la vieille dame de Bonifacio, âgée de 9 000 ans, y avait aménagé. Une petite promenade est à faire en direction des sites préhistoriques de Cucuruzzu et de Capula… sur le chemin de randonnée *Tra Mare a Mare sud*.

L'Alta Rocca, c'est aussi…

- L'église romane de San Giovanni Battista (Saint-Jean-Baptiste) di Carbini (un village situé à 17,5 km au sud de Zonza, sur la D59). Cette église du XIIe siècle est à voir pour son très haut campanile qui a été refait au XVIIe siècle, après que la foudre lui est tombée dessus. On a alors utilisé les pierres de la chapelle de San Quilico qui lui était accolée. Une hypothèse affirme que la secte des Giovannali – qui a été exterminée au XIVe siècle – tirerait son nom de cette église. Une bonne partie des villageois appartenant à cette communauté ayant été massacrés… le village de Carbini a été repeuplé ensuite par des habitants de Sartène ! Il ne faut pas confondre Carbini avec San-Gavino-di-Carbini, un autre village situé 12 km plus au nord.
- L'église romane de Saint-Jean-de-Poggio (XIIe siècle). Elle est à 1,5 km au nord-ouest de Sainte-Lucie-de-Tallano (D20)… à la sortie de Poggio-di-Tallano (suivre les panneaux).
- Quenza – à 7,5 km de Zonza (D420) – est à découvrir pour ses maisons en pierre, son église du XVIIe siècle, la chapelle Sainte-Marie (dite chapelle de l'an mil) et ses chemins de randonnée.
- Les aiguilles de Bavella.
- Le chaos de Paccionitoli : c'est sur la D67 ! Paccionitoli, c'est un hameau abandonné depuis le XVIe siècle. Vous y trouverez aussi des menhirs ! On appelle cet endroit le « chaos » en raison de son amoncellement incroyable de gros rochers, au milieu de pâturages.
- L'Ospedale. C'est une région avec un barrage au-dessus de Porto-Vecchio… voyez également notre visite par Porto-Vecchio au chapitre 15.

Chapitre 15

Balades sur les sentiers de Corse

Dans ce chapitre :

- Partez sur les nombreux sentiers qui balisent les côtes et montagnes de Corse !
- Découvrez à pied les coins les plus sauvages et les plus beaux de l'île
- Les itinéraires des principales randonnées et toutes les étapes : le GR20, le Tra mare e monti, le Tra mare a mare et les autres

Enfin la détente ! Nous allons nous promener à pied le long des nombreux sentiers que compte l'île de Beauté maintenant que vous connaissez tout des principales caractéristiques géographiques, géologiques et zoologiques de la Corse (si vous avez lu les chapitres précédents…). En route vers l'aventure !

Avant de partir…

Qu'y a-t-il à voir dans la montagne corse ? Vous n'avez pas d'idées ? Heureusement que nous avons pensé à vous dans ce livre. Nous allons vous présenter quelques itinéraires. Suivez le guide…

PARLER CORSE

Vocabulaire corso-cartographique

Sur les cartes, certains noms sont écrits en langue corse. Il vaut mieux en connaître la signification, cela peut être bien pratique. Décryptage :

- A bocca ou a foce : le col de montagne, point de passage entre les deux versants d'une montagne ;
- A punta : un pic montagneux ;
- U monte : le mont (mais ça peut signifier « le rocher ») ;
- U valdu : la vallée (cela peut aussi vouloir dire la forêt comme en allemand Wald) ;
- U lavu : le lac ;
- A funtana : la fontaine ;
- U pianu : c'est un endroit plat ! Ça peut être un plateau, mais aussi une plaine. Mais la plaine se dit aussi piana en corse (mot féminin)... ;
- I pozzi : littéralement « les puits », ce terme sert à décrire un ensemble de petits trous d'eau au milieu de pelouses vertes... des formations exceptionnelles que vous pourrez voir au milieu de la montagne corse !

CURIOSITÉ

Les pozzi : un entrelacs de petits lacs

Ces pozzi sont des trous d'eau, les derniers restes d'un lac glacier qui, sur la longue échelle du temps géologique, est en train de se combler. On parle aussi de pozzini, signifiant « petits puits » en corse, mot que l'on peut rapprocher aussi du terme scientifique « pozzines » créé par le botaniste Briquet en 1910 à partir du mot corse pozzi et du radical -ine-... tiré de « alpine ». Car ce qui définit les pozzines, c'est également cette végétation alpine, bien particulière, qui comble peu à peu le lac. Elle est constituée de tourbes (débris de végétaux où vivent des micro-organismes), d'herbes et de petites plantes (dont des plantes carnivores). Les pozzi font partie des petites merveilles de la Corse montagneuse. De loin, ils offrent la vision d'un tableau abstrait dont seule la nature a le secret. Imaginez un gazon vert avec, au milieu, un entrelacs de petites mares qui, vues de loin, dessinent des courbes et cercles bleus en de magnifiques arabesques. De l'art, du grand art !

Où aller ?

Les principaux sentiers de la randonnée corse – GR20, Tra mare e monti, Tra mare a mare… – parcourent les sites les plus remarquables de la Corse. C'est en suivant ces sentiers que nous ferons ici un tour de Corse à pied, à travers des zones inaccessibles aux voitures… et qui font partie des plus beaux endroits de l'île, cachés dans la nature la plus sauvage. Vous n'êtes pas obligé(e) de faire intégralement ces chemins de randonnée. Beaucoup de randonneurs se contentent bien souvent de les prendre en cours de route, par la route ! Ils ne font ainsi qu'une partie du chemin à pied, arrivant avec leur voiture au pied des sentiers, dès qu'ils en ont la possibilité. Voici un petit sommaire des plus grands chemins de randonnée de l'île et des curiosités dont nous allons vous parler dans les pages qui suivent…

Le GR20

C'est le plus célèbre des sentiers de randonnée. Nous profiterons de ses étapes pour vous parler notamment des curiosités suivantes :

- Le village de Calenzana (Calinzana), point de départ du GR20 ;
- Le Cinto (Cintu) – hors du GR20 –, sommet le plus haut de Corse ;
- Calasima, le plus haut village de Corse ;
- Le trou du diable (capu Tafunatu), montagne avec un trou en forme d'œil !
- Le Paglia Orba, un sommet à la forme bien étrange… ;
- Le Nino (Ninu), un lac entouré d'une pelouse verte et d'une myriade de petites mares… ;
- Le lac du Creno (Crenu), un lac avec des nénuphars, à l'ombre des pins ;
- Les lacs du Melo (Melu) et du Capitello (Capitellu), les deux stars préférées des randonneurs ;
- La forêt de Vizzavona, appréciée des Anglais au XIXe siècle ;
- Le lac de Bastani, au pied du monte Renoso (Rinosu) ;
- Les pozzi, des « puits » naturels entourés d'une belle pelouse ;

- L'« arête des statues » une crête aux formes bien curieuses ;
- Bavella (Bavedda), des tours de Babel dans la roche ;
- Le trou de la bombe… Pas de plasticage ici : c'est naturel !

Tra mare e monti

Tra mare e monte… Ça veut dire « entre mer et montagne ». Il s'agit en fait d'un chemin qui va de la montagne à la mer… mais en suivant uniquement la côte nord-ouest. Ce sentier parcourt une des plus belles réserves naturelles de Corse : celle de Scandola. Notez :

- La vallée du Fango (Fangu) ;
- La réserve naturelle de Scandola et le fort de Girolata.

Tra mare e monti sud

Tra mare e monti sud, c'est le second *mare e monti* : il suit la côte sud-ouest. Même principe : on va de la montagne (*monte*) à la mer (*mare*). On change plusieurs fois de paysage en passant des plages aux forêts et montagnes d'altitude.

De curieux petits tas de cailloux

Sur certains chemins de randonnée, vous voyez d'étranges amoncellements de cailloux. Parfois, ce sont de simples petits tas. Parfois, de hauts piliers de pierre minutieusement empilées les unes sur les autres, de vraies œuvres d'art ! Ce sont des cairns (mot breton !). Ils indiquent un chemin ou un point de repère. Vous en voyez beaucoup en montagne corse. Mais seuls les initiés savent vraiment ce qu'ils indiquent… Il est donc conseillé de ne pas toujours les suivre car ils peuvent parfois vous écarter des chemins officiellement balisés par le Parc naturel régional…

Tra mare a mare nord

Avec le Tra mare a mare nord, on va de la mer (mare) à la mer (mare). Plusieurs sentiers existent selon ce principe. Il s'agit ici du plus au nord. Vous traverserez trois grandes régions :

- La région du Bozio (Boziu) ;
- La région de Corte (Corti) ;
- La région du Niolo (Niolu).

Variante du Mare a mare nord

Il existe aussi une variante du *Mare a mare nord* qui permet de voir :

- Le Vénacais – région de Venaco (Venacu), au sud de Corte (Corti) – et ses villages ;
- Le chemin de découverte à Santo-Pietro-di-Venaco (Santu Petru di Venacu).

Et pour ceux qui veulent aller plus loin :

- La chapelle de Saint-Élisée (San'Eliseu), le saint des bergers ;
- Le monte Cardo (Cardu), 2 453 mètres.

Tra mare a mare centre

Avec le *Tra mare a mare centre*, on va de la mer à la mer en passant par le centre (comme vous l'auriez deviné). Vous traversez la région du Fiumorbo (côté est), la montagne, puis vous redescendez de l'autre côté par le col Saint-Georges (côté ouest)…

Mare a mare sud

Le *Mare a mare sud* est le troisième et dernier de la série des *Mare a mare*… Notez plusieurs curiosités :

- La région de l'Alta Rocca… ce qui veut dire « les hautes roches » ;
- Les sites préhistoriques de Cucuruzzu et Capula ;
- Le village de Sainte-Lucie-de-Tallano (Santa Lucia di Taddà).

Sur le chemin des sentiers célèbres

Bon, on vous a déjà présenté les principaux chemins de randonnée : deux *Tra mare e monti* (entre mer et montagne) et trois *Tra mare a mare* (entre mer et mer). Mais le plus connu est le GR20 (GR comme « Grande Randonnée » et 20 comme l'ancien numéro du département de Corse). Il voit défiler 20 000 randonneurs tous les ans ! C'est la star des sentiers de randonnée, notamment avec le film *Les Randonneurs* et Benoît Poelvoorde en guide tyrannique ! Le succès de ces itinéraires date de la fin du siècle dernier, à partir du moment où on a commencé à les baliser pour les touristes... Mais ces parcours suivent bien souvent des chemins ancestraux qu'empruntaient les bergers et montagnards de l'île depuis des siècles et des siècles...

Le GR20 à portée de pieds

Le GR20 traverse la chaîne qui sépare la Corse-du-Sud de la Haute-Corse. Vous pouvez le prendre du nord vers le sud ou du sud vers le nord. On choisit de partir du nord... en Balagne. Ce parcours a été tracé dans les années 1960 par un amiral à la retraite et grand randonneur, Michel Fabrikant (qui s'est inspiré des Itinéraires de Corse, publié en 1952 par Jean Loiseau), suite à une demande de l'ingénieur des forêts Guy Degos. Le premier balisage date de 1970. Il faut une quinzaine de jours pour faire le GR20 dans son intégralité, en considérant que nous mettrons une journée pour aller d'un refuge à un autre (à quelques exceptions), ces abris appartiennent au Parc naturel régional. Ils servent à héberger les randonneurs. Lorsque vous empruntez le sentier par le nord vous êtes déjà à 275 mètres d'altitude, dans le village de Calenzana (Calinzana). Départ : la fontaine de Sant'Antone. Suivez la piste... On ne peut pas se perdre si on suit bien les balises : un trait blanc et un trait rouge peints sur les arbres ou sur les roches tout le long du sentier... Prenez vos chaussures de montagne, votre sac et votre gourde. On y va ! C'est parti pour 170 kilomètres de marche !

Étape 1 : départ de Calenzana à l'Ortu di u Piobbu

C'était la bataille de Calenzana

Il y a à Calenzana une vieille église du XVIIIe siècle construite sur le campusantu di i Tedeschi (le cimetière des Allemands) où reposent 500 mercenaires allemands. Que font-ils là ? Ils ont été enterrés après la bataille de Calenzana. En ce jour du 2 février 1732, tous les habitants du village sont mobilisés ! La garnison allemande vient de Calvi et se dirige vers la montagne et le village de Calenzana. Ce sont des soldats envoyés par l'empereur germanique Charles VI moyennant la somme de 30 000 florins par mois, payés par la République de Gênes. Ils sont censés venir réprimer l'insurrection corse, mais la bataille de Calenzana sera vécue comme un rude échec pour l'Empire germanique ! Ce jour-là, donc, les habitants qui ont vu de loin arriver les soldats les reçoivent avec des bassines d'huile bouillante, des rochers et même des ruches pleine d'abeilles ! Dans le village, tous les habitants prennent part au combat, y compris les femmes. Pour les Allemands, la défaite est tellement lourde que l'empereur Charles VI affirmera par la suite que la « guerre de Corse est en train de ruiner la réputation militaire de l'Empire ». La bataille de Calenzana aura montré à toute l'Europe la grande capacité de résistance des Corses.

Nous sommes à Calenzana, le village qui abrite les reliques de sainte Restitute. Il vaut mieux partir le matin de bonne heure si l'on veut atteindre avant la tombée de la nuit le refuge de l'Ortu di u Piobbu (ça veut dire « le jardin du peuplier »… Mais vous y verrez des bouleaux !). Il y a environ 7 heures de marche… mais on a prévu de prendre son temps. De plus, cette partie grimpe : plus de 1 500 mètres de dénivelé ! Heureusement le paysage est sublime. Derrière vous, Calenzana… et la mer à l'horizon ! C'est la baie de Calvi que vous contemplez au loin et même la citadelle de l'ancienne ville génoise. Vous traversez les forêts de pins maritimes et de chênes verts (et plus tard la forêt de Sambucu… avec des sureaux noirs), puis vous franchissez trois cols (bocca di u Ravalente, bocca a u Saltu, bocca a u Bazzichellu) et vous prenez enfin la ligne de crête de Fucu que vous suivez jusqu'au refuge de l'Ortu di u Piobbu à 1 852 mètres d'altitude, qui offre une trentaine de places. Vous y verrez autour quelques *casgili*, ces maisons en pierres où les bergers mettaient leurs fromages au frais. Au-dessus du refuge s'élève u capu a u Dente : une montagne avec deux pics l'un à côté de l'autre… comme deux dents !

- Durée : 6 h 30 (selon le Parc naturel régional de Corse). Sources rencontrées sur le chemin : Ortiventi.

Étape 2 : départ de l'Ortu di u Piobbu au refuge de Carrozzu

Même chose. Lever tôt. Vous avez dormi au refuge de l'Ortu dans votre sac de couchage. On continue ! Le sentier va nous réserver quelques merveilles. Nous partons en direction du refuge de Carrozzu (26 places), à 1 270 mètres d'altitude. Il est réputé pour son paysage grandiose, ses montagnes rouges et ses magnifiques couchers de soleil flamboyants. Effet garanti ! Mais avant d'y arriver, il faut marcher. Vous avez le choix. Première solution : vous passez par la vallée de la Melaghja, en suivant la rivière du même nom (son nom vient de *mele*, miel en corse !) et la très belle forêt de Bonifatu, sous les sommets du mont Curona (ce qui signifie « couronne » en corse, probablement à cause de la neige qui couronne ce mont) et du Ladruncellu. Vous y verrez quelques vaches sauvages que certains chassent au fusil ! Deuxième solution : vous passez par le col très escarpé de la Pisciaghja. Le décor n'est pas le même ! Vous êtes en pleine montagne rocheuse, mais vous avez de très beaux panoramas. Vous passerez devant deux sources (pensez à faire le plein de vos gourdes !) : une à la bergerie de Mandriaccia, puis la source de Leccia Rossa (chêne vert… rouge !… Mais en guise de chêne vert vous verrez un érable !). Quelle que soit la variante, vous arrivez au refuge de Carrozzu, au pied de la magnifique pointe rocheuse, la punta Spasimata.

- Durée : 7 h. Sources rencontrées sur le chemin : À Mandriaccia, A Leccia Rossa.

Étape 3 : départ du refuge de Carrozzu à la station d'Asco

À 10 minutes du refuge de Carrozzu, vous avez la très impressionnante passerelle de Spasimata… style Indiana Jones. C'est là qu'est tournée une des scènes du film *Les*

Randonneurs. Vous avez le vertige en passant sur les planches très espacées entre lesquelles vous voyez le vide ? Suivez les conseils du guide Benoît Poelvoorde : « Un pied, une planche… un pied, une planche. » en restant calme ! Après la passerelle et quelques bosquets, vous devez grimper le cirque de Bonifatu, une série de roches lisses. Mais vous pouvez vous aider des quelques câbles qui ont été placés avec des anneaux plantés dans la roche. À un moment, à très haute altitude, au niveau du passage de la Muvrella, après le tout petit lac du même nom, vous pouvez voir Calvi et la mer au loin ! Muvrella ? Ça ne vous dit rien ? Mais oui : le mouflon ! Avec un peu de chance vous en verrez ici ! On passe la bocca di Stagnu, point culminant à 2 010 mètres d'altitude et on descend la pente très raide jusqu'au prochain refuge… qui est la station de ski d'Asco !

- Durée : 6 h 10. Sources rencontrées sur le chemin : aucune.

Le Cinto : il bat les sommets !

Il domine la Corse à 2 706 mètres : le monte Cinto (Cintu). C'est à partir de ce sommet que des ingénieurs ont dessiné au XIXe siècle des cartes précises de l'île de Beauté en appliquant la méthode de la triangulation (procédé de calculs géométriques permettant de corriger les déformations liées à un point de vue d'observation). L'ascension du Cinto peut se faire à partir de la station d'Asco. Ce chemin ne présente pas de difficultés particulières. Comptez quand même 8 heures de marche ! En haut du Cinto, vous pouvez voir son lac en contrebas. C'est un des plus hauts lacs de Corse (2 289 mètres d'altitude). Il a été creusé par la fonte des glaces, mais la légende raconte qu'autrefois un roi vivait à Calasima, village situé à l'est du Cinto… Un jour, le roi alla au Cinto en espérant y trouver une source. Mais, à son grand désespoir, il n'y trouva rien. Une fée pleine de compassion lui révéla alors la présence d'une grotte cachée derrière un rocher qu'elle déplaça. La grotte était faite de diamants, mais sous les rayons du soleil, ces diamants se transformèrent en eau et donnèrent naissance au lac du Cinto.

Étape 4 : départ de la station d'Asco au refuge de Tighjettu

À la station de ski d'Asco, ne vous attendez pas à un méga complexe touristique. Ici, vous avez un hôtel, une auberge et le refuge d'Ascu Stagnu. La station de ski est un peu à l'abandon : le téléski ne fonctionne plus depuis 1992… Après une nuit passée sur le site, on repart. Direction : le refuge de Tighjettu (48 places). Sur le chemin, vous franchirez deux cols (bocca Tumasginesca et bocca Minuta). Vous passerez par le lac d'Altore… comme vous le savez, cela signifie gypaète en corse ! Vous verrez peut-être cet oiseau rare. Retenez que le lac d'Altore est réservé aux mouflons qui viennent de temps en temps s'y abreuver. Puis vous traversez entre les deux cols le cirque de la Solitude, appelé ainsi car l'endroit semble exceptionnellement retiré du monde. Mais le nom corse de ce lieu est E Cascettoni (« les grandes caisses »). Le paysage est époustouflant, composé d'énormes blocs de roche effondrés, mais que vous pouvez gravir grâce à un aménagement de barres et d'échelles en métal. Après la bocca Minuta (2 218 mètres), vous redescendez vers le refuge de Tighjettu, un chalet en bois. À la suite d'un éboulement qui a tué sept randonneurs en 2015, le GR20 suit un itinéraire bis par la Bocca Crucetta.

- Durée : 7 heures. Sources rencontrées sur le chemin : aucune.

Étape 5 : du refuge de Tighjettu à celui de Ciottulu à i mori

La distance entre le refuge de Tighjettu et celui de Ciottulu à i mori (26 places) est d'environ 4 heures de marche. Vous suivez la rivière du Viru et ses beaux bassins. Puis vous prenez en direction du Paglia Orba, une montagne en forme d'aileron de requin ! Son nom veut dire littéralement « paille obscure ». Sur ce chemin de pleine montagne, vous finirez par rencontrer une auberge ! À ce niveau, vous avez la possibilité de bifurquer en direction de Calasima, le plus haut village de Corse. Mais restons sur le GR20 : nous grimpons jusqu'à la bocca di Fuciale (1962 m), puis nous allons au refuge de Ciottulu a i mori (1991 m).

- Durée : 4 heures. Sources rencontrées sur le chemin : bergerie d'U Vallone, sur le chemin de la bocca di Fuciale.

Près du Cinto se trouve un petit village situé à 1 100 mètres d'altitude. C'est Calasima. C'est le plus haut village de Corse. Il a fallu attendre la seconde moitié du xxe siècle pour qu'une route goudronnée le relie à la vallée du Golo. Un dicton corse dit : « Calasimu, duve u sole spunta u prima » (« Calasima, où le soleil se lève en premier »). Le village est en effet orienté à l'est et le soleil s'y lève plus tôt qu'ailleurs.

Le trou du diable

C'est un immense trou au milieu de la montagne ! C'est le capu Tafunatu (pic troué). La légende raconte que c'est le diable qui aurait jeté un peu trop fort un marteau (d'assez bonne taille) en direction du mont qu'il aurait ainsi troué. Les raisons pour lesquelles il aurait lancé ce marteau diffèrent selon les versions. L'une d'entre elles raconte que le diable l'aurait projeté à partir du col de Stazzona (la forge) après une dispute avec saint Martin. Quoi qu'il en soit, ce trou a toujours intrigué les habitants de la région, qui ont cherché un passage dans la montagne escarpée afin d'accéder à cette œuvre maléfique. Ce chemin s'appelle la voie de l'Oncle-Chrisolu. Vous le prenez à partir du col des Maures (2 155 m), sur un sentier au nord du refuge de Ciottulu, en bifurquant au nord-ouest (sinon vous allez vers le Paglia Orba, la montagne en forme d'aileron de requin !). Cela paraît inaccessible, pourtant, il y a bien un accès. Attention au vertige ! Si vous n'y arrivez pas, contentez-vous de regarder de loin ce trou qui est en réalité un effondrement de la roche rhyolitique… mais dont la forme étrange rappelle celle de l'œil cyclopéen.

Une montagne en aileron de requin

Pas loin du capu Tafunatu (2 525 m) se trouve le Paglia Orba. Certains pensent qu'Orba signifie « aveugle » par opposition à l'œil cyclopéen de la montagne d'en face (le capu Tafunatu). Mais pour d'autres, Orba signifie que la montagne est courbée. Sa forme en aileron de requin dessine en effet d'un côté un arc. Mais pourquoi *paglia* (paille) ? Mystère… Le chemin qui vous mènera à cette montagne doit être pris au nord du refuge de Ciottulu (vous empruntez le même sentier qui conduit au capu Tafunatu, puis vous bifurquez sur le chemin au nord-est au niveau du col des Maures). Le plus simple est de passer par le versant ouest. Quant à la partie qui tombe à pic (face est), elle sera réservée aux alpinistes. C'est en 1910 que ce côté a été pour la première fois gravi par Bryn et Finch, ce qui fut un exploit ! Évidemment, en haut de ce sommet, vous avez une des plus belles vues sur la Corse.

LE SAVIEZ-VOUS ?

Quand l'œil de la montagne éclaire le plateau d'Alzo

On voit le capu Tafunatu (ce trou dans la montagne, à proximité du refuge de Ciottulu) depuis plusieurs endroits de la région du Niolo. Mais c'est au plateau d'Alzo (un plateau situé entre les gorges de la Restonica et du Tavignano, à quelques kilomètres de Corte) que l'on peut contempler tous les ans – entre le 26 et le 27 juillet – un coucher de soleil hors du commun. Au moment où le soleil commence à décliner, il disparaît derrière la montagne, pour reparaître ensuite à travers le capu Tafunatu. Les rayons frappent alors le plateau d'Alzo (Alzu) et ses bergeries, donnant au paysage des couleurs fantastiques. À vos appareils photo !

Étape 6 : du refuge Ciottulu…

En allant vers le refuge de Mangano (Manganu), vous traverserez le Golo et son immense vallée exceptionnelle, avec ses vertes prairies insoupçonnées, au milieu de la Corse rocheuse. Au niveau de la bergerie de E radule, vous êtes à 1 370 mètres d'altitude. C'est un lieu de passage des bergers. Vous voyez plusieurs bergeries et croisez aussi un chemin de transhumance qui relie les bergeries du Niolo à la vallée du Fango. Après quelques heures de marche, vous tombez sur Castellu di Verghju au niveau de la départementale D84 et passez à côté d'un tournant en épingle sur un lieu-dit Fer à cheval. Vous entendez le bruit des voitures… Enfin, la civilisation ! Pas loin, une petite station de ski au niveau du col de Vergio (bocca di Verghju) avec hôtel-restaurant, où vous pouvez vous arrêter… Vous venez d'arriver dans le Niolo,

une région qui a été, pendant des siècles, une des plus enclavées de Corse. Après la pause casse-croûte, vous reprenez le sentier de randonnée du Valdo Niello (ou Valdu Niellu en corse, ce qui signifie « forêt noire »), une très vieille forêt de pins laricio qui s'étend sur 4 432 hectares. Continuons en direction du lac du Nino, un des plus connus de Corse !

- Durée : 6 heures (jusqu'au lac du Nino), comptez ensuite encore 2 heures jusqu'au refuge de Mangano. Sources rencontrées sur le chemin : bergerie E radule, station de Vergio, lac du Nino.

Lac du Creno, le lac aux nénuphars

À partir de la bocca d'Aqua Ciarnente sur le GR20, un ancien chemin de transhumance va en direction du lac du Creno (Crenu), tandis qu'un autre chemin part du refuge de Mangano, sur le GR20, vers cette même direction. Comptez 6 heures de marche environ... Mais si vous voulez visiter ce lac, vous pouvez aussi partir du village de Soccia, en Corse-du-Sud, auquel vous arrivez en prenant la D70, puis une série de petits villages de la vallée du Liamone, dont Guagno-les-Bains.

Le Creno est présenté par la légende comme le lac du diable. Un jour, les habitants de Soccia auraient voulu se débarrasser du diable. Ce dernier donna un coup de marteau dans la montagne et créa le Creno dans lequel il se réfugia. Le lac communiquait ainsi directement avec l'enfer ! Mais rassurez-vous, le Creno a été exorcisé ! Un pieux vieillard et un berger prièrent un jour devant le lac afin d'en chasser le malin. Il se vida alors de toute son eau et le diable dû s'échapper ! Puis, une fois exorcisé, il s'est à nouveau rempli... Cette légende vient du fait que le Creno a toujours été un lac plus sombre que les autres, pour la simple et bonne raison qu'il est entouré d'une forêt de pins. Nous ne sommes qu'à 1 310 mètres d'altitude. Mais malgré sa légende, le lac est un lieu paisible et, sur son eau, vous pouvez voir flotter quelques nénuphars... implantés par l'homme il y a quelques dizaines d'années.

Le Nino : un lac avec des petits pozzi

Ça y est, vous avez quitté la forêt de pins laricio. On monte, on monte, jusqu'à 1 760 mètres d'altitude. Il n'y a que de la roche, vous grimpez un dernier rocher et, là, s'étend devant vous une immense prairie verte avec en son cœur un lac d'environ 6 hectares. Tout autour, des dizaines de petites mares. C'est le lac du Nino (lavu di Ninu). Les petites mares qui l'entourent s'appellent des *pozzini* (petits puits). Elles témoignent du comblement progressif du lac, un phénomène fréquent pour ces lacs de montagne. Le Nino ne fait d'ailleurs que 11 mètres de profondeur au maximum. Lorsque vous marchez sur la prairie, à certains endroits, vos pieds s'enfoncent… c'est que vous marchez sur de la tourbe, des accumulations de matières végétales non dégradées sur lesquelles pousse cette herbe ainsi que des plantes endémiques comme la drosera corse ou la grassette corse… des plantes carnivores ! Toute une ferme d'animaux vit également autour de ce lac : des cochons sauvages, des vaches et même des chevaux sauvages ! Du Nino s'écoule un torrent : le Tavignano.

… direction la bergerie de Manganu

Vous pouvez descendre la rivière du Tavignano aux incroyables piscines naturelles et aller en direction du refuge de la Sega… mais c'est un autre chemin qui vous amène à visiter les gorges du Tavignano. Si vous voulez rester sur le GR20, vous devez bifurquer à un moment pour aller aux bergeries de Vaccaghja (1 621 m), puis vous franchissez la bocca d'Aqua Ciarnente… On ne dirait pas, mais vous venez de passer en Corse-du-Sud ! Encore un petit effort et voilà le refuge de Mangano (31 places) !

- Durée : 2 heures (du lac du Nino au refuge de Mangano). Sources rencontrées sur le chemin : lac du Nino, funtana di Monti Nielli.

Étape 7 : du refuge de Manganu au refuge de Petra Piana

Attention au vertige : cette fois nous allons suivre la ligne de crête. Mais d'abord, il faut atteindre la bocca à e Porte à 2 225 mètres d'altitude, appelée aussi brèche du Capitello… De là vous voyez en dessous les deux célèbres lacs de Corse : le Melo et le Capitello ! Attention à ne pas glisser… Le lac est juste à 300 mètres sous vos pieds. On dit que cette impression de vertige est une illusion d'optique… Quoi qu'il en soit, la pente semble très raide et vous surplombez bien le lac… On continue ! Vous prenez la ligne de crête en direction de la punta à e Porte. À votre gauche (au nord), un chemin très escarpé descend vers le Capitello que vous voyez au loin. À votre droite, un magnifique panorama sur les montagnes du Sud de l'île tout aussi vertigineux… impressionnant ! On poursuit le GR20 en direction de la bocca à a Soglia, de la bocca Rinosa et de la bocca Muzzella (2 206 m), après le tout petit lac du

Rinosu (le vrai lac di u Rinosu est en fait plus bas, et beaucoup plus grand… mais il n'est pas sur le chemin). À ce niveau, vous descendez vers le refuge de Petra Piana (28 places). Le chemin que vous venez de parcourir fera partie des plus belles aventures de votre vie… Ouf, on se repose un peu !

- Durée : 6 h 30. Sources rencontrées sur le chemin : un peu avant la bocca à e Porte et sous la punta Muzzella.

CURIOSITÉ

Lacs du Melo et du Capitello, deux stars

À partir du GR20, vous pouvez faire une petite excursion vers les lacs du Melo (Melu) et du Capitello (Capitellu). Mais c'est généralement par la vallée de la Restonica (à partir de Corte) que de très nombreux touristes viennent visiter tous les ans ces deux stars du Centre de la Corse (les touristes ou randonneurs garent leur voiture aux bergeries de Grottelle, en haut des gorges de la Restonica, où un parking a été aménagé). Le lac le moins haut est celui du Melo (1 171 m). Autour poussent une végétation d'arbustes et une flore endémique. Un chemin mène vers le lac du Capitello, un des plus beaux lacs de Corse ! Au pied de la brèche du même nom et du « pain de sucre », se dresse une montagne raide qu'il vous faudra franchir si vous voulez voir, au nord du Capitello, un troisième lac : celui de Goria. Mais arrêtons-nous un peu au Capitello. Ce magnifique bassin est à 1 930 mètres d'altitude, entièrement encaissé dans la roche qui le surplombe. Tout autour, d'immenses rochers dominent ce bassin très profond (le plus profond de Corse : 42 mètres !). En raison de son altitude, le Capitello est gelé huit mois par an, et, au mois d'août, subsistent encore des neiges éternelles. Un oiseau est souvent présent au bord de ce lac : le chocard, tout noir avec un bec jaune. Il viendra pour essayer de vous voler votre nourriture…

Étape 8 : du refuge de Petra Piana à celui de l'Onda

C'est à partir du refuge de Petra Piana que vous pouvez prendre un sentier vers le nord, en direction d'un autre lac, celui du monte Rotondo (Ritondu) à 2 622 mètres d'altitude (lavu di Bellebone). C'est le plus grand lac de Corse : 425 mètres de long et 225 mètres de large. Et derrière se trouve encore un autre : le lavu d'Oriente. Ce n'est pas pour rien que l'on appelle cette région la région des lacs ! Mais continuons le GR20 en direction du sud, vers le refuge de l'Onda. Cette fois-ci, ça descend. Vous franchissez les bergeries de Ghjalu. Vous êtes au pied du monte Rotondo. Tout le long du chemin, vous traverserez des forêts de laricio et de hêtres. Vous arrivez jusqu'à la rivière du Manganello, au niveau des bergeries de Tolla. Là, vous avez une passerelle au-dessus de la rivière (942 m)... Puis vous suivez le ruisseau de Gruttaccia, en remontant vers le refuge de l'Onda (14 places), à 1 400 mètres d'altitude.

- Durée : 4 h 45. Sources rencontrées sur le chemin : bergeries de Ghjalgu, bergeries de Tolla.

Étape 9 : du refuge de l'Onda à Vizzavona

Après avoir quitté le refuge de l'Onda, vous devez monter un dénivelé de 600 mètres pour arriver à la pointe de Muratello (punta Muratellu). Derrière vous s'élèvent les sommets de la chaîne de montagnes qui coupe la Corse en deux et que nous venons de traverser. Nous redescendons vers la forêt de Vizzavona. À partir de la pointe de Muratello, une bifurcation vers le nord mène au monte d'Oro (2 389 m) et au lac d'Oro (1 970 m). Le paysage est en train de changer. Vous suivez le ruisseau de l'Agnone jusqu'à la dénommée « cascade des Anglais » (1150 m). Elle s'appelait dans le passé « cascade des Italiens » ! C'est une série de petites chutes d'eau avec des bassins. Le chemin aboutit à la gare de Vizzavona, une station où s'arrête le train de la ligne Ajaccio-Bastia. Vous êtes aussi à côté de la RN193, qui relie également les deux grandes villes de Corse. Ici, pas de refuge, mais un hôtel, un gîte et un restaurant.

- Durée : 6 h 30. Sources rencontrées sur le chemin : aucune.

Étape 10 : de Vizzavona au refuge d'E Capannelle

CURIOSITÉ

Cette fois-ci, au programme, une promenade en forêt ! La forêt de Vizzavona est devenu un lieu de villégiature, depuis l'ouverture, en 1889, du tronçon de ligne entre Vivario (village au nord de Vizzavona) et Boccognano (village au nord d'Ajaccio). De nombreux touristes – dont des Anglais –, passent alors plusieurs mois dans ce cadre agréable, au milieu de pins laricio et de hêtres, pas loin du monte d'Oro (2 389 m) qui domine la région. Des premiers hôtels sont construits à la même époque dans le Centre de l'île. Après Vizzavona, le GR20 continue en direction de la bocca Palmente (1 640 m). De là, vous avez une vue magnifique... sur la côte est ! Vous voyez au loin la mer, les étangs de Diana et d'Urbinu ainsi que la forêt de Ghisoni. Vous traversez la rivière d'Alzitone qui coule depuis les bergeries d'Alzeta. Et puis vous arrivez sur la dorsale d'U Cardu (à ne pas confondre avec le monte Cardo qui est un sommet de Haute-Corse) après vous être promené parmi les pins, sapins et aulnes du coin. Vous voilà donc sur la ligne de crête (1 515 m). Au sud, le valle Longa s'offre à vous. Après quelques minutes, vous arrivez à la bergerie d'E Scarpaceghje, puis vous vous enfoncez dans la forêt du Sambucu (encore une !) jusqu'au refuge d'E Capannelle (15 places). C'est une station de ski (1 580 m). On y accède par la D169...

- Durée : 6 heures. Sources rencontrées sur le chemin : funtana di Palmente, au pied de la bocca Palmente, bergeries d'Alzeta, bergeries d'U Cardu, bergeries d'E Scarpaceghje.

Petit détour par le lac de Bastani

CURIOSITÉ

À partir du refuge d'E Capannelle, le GR20 passe par les bergeries d'E Traghjette puis va en direction du plateau du Ghjalgone. Une variante balisée du GR20 va un peu plus vers l'ouest, vers le lac de Bastani, au pied du monte Rinosu (qui n'a rien à voir avec le lac du même nom, beaucoup plus au nord), dans un cirque de roches. Il est un des quatre lacs de ce massif (les trois autres lacs sont : Niellucciu, Rina et Vitalaca). Le lac de Bastani est moins célèbre que le Melo, le Capitello, le Nino ou le Creno... Et pourtant, il est un des plus beaux de Corse. Il fait 325 mètres de long et 200 de large. Au mois d'août, vous y trouverez encore des neiges éternelles. Il est relativement profond, 24 mètres, et il est peuplé de saumons ! Ce lac formé par le glacier est comblé sur sa partie nord par des éboulis (ces amas de débris transportés par la fonte des glaces sont appelés moraines).

Petit détour par les Pozzi

Au niveau du plateau du Ghjalgone, sur le GR20, après le refuge d'E Capannelle, un chemin mène vers les bergeries I Pozzi (les puits). Vous remarquerez des *pozzini*, c'est-à-dire un entrelacs de petites mares situées à l'ouest de ces bergeries. Ces petites étendues d'eau bleu au milieu d'un gazon verdoyant rappellent l'environnement du lac du Nino, vous retrouvez les mêmes tourbes et les herbes qui y poussent dessus (voir *supra*).

Étape 11 : du refuge d'E Capannelle à celui de Prati

Mais reprenons notre GR20 et le plateau du Ghjalgone que nous avons rejoint après avoir quitté le refuge d'E Capannelle. La vue est superbe. Le coin est une belle sapinière.

À un moment, vous tombez sur un sapin avec une plaque : il s'agit du plus haut sapin d'Europe ! Enfin, il s'agissait, car il est partiellement décapité depuis qu'il a été foudroyé ! Il mesurait tout de même 56 mètres de haut. Sa circonférence est de 6,30 mètres... Après avoir quitté la forêt de sapins, vous arrivez au milieu de hêtres puis vous descendez jusqu'au col de Verde (1 289 m), là où passe la D69. C'est un des quatre cols routiers qui séparent le *Pumonte* et le *Cismonte*, c'est-à-dire la Corse de l'« au-delà des monts » et celle de l'« en-deça des monts ». Le col de Verde est un passage ancestral, entre la haute vallée de Taravo et celle de Prunelli-di-Fiumorbo, sur la côte est. Courage ! Il va falloir à nouveau grimper, jusqu'à 1 840 mètres, là où se trouve la bocca d'Oru. Et la vue ici vaut de l'or ! Vous voyez très bien la plaine orientale, ses étangs et même, au loin, l'île d'Elbe, celle de Pianosa... et la célèbre île de Montecristo ! On marche encore un peu et on arrive enfin au refuge de Prati (28 places).

- Durée : 6 h 15. Sources rencontrées sur le chemin : bergerie d'E Traghjete, passerelle d'I Spiazzi.

CURIOSITÉ

Une poule géante !

Si vous avez le temps, vous pouvez faire un tour au nord du refuge de Prati, dans les sentiers qui escaladent la hêtraie. Ce site vous réserve d'incroyables surprises : les taffoni. Ces trous formés par l'érosion de la roche, semblent avoir sculpté d'étranges figures : vous pourrez y voir, entre autres, une immense tête au nez crochu, un requin et même une poule géante formée par le rocher appelé *a gallina* (la poule) ! Ces roches sont inconnues du grand public… mais attention à ne pas vous perdre, c'est un véritable dédale !

Étape 12 : du refuge de Prati à celui d'Usciolu

Dans cette étape, nous allons suivre une longue ligne de crête avec très peu d'arbres, à l'exception de quelques petits aulnes, puis nous franchissons plusieurs cols et punta (pics montagneux). Attention, ça décoiffe ! Cette ligne de crête parallèle à la côte orientale est très ventilée ! La vue est, comme d'habitude sur le GR20, splendide, incroyable, à vous couper le souffle ! Mais il vaut mieux avoir un peu de souffle pour continuer. On a dû monter à la punta di a Cappella (2 041 m), puis redescendre à la bocca di Laparò (1 525 m) et encore remonter à la bocca di a Furmicula (1 950 m)… Ce dernier col tient son nom du monte à a Furmicula, étrange nom qui signifie « le mont de la fourmi » ! Au niveau de la bocca di Laparò, vous apercevez un sentier qui quitte le GR20, il va vers la chapelle Saint-Antoine : tous les 27 juillet, les habitants d'Isulacciu di Fium'orbu (village situé à l'est de la ligne de crête) y vont en pèlerinage. Mais revenons sur le GR20, on arrive finalement au refuge d'Usciolu (35 places) à 1 750 m d'altitude.

- Durée : 5 h 45. Sources rencontrées sur le chemin : bocca di Laparò.

Au refuge d'Usciolu…

Après avoir quitté le refuge, vous passez par la bocca d'Usciolu (*usciolu* veut dire « petite sortie » en corse). Ce col est sur un chemin de transhumance et indiquait ainsi la porte vers le village de Cozzano (Cuzzà) à l'ouest de la ligne de crête. Autre indice qui montre qu'il s'agissait d'un sentier emprunté par les éleveurs : un peu avant le refuge d'Usciolu se trouve un lieu appelé Teghja di a Bridincula, ce qui signifie littéralement « dalle de la bride »... Un endroit où il fallait tenir son animal par la bride.

L'« arête des statues »

Mais nous continuons, comme dans l'étape précédente, à marcher sur la ligne de crête, en direction du sud. Cette arête se nomme A Monda, ce qui signifie « pelé ». Il faut dire qu'ici le vent continue à souffler, assez pour empêcher la végétation de croître et donner l'impression que la montagne a été comme pelée. Ce vent a d'ailleurs donné naissance à des taffoni, un terme que nous utilisons souvent pour désigner ces trous dans la roche qui donnent naissance à de curieuses figures. Ce qui explique aussi que cette ligne de crête a été rebaptisée par le fondateur du GR20, M. Fabrikant, l'« arête des statues ». Vous y verrez notamment un étrange moine naturellement sculpté dans la pierre...

Étape 13 : du refuge d'Usciolu vers celui d'Asinau

Continuons cette treizième étape qui part du refuge d'Usciolu. Notre direction ? Asinau, un refuge qui se trouve en contrebas du monte Alcudina – ou Incudini sur certaines cartes ! – (2 113 m). Alcudina signifie « enclume » : ce mont a été baptisé ainsi en raison de sa forme. Mais avant d'arriver là, il faudra faire une petite trotte : terminer la ligne de crête où se trouvent ces fameuses statues naturelles, en descendant la punta di a Scaddata (1 836 m) jusqu'à la bocca di Agnone (1 570 m), dont le nom évocateur, « coin du feu », laisse entendre la possibilité de bivouaquer dans un coin protégé des vents. Vous arrivez ensuite sur le plateau de Cuscionu (le plus important de Corse : 7 000 hectares), vous y voyez une forêt de hêtres et des pozzini au niveau d'un embranchement avec un autre sentier qui mène à l'ouest vers le village de Zicavo (Zicavu). Si vous avez suivi le GR20 avec nous, vous connaissez maintenant bien ces petits lacs qui se dessinent sur d'étonnantes pelouses vertes en pleine montagne corse. Vous en avez vu au lac du Nino, près des bergeries I Pozzi (si vous avez fait un petit détour avant le col de Verde, en descendant le GR20 du nord vers le sud).

On poursuit en direction des anciennes bergeries d'I Pedinieddi (1 623 m). On franchit une passerelle suspendue dite u traghjettu d'u Furcinchesu. Un peu après, au niveau de la foci Aparta (foce étant le second mot pour désigner le col en corse), vous aurez peut être la chance de voir quelques mouflons… Puis vous montez jusqu'au monte Alcudina, où vous admirerez la vue sur la mer, à l'est, et le reste de la montagne corse. Sans oublier, au sud, ces immenses pics parallèles dressés vers le ciel : les aiguilles de Bavella. C'est la prochaine étape. En attendant, on va se reposer au refuge d'Asinau (30 places).

- Durée : 8 heures. Sources rencontrées sur le chemin : Agnone, Pedinieddi.

LE SAVIEZ-VOUS ?

Des plantes uniques au monde… et empoisonnées !

Sur le plateau de Cuscionu traversé par le GR20 se trouve une plante extrêmement rare qui n'existe que sur ce plateau ! Elle pousse aux alentours des pozzini (petites mares) : c'est l'aconit corse. Cette plante mauve peut mesurer jusqu'à 1,50 mètre et fleurit de juillet à août. Attention à ne pas la toucher ! Tout d'abord parce qu'elle est une espèce unique au monde, mais aussi parce qu'elle est empoisonnée ! Elle est dangereuse même au niveau de la peau et son ingestion peut provoquer des troubles respiratoires et cardiaques entraînant la mort…

Étape 14 : du refuge d'Asinau à celui d'I Paliri

Si vous prenez le GR20 depuis le nord, à partir du refuge d'Asinau, ça descend ! Mais vous avez le choix. À un moment, un panneau vous indique « variante alpine ». Non, on ne part pas pour les Alpes ! Cette variante vous conduira dans un endroit extraordinaire : les aiguilles de Bavella. Vous passerez donc entre les pics de ce site, un des plus admirables de Corse. Mais attention, c'est très escarpé ! Évitez aussi de prendre de pseudo-sentiers… ce qui peut vous sembler au départ un chemin peut se révéler être en réalité une cascade d'eau asséchée. Et qui dit cascade d'eau, dit précipice ! Autrement dit, ces chemins ne vous mèneront nulle part sinon à un ravin qu'il vous sera très difficile ensuite de remonter (c'est toujours plus facile de descendre que d'escalader ensuite !). L'autre sentier, le classique du GR20, est moins difficile, mais ça ne veut pas dire pour autant facile ! Il mène au Caracutu (930 m)… ce qui signifie « houx » en corse. Vous franchissez la foci di Bavella et vous arrivez sur la D268 et le village de Bavella (Bavedda). Reste encore à passer un petit dénivelé au ruisseau A Vulpajola (1 010 m)… On remonte vers la foce Finosa (1 206 m). Vue imprenable sur les aiguilles de Bavella qui sont maintenant derrière vous. On termine au refuge d'I Paliri (20 places) à 1 040 m d'altitude.

- Durée : 7 heures. Sources rencontrées sur le chemin : funtana di u Truvonu, funtana di a Pulvara di u Cannone.

CURIOSITÉ

Bavella et ses tours de Babel

De loin on dirait un château avec des tours. Ce sont les aiguilles de Bavella. Des pics dressés vers le ciel et auxquels restent parfois accrochés quelques nuages. À leur pied s'étend une forêt aux essences variées, où domine bien sûr le pin laricio, mais où l'on trouve aussi des chênes verts, des cèdres de l'Atlas, des châtaigniers, des sapins…

Le trou de la bombe

CURIOSITÉ

Petite excursion hors du GR20 en direction du « trou de la bombe » (c'est ce qu'indique une pancarte). Il s'agit en fait de la punta tafunata di I Paliri, une montagne avec un trou sur le côté. Le chemin est facile et doit être pris au niveau de la fontaine du Cannone dans le village de Bavella (un autre chemin beaucoup plus difficile peut être emprunté à partir du refuge d'I Paliri… mais, pour le suivre, vous aurez besoin de mousquetons et de matériel d'alpinisme !).

Étape 15 : du refuge d'I Paliri à Conca

C'est la dernière étape de ce GR20 pris par le nord, et qui sera dans ce sens presque uniquement de la descente. On va vers le village de Conca où se termine le chemin de randonnée. Une pointe ne passe pas inaperçue : c'est la punta di l'Anima dannata, la « pointe de l'âme damnée » ! On passe ensuite par la bocca di monte Bracciutu… Un pic censé représenter une sorte de bras (*bracciu*)… Puis on descend un petit plateau incliné appellé pìan di u Granu (où se trouve un rocher nommé *granu*, grain). On monte ensuite vers la bocca de Villaghjellu (1 068 m) en dessous de laquelle se trouvent les anciennes bergeries de Cappeddu (850 m). Puis, après la bocca d'Usciolu (587 m), par ici la sortie ! On arrive au village de Conca (252 m). Enfin !

- Durée : 5 heures. Sources rencontrées sur le chemin : aucune (sauf si vous bifurquez au niveau de Cappeddu).

Tra mare e monti

Autre chemin de randonnée : le très célèbre *Tra mare e monti*… entre mer et montagne ! Il relie la ville de Cargèse (au bord de la mer) et le village de Calenzana (plus au nord, dans la montagne). Vous passerez notamment à travers la célèbre réserve de Scandola et les calanche de Piana (prononcez [calanques]). On part ! Voir la carte du *Tra mare e monti* dans le cahier central.

Étape 1 : de Calenzana à Bonifatu

Nous prendrons le chemin de Calenzana (Calinzana), petit village de Balagne, situé dans la montagne de haute-Corse. C'est de Calenzana que part aussi le mythique GR20, que vous devrez d'ailleurs commencer par suivre au départ. Les petites marques de peinture sur les murs et les roches qui vous indiquent le chemin sont rouges et blanches pour cette partie du GR20. Mais pour continuer sur le sentier *Tra mare e monti*, vous devrez bifurquer à un moment pour aller en direction de la bocca a u Corsu (581 m). Vous suivrez alors uniquement les balises orange. Sur cet ancien sentier du Facteur, vous traversez le ruisseau du Sambucu et la forêt du même nom. Il s'agit d'une forêt domaniale entièrement reboisée (il faudra donc encore attendre que ça pousse pour avoir de l'ombre !). Vous avancez sur une piste de l'ONF jusqu'au pont sur la

Figarella (360 m). Direction : la forêt de Bonifatu. C'est là que se trouve le refuge (535 m), une auberge forestière où vous pouvez dormir, vous restaurer et même vous ravitailler !

- Durée : 5 heures (d'après le Parc naturel régional de Corse).

Promenons-nous dans les bois…

Ça y est, vous êtes à l'auberge forestière de Bonifatu. Si le cœur vous en dit, vous avez la possibilité de faire une très belle sortie dans la forêt. Cela suppose que vous quittiez le chemin *Tra mare e monti* pour remonter la splendide vallée de la Melaghja en direction du refuge de l'Ortu di u Piobbu (sur le GR20). Cette piste est balisée par des marques de peinture jaune. Attention, cette petite excursion vous prendra 3 h 30 à l'aller (et autant au retour), si vous décidez de rejoindre ce refuge situé à 1 520 mètres d'altitude… tout de même !

Étape 2 : de Bonifatu à Tuarelli

Bon, on quitte la maison forestière de Bonifatu, direction : Tuarelli. Traversez une forêt de chênes verts et de pins laricio… Où vous pourrez peut-être voir des sitelles corses, ces petits oiseaux endémiques qui cachent leur nourriture dans les pins. Ça monte jusqu'à la bocca di Bonassa (1 153 m) d'où vous avez un splendide point de vue. Vous descendez ensuite progressivement un dénivelé de 1 000 mètres à travers le maquis et quelques châtaigneraies. Vous franchissez la bocca di Lucca (589 m) jusqu'au gîte d'étape de Tuarelli (93 m), pas loin de jolies piscines naturelles !

- Durée : 6 heures.

Le Prince Noir

Pas très loin de la maison forestière de Bonifatu se trouve une ruine appelée « maison du prince Pierre ». Qui était ce prince ? C'est un des fils de Lucien Bonaparte, frère de Napoléon. Ancien député de Corse sous la IIe République, il se présentera aux élections législatives de 1863... Mais Napoléon III soutiendra un autre candidat ! Il n'en demeure pas moins qu'à Calenzana, l'homme est aimé : il faut dire qu'il a fait construire dans le village une fontaine avec ses propres deniers. C'est donc le bienfaiteur du village ! Et c'est pourquoi Calenzana est la seule localité de France où vous pourrez voir le buste de Pierre Bonaparte ! Mais le prince Pierre est surtout connu pour être l'assassin de Victor Noir, célèbre journaliste du XIXe siècle, dont le tombeau est régulièrement visité au cimetière du Père-Lachaise en raison de la fameuse statue représentant de manière très réaliste le journaliste assassiné, tel qu'il a été retrouvé gisant sur le sol. Nous sommes le 10 janvier 1870, vers 14 heures. Un homme affolé sort de la maison de Pierre Bonaparte à Paris en criant, « À l'assassin ! à l'assassin ! On assassine chez le prince Pierre ! N'entrez pas ! » Suit un homme qui titube et s'effondre juste derrière : c'est Victor Noir. Le jeune journaliste de 22 ans vient d'être tué par le prince Pierre avec lequel il s'est battu en duel. L'affaire fait un énorme scandale... C'est que nous sommes à la fin du règne de Napoléon III et la presse se déchaîne contre la famille Bonaparte. Celui que l'on surnomme désormais le Prince Noir est jugé alors par la Haute Cour... qui reconnaît la légitime défense et le condamne à des dommages et intérêts. La presse de l'époque en profite pour rappeler le passé d'aventurier du descendant Bonaparte. Homme bagarreur et impulsif, aimant les armes... À commencer par les armes de chasse, le prince Pierre étant connu pour être un grand chasseur. En Corse, il était la seule personne à avoir l'autorisation de chasser sur les terres de transhumance allant du Niolo à Galeria ! La forêt de Bonifatu était un de ses terrains de chasse, pas très loin de son château construit au-dessus de la baie de Crovani, à 10 kilomètres au sud de Calvi (dont vous ne verrez aujourd'hui que des ruines, la demeure ayant été démolie à la chute du Second Empire).

Étape 3 : de Tuarelli à Galeria

Direction la côte ouest ! Ce n'est pas pour rien que l'on appelle ce sentier « entre mer et montagne ». Nous quittons la forêt et nous nous rapprochons maintenant des cultures en terrasses avec leurs murettes en pierres. Nous descendons ainsi la vallée du Fango et son fleuve du même nom. Le Fango, qui mesure 22,6 kilomètres de long, puise sa source sur le versant ouest du capu Tafunatu (vous connaissez cette montagne trouée accessible à partir des bergeries d'E Radule sur le GR20 ! voir *supra*) et se déverse dans le golfe de Galeria.Vous suivrez un chemin de transhumance qui relie la mer et la montagne. Il remonte aux temps les plus anciens : les bergers des montagnes du Niolo ont toujours fait paître leurs bêtes l'hiver sur les terres de cette vallée du Fango qui débouche sur la côte ouest. La coutume était que ces propriétés soient mises en commun… ce qui fait qu'aujourd'hui encore, les communes du Niolo sont propriétaires de certaines terres de la vallée !

Mais continuons la descente vers le village de Galeria. C'est dans des maisons en bois que vivaient ici autrefois les bergers du Niolo. Les descendants de ces bergers ont fini par construire définitivement des habitations au bord de la Méditerranée… Mais aujourd'hui, vous y verrez des appartements ou des maisons avec piscine loués en moyenne l'été entre 300 et 1 000 euros la semaine ! La vallée du Fango est malgré tout un site naturel remarquable. Vous y surprendrez des éperviers, des mésanges bleues ou des balbuzards pêcheurs… qui viennent pêcher le mulet ! Au nord du sentier s'étend la plaine alluviale dite pianu di l'Olmu, mélange de maquis et de végétation marécageuse.

- Durée : 5 heures.

Étape 4 : de Galeria à Girolata

Dans cette étape, nous entrerons pour la première fois dans la réserve naturelle de Scandola… Une intense forêt de chênes verts est à l'entrée de ce site magnifique. Belle vue dégagée sur la mer. Plus au sud, une fois sorti du bois, lorsque vous serez au niveau de la Punta Lucciu (697 m) vous pourrez enfin voir le golfe de Girolata (Girulata) et le hameau du même nom. Ça y est, à partir de la bocca di Fuata (458 m), vous venez de passer en Corse-du-Sud ! Vous descendez ensuite jusqu'à Girolata, un village d'une dizaine de maisons qui a la petite particularité de n'être desservi par aucune route ! Seul accès : en bateau ou en rando ! Mais ici, pas de complexe touristique. Il n'y a encore pas si longtemps, le hameau n'avait ni électricité, ni téléphone... Quelques bateaux de plaisance mouillent dans la baie lors de la belle saison. Mais vous êtes dans un site classé par l'Unesco en raison de sa faune et de sa flore exceptionnelles. Un petit coin de paradis. Au loin, un fortin. Il a été construit par les Génois au XVIe siècle. Vous êtes au bord de la plage... on profite de cet instant rare, dans un endroit qui donne l'impression d'être au bout du monde. Des montagnes rouges plongent dans la mer bleu turquoise. Des eucalyptus embaument l'air marin. Que demander de plus ?

- Durée 6 heures.

La réserve de Scandola, 1 000 ha 100 % protégés !

100 % nature. 100 % protégé. Scandola c'est 1 000 ha de réserve naturelle. Ici, pas d'habitations, sinon quelques hameaux très peu peuplés. Le site a une formation géologique exceptionnelle. Des montagnes rouges ! C'est de la rhyolite, une roche de la famille du granite. Elle a été travaillée par les vagues, la pluie et le vent. Cela a sculpté d'étranges formes, des trous que l'on appelle taffoni. Ces sculptures font que Scandola ressemble à une cathédrale. Si on a un peu d'imagination, on peut y voir des tours, des escaliers et même des orgues (que l'on appelle à tort orgues basaltiques, mais qui sont en rhyolite). Scandola, c'est aussi le sanctuaire pour un bon nombre d'animaux protégés. Plusieurs variétés d'oiseaux nichent ici : Océanite tempête, Cormoran huppé de desmarest, faucon pèlerin, goélands d'Audouin, puffins cendrés, mésanges bleues, quelques derniers balbuzards et même parfois un aigle royal... pour couronner le tout ! La mer réserve aussi d'incroyables richesses : mérous rares, thons, espadons, des bancs de sardines qui surfent sur les vagues et bien d'autres gros et petits poissons... Seuls les oiseaux ont le droit de pêcher ici ! Les dauphins et rorquals s'aventurent dans ce paradis terrestre où les animaux savent qu'ils y trouveront la tranquil- lité. Scandola est un des plus beaux endoits du monde. Site naturel protégé depuis 1975, il fait partie du patrimoine mondial de l'Unesco depuis 1983.

CURIOSITÉ

Le fortin, point fort de Girolata

Il domine l'entrée de la baie de Girolata. Il surplombe la mer d'une trentaine de mètres. Une grande tour presque carrée et une enceinte font du fortin un point fort du site. Il a été construit par l'Office de Saint-Georges, cette banque génoise, propriétaire de la Corse entre 1453 et 1562 ! La raison de son édification ? Elle s'explique, à l'époque, par la présence de corsaires. Au XVIe siècle, le célèbre Dragut était connu pour ses razzias. C'est ici, à Girolata, qu'il a été capturé par les Génois en 1540. Pour lutter contre cette piraterie, les Génois y construisent ce fameux fortin.

LE SAVIEZ-VOUS ?

Ne pas marcher sur le trottoir

C'est un trottoir qui peut faire jusqu'à 2 mètres de large. Il se trouve à la punta Palazzu, dans la réserve de Scandola. Mais vous ne pouvez pas marcher dessus ! Ce trottoir est unique : il est constitué par une algue calcaire (le lithophyllum) qui a durci et a pris l'aspect de la roche… au bout d'un millier d'années ! Ce trottoir de la réserve de Scandola est le plus long de toute la Méditerranée : il suit 100 mètres de côtes !

Étape 5 : de Girolata à Curzu

Difficile de quitter la plage de Girolata tellement on y est bien… Mais quand faut y aller… On va à Osani puis à Curzu, deux autres hameaux de la réserve naturelle de Scandola. Cette fois, ils s'agit de villages accessibles par la route. Nous partons vers le sud ! Le *Mare e monti* vous propose deux chemins : un qui longe la côte et un autre qui vous permet de faire une petite boucle dans la réserve. Sur la côte, vous pouvez faire un tour sur une petite plage de galets (petit golfe de Tuara). Attention : quel que soit le chemin, les dénivelés sont importants, vous pouvez passer de 0 mètre (plage de Tuara) à 852 mètres (capu di Curzu) ! Tout ça souvent en pleine chaleur !

- Durée : 6 h 30.

Étape 6 : de Curzu à Serriera

À partir de Curzu (290 m), vous quittez la réserve naturelle. Direction : le village de Serriera (30 m). Rien à signaler, sinon toujours le même cadre magnifique.

- ✔ Durée : 3 h 30.

Étape 7 : de Serriera à Ota

Après l'étape à Serriera, vous remontez en direction de la montagne, vers le hameau d'Ota (320 m), au-dessus de Porto. Ce n'est plus la même végétation : place aux pins et aux châtaigniers. Ota a la particularité d'être surplombé par un énorme rocher rond, gigantesque, assez pour dévaster tout le village si un jour il se détachait de la montagne. Il est situé au sommet du capu d'Ota (890 m), sorte d'épée de Damoclès au-dessus de la tête des habitants. Mais voilà des millions d'années qu'il est là et on pense qu'il ne va pas tomber tout de suite…

- ✔ Durée : 6 h 30.

Étape 8 : d'Ota à Marignana

Après Ota, vous descendez vers le village d'Evisa en suivant le défilé de Spelunca. Les roches de granite ont été travaillées par le torrent de l'Aïtone et celui de Tavulella. Lorsque vous franchirez la rivière de Porto, vous passerez sur le ponte Vechju (vieux pont), un pont génois remarquable pour son architecture. Puis vous franchirez un second pont génois (pont de Zaglia). Signalons à Evisa un embranchement avec un autre sentier : celui du *Mare a mare nord*… Nous partons ensuite pour Marignana (730 m).

- ✔ Durée 5 heures.

Étape 9 : de Marignana à E Case

Vous n'allez plus rencontrer de village dans cette longue promenade qui grimpe : la culetta a u Prunu (969 m). Vous descendez ensuite par une châtaigneraie jusqu'au ruisseau de Vaccarecciu. Un peu avant, vous croisez sur votre chemin un séchoir à châtaignes en ruine (780 m). Plus loin, c'est la bocca Acquaviva (1 102 m), qui signifie « eau vive ». Mais on aurait préféré ici une *acquavita* (eau-de-vie) ! On aurait bien besoin d'un petit remontant pour remonter justement ! Ouf ! après les anciennes bergeries de Casta, on redescend la vallée de Rognia. C'est l'occasion de voir quelques curiosités comme d'anciennes mines de cuivre (rive droite). Toujours sur l'itinéraire, vous observez des plates-formes en demi-cercle soutenues par des murs en pierres. Ce sont *e carbunare* qui servaient à fabriquer le charbon de bois. Le principe était de faire chauffer le bois sans l'enflammer. Pour cela, on en agençait les morceaux afin de créer un système de cheminée. La structure en bois était destinée à être consumée en partie, le reste, sous l'effet de la chaleur, était transformé en charbon. Cette structure avait la forme d'une meule recouverte de terre. Une fois l'opération terminée, on démonte le tout et on récupère le charbon…

Nous continuons la descente : on arrive à E Case, qui veut dire « les maisons » en corse. Ne vous faites pas d'illusions, il n'y a pas grand-chose ici si ce n'est un refuge qui peut vous accueillir…

- Durée : 6 h 30.

Étape 10 : d'E Case à Cargèse

Dernière étape ! Vous descendez dans le maquis. Vous traversez le petit hameau de Lozzi au bord de la route, puis vous arrivez après quelques heures de marche au très beau village de Cargèse (Carghjese), l'ancienne colonie grecque. Pour l'histoire, voir le chapitre 1 et pour la visite de Cargèse, voir le chapitre 16.

- Durée : 5 heures.

Mare a mare nord

Cette fois, vous allez de la mer à la mer (*mare a mare*) ! Mais en traversant la Corse par le centre, et notamment par les villes ou villages de Sermano, Corte et Calacuccia. Vous partez de Moriani, sur la côte est, et vous arrivez à Cargèse, sur la côte ouest… C'est dans ce sens que nous ferons cet autre grand chemin de randonnée qui va vous faire découvrir encore quelques endroits magnifiques de l'île… Voir la carte du *Mare a mare nord*.

Étape 1 : de Moriani à I Penti

Vous quittez la belle plage de sable fin de Moriani. En route pour la montagne ! Bon, au départ, c'est encore la D34 que vous coupez trois fois ! Vous arrivez à l'église de San Nicolao, un sentier contourne le hameau de Piedigrado, puis vous arrivez à celui de Castellana… et vous êtes déjà à 269 mètres d'altitude. Mais vous finirez votre parcours à 615 mètres, en faisant une pause au village d'I Penti.

- Durée : 3 h 30 (d'après le Parc régional naturel de Corse).

Étape 2 : d'I Penti à Pianello

Attention, c'est une très longue randonnée. D'après le Parc naturel régional de Corse, il faut 8 h 30 pour aller à pied d'I Penti à Pianello (Pianellu) en passant par ce chemin *Tra mare a mare nord*. Courage ! Vous franchissez après un peu plus de 2 heures de marche a bocca Frate Mortu (981 m). Ce sont des lieux de châtaigneraies. Voici le petit hameau de Pied'Alesani (680 m). Puis on remonte à celui de Funcaja (750 m). Après quelques heures de marche… C'est enfin le refuge de Pianello, dans le village du même nom. Repos !

- Durée : 8 h 30.

Étape 3 : de Pianello à Sermano

Au cours de cette étape, vous arrivez dans le Bozio (Boziu). Cette région correspond à une ancienne *pieve* corse, c'est-à-dire un échelon administratif utilisé par l'occupant génois. Vous passerez d'ailleurs au sud de Bustanico, petit village à l'origine de la révolte de 1730. Mais oui, souvenez-vous, on vous en a parlé dans la première partie de ce livre… Continuons la route : vous traversez plusieurs hameaux. Après San Pancraziu (920 m), ça descend jusqu'à Alando (710 m), puis ça remonte jusqu'à Sermano (750 m). Vous traverserez des châtaigneraies et le maquis corse, avec de très belles vues sur les montagnes du centre de l'île…

- Durée : 4 h 50.

Étape 4 : de Sermano à Corte

Puisque vous êtes à Sermano, profitez-en pour découvrir la chapelle Saint-Nicolas (San Niculau). Elle date du xe siècle et ses fresques du xve siècle. On repart : après le col de Bozio, vous descendez vers la ville de Corte, capitale de la Corse du temps de Pascal Paoli. Cette région cortenaise est au cœur d'une cuvette dont les rebords sont la montagne d'où vous venez et les massifs au centre de l'île, situés plus à l'ouest, de l'autre côté de la vallée du Tavignano. Ensuite, vous quittez le col de Bozio, vous franchissez le ruisseau de Castellare, et vous passez par quelques villages dont Santa Lucia di Mercuro à 820 mètres d'altitude. Une fois que vous avez dépassé la bocca di Civenti (785 m), vous avez une vue dégagée sur Corte. Vous êtes face à l'ouest. Vous voyez au loin la citadelle construite comme un nid d'aigle sur son pic rocheux. En arrière-plan de ce décor, de sublimes montagnes qui se dressent dans le ciel. Vous distinguez bien les deux gorges : à gauche, derrière la citadelle, celle de la Restonica, à droite, celle du Tavignano. C'est là que l'on va aller…

- ✓ Durée : 5 heures.

LE SAVIEZ-VOUS ?

La bergerie corse en trois points

Tout le long des sentiers de randonnée, vous verrez des bergeries corses. Elles sont caractérisées généralement par trois constructions en pierres sèches. 1° l'habitat du berger dit *u stazzu*, 2° l'endroit où l'on met les fromages au frais dit *u casgile*, 3° l'enclos des bêtes, *a chiostra*.

Étape 5 : de Corte à Sega

Vous partez de Corte (420 m) pour prendre un chemin qui débute au nord de la citadelle. Vous allez suivre les gorges du Tavignano. Si vous souhaitez, vous pouvez vous baigner dans un des nombreux bassins de ce fleuve. Le parcours débute sur la rive gauche du Tavignano. Au bout d'un moment, vous devez passer sur la rive droite, après avoir traversé une passerelle (760 m). La végétation de ce versant nord est beaucoup plus touffue. Vous êtes dans une forêt de châtaigniers, de chênes verts et de pins laricio. Attention, l'été, les orages sont particulièrement violents dans cette gorge étroite. S'il pleut et qu'il y a du tonnerre, évitez de vous réfugier dans des grottes… des randonneurs ont déjà été tués par la foudre dans cette région (il peut arriver qu'il pleuve ici et qu'il fasse beau sur la côte, alors surveillez bien la météo). Notez que, pas loin de la passerelle que vous venez de franchir, un chemin non balisé monte vers le plateau d'Alzo (Alzu) où se trouvent quelques bergeries, à cheval entre la vallée du Tavignano et celle de la Restonica. Continuons dans la forêt… Vous êtes dans des gorges. C'est beau, mais encaissé, donc ça grimpe ! Au refuge de la Sega, vous serez à… 1 190 mètres d'altitude !

- Durée : 5 h 30.

Étape 6 : de la Sega à Albertacce

Dans cette étape, nous allons changer de vallée. On va vers le nord, ça monte jusqu'à la bocca a l'Arinella (1 592 m). Finie la forêt ! Mais vous trouvez des étendues de fleurs. Vous pouvez voir notamment la pancrace d'Illyrie ! Elle fait 30 à 60 centimètres de haut et toutes ses fleurs blanches partent du même niveau de la tige (disposition en ombelle). Puis c'est une végétation de fougères, de genévriers rampants et d'épines-vinettes. Vous arrivez aux bergeries de Bonacce (1 500 m), juste en dessous de la bocca a l'Arinella. De l'autre côté de ce col, vous redescendez vers la vallée du Golo. Direction Calacuccia et son fameux barrage (usine électrique de Sovenzia). Vous descendez dans la forêt communale de Calacuccia, jusqu'à la ville et son très grand lac artificiel (794 m), créé par le barrage. Après, direction ouest ! Vers le hameau d'Albertacce (E Lubertacce – 854 m), près de Calacuccia.

- Durée : 5 h 10.

CURIOSITÉ

Les aventuriers de l'arche perdue

À partir de la bocca a l'Arinella, un petit embranchement traverse la forêt de Melu et mène aux bergeries de Conia. À ce niveau, deux chemins différents conduisent aux bergeries d'E Padule. L'endroit est isolé. Il faut chercher encore un itinéraire vers l'est, vers la cuvette d'E Padule. Il descend vers le Tavignano, en direction de Corte. Pourquoi aller par là ? Un sentier balisé orange passe près de l'« arche du Tavignano », une arche naturelle qui défie les lois de l'équilibre. Près de 6 heures de marche pour y arriver, il faut le vouloir ! De plus l'endroit n'est pas évident à trouver. C'est pourquoi on appelle les randonneurs qui vont voir cette curiosité naturelle les aventuriers de l'arche perdue !

Étape 7 : d'Albertacce à Verghju

Vous allez parcourir sur ce tronçon Albertacce-Verghju une partie du chemin de transhumance qui va de la Scala de Santa Regina (dans le Niolo) à Calenzana (côte ouest). Vous allez suivre la vallée du Golo jusqu'au nord du col routier de Verghju… à 1 464 mètres d'altitude ! Vous verrez plusieurs curiosités sur votre chemin. Après la croix d'Albertacce, vous vous promenez entre d'anciens potagers et une châtaigneraie. Au niveau du pont de Muricciolu (850 m), vous verrez un très beau moulin restauré par le Parc naturel régional de Corse. Après quelques minutes de marche, un sentier bifurque vers le nord… Il rejoint Calasima, le plus haut village de Corse, puis le GR20 (vers le refuge de Tighjettu). Mais, en ce qui nous concerne, nous continuons le *Mare a mare nord*, ce qui nous permet de voir, après le ruisseau d'Alzettu, le site préhistorique de Castellu (1 149 m). On continue sur le plateau de Vinacce pour aller vers les bergeries de Tillerga (1 140 m), puis direction les bergeries de Radule. Vous les connaissez peut-être… elles sont sur le GR20 (voir *supra*, étape 6 du GR20). On marche justement sur cette partie du GR20 qui descend jusqu'au col de Verghju…

- Durée : 4 h 40.

CURIOSITÉ

Des châteaux préhistoriques

Le site de Castellu, près d'Albertacce (E Lubertacce), indique un château en corse ! C'est comme cela que les Corses ont appelé les énormes rochers amoncelés, des mégalithes datant de… la préhistoire ! Leur présence remonte au néolithique, à un moment où les tribus se sont multipliées dans le Niolo. Les habitants de la région ont bâti ces édifices dans les hauteurs pour se protéger. Il existe plusieurs sites préhistoriques dans la région. Un musée s'est d'ailleurs ouvert à Albertacce : c'est le Musée archéologique du Licninoi, du nom qui a été donné par les Grecs aux premiers habitants du Niolo. Clou du musée : la tête de Ponte-Altu, une sculpture datant de l'âge du fer et qui représente de manière très réaliste un visage d'homme.

Étape 8 : de Verghju à Marignana

Dans cette étape, vous vous promenez dans la très belle forêt d'Aïtone, jusqu'au village de Marignana (720 m), en dessous d'Evisa (850 m). Evisa ? Vous êtes déjà passé par ce village si vous avez fait avec nous le chemin *Tra mare e monti* (voir *supra*, étape 8 du *Tra mare e monti*). Ah ! la forêt d'Aïtone ! ses larges pins laricio et ses immenses châtaigniers… Elle regorge de fougères, d'hellébores et de hautes gentianes aux fleurs en forme de trompette. Dans cette forêt, vous croiserez quelques cochons sauvages. Et puis allez faire un tour au ruisseau d'Aïtone, vous y verrez de splendides cascades, des piscines naturelles et même des toboggans dans la roche ! Après cela, reprenez votre chemin pour Evisa. Au loin, les montagnes rouges des calanche de Piana. On se rapproche de la côte ouest.

- Durée : 4 h 30.

Étapes 9 et 10 : de Marignana à Cargèse

Vous êtes maintenant sur l'itinéraire *Tra mare e monti nord.* Nous vous renvoyons aux étapes 9 et 10 de ce dernier chemin que nous avons détaillé précédemment.

Variante du Mare a mare nord…

Sur le chemin *Mare a mare nord*, il existe plusieurs variantes dès que vous arrivez à Sermano et à Corte. Pourquoi ne pas les suivre ? Elles vous proposent de visiter le cœur de la Corse. Vous pouvez commencer par prendre un sentier, soit à partir de Sermano, soit de Corte… Voir la carte de la variante du *Mare e mare nord.*

Étape 1 : de Sermano à Poggio-di-Venaco

Une des variantes du *Mare a mare nord* consiste à quitter Sermano pour aller en direction de Poggio-di-Venaco (Poghju di Venacu), village au sud de Corte. Vous traversez la vallée du Tavignano où vous franchissez le fleuve à 315 mètres d'altitude. Attention : il n'y a presque pas d'arbres ! Puis vous remontez vers le village de Poggio, un des quatre villages au nord de Venaco (avec Casanova, Riventosa et Santo-Pietro-di-Venaco).

- Durée : 4 heures.

CURIOSITÉ

Un jardin botanique en plein maquis

À partir de Santo-Pietro-di-Venaco (Santu Petru di Venacu), à 776 mètres d'altitude, une petite balade est possible… Le Parc naturel régional a tracé, il y a quelques années, un petit sentier de découverte qu'il faut prendre au niveau du pont du village. Il monte vers l'ancienne carrière de pierres (carrière de marbre bleu turquin) de Santo-Pietro-di-Venaco, au pied du monte Cardo. Ce circuit très didactique vous renseignera sur les plantes qui poussent dans la région : hellébore, asphodèle, épine-vinette, roncier… Ici, la forêt a repris ses droits sur l'ancienne vie agricole. Mais, au hasard d'un chemin, vous y verrez un *baracconu*, une de ces vieilles maisons en pierres sèches construites un peu comme des igloos, ou une *aghja* entourée de pierres, une aire où l'on battait autrefois le blé dans des endroits ventilés. Cet itinéraire très bien indiqué et très instructif est plutôt facile à parcourir et peut donc être fait avec des enfants.

Étape 1 (autre variante) : de Corte à Poggio-di-Venaco

L'autre variante part de Corte (396 m) pour aller ainsi en direction de Poggio-di-Venaco (640 m).

- Durée : 3 h 40.

Sur le chemin du saint des bergers

Vous êtes à Santo-Pietro-di-Venaco, village de saint Pierre qui garde les clefs du paradis… Plus haut, dans la montagne, il y a un autre saint : Élisée (Eliseu), le saint des bergers. Un pèlerinage a lieu tous les ans, le 29 août, dans la petite chapelle située à 1 555 mètres d'altitude. Si vous avez un peu de temps, faites-y un tour. Vous verrez la statue de ce saint qui, selon la légende, serait arrivé tout seul là à cet endroit. Vous trouverez aussi des bergeries sur la ligne de crête, à côté de la chapelle et, sur le versant nord, une source appelée Sartellu.

L'expédition du Cardo

Enfin, si vous avez du courage, un sentier mène au monte Cardo (2 453 m). C'est toute une expédition, mais vous serez récompensé ! De là-haut, vous avez une vue magnifique sur les deux mers qui entourent la Corse : la Méditerranée, à l'ouest, et la mer Tyrrhénienne, à l'est. Sur le chemin, vous verrez éventuellement chocard, gypaète barbu et même, peut-être, l'aigle royal qui plane majestueusement dans le ciel. L'ascension de ce sommet était faite tous les ans par un groupe d'alpinistes qui venaient s'entraîner pour… l'Himalaya.

Étape 2 : de Poggio-di-Venaco à Vivario

Le sentier fait le circuit des trois villages : Casanova, Poggio, Riventosa et Santo-Pietro-di-Venaco. La région est très boisée : châtaigniers, hêtres, pins laricio, sureaux, sapins… Vous êtes sur la pente est, au-dessus de la vallée du Tavignano. Vous remarquerez au bord de la N193 des panneaux indiquant que vous êtes dans une région de cerfs. Après Santo-Pietro-di-Venaco, vous descendrez vers Venaco (600 m). Vous avez ici une jolie vue sur la vallée du Tavignano et ses montagnes dont les couleurs tirent entre le vert et le mauve (une table d'orientation tout en haut du très beau village classé de Riventosa vous permet de voir toute la région de Corte, du Tavignano… et même la mer, entre deux montagnes, à l'est). Après Venaco, vous descendez vers le pont de Noceta (247 m), au-dessus de la rivière du Vecchio (vous pouvez vous baigner). Puis ça grimpe encore ! Vous allez au village de Noceta (540 m), puis de Vivario (650 m).

- Durée : 7 h 30 (sans le sentier de découverte à Santo-Pietro-di-Venaco).

Étape 3 : de Vivario au refuge de l'Onda

De Vivario (Vivariu), vous prendrez un chemin allant vers l'ouest, le long de la voie ferrée, en direction du hameau de Canaglia. Vous marcherez ensuite dans la belle forêt communale de Vivario, au milieu des pins laricio, dressés comme des mâts de navire ! Vous suivrez vers l'ouest le ruisseau de Manganelo jusqu'aux cascades, en dessous des bergeries de Tolla. Oui, ce sont les mêmes que vous avez peut-être déjà vues sur le GR20… Normal, nous suivons désormais le célèbre sentier jusqu'au refuge de l'Onda (1 400 m).

- Durée : 4 heures.

Étape 4 : du refuge de l'Onda à Pastricciola

On descend, on descend… On parcourt tout d'abord une forêt de hêtres, puis de châtaigniers jusqu'à l'ancien moulin d'Orzi Mozzu (680 m). Vous poursuivez vers le hameau de Chiusa (550 m), puis de Pastricciola (600 m).

- Durée : 4 heures.

Étape 5 : de Pastricciola à Guagno

Cette fois-ci, ça remonte ! Une longue montée de pins maritimes jusqu'à la bocca Miscighjella (1 195 m). Puis c'est la descente vers le village de Guagno (700 m), patrie du célèbre bandit corse Théodore Poli… Guagno-les-Bains est tout juste après, où nous irons à la prochaine étape.

- Durée : 3 h 30.

Étape 6 : de Guagno à Guagno-les-Bains

Maintenant aux Bains ! Vous quittez Guagno (Guagnu) et vous vous enfoncez dans une forêt de châtaigniers puis de chênes verts. Tiens ! Après le hameau d'Orto (700 m), vous croisez encore un des nombreux sentiers qui partent en direction du GR20 (refuge de Mangano). Et si on y faisait un petit tour ? Non, on a déjà vu… Nous poursuivons notre chemin et nous apercevons un ancien lavoir. Après une châtaigneraie, vous passez à côté d'une *aghja*, une ancienne aire de battage du blé. Voici un autre village : c'est Soccia (700 m). Signalons un sentier qui part de ce village pour aller au lac du Creno. On continue vers le sud et on arrive enfin à Guagno-les-Bains (425 m).

- Durée : 5 h 30.

Étape 7 : de Guagno-les-Bains à Renno

Direction : Renno (913 m). Vous traversez la très belle forêt de Lazzi et ses chênes verts, le village de Letia-Saint-Martin (600 m). Attention, ça monte ! Jusqu'à la punta di l'Arinella (1 001 m)… on finit sur le village de Renno (Rennu).

- Durée : 5 h 30.

Étape 8 : de Renno à Marignana

Vous montez maintenant la bocca d'Amarese (1 083 m), puis vous suivez la ligne de crête jusqu'au capu di Martignone (1 077 m). Descente vers le village de Marignana (730 m). On finit là cette description de la variante *Tra mare a mare…* puisqu'on a rejoint la huitième étape du chemin classique…

- Durée : 3 h 30.

Mare a mare centre

Mare a mare centre, vous traversez encore la Corse de part en part – d'une mer à l'autre ! – en allant du pont de l'Abatesco sur la côte orientale (au sud du village de Ghisonaccia) jusqu'à Porticcio, ville de la côte ouest (au sud d'Ajaccio). Quoi de neuf dans ce chemin de randonnée ? Ce n'est pas un des plus célèbres, on va vous le décrire plus brièvement… Voir la carte du *Mare a mare centre*.

Mare a mare centre : les étapes

Voici les principales étapes du chemin *Mare a mare centre* : pont de l'Abatesco (Ghisonaccia) à Serra di Fiumorbu (durée : 3 heures) ; Serra di Fiumorbu à Catastaghju (4 heures) ; Catastaghju à Cozzano (6 h 40) ; Cozzano à Guitera (4 h 30) ; Guitera à Quasquara (4 h 10) ; Quasquara au col Saint-Georges (6 heures) ; col Saint-Georges à Porticcio (5 h 30).

Qu'y a-t-il à voir ?

Vous partez d'une région très agricole avec un lourd passé historique… Lors de la première étape, vous traverserez le hameau de Sualellu. C'est un endroit où se trouve une eau de source ferrugineuse (*acquacitosa*). Puis vous suivez une piste forestière qui vous conduit dans des montagnes jusqu'à la bocca Minaguli (893 m), plus haut point de la deuxième étape. À la troisième étape, vous franchissez la bocca di Laparò (1 525 m) où vous croisez le GR20. Par la suite, le chemin ne présentera pas de difficultés particulières. Vous êtes toujours dans une végétation à moins de 1 000 mètres. À partir du col Saint-Georges (757 m) – non loin de la source des eaux de Saint-Georges que vous trouvez dans le commerce ! –, c'est la descente vers la côte occidentale et le village de Porticcio.

Mare e monti sud

Ce sentier *Mare e monti sud* n'est pas aussi sauvage que la version nord du *Mare e monti*. Il est aussi un peu plus facile (mais il y a toujours des dénivelés de plusieurs centaines de mètres !). Vous profiterez cependant de très beaux panoramas…

Mare e monti sud : les étapes

Vous partez de Porticcio, sur la côte ouest… Résumé des étapes : Porticcio à Bisinao (6 heures) ; Bisinao à Coti-Chiavari (5 h 30) ; Coti-Chiavari à Porto-Pollo (4 h 45) ; Porto-Pollo à Olmeto (5 heures) ; Olmeto à Burgo (5 h 30).

Qu'y a-t-il à voir ?

Admirez lors de la première étape la tour rectangulaire de Frasso (Frassu). Elle date du xve siècle. Selon la légende, un berger aurait découvert durant la Première Guerre mondiale des pièces d'or en retournant la terre près de la fontaine…

Lors de la deuxième étape, vous vous enfoncerez dans la forêt de Chiavari. Sur le monte Tignoso (630 m d'altitude), vous avez une splendide vue sur le golfe d'Ajaccio. Un peu avant le village de Coti-Chiavari (Coti Chjavari), une piste mène vers l'ancien pénitencier que Napoléon III a fait construire en 1855. Coti-Chiavari est un village constitué de plusieurs hameaux. Durant les invasions pirates du xve siècle, les habitants se sont réfugiés dans les montagnes (d'où ils venaient). Avec la fin de la piraterie, les descendants sont revenus peupler le littoral, mais il s'agissait de simples propriétés de villageois des montagnes. Ce n'est qu'en 1864 que Chiavari est devenu une commune autonome avec sa mairie.

La troisième étape, c'est la plage, dans la baie de Cupabia. À la quatrième étape : vous revenez encore à la plage, cette fois celle de Porto-Pollo. Vous traversez la plaine du Taravo, du fleuve du même nom, pour aller à Olmeto. Petite boucle jusqu'au hameau de Burgo (190 m), puis vous suivez le chemin *Mare a mare sud*, jusqu'à Propriano (Prupià), un site au bord de la mer, très connu des touristes…

Mare a mare sud

Mare a mare sud est le dernier sentier qui va, comme son nom l'indique, de la mer à la mer. C'est la version sud. Pas de grosse difficulté particulière… comptez quand même des dénivelés de plusieurs centaines de mètres… Ce n'est pas pour rien que l'on appelle cette région Alta Rocca, ce qui veut dire les « hauteurs rocheuses »… Voir le plan en cahier central.

Mare a mare Sud : les étapes

Vous partez de la ville de Porto-Vecchio, sur la côte est pour aller vers Propriano, sur la côte ouest. Voici les étapes : Porto-Vecchio à Cartalavono (5 heures) ; Cartalavono à Levie (5 heures) ; Levie à Serra di Scopamena (6 heures) ; Serra di

Scopamena à Sainte-Lucie-de-Tallano (5 heures) ; Sainte-Lucie-de-Tallano à Burgo (6 heures).

Qu'y a-t-il à voir ?

Au départ, vous monterez sur les hauteurs de Porto-Vecchio (Porti Vechju) dans la forêt de l'Ospedale, une forêt de pins d'où vous pouvez admirer le golfe de Porto-Vecchio (à proximité du village du même nom). Deuxième étape : en pleine Alta Rocca, vous voyez déjà le golfe de Valinco, sur la côte ouest. En face de vous, les aiguilles de Bavella avec une vue de la bocca a Mela (1 068 m). Vous passerez par la fameuse église de Carbini où se réunissaient au XIVe siècle les Giovannali, la secte hérétique dont nous vous avons parlé dans la première partie . À Levie (Livia), village situé à 610 mètres d'altitude, faites un tour au Musée de l'Alta Rocca. Durant la troisième étape, c'est un voyage dans la préhistoire. Au niveau du Castellu (château !) di Capula et de celui de Cucuruzzu (voir chapitre 17), vous visitez des villages datant de l'âge du bronze (vers 1800 av. J.-C.). Haut lieu médiéval, Capula a été habité au Moyen Âge. Vous êtes ici en pleine terre des seigneurs du Sud ! Le site est chargé d'histoire comme l'atteste cette chapelle de l'an mille que vous pouvez apprécier dans le village de Quenza (820 m). Côté nature, vous ne serez pas déçu(e) : *u pianu* (le plateau) de Levie s'étend sur 7 000 hectares. Au nord, ce sont des pelouses, des pozzines et des hêtres. Vous êtes au pied de l'Alcudina, un mont de 2 136 mètres de haut. Lors de la quatrième étape vous allez dans le village de Sainte-Lucie-de-Tallano (Santa Lucia di Taddà)... Où se trouvait le seul gisement de l'exceptionnelle « corsite », cette pierre avec des yeux dessinés sur sa coupe (diorite orbiculaire). Mais vous verrez également d'autres curiosités, comme ce couvent ou cette tour qui datent du XVe siècle... et même un musée de l'Huile d'olive !

Cinquième partie

La Partie des Dix

Dans cette partie…

Cette Partie des Dix s'ouvre tout d'abord sur dix recettes de plats délicieux à cuisiner dans les règles de l'art corse !

Puis vous partirez à la découverte de dix curiosités corses, lieux féeriques ou constructions que l'on peut admirer dans l'île de Beauté.

Chapitre 16

Dix recettes corses

Dans ce chapitre :

- Du sucré au salé, comment faire ces délicieux plats que vous avez dégusté en Corse ?
- Au menu : sturzapreti, cabri a stretta, truite à l'agliolu…
- Et en dessert : canistrelli, frappa et autres beignets corses !

À table ! Voici dix recettes 100 % typiques de l'île de Beauté. Vous pourrez les préparer chez vous, avec, de préférence, des produits d'origine corse…

Sturzapreti, les « étouffe-curé »

Sturzapreti, ça veut dire littéralement « étouffe-curé »… (à ne pas confondre avec l'étouffe- chrétien).

Ingrédients (pour 4 personnes) : 500 g de brocciu, 500 g de blettes (ou d'épinards), 4 ou 5 branches de menthe sauvage, 2 œufs, 30 g de farine, 1 morceau de fromage de chèvre corse, sel, poivre, persil, 125 g de sauce tomate, chapelure.

Faites blanchir les blettes en enlevant leur côte (ou les épinards). Pour cela, prenez une casserole d'eau salée et faites cuire les blettes (ou les épinards) pendant 5 minutes. Égouttez-les.

Dans un récipient, écrasez le brocciu et ajoutez les œufs (que vous avez préalablement battus en omelette). Ciselez les blettes, la menthe et le persil et versez-les dans le récipient. Salez et poivrez. Mélangez le tout et, avec la pâte obtenue, fabriquez de grosses boulettes. Roulez-les ensuite dans la farine.

Faites bouillir de l'eau dans une marmite. Lorsque l'eau est bouillante, jetez-y les boulettes, une à une. Elles doivent normalement flotter à la surface de l'eau. Après 5 minutes de cuisson, sortez-les à l'aide d'une écumoire. Placez-les sur un papier absorbant.

Versez la moitié de la sauce tomate dans un plat à four. Placez les boulettes dans le plat et recouvrez avec le reste de la sauce tomate. Râpez, par-dessus, du fromage de chèvre corse. Parsemez également un peu de chapelure.

Faites chauffer le four à 200 °C (th. 6-7) et enfournez les sturzapreti pour 15 minutes.

Ce plat se sert chaud et peut être accompagné de viandes.

Beignets au brocciu, la vraie recette !

Les beignets au *brocciu* peuvent se manger en entrée ou en dessert. Si vous les faites pour le dessert, ajoutez à la pâte un citron râpé (non traité) ou un verre d'eau-de-vie et servez vos beignets saupoudrés de sucre.

Ingrédients (pour 5 personnes) : 500 g de brocciu, 500 g de farine, 1 sachet de levure, 1 l d'huile de friture, sel.

Dans un récipient, mélangez la farine, la levure et une pincée de sel. Ajoutez de l'eau afin d'obtenir une pâte lisse, mais pas trop liquide.

Coupez le brocciu en petits cubes. Faites chauffer l'huile dans une poêle. Avec une cuillère à soupe, enrobez chaque cube d'un peu de pâte et plongez l'ensemble dans l'huile chaude. Renouvelez l'opération jusqu'à épuisement de la pâte. Retirez vos beignets dès qu'ils sont dorés à l'aide d'une écumoire et déposez-les sur du papier absorbant.

Cabri a stretta : le cabri, c'est pas fini

Ingrédients (pour 5 personnes) : 1,5 kg de cabri, 1 oignon, 1 gousse d'ail, 3 branches de thym, 3 feuilles de laurier, 1/2 bouquet de persil, huile d'olive, 1 tranche de panzetta, 1 cuil. à soupe de concentré de tomate, 1/4 de l de vin rouge, sel, poivre.

Émincez l'oignon. Écrasez l'ail dans un mortier. Ciselez le persil. Découpez la panzetta et le cabri en petits morceaux. Dans une sauteuse, faites revenir le cabri dans l'huile avec l'oignon, l'ail, la panzetta, le persil, le thym et le laurier. Salez et poivrez. Lorsque le tout est revenu, ajoutez le concentré de tomate et le vin rouge. Couvrez la sauteuse et faites cuire pendant 1 h 30 à feu moyen (ajoutez un peu d'eau durant la cuisson si nécessaire).

Pour la sauce : déglacez le jus restant avec un peu de vin rouge. Une fois le cabri cuit, servez chaud avec de la polenta ou des pâtes fraîches.

Truite à l'agliolu : ail, ail, ail... c'est bon !

Ingrédients (pour 2 personnes) : 2 truites, 6 cuil. à soupe d'huile d'olive, 2 feuilles de laurier, 5 gousses d'ail, 3 cuil. à soupe de vinaigre, 30 g de farine, sel, poivre.

Videz les truites. Salez et poivrez l'intérieur. Farinez-les légèrement. Faites-les frire à la poêle avec de l'huile d'olive, les feuilles de laurier, l'ail haché, le vinaigre. Salez et poivrez. Laissez-les dorer en les retournant durant 5 minutes à feu doux. Déposez les truites sur un plat et nappez-les de sauce. Servez chaud avec un accompagnement.

Panzarotti, les beignets bastiais

Les *panzarotti* sont de délicieux beignets que l'on déguste à Bastia lors de la Saint-Joseph.

Ingrédients (pour 8 personnes) : 250 g de riz, 2 citrons non traités, 2 œufs, 100 g de sucre en poudre, 1 sachet de levure, 1 verre de liqueur corse, 1 l d'huile de friture.

Faites d'abord cuire le riz à la créole. Dans un récipient, versez les œufs battus en omelette, le sucre, la farine, la levure, le riz cuit ainsi que la liqueur corse. Râpez les citrons, ajoutez le zeste puis mélangez le tout de façon à obtenir une pâte assez consistante.

Faites chauffer l'huile dans une poêle. Avec une cuillère à soupe, prenez un morceau de pâte et déposez-la dans l'huile chaude. Continuez jusqu'à épuisement de la pâte. Une fois que les beignets sont bien dorés, retirez-les à l'aide d'une écumoire. Déposez-les sur un papier absorbant et saupoudrez-les de sucre fin alors qu'ils sont encore chauds.

La frappa, un beignet frappant !

Encore des beignets ! Cette fois-ci, ce sont les *frappe*, une variété de beignets secs !

Ingrédients (pour 6 personnes) : 1 kg de farine, 2 sachets de levure, 300 g de sucre en poudre, 1 citron non traité, 1/2 verre de lait, 150 g de beurre, 5 œufs, 1 l d'huile de friture, sel.

Dans un grand récipient, mélangez le sucre, les œufs, la levure, le lait, le beurre (que vous aurez préalablement fait fondre dans une casserole), la farine, le zeste du citron et une pincée de sel. Mélangez le tout de manière à former une pâte. Attention : la pâte ne doit pas coller ! Laissez reposer 2 heures.

Sur une surface farinée, étalez la pâte avec un rouleau. Avec une roulette dentelée, découpez des formes géométriques (carrés, triangles, cercles). Faites systématiquement une fente au milieu de toutes vos figures. Chauffez l'huile dans une grande poêle. Prenez, une à une, les figures découpées dans la pâte et plongez-les dans l'huile bouillante. Retournez vos *frappe* afin de les faire dorer des deux côtés. À l'aide d'une écumoire, égouttez-les et posez-les sur un papier absorbant. Mettez ensuite vos *frappe* dans une assiette et saupoudrez de sucre. Servez-les encore chaudes.

Migliacci, des galettes au fromage

Les *migliacci* sont des galettes de fromage frais. Elles sont généralement présentées sur une feuille de châtaignier.

Ingrédients (pour 4 personnes) : 1 fromage corse frais (de brebis de préférence), 2 œufs, 150 g de farine, feuilles de châtaignier séchées, sel.

Préchauffez le four à 210 °C (th. 7). Battez les œufs en omelette. Dans un récipient, écrasez le fromage avec une fourchette. Ajoutez les œufs battus, la farine. Mettez une pincée de sel et mélangez le tout. Vous devez obtenir une pâte consistante. Sur les feuilles de châtaignier, disposez 1 ou 2 cuillerées à soupe de pâte, de façon à former une galette. Enfournez vos *migliacci*. Laissez cuire pendant 20 à 25 minutes, jusqu'à ce qu'ils soient dorés.

Gâteau à la châtaigne : c'est de la tarte !

Ingrédients (pour 6 personnes) : 300 g de beurre, 300 g de sucre, 300 g de farine de châtaigne, 3 œufs, 1 sachet de levure, cerneaux de noix, sel.

Préchauffez le four à 180 °C (th. 6). Séparez le jaune et le blanc des œufs. Dans un récipient, montez les blancs en neige. Dans un autre, versez le sucre puis les jaunes d'œufs. Mélangez bien, puis ajoutez la farine de châtaigne, une pincée de sel et la levure. Incorporez ensuite les blancs en neige et mélangez à nouveau jusqu'à former une pâte lisse. Beurrez un moule à tarte et versez-y cette pâte, déposez dessus les cerneaux de noix. Faites cuire pendant 45 minutes.

Le campanile, pendant que l'on sonne les cloches

Campanile, ça veut dire « clocher » ; et qui dit clocher, dit cloches… pourquoi les cloches ? Parce que c'est Pâques ! Le campanile, c'est ainsi une tradition pascale…

Ingrédients (pour 2 gâteaux) : 500 g de farine, 200 g de sucre, 1 verre de lait, 1 citron (non traité), 1 sachet de levure de boulanger, 5 œufs, 60 g de beurre, sel.

Délayez la levure dans un peu d'eau tiède. Dans un récipient, versez la farine, la levure, le sucre, le lait, le zeste râpé du citron, 4 œufs et le beurre fondu. Ajoutez une pincée de sel. Pétrissez cette pâte de manière à en faire une grosse boule (la pâte ne doit pas coller). Laissez ensuite reposer 2 heures.

Pétrissez à nouveau la pâte de manière à former un rouleau. Coupez en deux et rejoignez les bouts de chaque rouleau afin de confectionnez deux couronnes. Laissez reposer 1 heure. Pendant ce temps, battez 1œuf dans un récipient.

Préchauffez le four à 200 °C (th. 6-7). Sur les couronnes, enfoncez 1 ou 2 œufs durs et dessinez, avec le reste de la pâte, un petit croisillon sur chaque œuf. À l'aide d'un pinceau, badigeonnez chaque couronne avec l'œuf battu. Placez vos couronnes sur du papier sulfurisé ou une plaque beurrée. Enfournez les couronnes pour 40 à 45 minutes.

Enfin la recette des canistrelli !

Avec un petit digestif ou le café, on peut manger quelques *canistrelli*, des biscuits secs typiques de l'île. C'est une recette ancestrale à base de vin blanc. Elle n'existe qu'en Corse, bien que le mot *canistrelli* vienne de l'italien : *canestro* étant le panier en osier où l'on mettait autrefois ces petits biscuits.

Ingrédients (pour 7 personnes) : 500 g de farine, 250 g de sucre, 10 cl d'huile d'olive, 125 g de margarine, 1 citron, 1 verre de vin blanc, 1 sachet de levure, sel.

Mettez les ingrédients dans une jatte et mélangez le tout avec la margarine fondue. La pâte ne doit pas coller. Laissez reposer 2 heures.

Préchauffez le four à 200 °C (th. 6-7). Étalez cette pâte avec un rouleau sur un plan fariné, d'une épaisseur d'1 cm minimum. Vous pouvez rajouter dessus de gros cristaux de sucre. Découpez dedans les *canistrelli* (si vous voulez perpétuer la tradition, découpez-les en forme de « V »). Placez-les sur la plaque de votre four et enfournez pour 30 minutes. Voilà, c'est prêt !

Chapitre 17

Dix monuments corses

Dans ce chapitre :

- Calanques de Piana, la Scala di Santa Regina…
- Une sélection de dix monuments corses, chacun correspondant à un type de construction remarquable au fil des époques
- Des hommes de pierre préhistoriques à la voie de chemin de fer du Trinnichellu

La Corse est connue pour ses paysages, moins pour son architecture. Pourtant, depuis les premiers hommes en pierre, sculptés il y a près de 6 000 ans, il y a des choses, bien des choses à voir dans l'île de Beauté. Chaque époque a apporté sa pierre, son style…

Filitosa, des hommes en pierre sous la préhistoire

Il y a des milliers d'années, les premiers Corses érigeaient des menhirs et des dolmens. Cet art des grosses pierres fait que l'on a parlé de civilisations mégalithiques (« méga » = gros et « lithe » = pierre). Ce n'est pas propre à la Corse… Mais les menhirs corses ont une particularité : ils représentent des hommes. On y voit l'ovale de leur visage, leur corps et même leurs armes ! Les réalisations du site préhistorique de Filitosa sont les plus exceptionnelles.

Mais il y a plusieurs autres sites dans l'île de Beauté… Pourquoi Filitosa est-il alors le plus connu ? Petit rappel historique : en 1946, Charles-Antoine Cesari – originaire de Cozzano et heureux propriétaire du site – découvre sur la butte du Turicchiu, près du hameau de Filitosa (commune de

Sollacaro, Corse-du-Sud) des « hommes de pierre », comme il les appelle. Il tombe nez à nez sur ces visages ancestraux. Que font-ils là ? Qui sont ces hommes ? Leurs yeux, nez, bouche et même leurs oreilles sont significativement représentés. Certains dévoilent leurs omoplates et même parfois leur colonne vertébrale. Il s'agit de guerriers, comme le prouvent ces autres statues qui arborent leur épée, leur poignard et, dans certains cas, un casque. Un des ouvriers propose à Charles-Antoine Cesari de les utiliser comme des piquets pour protéger le domaine. Mais le découvreur lui répond : « Je n'ai jamais mis de chaîne au cou d'un homme, je ne vais pas commencer à le faire, même avec un homme de pierre. »

Entre 1956 et 1972 commencent les fouilles. Elles sont dirigées par Roger Grosjean. Les blocs de granite vont commencer à parler… Tout d'abord, il apparaît que plusieurs générations sont passées par là. Les statues datent de 3300 ans av. J.-C. Elles ont été ensuite utilisées par les Torréens, une civilisation appelée ainsi car elle construisait des torre (tours) durant l'âge du bronze… La torra du centre de Filitosa était ainsi composée de 45 fragments de monolithes, dont 13 étaient des statues menhirs ! Ainsi, la particularité du site de Filitosa est qu'il est le seul endroit de Corse où l'on a pu démontrer l'antériorité des statues menhirs sur la construction de ces fortifications guerrières vieilles, elle aussi, de plusieurs milliers d'années. Ces œuvres d'art sont donc les premières œuvres des Corses…

Castellu de Cucuruzzu, des « tours » vieilles de milliers d'années

Parlons un peu des torre (« tours » en corse) ! On a nommé ceux qui les avaient érigées les Torréens. Mais ces lieux sont étrangement appelés aussi castelli (châteaux). Ceux qui s'attendent à y trouver des châteaux avec des pont-levis, des créneaux et des mâchicoulis seront déçus. Rien de tout cela ! En revanche, si vous aimez la préhistoire, vous allez être servi : il s'agit ici de sites datant de l'âge du bronze et de l'âge du fer.

Castellu de Cucuruzzu en est un exemple. Il se trouve au nord de Levie, un village de Corse-du-Sud, dans la région de l'Alta Rocca. Vous n'êtes pas très loin d'un autre grand site préhistorique de Levie : Capula. Mais arrêtons-nous sur Cucuruzzu. Dans les années 1960, l'archéologue Roger Grosjean (le même qui a réalisé des fouilles sur le site préhistorique de Filitosa) met au jour un castellu sur le plateau de Levie. Deux gros blocs de granite font office d'entrée du « château ». Deux grosses enceintes, construites de chaque côté, cernent l'ensemble. À l'intérieur, plusieurs rochers et les restes d'une torra, de 8 mètres de diamètre. Les murs se sont effondrés, mais ils montent encore jusqu'à 4 et 5 mètres. Les fortifications de Cucuruzzu ont été utilisées jusqu'à l'âge du fer, puis ont été laissées à l'abandon.

Il en va autrement de Capula, un autre site préhistorique voisin de Cucuruzzu : jusqu'au Moyen Âge, les seigneurs de l'Alta Rocca utilisaient ces gros blocs de pierre comme forteresse. C'était ainsi leur « château »... comme l'atteste, par exemple, le pavement médiéval du lieu ! Ces murs ont ainsi été le théâtre de milliers d'années d'histoire. Ces torre et castelli étaient donc bien connus des Corses du Moyen Âge... puis sont tombés dans l'oubli pendant plusieurs siècles, jusqu'à ce qu'un jour, des archéologues s'y intéressent à nouveau.

L'église Sant'Appiano de Sagone et ses étranges hommes païens

Étrange lieu de culte que l'église Sant'Appiano de Sagone (au nord d'Ajaccio) : deux statues menhirs ont été utilisées en guise de pierres. On distingue ainsi très bien, de l'extérieur, ces bonhommes en pierre : allongés, ils soutiennent, avec leur ventre et leur tête, les murs de la façade. L'église Sant'Appiano est une église romane du XIIe siècle, sur les hauteurs de Sagone. Pendant longtemps, on a pensé que la présence de ces statues dans le mur était due à la volonté des premiers chrétiens : loin d'être utilisées comme de vulgaires cailloux, elles avaient pour fonction, dans une église, d'intégrer les rites païens dans cette nouvelle religion qu'était le christianisme. Toute une symbolique ! Sauf que, après étude, on s'est rendu compte que le mur où se trouvaient les deux statues… datait du XVIIIe siècle !

L'évêque Pierre-Marie Giustiani qui s'est chargé de la restauration en 1730 a sans doute pensé que ces deux « hommes de pierre » plantés non loin de l'église seraient, sans nul doute, d'une plus grande utilité s'ils en soutenaient le mur !

San Michele de Murato, « la plus jolie église »

C'est la construction romane la plus connue de Corse : l'église de Murato (Haute-Corse), la star des églises ! Même Mérimée dit qu'elle est la « plus élégante » et la « plus jolie église » qu'il a vue dans l'île. D'où vient son succès ? Il suffit de la regarder pour comprendre… Déjà, de loin, elle surprend l'œil : les pierres blanches et vertes ont été harmonieusement combinées et rappellent les cases d'un échiquier, même s'il n'y a pas vraiment toujours d'alternance entre les couleurs. Au XIIe siècle, ces réalisations polychromes étaient à la mode chez les Pisans. En se rapprochant, on apprécie les détails. Sur la façade, de petits personnages ou animaux fantaisistes rappellent d'autres très belles églises romanes, comme celle d'Aregno, en Balagne. Un homme nu tient par exemple un bâton des deux mains. Et puis, il y a tout un bestiaire : des fauves à quatre pattes, des serpents entrelacés, des oiseaux effrayés… Et d'autres représentations qui sont encore des énigmes !

Le clocher est à l'avant de la façade, il est planté sur deux gros piliers ronds, à rayures vertes et blanches, qui forment un porche d'entrée. San Michele de Murato est, sans conteste, un chef-d'œuvre de l'art roman et ce n'est sans doute pas un hasard si cette belle construction a été réalisée à Murato… qui veut dire en corse « maçonnerie ».

Capitello, « Arrêtez ! La tour est à vous ! »

Entre le XVIe et le XVIIIe siècle, les Génois vont construire tout le long des côtes corses des tours à deux étages, le plus souvent rondes. Dans quel but ? Le XVIe siècle est l'époque des pirates barbaresques, ces tours sont des postes de surveillance. Elles servent à guetter un éventuel envahisseur, mais aussi à mieux contrôler l'île. Les habitants qui participent au financement de ces constructions rouspètent… D'autant qu'ils doivent payer également les frais de fonctionnement, dont la solde versée au gardien de la tour (torregiano). Chaque édifice abrite une garnison allant jusqu'à une dizaine d'hommes.

- Au sous-sol, c'est la réserve de munitions ;
- Au premier étage, la salle de repos ;
- Au second : la salle de garde, avec ses meurtrières ;
- Enfin, la terrasse, avec ses mâchicoulis, sert de poste de guet (guardiola).

À la fin du XVIIe siècle, on comptait près de 85 tours génoises en Corse ! Il en reste aujourd'hui un peu moins de 70. Parmi celles encore debout : la légendaire tour de Capitello, au sud d'Ajaccio (restaurée en 1995). Célèbre pour son histoire et notamment pour avoir servi de refuge à Napoléon Bonaparte en 1793 (nous ne revenons pas sur les événements qui ont conduit le futur empereur à survivre dans cette fortification en se nourrissant uniquement de la chair d'un cheval ! La tour de Capitello a été édifiée dans la première partie du XVIe siècle. Les murs ont 3 mètres d'épaisseur et sa circonférence est de 42 mètres. C'est du solide ! Elle est positionnée au sud d'Ajaccio, mais elle appartient à la commune de Bastelicaccia.

Une histoire raconte que les habitants d'Ajaccio et ceux de Bastelicaccia se disputaient autrefois la tour. Un jour, ils décident de se départager en jouant au jeu du tire à la corde. Les Ajacciens et les Bastelicais forment ainsi deux équipes pour tirer, chacune dans sa direction, sur la corde de chèvre enroulée autour de l'édifice. À un moment, le fil s'étire et les Ajacciens, craignant de voir s'effondrer la tour, s'écrient : « Arrêtez ! La tour est à vous ! » Depuis ce jour, la tour de Capitello appartient à la commune de Bastelicaccia.

La tour d'Istria, une maison forteresse de Sollacaro

Des tours, encore des tours. Mais cette fois, il ne s'agit pas de tours génoises, mais de maisons… de maisons fortifiées plus exactement. On les appelle casaforte, casatorre ou plus généralement torre. Les seigneurs corses en construisirent de plus en plus durant le XVIe siècle. Le but est, là encore, évident : il faut se protéger des pirates et du reste ! Ces grosses maisons sont bâties comme des relais des tours génoises. Elles sont en plein cœur des villages. Pour le visiteur d'aujourd'hui, il n'est pas toujours aisé de les reconnaître. Une astuce : elles sont plus hautes que les autres maisons et on peut y voir des systèmes de défense, tels les mâchicoulis (en sailli, au-dessus de l'ouverture principale).

La torra d'Istria à Sollacaro – un village au nord de Propriano (Corse-du-Sud) – est un modèle du genre. Sur le linteau, au-dessus de la porte, une date : MDLXXI (1571). Habituellement, les dates de construction sont écrites à cette époque en chiffres arabes, mais, ici, le seigneur a sans doute pensé que ça faisait mieux d'écrire en chiffres romains. Il faut dire que la maison n'est pas celle de n'importe qui : une inscription latine explique que c'est Federico d'Istria qui a restauré la bâtisse. Qui est Federico d'Istria ? Il est le descendant du célèbre Vincentello d'Istria qui avait combattu contre les Génois en se mettant du côté des armées du roi d'Aragon. Les emblèmes de la famille sont d'ailleurs gravés sur le tympan de la maison : c'est un peu érodé, mais on distingue encore le château et la balance des armoiries. La torra, édifiée sur un promontoire, a probablement été construite au XVe siècle par Vincentello d'Istria lui-même.

En 1835, elle accueillera un hôte de qualité : Alexandre Dumas ! L'écrivain était venu en repérage dans cette région au nord de Fozzano, d'Olmeto et de Sartène, avec l'idée de rédiger un livre qui parlerait de vendetta (cette région était en effet connue, notamment grâce à Mérimée, pour ses célèbres vendette). Ce sera *Les Frères corses*, publié quelques années plus tard.

Le pont d'Altiani, au-dessus du Tavignano

Les Génois ont bâti en nombre des tours... et des ponts. Ces derniers édifices ont généralement une arche unique, mais ce n'est pas une règle. Parmi les ouvrages génois les plus remarquables : celui d'Altiani (Haute-Corse), qui enjambe le Tavignano. L'ancien pont d'Altiani, un des rares à franchir le fleuve dans le bas de la vallée, est emporté par une crue en 1684. Après insistance, les habitants d'Altiani, obtiennent finalement du gouverneur génois une nouvelle construction. Elle est réalisée à la va-vite et ne tiendra que quelques années. En 1706, il faut déjà la reconstruire. Le gouverneur demande aux pievi de Venaco, Rogna, Castello et Bozio de participer financièrement aux travaux. Le résultat sera le chef-d'œuvre que l'on voit aujourd'hui : un pont à trois arches, long et large. Une largeur qui fait que la route N200 passe encore actuellement sur cet ouvrage, au risque de l'endommager par les poids lourds.

À côté du pont d'Altiani, une petite chapelle de style roman aurait été construite en 1600 (comme le mentionne une inscription sur le linteau). Du style roman en 1600 ? Il s'agirait d'une reconstruction d'une vieille chapelle pisane du XIIe siècle. La récupération des pierres taillées expliquerait qu'elle a conservé son style.

Église de l'Annonciation de Muro, l'église des miracles

En Corse, on est passé directement du roman au baroque en sautant le gothique ! Les églises romanes avaient été construites durant la pax pisana, une parenthèse où l'on a préféré l'amour (de Dieu) à la guerre. L'histoire de l'île a été quelque peu mouvementée par la suite : guerres, épidémies et famines... Ce qui explique que l'on a construit des forteresses plutôt que des édifices religieux. Au XVIIe siècle, lorsque l'on recommence à bâtir des églises, la mode est au baroque. L'église de l'Annonciation de Muro est un bel exemple de cette architecture religieuse, avec ses volutes et ses statues nichées sur une façade montée sur trois niveaux.

La construction date du XVIIIe siècle (elle remplace l'église bâtie un siècle plus tôt… et détruite en 1743). L'édifice est achevé en 1760, mais, en 1778, un drame va endeuiller le village de Muro. En plein office, la voûte de la chapelle s'effondre sur les fidèles, tuant une soixantaine de personnes ! Cela n'enlèvera rien à la foi des fidèles.

Le crucifix miraculeux, qui aurait parlé en 1730, en pleine révolte des Corses contre l'occupant, a aujourd'hui disparu, mais l'intérieur reste richement décoré avec ses dorures et ses marbres polychromes. Chose incroyable : malgré son intérêt historique évident, l'église de l'Annonciation de Muro n'est toujours pas classée aux Monuments historiques !

Le Trinnichellu, il était une fois le train…

La voie de chemin de fer est un monument ! Elle part de la mer pour s'engouffrer dans les montagnes du centre de l'île et franchir la forêt de Vizzavona. La ligne va d'Ajaccio à Bastia mais, à Ponte-Leccia, un embranchement file en direction de Calvi. On passe alors à travers la Balagne. Ce train est emprunté par 300 000 voyageurs tous les ans. La collectivité territoriale et la SNCF ont modernisé ces dernières années la « micheline » dont les mouvements saccadés – un coup à gauche, un coup à droite ! – ajoutaient un certain charme. Mais, pour les Corses, ce train reste le Trinnichellu… un jeu de mot corse entre trenu (train) et trinnicà (remuer) ! Une façon affectueuse d'en parler, pour eux qui se sont battus en 1959 pour le conserver alors que l'on menaçait de le supprimer, faute de rentabilité suffisante.

L'histoire du Trinnichellu commence en 1855, avec les premiers projets d'une ligne qui relie la Corse et la Sardaigne ! Après plusieurs études, les travaux ne débutent qu'en 1878. La voie de chemin de fer sera construite en plusieurs étapes et ne sera définitivement achevée qu'en 1894, lorsque la section Corte-Vivario sera terminée. La ligne Ajaccio-Bastia dut régler deux problèmes fondamentaux. Le premier était d'éviter au train de franchir le col de Vizzavona, beaucoup trop haut. En 1880, on décide ainsi de creuser un tunnel de 3 948 mètres de long. Un exploit pour l'époque ! Mais il faudra tout de même près de neuf ans pour y arriver. Le second était de franchir les gorges du Vecchio (au sud de Venaco). Il faut édifier un pont haut d'une centaine de mètres. À qui d'autre confier la mission sinon à… Gustave Eiffel ? Le pont du Vecchio, merveille d'architecture, sera fini en 1893.

D'autres ponts et tunnels en pierre seront réalisés pour permettre au train de franchir les montagnes, gouffres et précipices qui étaient autant d'obstacles à son passage (un bel exemple est le tunnel sur piliers de Caporalino, au nord de Corte). Au final, la voie de chemin de fer est une des plus belles réalisations de l'île. Un train que l'on prend surtout pour le plaisir des yeux (il faut tout de même quatre heures pour parcourir la distance Ajaccio-Bastia !). À la fin du XIXe siècle, une autre ligne avait été construite sur la plaine orientale : elle reliait Bastia à Porto-Vecchio. Elle a été détruite lors de la Seconde Guerre mondiale et n'a plus jamais été reconstruite ! Mais ça, c'est une autre histoire…

Index

A

Abbatucci Jacques-Pierre, *77, 78, 362*
Accent corse, *96, 294*
A Filetta, *129, 254*
Agriculture, *224*
Ajaccienne, *60, 80*
Ajaccio, *24, 38, 53, 55, 59, 60, 66, 69, 70, 73, 120, 122, 148, 176, 179, 192, 193, 200, 219, 221, 228, 239, 240, 242, 290-303*
golfe d', *223, 228, 301, 406*
Alcools, *137*
Aléria, *14, 15, 318, 321, 323*
Alesani, *45, 167*
Allemands, *42, 88, 93*
Alta Rocca, *257, 311*
Amiante, *216*
poteries à l', *155*
Âne, *234*
Anglais, *68, 350*
Animaux domestiques, *233*
Antiquité, *13, 143*
Apéritifs, *137, 273*
Aragonais, *18, 31*
Araignées, *229, 251*
Arbres, *256, 259*
Arbustes, *253, 381*
ARC (Action régionaliste corse), *97*
Aregno, *289, 420*
Armées du pape, *18, 322*
Armes, *21, 44, 84, 90, 92, 100, 103, 110, 150, 153, 158, 185, 190, 194, 301, 391, 417*
Arrêtés Miot, *71*
Arrigo della Rocca, *30, 31*
Arts traditionnels, *149*
Aulne, *259*
Autonomiste, *94, 183*

B

Balagne, *256, 283*
Baleine, *229, 244*
Bandit roi, *175*
Banditisme, *41, 104, 179, 183, 202*
Bandits, *157, 170*
Banque, *33, 206*
Barbaresques, *34, 163*
Barberousse, *34, 36*
Baroque, *267, 329*
Bastia, *15, 31, 32, 35, 36, 41, 49, 53, 55, 56, 57, 70, 78, 93, 99, 265-273, 309, 320, 324, 325, 327, 331, 334, 342, 349, 350, 357, 361, 382, 413, 424*
Beignets, *145*
Belgodère, *288*
Bergers, *319, 352*
Bière à la châtaigne, *138*
Biguglia, *32*
étang de, *15, 148, 240*
Bloc corso-sarde, *212*
Bois, *237, 241*
Bon sauvage corse (mythe du), *182*
Bond James, *181*
Boniface, *310*
Bonifacio, *10, 22, 32, 158, 241, 243, 264*
Boudin, *142*
Bozio, *343*
Brise de mer, *103, 205*
Brocciu, *412*
Byzantins, *19*

C

Calanche de Piana, *255*
Calcaire, *307, 315*
Calenzana, *373*
Calvi, *37, 148, 160, 283, 284, 290*
citadelle de, *284*
Canal habituel, *196*

Canal historique, *200*
Cap Corse, *216*, *226*, *241*, *256*
Carbone Paul, *203*
Cargèse, *292*, *396*
Carolingiens, *22*
Cartes, *150*, *375*
Carthaginois, *14*
Casabianca, *50*, *89*
Casanova Danielle, *90*
Casta Laetitia, *287*
Castagniccia, *309*, *325*
Castiglione, *341*
Catenacciu, *117*
Cédrat, *146*
Centuri, *147*
Cépages, *149*
Cerca, *118*
Cerfs, *231*
Cervione, *325*
Cétacés, *244*
Champignons, *147*, *260*
Chansons, *127*
Chants funèbres, *131*
Charcuterie, *141*, *234*
Charlemagne, *19*
Charles Quint, *35*
Chasseurs, *231*
Chasseurs d'âmes, *126*
Châtaigne, *143*
Châtaignier, *143*, *154*, *255*
Chauves-souris, *232*
Chemin de fer, *417*
Chêne-liège, *258*
Chèvres, *25*, *139*
Chien, *231*, *235*
Chrétiens, *17*, *111*
Christ, *117*, *118*
Christ noir, *120*
Cinarca, *176*, *257*
Cinéma, *281*
Cinto, *220*, *283*
Ciosi Antoine, *90*
Cismonte, *221*
Cités, *293*, *323*
Club Med, *99*
Cocaïne, *204*, *205*
Cols, *221*, *373*
Collectivité territoriale de Corse (CTC), *101*
Colomb Christophe, *160*
Colomba, *169*, *302*
Colonna Ugo, *9*, *20*
Colonna Yvan, *103*
Communisme, *25*
Compagnie Valery, *78*
Conseil général, *192*
Constitution de *1755*, *51*
Coppa, *141*
Coquillages, *147*
Corail, *242*
Corsaire, *359*, *394*
Corse alpine, *216*
Corse-du-Sud, *353*
Corse orientale, *216*
Corsisme, *86*
Corte, *49*, *185*, *194*
Leonard de, *340*
  université de, *19*, *54*
Côte orientale, *219*, *265*
Cours d'eau, *220*, *321*
Couteau corse, *152*
Crapauds, *247*
Crêpes, *125*
Criques, *274*, *277*
Criquets, *248*, *249*
Crocetta (révolte de la), *71*
Croissance, *18*
Crustacés, *147*
Cuisine corse, *137*, *143*

D

Dauphin, *4*, *229*
Davia, *165*
Debré Jean-Louis, *197*
Démocratie, *51*
Désert des Agriate, *224*, *280*
Deux-Sevi, *290*
Diaspora corse, *202*
Dolmens, *417*
Dom Miguel de Manara, *162*
Drapeau, *342*

E

Économie, *96*, *97*
Emblème, *32*, *108*
Empire romain, *18*
Envahisseurs, *351*
Erbalunga, *274*
Estérel, *213*
Étang de Diana, *224*
État, *57*, *100*
Étrusques, *318*
Études, *77*, *80*
Étudiants, *190*, *334*
Europe, *40*, *54*
Evisa, *353*
Exception corse, *99*
Expressions, *6*, *186*

F

Faune, *226*, *229*
Fer (art du), *152*
Fesch, *298*
Feu, *143*
Figatellu, *127*, *141*
Figuiers, *261*
Filitosa, *5*, *11*, *301*
Fiori Patrick, *135*
Fiumorbo, *322*
Fleurs, *255*, *401*
Fleuves, *70*, *222*
FLNC (Front de libération nationale corse), *99*, *100*, *190*
Flore, *226*, *229*
Fonction publique, *82*
Foot, *99*
Forêts, *4*, *154*
Forgeron, *152*
Fozzano, *170*, *302*
Français, *28*
  débarquement, *47*
Francardo, *342*
France, *3*
Franceschi Davia, *165*
Franciscains, *29*
Franc-maçonnerie, *201*
Francs, *18*
Fraude, *187*, *204*
Fromage, *319*, *347*
  à pâte molle, *140*

G

Gaffori Jean-Pierre, *328*, *338*
Gendarme, *187*
Gênes, *270*
  république de, *3*, *30*, *40*
Général de Gaulle, *89*, *91*
Genévrier, *261*, *275*
Génois, *280*, *283*
Géomorphologie, *219*
Ghisonaccia, *322*
Giovanni José, *136*
Giudice, *284*
Golf, *316*
Golo, *377*
Gorges, *211*, *221*
Grandval, *297*
Granite, *303*
Grecs, *1*, *13*, *43*
Grenouilles, *247*
Gri-gri corse, *124*
Grotte, *220*
  de Macinaggio, *10*
  de Sdragonato, *220*

H

Habit, *150*
traditionnel féminin, *150*
traditionnel masculin, *150*
Haute-Corse, *154*, *194*, *204*
Herbes, *253*
Herbes de posidonies, *243*
Héritages, *43*
Héroïne, *205*
Hêtre, *260*
Hors-la-loi corses, *173*
Huile d'olive, *145*, *365*, *408*

I

Ibères, *12*
Île de Cavallo, *226*
Île d'Elbe, *228*, *363*

Île-Rousse, *53*, *283*
Îles, *301*, *316*
Îles Sanguinaires, *85*, *228*
I Muvrini, *135*, *230*
Incendies, *125*, *280*
Indépendance, *39*, *51*, *97*
Industrie, *334*
Insectes, *248*
Italien, *10*

J

Jalousies, *155*
Jambon, *142*

L

Lacs, *225*
Lamentations, *130*
Lauzes, *156*
Lézards, *246*
Liamone, *306*, *356*
Ligures, *12*
Lois, *42*, *172*
Lombards, *18*
Lonzu, *142*
Louis-Philippe, *282*
Lumio, *287*

M

Macinaggio, *65*
Madonuccia, *122*
Mafia corse, *179*, *204*
Malaria, *319*
Mammifères sauvages, *230*
Maquis, *232*, *253*
  prendre le, *86*
Marana, *15*
Marbeuf, *61*
Martyrs, *107*, *111*
Maures, *20*, *21*
Mauritanie, *84*
Mauvais oeil, *122*
MCA (Mouvement corse pour l'autodétermination), *194*
Méditerranée, *2*, *217*, *242*, *403*
Méduses, *243*
Mégalithiques, *9*, *417*
Menhirs, *11*
Mercenaires, *35*
Mérimée Prosper, *168*, *302*
Mezaru, *150*
Miel, *143*, *146*
Monolithe, *226*
Montagne, *228*, *238*, *248*
Monticello, *287*
Monuments historiques, *314*
Morosaglia, *328*
Mouflon, *4*, *229*
Moyen Âge, *316*
MPA (Mouvement pour l'autodétermination), *102*
Musique, *106*, *127*
  classique polyphonique, *132*
Mussolini, *86*

N

Napoléon Bonaparte, *59*, *297*, *298*, *328*
Napoléon III, *59*
Nat Marie-José, *313*
Nationalisme, *39*
Nebbio, *115*
Néolithique, *304*
Nid d'aigle, *335*
Niolo, *350*
Nonza, *364*
Notre-Dame de Lavasina, *121*

O

Objets magiques, *124*
Occiglioni, *287*
Ochju, *122*
Œil de sainte Lucie, *124*
Œuf, *125*
Oiseaux, *235*, *236*, *238*
  migrateurs, *240*
Oletta, *282*
Olivier, *143*, *256*
Omessa, *342*
Opéra corse, *132*
Opérette, *299*
Opium, *203*

Orezza, *326*, *328*
Ostrogoths, *18*
Oursin, *147*, *243*

P

Paillote, *103*
Pains de saint Roch, *125*
Palais Paoli, *336*
Paoli Pascal, *39*, *50*, *183*, *257*
Paolina, *53*, *285*
Pape, *18*
Paris, *64*, *82*
Pasqua Charles, *101*, *197*
Pastis, *137*
Patrimonio, *148*, *278*
Pax pisana, *423*
Pèlerinages, *117*
Pépin le Bref, *19*
Phéniciens, *12*
Phocéens, *13*
Pieds-noirs, *97*
Pierres, *155*
Pietralba, *281*
Pieve, *26*
Pigeon, *235*
Pin, *154*, *225*, *229*, *350*, *373*, *378*, *379*, *383*, *390*, *395*, *401*, *403*, *404*
Pirates, *287*, *304*
Pisans, *312*, *420*
Pise, *23*
Place Saint-Nicolas, *268*
Plages, *274*, *277*, *280*, *281*, *283*, *305*
Plaine orientale, *309*, *320*, *384*
Plantes, *253*, *380*, *387*, *402*
Plasticages, *188*, *191*
Plateau des Maures, *22*, *213*
Poggio-di-Venaco, *346*
Pointe de Sperone, *315*
Poissons, *143*, *146*, *241*, *244*
Politique, *96*, *100*, *183*, *184*, *193*
Polyphonies, *127*
Pont d'Altiani, *344*
Ponte-Leccia, *424*
Ponte Novo, *54*
  bataille de, *55*
Porcs, *168*
Porto, *219*, *239*
Porto-Vecchio, *242*, *309*
Pozzo di Borgo, *66*, *346*
Préfet Érignac, *102*
Préhistoire, *9*
Première Guerre mondiale, *81*
Prison de Borgo, *208*
Processions, *107*, *314*
Propriano, *283*, *302*
Pulitichella, *94*, *184*
Pumonte, *221*

R

Recettes corses, *137*, *411*
Reliefs, *86*, *220*
Reliques, *111*
  de sainte Catherine, *116*
Renaissance, *36*
Reptiles, *245*
Républicains, *71*
République, *36*
République (IIe), *75*
République (IIIe), *81*
Réserve de Scandola, *213*
Résistance, *87*
Révolution, *38*
  française, *308*
Rites magiques, *107*
Roches, *158*, *179*
schisteuses, *218*
Roi d'Aragon, *310*, *313*, *336*, *422*
Roi de France, *32*
Romains, *14*
Rousseau Jean-Jacques, *182*
Ruines romaines, *293*

S

Sagone, *293*
Saint Élisée *346*
Saint-Exupéry, *273*
Saint Florent, *17*, *18*
Saint-Florent, *261*, *265*, *272*, *273*, *279*
Saint Paul, *111*
Saint Théophile, *116*
Sainte Dévote, *17*, *113*
Sainte Julie, *114*
Sainte Restitute, *114*

Saints, *116*
Salamandres, *247*
Sampiero Corso, *294*, *337*
Sangliers sauvages, *232*
Sant'Antonino, *288*
Santa di u Niulu, *119*
Sardaigne, *158*, *212*
Sardes, *49*, *262*
Sarkozy Nicolas, *320*
Sarrasins, *18*
Sartène, *303*
Saucisse, *142*
Saucisson, *142*
Sauveur Costa, *110*
Scamaroni Fred, *89*
Schiste, *155*
Seconde Guerre mondiale, *190*
Sénèque, *16*, *148*,
tour de, *279*
Sérénade, *131*
Serpents, *247*
Sgiò, *76*
Shardanes, *12*
Soccia, *356*
Solenzara, *321*
Sommets, *330*, *364*
Sorciers, *125*
Speloncato, *289*
Supplices, *56*

T

Tavignano, *222*
Tempérament corse, *177*
Terra Nova, *265*
Terre, *117*
Tête de Maure, *195*
Théodore von Neuhoff, *44*
Tianu, *146*
Tino Rossi, *134*, *299*
Tomasi Henri, *132*, *133*
Torréens, *418*
Tortue, *245*
Tour d'Istria, *422*
Tours génoises, *422*
Tradition chrétienne, *111*
Traité de Versailles, *55*
Traloncа, *198*
Travail, *351*
Trinnichellu, *417*
Trou du diable, *377*
Turcs, *28*

U

U breve, *124*
Ucciani, *359*
Ulysse, *157*
Université, *334*

V

Vache, *234*
Vallée de l'Asco, *222*, *333*
Vallée du Prunelli, *223*
Vallée du Taravo, *362*
Vallées, *211*, *221*
Vandales, *258*
Variété corse, *134*
Vecchio, *348*
Végétation, *368*
Venaco, *402*
Vendetta, *37*, *157*
Vichy (gouvernement de), *87*
Vico, *176*
Vierge blanche, *326*
Vierge Marie, *43*, *111*, *344*
Vins, *148*
Vincentello d'Istria, *310*, *334*

Z

Zevaco, *363*
Zicavo, *363*